Georg Hörmann · Martin R. Textor (Hrsg.)
Praxis der Psychotherapie

Georg Hörmann / Martin R. Textor (Hrsg.)

Praxis der Psychotherapie

Fünf Therapien - Fünf Fallbeispiele

Verlag Dietmar Klotz

Die Deutsche Bibliothek - CIP-Einheitsaufnahme

Praxis der Psychotherapie : fünf Therapien - fünf Fallbeispiele /
Georg Hörmann ; Martin R. Textor (Hrsg.). - 2., unveränd. Aufl. -
Eschborn bei Frankfurt am Main : Klotz, 1998
 ISBN 3-88074-618-4
 ISBN 3-88074-320-7 (Copy-Print-Ausg.)

2., unveränderte Aufl. 1998

(c) Verlag Dietmar Klotz GmbH
Sulzbacher Str. 45
65760 Eschborn bei Frankfurt am Main

Alle Rechte vorbehalten. Nachdruck oder
Vervielfältigung in keiner Form gestattet.

ISBN 3-88074-618-4 (Kart. Ausg.)
ISBN 3-88074-320-7 (Copy-Print-Ausg.)

Inhalt

Georg Hörmann/Martin R. Textor
Einleitung   7

Heinrich Deserno
Die Praxis der Psychoanalyse   11

Gerd Lehmkuhl/Ulrike Lehmkuhl
Praxis der Individualpsychologie   69

Bodo Müller
Gesprächspsychotherapie -
Eine klientenzentrierte Beziehungstherapie   107

Georg Hörmann
Verhaltenstherapie in der Psychiatrie   161

Klaus Winkelhog
Gestalttheoretische Psychotherapie im Gefängnis   203

Martin R. Textor
Gemeinsamkeiten und Unterschiede   255

Die Autoren   271

Einleitung

Georg Hörmann/Martin R. Textor

"Psychotherapie" - ein Begriff, der eine Vielzahl von Vorstellungen hervorruft. Psychotherapie, das ist "Rat in allen Lebenslagen", wie er in nahezu jeder Illustrierten angeboten wird. Psychotherapie, das ist das undurchschaubare Geschehen in Erziehungsberatungsstellen, in denen verhaltensauffällige Kinder "normalisiert" werden. Psychotherapie, das ist das geheimnisumwitterte Handeln in geschlossenen Anstalten, in denen psychisch gestörte Menschen aus der Gesellschaft ausgegliedert werden. Psychotherapie, das ist die letzte Rettung für einen selbst, wenn man die Last psychischer oder zwischenmenschlicher Probleme nicht mehr tragen kann.

Der Begriff "Psychotherapie" erinnert an die Beichte, bei welcher der Priester vollständige Offenheit über einen selbst erzwingt. Er weckt Assoziationen wie "bezahlte Freundschaft", bei der man sich Aufmerksamkeit, Verständnis und Hilfsbereitschaft eines anderen Menschen erkauft. Er verweist auf unverständliche Riten vorchristlicher Religionen, die doch sinnträchtig und heilungsfördernd waren. Und er erinnert an das geheimnisvolle Handeln von Magiern, das einen Menschen umwandeln kann.

Selbst für Menschen, die im Verlauf ihrer Ausbildung mit "Psychotherapie" konfrontiert werden, bleibt sie lange Zeit ein Geheimnis. Sie lernen, daß Psychotherapie von Fachleuten wie Psychiatern, Psychologen, Sozialarbeitern und Priestern durchgeführt wird, daß Psychotherapie in Krankenhäusern, Beratungsstellen, Privatpraxen, Heimen und vielen anderen Orten angewandt wird und daß es eine Vielzahl von Psychotherapietheorien mit Bezeichnungen wie Psychoanalyse, Individualpsychologie, Klientenzentrierte Psychotherapie, Verhaltenstherapie, Transaktionsanalyse oder Gestalttherapie gibt. All diese Ansätze scheinen auf den ersten Blick höchst unterschiedlich zu sein - und wenn Studenten sich mit einer Theorie gründlicher auseinandersetzen, dann müssen sie zudem feststellen, daß jeder Vertreter dieses Ansatzes denselben anders darstellt. Noch unklarer wird ihr Bild von der "Psychotherapie", wenn sie erfahren, daß sich von den genannten Therapietheorien Ansätze für die Gruppen-, Ehe- oder Familienbehandlung abgespalten haben - ja, daß es zusätzlich eigenständige Theorien der Gruppen-, Ehe- und Familientherapie gibt. Falls sie selbst Psychotherapeuten werden wollen, entziehen sie sich oft der Auseinandersetzung mit dieser verwirrenden Vielzahl von Therapieansätzen, indem sie sich auf ein oder zwei konzentrieren, sich "spezialisieren".

Immer aber bleibt es ein Geheimnis, was nun wirklich hinter den geschlossenen Türen der Behandlungszimmer von Psychotherapeuten (bzw. von Kollegen mit einer anderen "Spezialisierung") geschieht. Wohl gibt es eine Unmenge von Büchern, Sammelbänden und Artikeln, in denen Psychotherapeuten ihre Konzepte, Hypothesen und Therapietechniken beschrieben haben und die ein erstes Kennenlernen des jeweiligen Therapieansatzes ermöglichen. Dabei haben sie sich allerdings zumeist auf theoretische Aussagen allgemeiner Art beschränkt, die nur ansatzweise Rückschlüsse auf ihr praktisches Handeln erlauben. Hinzu kommt, daß theoretische Darstellungen vielfach die Praxis nicht wirklich widerspiegeln oder gar (ungewollt) verfälscht wiedergeben.

In dem vorliegenden Sammelband soll versucht werden, einen realitätsnahen Eindruck von der Praxis der Psychotherapie zu vermitteln. Vertreter einiger der bekanntesten Therapierichtungen werden uns einen Blick hinter die verschlossenen Türen ihrer Behandlungsräume ermöglichen und einen ihrer Fälle ausführlich darstellen. Sie werden zunächst kurz die für das Verständnis ihrer Vorgehensweise notwendigen Konzepte und Hypothesen ihres Therapieansatzes darstellen. Dann werden sie anhand eines typischen Falls beschreiben, was in ihren Räumen wirklich geschieht - wie ein Erstinterview abläuft, auf welche Weise sie eine therapeutische Beziehung herstellen, wie sie zu der jeweiligen Diagnose kamen, welche Therapieziele aufgestellt wurden, wie sie ihre eigene Rolle definierten, welche Techniken sie verwendeten und wie der Klient darauf reagierte, wie sie die eigene Persönlichkeit einsetzten, was sie dachten und fühlten, welche Veränderungen sie erreichten und auf welche Weise sie das Therapieende einleiteten. Dabei werden sie häufig von Transkripten Gebrauch machen, also von der wortwörtlichen Wiedergabe der während der Behandlung erfolgten Interaktionen.

Da die Praxis ausgewählter Therapieansätze im Mittelpunkt steht, soll weder eine allgemeine theoretische Einführung in Begriff und gegenwärtige Situation der Psychotherapie erfolgen noch eine Übersicht über Charakteristika von Therapieansätzen und Faktoren, die nahezu allen Theorien gemeinsam sind. Folglich kann und soll die ergänzende und vergleichende Lektüre von Lehrbüchern der Klinischen Psychologie und Psychotherapie nicht ersetzt werden. Vielmehr soll die Lektüre der jeweiligen therapiespezifischen Vorgehensweisen die jeweiligen Konzepte am konkreten Beispiel verdeutlichen. Lediglich im abschließenden Kapitel wird auf Gemeinsamkeiten und Unterschiede bei Psychotherapieansätzen hingewiesen.

Angesichts der nicht einfachen und wechselvollen Vorgeschichte dieses Projektes, welches trotz anfänglich gezeigten breiten Interesses nach vielfältigen, zumeist vergeblichen Anfragen, zurückgezogenen oder nicht eingehaltenen Zusagen potentieller Autor/innen erst mit einer zeitlichen Verzögerung zu einem Ende gebracht werden konnte, möchten wir abschließend den Beteiligten dieses Sammelbandes für die Bereitschaft zur Mitarbeit und ihre Mühe danken, die sie sich beim Verfassen ihrer Beiträge gemacht haben. Wir wissen, daß es eine große Herausforderung war, zusätzliche Anstrengungen notwendig machte und persönliche Überwindung kostete, die Praxis des eigenen Therapieansatzes zu beschreiben. Zugleich möchten wir aber auch den ungenannten Klienten danken, die ihre Zustimmung zur Wiedergabe von Interaktionsabläufen und zur Darstellung ihres Falles gaben. Wenn übrigens im Text von "Klienten" die Rede ist, ist hier wie auch bei ähnlichen Begriffen der Kürze und üblichen Vereinfachung wegen immer der Mensch beiderlei Geschlechts gemeint. Selbstverständlich wurden persönliche Daten anonymisiert. Nicht zuletzt gebührt ein Wort des Dankes Frau Roswitha Braun für die sachkundige Bearbeitung der Schreibarbeiten.

Bamberg / München im Herbst 1991

Die Praxis der Psychoanalyse

Heinrich Deserno

Vorbemerkung

Grundlage dieser Darstellung der Praxis der Psychoanalyse bildet eine Kurzbehandlung. Nur so ergab sich der Vorzug, daß alle Stunden ungekürzt vorgelegt werden konnten. An ihnen kann das spezifische Vorgehen unmittelbar nachvollzogen werden. Zwar hätten bei einer langfristigen Behandlung mit vier Wochenstunden viele Konfliktebenen und Details der Lebensgeschichte erhellt werden können, sie hätten aber beim vorgegebenen Umfang des Beitrages nur umrißhaft, wenn nicht schemenhaft dargestellt werden können. Ich möchte aber einem möglichen Mißverständnis vorbeugen, wenn ich betone, daß die Anwendung der Psychoanalyse als Kurzbehandlung die herkömmliche Form der Analyse nur gelegentlich ganz ersetzen kann.

Teil I gibt eine theoretische Einführung in das psychoanalytische Verfahren. Sie ist auf den Behandlungsprozeß ausgerichtet und verzichtet auf viele andere Aspekte. Als weiterführende Literatur nenne ich neben den behandlungstechnischen Schriften Freuds (1912b, 1913c, 1914g, 1915a) die prägnante Darstellung Brenners (1976) sowie das umfassende Lehrbuch von Thomä und Kächele (1985/1988).

Auf die ungekürzten Stundenprotokolle in Teil II folgt eine prozeßorientierte Diskussion des Verlaufs (Teil III), die in praxisnahen Begriffen das Geschehen erfaßt (fokaler Konflikt, Handlungsdialog, Durcharbeiten). Den Schluß bildet in Briefform ein Kommentar von Frau A., den sie ihrer Zustimmung zur Veröffentlichung hinzufügte.

Teil I

Die prozeßhafte Dimension des psychoanalytischen Verfahrens

Um zu einer übergreifenden Bestimmung des psychoanalytischen Verfahrens im Sinne eines prozeßhaften Geschehens zu kommen, ist es zunächst nötig, zu den beiden komplementären Regeln zurückzugehen, durch die Freud das psychoanalytische Verfahren festlegte: das freie Assoziieren des Analysanden und die gleichschwebende Aufmerksamkeit des Analytikers als einander zugeordnete Grundregeln des psychoanalytischen Verfahrens (vgl. Freud 1912e, S. 381; 1913c, S. 469).

Die Bezeichnung "Grundregel" kann ebenso wie der Terminus "Technik" zu einem Mißverständnis führen; was sich darin ausdrückt, daß das "Einhalten" der Grundregel zur alleinigen Zielsetzung der Analyse erklärt und mit unreflektiertem Nachdruck gefordert wird.

Das freie Assoziieren dient nicht allein der Produktion möglichst vieler Einfälle; indem der Analysand versucht, frei zu assoziieren, gelangt er in Bereiche, die außerhalb des konventionell geregelten Gesprächs liegen (vgl. Deserno 1990, S. 27ff.). Der Analysand gerät, wie Flader und Grodzicki (1978, S. 56) in ihrer Arbeit zur Wirkungsweise der psychoanalytischen Grundregel formulieren, in einen "kommunikativen Notstand". Unlust, gleichviel ob sie sich später als Angst, Schamgefühl oder Schuldbewußtsein erweist, setzt dem Assoziieren jenseits der Konventionen bald ein Ende. Die unlustbedingten Stockungen stellen zweifellos eine "Störung" im Fluß der freien Einfälle dar; zugleich ist das Auftreten solcher Störungen selbst bedeutsam. Sie signalisieren ein Auseinandertreten von bewußten und unbewußten Vorstellungen, das sich einem Abwehrvorgang verdankt. Wird vom Analysanden gefordert, daß er auch die von Unlust begleiteten Vorstellungen frei äußert, dann muß diese Forderung auch für den inneren Dialog des Analytikers gelten; andernfalls reduziert sich das analytische Verfahren mehr und mehr auf therapeutisch unproduktives, anamnestisches Aushorchen.

Ein zentraler Bereich psychoanalytischer Praxis soll in verallgemeinerter Form sichtbar werden, indem im folgenden auf diejenigen inneren Prozesse des Analytikers eingegangen wird, die den Hintergrund bilden, vor dem sich Interpretationen entwickeln. Der Formulierung, der Analytiker gehe "technisch" vor, kann insoweit zugestimmt werden, als damit der Anspruch definiert ist, daß durchsichtig gemacht wird, wie der Analytiker arbeitet. In diesem Sinne ist es auch nützlich, vom Analytiker als einem "analysierenden Instrument" zu sprechen, wie es Isakower vorschlug (vgl. Balter u.a. 1980; Jaffe 1986).

Auch der Analytiker wird gewahr, daß sein Versuch, allem gegenüber, wovon der Analysand spricht, gleichermaßen aufmerksam zu sein, scheitert. Dies ist der Fall, wenn ein bestimmter Inhalt der Einfälle des Analysanden beim Analytiker zum Beispiel leichten Ärger hervorruft, den dieser bewußt mit der Vorstellung verknüpft, daß er nicht mehr versteht, wozu ihm dies oder jenes erzählt wird. Wenn die inneren Vorgänge des Analytikers an diesem Punkt angekommen sind, entsteht eine Situation, die den Charakter von Bedrängnis hat. Interveniert der Analytiker an dieser Stelle "technisch", das heißt hier, ohne zuvor seine beeinträchtigte gleichschwebende Aufmerksamkeit reflexiv bearbeitet zu haben, hebt er nicht nur seinen Anteil an den Grundregeln auf, sondern läuft überdies Gefahr, "dem Patienten unter dem Titel der freien Assoziation ein oszillierendes Verwirrspiel zuzudiktieren" (Lorenzer 1984, S. 20). Eine weitere Gefahr besteht darin, daß der Analytiker von seinem eigenen Unlustempfinden unmittelbar und nicht selbstreflexiv auf einen Vorgang im Analysanden schließt.

Die hier vertretene Auffassung davon, was sich für den Analytiker aus dem Zusammenspiel von freier Assoziation und gleichschwebender Aufmerksamkeit ergibt, lautet: der Analytiker wertet seine eigenen Unlustregungen als Signale, als Hinweise darauf, daß er sich aus der gleichschwebenden Aufmerksamkeit heraus unbewußt mit dem Analysanden identifiziert und daß sein innerer Dialog als Folge davon eine "Störung" erleiden kann. Letztere gilt es selbstreflexiv zu verarbeiten, als Deutungsentwurf innerlich zu formulieren und mit den Einfällen des Analysanden in Beziehung zu setzen, bevor eine Deutung ausgesprochen wird.

Der Vorgang des Aufarbeitens unbewußter Identifizierungen mag rasch und mühelos gelingen; er kann aber auch erschwert sein und sich über einen längeren Abschnitt der Analyse hinziehen. In letzterem Fall ist auch daran zu denken, daß sich verschiedene unbewußte Identifizierungen des Analytikers mit seinem Analysanden verknüpft haben und zusammengenommen einer Übertragung des Analytikers auf den Analysanden entsprechen. Je länger dieser Zustand anhält, umso mehr gleicht diese Übertragung des Analytikers dem, was als Übertragungsneurose definiert wird. In dieser Situation von Gegenübertragung zu reden, hat rein formalen Charakter; der Zusatz "Gegen-" verweist dann nur noch darauf, wo eine Übertragung in Gang gekommen ist: beim Analytiker. Offensichtlich hatte Freud an solche Situationen gedacht, wenn er empfahl, daß sich Analytiker von Zeit zu Zeit wieder einer Analyse unterziehen sollten.

An dieser Stelle läßt sich auch erläutern, was die immer wieder in kasuistischen Diskussionen geäußerte Auffassung, der Analytiker sei im günstigen Falle seinem Analysanden jeweils ein Stück voraus, bedeutet. Es ist für diesen kleinen Vorsprung weniger entscheidend, was der Analytiker weiß, sondern daß er fähig ist, die "Störungen" der gleichschwebenden Aufmerksamkeit verarbeiten zu können, die sich bei ihm im Zusammenhang mit dem jeweiligen aktuellen Konfliktgeschehen in der Analyse einstellen.

Mit diesen Überlegungen ist ein zirkulärer Vorgang nachgezeichnet, der auch hinter folgender Aussage steht: "Der Beitrag des Analytikers zur Übertragung macht diese zu einer prozessualen Größe" (Thomä und Kächele 1985, S. 85). Der Beitrag des Analytikers besteht nicht nur in seinen Interventionen, sondern ebenso in denjenigen selbstreflexiven Prozessen, die zur Entwicklung von Deutungen führen. Das entscheidende Moment dieser Prozesse besteht im Aufarbeiten unbewußter Identifizierungen, die sich, wie dargestellt, als Störungen der gleichschwebenden Aufmerksamkeit ankündigen.

Es stimmt mit der hier skizzierten Vorstellung überein, wenn Pohlen und Wittmann feststellen: "Die Phantasietätigkeit des analytischen Beobachters wäre demnach für uns das Instrument für die Strukturierung des Dialogs" (1980, S. 15). Die Arbeit des Analytikers besteht darin, seine Phantasietätigkeit so in den Dienst der Analyse zu stellen, daß dadurch "das Recht des Analysanden auf Selbstdarstellung und das Recht, das Zusammenspiel mit dem Analytiker in Anspruch zu nehmen" nicht eingeschränkt werden. Die Konsequenz dieser Auffassung ist, wie Lorenzer (1984, S. 21) hinzusetzt, "daß die Grundregel unteilbar ist und als Ganzes zu Lasten des Analytikers geht".

Arlow (1979) unterscheidet an den Vorgängen im Analytiker, die den Deutungen vorausgehen, mehrere Schritte. Zunächst entwickelt sich die schon genannte unbewußte Identifizierung mit dem Analysanden. Dadurch verläßt der Analytiker seine Funktion passiven Aufnehmens und wendet sich seinen eigenen Assoziationen zu. Dann bildet sich ein innerer Dialog aus, dem der Analytiker entnehmen kann, welche Bedeutung die unbewußte Identifizierung hat, durch die sich seine Einfühlung in den Analysanden konstituiert. Aus Einfühlung, Introspektion und intuitiven Verknüpfungen setzt sich eine subjektive Antwort des Analytikers zusammen, die in weiteren, jetzt überwiegend kognitiv organisierten Schritten zum Entwurf einer Deutung verarbeitet wird. Ähnlich beschrieb auch P. Heimann die inneren Vorgänge des Analytikers (1969, 1977).

Folgt man dieser Auffassung, dann muß es als grundsätzliches Mißverständnis erscheinen, wenn der Analytiker versucht, sich eine "störungsfreie" Wahrnehmung zu sichern, indem er alle möglichen Störungen vorschnell zum Problem des Analysanden erklärt und dieses Vorgehen mit einem totalistischen Konzept der Gegenübertragung legitimiert. Eine derartige Auffassung deutet im Analytiker unvermeidlich entstehende Unlust vorzeitig um und versucht das erwähnte Aufarbeiten zu umgehen oder abzukürzen. Da sich die Störungen in der Wahrnehmung von Stimmungen, Körperbefindlichkeiten oder Phantasien konkretisieren, sind sie nicht leicht zu verstehen und allemal besser auszuhalten, wenn sich für sie eine Verursachung annehmen läßt, die nicht bei einem selber, sondern beim anderen liegt. Es ist darauf hinzuweisen, daß das Abarbeiten auf die zur analytischen Arbeit nötige Entspannung hinausläuft, die Morgenthaler (1978) in seiner Monographie zur psychoanalytischen Technik wiederholt hervorhebt.

Die geschilderte Aufarbeitung in der Introspektion des Analytikers ermöglicht nicht nur Deutungen, sondern bewirkt über diese auch, daß der Analysand mehr von seinem aktuellen Erleben verstehen kann, wenn er die Deutungen als Kommentar zu seinem aktuellen Erleben, als Ergänzung seines inneren Dialogs sieht. Damit kommt im Analysanden ein Durcharbeiten in Gang, das ihm jeweils den Spielraum gibt, in der Analyse ein weiteres Stück seines bisher unbewußten Erlebens zu aktualisieren und zu verstehen. Zusammengenommen ergeben diese einzelnen Schritte, wenn die jeweils aktualisierten Erlebnismomente zutreffend interpretiert werden, einen Verlauf, der sich fortschreitend verändert: den psychoanalytischen Prozeß.

In den bisherigen Überlegungen stand die Arbeit des Analytikers, die sowohl seinen zumeist nur flüchtig erfaßbaren inneren Dialog wie auch seine Interventionen umfaßt, im Mittelpunkt. Es sollte jedoch auch deutlich werden, daß alle beschriebenen Einzelschritte an einem Ziel orientiert sind, das sich als Initiierung, Förderung und Vertiefung eines psychoanalytischen Prozesses bestimmen läßt. Diesem Ziel ist auch die übliche Definition des psychoanalytischen Verfahrens, Unbewußtes bewußt zu machen, unterzuordnen. Freud erkannte den Beitrag, den der Analytiker zur Einleitung eines psychoanalytischen Prozesses liefert; die folgende Textstelle läßt uns jedoch im Unklaren darüber, wie der Beitrag des Analytikers zur Fortführung des analytischen Prozesses aussieht (1913c, S. 463):

"Gewiß vermag der analytische Arzt viel, aber er kann nicht genau bestimmen, was er zustande bringen wird. Er leitet einen Prozeß ein, den der Auflösung der bestehenden Verdrängungen, er kann ihn überwachen, fördern, Hindernisse aus dem Wege räumen, gewiß auch viel an ihm verderben. Im ganzen aber geht der einmal eingeleitete Prozeß seinen eigenen Weg und läßt sich weder seine Richtung noch die Reihenfolge der Punkte, die er angreift, vorschreiben. Mit der Macht des Analytikers über die Krankheitserscheinungen steht es also ungefähr so wie mit der männlichen Potenz. Der kräftigste Mann kann zwar ein ganzes Kind zeugen, aber nicht im weiblichen Organismus einen Kopf allein, einen Arm oder ein Bein entstehen lassen; er kann nicht einmal über das Geschlecht des Kindes bestimmen. Er leitet eben auch nur einen höchst verwickelten und durch alte Geschehnisse determinierten Prozeß ein, der mit der Lösung des Kindes von der Mutter endet. Auch die Neurose eines Menschen besitzt die Charaktere eines Organismus, ihre Teilerscheinungen sind nicht unabhängig voneinander, sie bedingen einander, pflegen sich gegenseitig zu stützen; man leidet immer nur an einer Neurose, nicht an mehreren, die zufällig in einem Individuum zusammengetroffen sind."

Die gegenwärtige psychoanalytische Prozeßforschung steht vor der Aufgabe, die einzelnen Aspekte eines naturwüchsigen Prozeßmodells in Frage zu stellen und die Beiträge des Analytikers über den gesamten Verlauf abgeschlossener Analysen zu verfolgen. Die Prozeßforschung geht über den Rahmen dessen, in dem sich Ergebnisforschung in der Psychotherapie bewegt, hinaus. Sie versucht unter anderem zu klären, welche Funktionen der Theorie in der Praxis relevant sind. Verschiedene Analytiker beziehen sich nicht nur auf unterschiedliche Bereiche der psychoanalytischen Theorie, sondern innerhalb dieser Bereiche unter Umständen auch auf unterschiedliche Teilaspekte. Es hat den Anschein, daß die Orientierung an der Theorie über den gewünschten Erklärungswert hinaus auch eine stabilisierende Funktion für das Identitätsgefühl des jeweiligen praktizierenden Analytikers besitzt.

Eines dieser Modelle des psychoanalytischen Prozesses unterstellt, daß die Psychoanalyse eine Theorie des Konfliktes liefert und daß sie, wenn sie unbewußte Motive aufspürt, vor allem jene aufdeckt, die ein konflikthaftes Geschehen herbeigeführt haben, weiterhin bedingen, in Unbewußtheit halten etc. Zum einen soll der Analytiker im Einzelfall nicht mit vorgefertigten Konfliktmodellen vorgehen, sondern sich damit "begnügen, die jeweilige psychische Oberfläche des Analysierten zu studieren und die Deutungskunst wesentlich dazu benützen, um die an dieser hervortretenden Widerstände zu erkennen und dem Kranken bewußt zu machen" (Freud 1914g, S. 127). Zum anderen zeigt die Praxis, daß der Analytiker den Rahmen der gleichschwebenden Aufmerksamkeit verläßt und sich, entweder den Analysanden oder sich selbst betreffend, auf einen Inhalt oder eine Erlebnisweise einstellt. French, der in seiner mehrbändigen Monographie "The Integration of Behavior" (1952, 1953, 1958) psychoanalytische Konzepte mit dem Gleichgewichtsmodell Kurt Lewins verknüpfte, vertrat die Auffassung, der Analytiker habe die Aufgabe, das Zentrum zu finden, von dem die Assoziationen des Analysanden sich ausbreiten (1958, S. 100f; Übers. H.D.): "Zumeist ist dieses Zentrum nicht bewußt, sondern vorbewußt. Wir nennen es den fokalen Konflikt des Patienten" ... "Der Analytiker sollte, wenn er, anstatt nach Hinweisen auf die Vergangenheit des Patienten zu suchen, den fokalen Konflikt ausfindig machen will, den manifesten Inhalt dessen, was der Patient sagt und insbesondere den affektiven Tendenzen, die sowohl in den Gedanken des Patienten wie auch in seiner Art, diese auszudrücken, enthalten sind, große Aufmerksamkeit widmen".

French nimmt an, daß alles, was ein Analysand während einer Sitzung sagt, auf einen bestimmten fokalen Konflikt bezogen werden kann. Er weist ausdrücklich darauf hin, daß diese Perspektive mit dem Analysieren der "psychischen Oberfläche", wie Freud es empfahl, übereinstimmt, da die Gegenwart ein wesentlicher Aspekt der psychischen Oberfläche sei. Wenn ein fokaler Konflikt annähernd bestimmt ist, stellt sich die Aufgabe, diejenigen Lösungsversuche aufzuzeigen, die das Ich für den betreffenden Konflikt gewählt hat. Dazu erläutert French (ebd.):

"Jedes Verhalten neigt zur Ausbildung von Gegensätzen. Auf der einen Seite stehen Bedürfnisse oder Konflikte, die einen störenden Druck hervorbringen, auf der anderen Seite beruhigende Hoffnungen. Wenn wir die Gedanken und Wünsche untersuchen, die einen Patienten während eines bestimmten Zeitabschnitts vorwiegend beschäftigen, dann erwarten wir, daß sie in ähnlicher Weise polarisiert sind, nämlich zwischen einem fokalen Konflikt und einer oder mehreren orientierenden Hoffnungen, die erste Versuche des Patienten sind, für seinen Konflikt eine Lösung zu finden".

Der fokale Konflikt besteht aus einem störenden Wunsch und einem reaktiven Motiv. Außerdem ist er dadurch charakterisiert, daß er sich ständig verändert; er ist "fokal" sowohl in Relation zu tieferen Konflikten (Kernkonflikten) als auch zur psychischen Oberfläche. Der fokale Konflikt stellt also eine Kompromißbildung dar, da er sowohl der aktuellen Situation als auch dem Kern- oder infantilen Konflikt Rechnung trägt beziehungsweise von beiden bestimmt ist.

In dieser Perspektive ist ein psychoanalytischer Prozeß vorstellbar, der in der Aneinanderreihung und Bearbeitung vieler fokaler Konflikte besteht. French illustrierte sein Prozeßmodell durch detaillierte Falldarstellungen; in diesen ist jedoch, im Einklang mit der damaligen Auffassung der psychoanalytischen Praxis, der Beitrag des Analytikers zur Übertragung nicht explizit berücksichtigt. Entsprechend fehlen auch Hinweise auf den inneren Dialog des Analytikers, aus dem die wiedergegebenen Interventionen hervorgegangen sind.

Die therapeutischen Veränderungen jedoch, die mit der Psychoanalyse erreicht werden, sind weniger an ihre "Technik", sondern vielmehr an den Erkenntnisprozeß gebunden, der durch die Regeln des psychoanalytischen Verfahrens eingeleitet und ständig vertieft wird. Aus den bisherigen Überlegungen dürfte deutlich geworden sein, daß Einsichten, die dem Analysanden Veränderungen ermöglichen, in einem vorausgehenden Schritt an Erkenntnisse gebunden sind, die der Analytiker in der psychoanalytischen Situation gewinnt. Nach Klüwer muß sich das Erkenntnisinteresse der Psychoanalyse ständig gegen den Druck eines therapeutischen Interesses behaupten; die Aufrechterhaltung des analytischen Erkenntnisanspruchs sei fraglos der mühsamere Weg (1973, S. 1083).

Das Ulmer Prozeß-Modell erweitert das Modell von French um die interaktionelle Dimension des psychoanalytischen Vorgehens (Thomä und Kächele 1985, S. 359):
"Wir betrachten den interaktionell gestalteten Fokus als zentrale Drehscheibe des Prozesses und konzeptualisieren von daher die psychoanalytische Therapie als eine fortgesetzte, zeitlich nicht befristete Fokaltherapie mit wechselndem Fokus".

Dieses Modell wird der praktischen Erfahrung gerecht, daß die Ausgestaltung der Übertragungsneurose eines Analysanden in hohem Maß vom Analytiker abhängig ist; bei Thomä und Kächele erscheint der psychoanalytische Anspruch auf Erkenntnis darin, daß sie die heuristische Funktion der Technik hervorheben (ebd.):
"Es ist für unsere Konzeption im Grunde unwesentlich, ob der Analytiker eher intuitiv-empathisch zu seiner Fokusformulierung gelangt oder ob er sie stärker aus theoretischen Überlegungen ableitet. Entscheidend scheint uns zu sein, daß das Fokussieren als heuristischer Prozeß begriffen wird, der seine Brauchbarkeit am Fortschritt der Arbeit erweisen muß. Als Indiz für eine stimmige Fokusformulierung ist es zu werten, wenn ein übergreifendes fokales Thema ... in vielfältigen Facetten thematisiert wird".

Die spezifische, den psychoanalytischen Prozeß fördernde Heuristik beschreibt Peterfreund (1983) in seiner systemtheoretisch orientierten Reformulierung psychoanalytischer Praxis. Dem heuristischen Vorgehen, das sich, wie Peterfreunds Fallbeispiele zeigen, im inneren Dialog des Analytikers konstituiert, stellt er ein stereotypes Vorgehen gegenüber, das vorab an der Theorie (Neurosenlehre und Entwicklungspsychologie) orientiert ist. Weder die Praxis noch die Forschung kann den inneren Dialog des Analytikers unberücksichtigt lassen. Diese Auffassung befindet sich bei Spence (1982), der sich seit den 60er Jahren für eine Forschung an Transkripten einsetzt. Er schlägt vor, Transkripte von Analysestunden um "naturalisierende" Texte zu ergänzen, die den inneren Dialog des Analytikers und sein Verhältnis zur Sukzession der Einfälle des Analysanden wenigstens teilweise festhalten sollen. Erst in der Verknüpfung von Erkenntnisprozessen im Analytiker, die sich nur zum Teil in Interventionen konkretisieren, mit dem gesprochenen Text läßt sich prüfen, ob eine bestimmte theoretische Orientierung (und dies gilt nicht nur für die

Psychoanalyse) entweder mehr selbststabilisierend (angstabwehrend im Sinne von Devereux 1967) wirkt oder das Verstehen fördert.
Der Gesamtverlauf der in Teil II dargestellten Kurztherapie von Frau A. ähnelt den Sequenzen, die sich bei langen Analysen als Aneinanderreihung und Bearbeitung vieler fokaler Konflikte erkennen lassen. Die Ähnlichkeit besteht vor allem in der krisenhaften Zuspitzung eines konflikthaften Themas innerhalb der Behandlungssituation. Durch die Aktualisierung des Konflikts zeigte sich in der vorliegenden Behandlung, welcher Konflikt sowohl für die aktuelle Lebenssituation als auch für die Kindheits- und Pubertätsgeschichte zentral war. Ein katamnestisches Interview, drei Jahre nach Abschluß der Behandlung durchgeführt, bestätigte, daß die Veränderung, die mit dem Bearbeiten der krisenhaften Zuspitzung eingeleitet wurde, von Frau A. selbst fortgeführt werden konnte. Daraus hatte sich eine Reihe von konkreten Veränderungen ihrer Lebenssituation ergeben, die sie selber positiv sah. Die Entscheidung zur Darstellung dieser Kurztherapie ist mit der Einschätzung verbunden, daß in zwar begrenztem Ausmaß, aber dennoch exemplarisch ein zentraler Konflikt in aktualisierter Form, das heißt in seiner Darstellung durch die Übertragung, analysiert werden konnte. In der ausführlichen Diskussion des dargestellten Behandlungsverlaufs (Teil III) werden verschiedene Abschnitte herausgearbeitet, die den prozeßhaften Charakter der Aufdeckung und Bearbeitung des zentralen Konflikts erkennen lassen.

Reiht man die einzelnen Deutungsschritte kürzerer oder längerer Behandlungsabschnitte aneinander, so läßt sich gut erkennen, ob der Behandlungsprozeß zu einer Progression führt. Ist das der Fall, dann entwickeln sich die Deutungen in Richtung Vollständigkeit, das heißt, sie erfassen die jeweils aktuelle Behandlungssituation präziser und enthalten Formulierungen, die als Konstruktionen (vgl. Freud 1937d) der unbewußten Phantasien des Analysanden aufzufassen sind. Deutungen hängen nicht nur von bestimmten Theoriepräferenzen ab, sondern auch von einer übergreifenden Auffassung des therapeutischen Prozesses, mag sie nun bewußt reflektiert sein oder unbegriffen zum Zuge kommen. Diesen Prozeß betreffend gebe ich einer Betrachtungsweise den Vorzug, die nicht nur auf die Veränderung von bislang verfestigten Vorstellungen, also auf Einsichten abzielt, sondern die auch beachtet, daß dieser Prozeß selbst ein "hergestellter" ist. Analytiker und Analysand sind, was das Hervorbringen von Einfällen, Phantasien etc. und ihre Deutung betrifft, im

Sinne einer Zusammenarbeit aufeinander bezogen. Diese Zusammenarbeit geht über das von Greenson (1967) definierte Arbeitsbündnis hinaus (vgl. Deserno 1990), da sie systematisch den Beitrag des Analytikers zur Entwicklung der Übertragung einbezieht. Die Kooperation wird im Sinne einer Methode durch die Regeln ermöglicht, die Freud in seinen Arbeiten zur Technik der Psychoanalyse formulierte; diese Regeln zielen darauf ab, wie man günstige Bedingungen zur "Produktion" von Bedeutungen und Interpretationen herstellen kann.

Teil II

Verlauf der Kurztherapie

1. Sitzung

Frau A. folgte dem Rat einer Freundin, als sie in die Sprechstunde kam. Nachdem ihr in einer Selbsterfahrungsgruppe, die sich aus Bekannten und Freunden zusammensetzte, gesagt worden sei, an ihrem Verhalten sei "alles zu viel", das heißt, sie sei zu emotional, zu anspruchsvoll, zu vorsichtig etc., habe sie nicht mehr gewußt, wie es weitergehen solle.
Bei diesem Auftakt erscheint Frau A. einerseits ruhig, andererseits ängstlich. Sie ist Mitte dreißig, hat ein Gesicht mit eindrucksvollen Zügen und trägt ihre halblangen, dunklen Haare zu einem Knoten gebunden. Sie sei ratlos, setzt sie erneut an, habe vor dem Gespräch große Angst gehabt und in der vergangenen Nacht geträumt:
(I) Ein Zahnarzt habe ihr einen Zahn nach dem anderen gezogen. Sie sei geängstigt aufgewacht.
Überhaupt habe sie oft "so kompakte Träume". Als Illustration erzählt sie bis ins Detail jenen Traum, den sie hatte, nachdem man ihr vor drei Wochen sagte, an ihr sei alles zu viel:
(II) Sie sei ständig besorgt gewesen. Mal habe sie sich gesorgt, ob sie rechtzeitig nach Hause käme, mal darüber, daß sie keine Fahrkarte für die Straßenbahn, in der sie fuhr, besaß - "keinen Berechtigungsschein", wie sie sagt.

Am schlimmsten sei aber folgender Traum gewesen, in dem ihre jetzt 8 Jahre alte Tochter vorkam:
(III) Sie habe im Traum gewußt, daß sie ihre Tochter in Stücke zerschnitten hatte. Sie sah sich mit dem Sack, in dem sie ihre Tochter verpackt hatte. Sie versuchte, diesen Sack zu verbergen.
Als ihr dieser Traum am anderen Morgen wieder einfiel, sei sie vor allem darüber erschrocken, daß er kein Gefühl von Reue enthalten habe, sondern immer wieder nur den Versuch, die Tat zu verbergen.
(1) "Ich stelle mir vor, daß Sie solche Träume fürchten, weil sie Ihnen unerwartet einen Einblick in Ihr Gefühlsleben vermitteln können. Möglicherweise hat sich Ihre Angst, daß Ihnen ein Analytiker im ersten Gespräch eine unangenehme Interpretation nach der anderen gibt, in Ihrem Traum als Zähneziehen dargestellt."
Frau A.s Ängstlichkeit begann, als sie vor zweieinhalb Jahren von ihrem Mann geschieden wurde. Nach drei Jahren hatten sich die Eheleute getrennt. Sie klagt, daß sie ständig Angst hat, "nicht dazu zu passen": alle früheren Freunde habe sie verloren, und ihre jetzigen Freunde zeigten ihr immer wieder, daß sie ein anderes, besseres Bild von ihr hätten, als sie es selbst von sich habe.
(2) "Im Zusammenhang mit dem Gefühl, daß Sie nicht dazu passen, interessiert mich, wie Sie Ihre Herkunftsfamilie erlebt haben."
Sie spricht zunächst von ihrem Bruder. (Ich erfaßte, ohne daß mir im einzelnen klar war warum, daß es sich um einen jüngeren Bruder handelt, was sich in den weiteren Sätzen Frau A.s bestätigte.) Dieser habe ständig für Schwierigkeiten gesorgt. Er sei nach seiner Geburt krank gewesen und habe alle zwei Stunden gefüttert werden müssen. (Das war dem kleinen Mädchen wohl "zu viel", stellte ich mir vor; sie könnte Angst vor ihrem Neid bekommen haben.) Von ihrem Vater habe sie nichts gehabt; er sei am Ende des Krieges gefallen. Die Mutter habe jahrelang mit einem Mann zusammengelebt, den Frau A. dramatisch als "brutal" charakterisiert; Frau A. drückt erneut ihr Unverständnis darüber aus, daß ihre Mutter mit diesem Mann zusammenlebte. Dieser Mann habe ihren Bruder mit einem Lederriemen gezüchtigt. Der Bruder aber habe ihn verehrt, was sie wiederum nicht verstehen konnte.
Bei dieser Erzählung beginnt Frau A. zu weinen. Nach einer Weile fragt sie sich, warum sie über diese Geschichte, die sie doch kenne, weinen müsse. Obgleich sie verstehe, daß die Männer nach dem Krieg vielleicht nicht gerade

auf eine Frau mit zwei Kindern ausgewesen seien, hätte es vielleicht doch nettere Männer für ihre Mutter geben können. Dann fällt ihr ein, sie habe die beiden mal beim Verkehr beobachtet. Der Mann sei "so brutal" gewesen, nur auf sich bedacht, wie sie es bei den Männern, mit denen sie später zusammen war, nie erlebt habe.
(3) "Der Mutter scheint an diesem Mann etwas gefallen zu haben und dem Bruder ging es ähnlich. Vielleicht fühlten Sie sich ausgeschlossen - durchaus ein Grund für Tränen."
Darauf fragt Frau A. mich, ob solche Erlebnisse in späteren Beziehungen immer wieder eine Rolle spielen könnten. Zwar sei ihr früherer Mann nicht brutal gewesen, aber unterdrückt habe er sie.
Da ich am Ende dieser ersten Sitzung den Eindruck hatte, daß Frau A. zu Gesprächen oder vielleicht auch zu einer Behandlung bereit sei, und mich der Zusammenhang zwischen den Angstzuständen einerseits und den Traumerlebnissen andererseits zu interessieren begann, vereinbarte ich eine weitere Sitzung. Es deutete sich für mich schon an, daß es ein umschriebener Bereich des Phantasielebens von Frau A. sein könnte, der sie buchstäblich in die Behandlung trieb. Ihren Hinweis zu Traum III, sie sei vor allem darüber erschrocken, daß darin kein Gefühl von Reue vorgekommen sei, bezog ich auf eine Schuldproblematik, die zum wesentlichen Teil unbewußt ist. Ich vermutete, daß sich seit der Scheidung vor zweieinhalb Jahren ein unbewußter Konflikt aktualisiert hatte, der sich um eine Phantasie mit ödipaler Dramatik dreht: Frau A. könnte unbewußt mit der Phantasie von einer Mutter identifiziert sein, die das Verhältnis von Vater und Tochter moralisch verurteilt und trennen will.

2. Sitzung

Frau A. eröffnet die Stunde mit einem Traumbericht:
(IV) Sie habe von einem Faden geträumt, der in Form einer Schlaufe aus ihrem Kleid herausgezogen war. Es kamen Leute, die es eigentlich nicht böse meinten, aber sie wollten ihr diesen Faden abschneiden. Sie habe sich gewehrt, weil sie nicht wußte, was dann passieren würde - ob sich zum Beispiel ihr Kleid auflöst.

Auch dieser Traum habe wieder mit zunehmender Angst geendet. Zugleich habe sie beruhigt, daß sie den heutigen Termin vor sich hatte. Vielleicht bringe der Traum zum Ausdruck, daß sie Angst habe, mehr von sich zu zeigen.

(4) "Als hätten Sie sich gefragt: der Analytiker bestellt mich ein zweites Mal; was hat er vor, an welchem Faden will er ziehen?"

Sie habe sich mit Beunruhigung vorgestellt, ich würde ihr heute wohl sagen, daß ihre Probleme von kleinerer Art seien und sie deshalb wieder wegschicken.

(5) "Bewußt haben Sie sich vorgestellt, ich könnte das zu Ihnen sagen - unbewußt haben Sie vermutlich gefürchtet, ich würde Sie wegschicken, weil es mir mit Ihnen zu viel wird."

Frau A. stimmt mir zu. Eigentlich sei sie mißtrauisch; auch wenn jemand etwas Gutes zu ihr sage, frage sie sich sofort, warum er das tue. Zumeist habe sie keine gute Meinung von sich; nur gelegentlich, wenn sie alleine sei, denke sie, sie sei "ein recht netter Kerl".

Dann schildert sie ihre Beziehung zu Männern. (Während dieser Schilderung fragte ich mich, warum sie weder den schon erwähnten Freund der Mutter noch ihren früheren Ehemann berücksichtigte.) Sie wird genauer. Nicht alle aus der erwähnten Selbsterfahrungsgruppe hätten ihr vorgeworfen, daß an ihr alles zu viel sei. Da sei ein Mann gewesen, der "ein bißchen Psychologie studierte", von dem sie zunächst gedacht habe, er sei ganz anders als die anderen, die sie bisher kannte, nämlich verständnisvoll und einfühlsam. Darauf spricht sie mich direkt an, ich wisse sicher, was sie meine.

(6) "Darunter kann ich mir schon einiges vorstellen, mich interessiert jedoch auch, wie Sie den Unterschied sehen."

Frau A. unterscheidet zwei Männertypen. Die einen seien klipp und klar auf ihre eigenen Interessen ausgerichtet; bei ihnen zählten die Bedürfnisse einer Frau nicht. Die anderen sprächen einfühlsam, bemühten sich zu verstehen. Bei N., dem erwähnten Mann, sei es genau so geendet, wie es mit einem Mann der ersten Art enden würde. Außerdem habe sich herausgestellt, als er das erste Mal bei ihr blieb, daß er impotent sei. Das sei beim ersten Mal eigentlich nichts Besonderes, findet sie. Aber als sie ihn beim nächsten Mal darauf ansprach, habe er gesagt, bei ihm sei das so. Sie konnte ihn überhaupt nicht verstehen, um so weniger, als sie dann erfuhr, daß er noch eine Freundin hat, in deren Wohnung er bald darauf einzog und auch davon sprach, daß er demnächst heiraten wolle. Sie könne sich nicht vorstellen, daß eine Frau einen impotenten Mann heiraten wolle - also stimme doch etwas mit dieser Impotenz nicht. (Ich stellte die Intervention zurück, in der ich Frau A. damit hätte konfrontieren können, daß die Schwierigkeiten in ihren Beziehungen zu Männern insofern von ihr ausgehen, als sie von sich selber meine, sie wolle zu viel. Ich hatte noch keine Idee, warum sie mir jetzt diese Geschichte erzählte.)

Frau A. erzählt mir, wie eine andere Begegnung mit einem Mann verlief. Nach einem schönen gemeinsamen Wochenende sei in der Woche darauf "alles aus gewesen". Er habe ihr zumuten wollen, seine zweite Freundin zu sein, während er mit der ersten zusammenlebte. Einerseits habe sie überhaupt keine Forderungen an ihn gestellt, so daß sie nicht verstehen könne, warum er sich von ihr vereinnahmt fühlte. Die Männer würden jeweils anfangen und intensiv auf sie zugehen. Sie wäre dann auch zärtlich - und bald darauf sei es aus. Das hieße doch, meint sie, daß sie keinen Mann halten könne.

(7) "Ich denke jetzt an Ihre Bemerkung vom Anfang der Stunde, ich würde Sie wegschicken wollen. Offenbar entsteht dieser Gedanke aus dem Gefühl, ich könnte mich von Ihnen vereinnahmt fühlen - mehr noch: in meiner Arbeit als Analytiker meine Potenz gefährdet fühlen."

Mit ihren großen, ausdrucksvollen Augen schaut mich Frau A. eine Zeitlang an. (Ich dachte bei diesem Blick an einen veränderten Bewußtseinszustand wie Trance oder Hypnose. Es war, als schaute Frau A. mich intensiv an und zugleich durch mich hindurch auf etwas, was sie in ihrer Phantasie sieht und wovon sie den Blick nicht wenden kann.) Entsprechend wirkte es auf mich wie eine Art Aufwachen, als Frau A. ihren Blick abwandte und fragte, wie es mit ihr weitergehen solle. Sie könne nicht verstehen, warum die Männer so mit ihr umgingen.

Als ich Frau A. sage, daß die Zeit um sei, kommt es mir wie ein wichtiges Versäumnis vor, daß in dieser Sitzung noch nicht über Möglichkeiten und Art der Behandlung gesprochen wurde. Ich nehme mir das für eine weitere Sitzung vor.

Nach der Sitzung spürte ich immer noch die Benommenheit, die mich während der Schilderungen Frau A.s befallen hatte. Ich sah einen Zusammenhang mit den für Frau A. jeweils unbefriedigend verlaufenden Begegnungen mit Männern und faßte meine Benommenheit als Miterleben der Erregung und Frustration Frau A.s auf. Daran schloß sich meine Überlegung an, ob Frau A.s

Angst nicht daher rühren könnte, daß sie glaubt, ihre sexuellen Wünsche nicht beherrschen zu können. Die Trance- oder Hypnosesituation könnte - zusammen mit der von mir verspürten Benommenheit - Ausdruck einer erotischen Phantasie sein, die unbewußt in der therapeutischen Situation wirksam und noch nicht zur Sprache gekommen ist.

Einen Tag nach der zweiten Sitzung rief mich Frau A. mit beunruhigter, geängstigter Stimme an und bat mich für das schon vereinbarte Gespräch um einen früheren Termin, wenn möglich am selben Tag. Ich gab ihr einen Termin für den folgenden Tag.

3. Sitzung

Frau A. beginnt damit, daß ihr die Erkältung, die sie habe, recht gewesen sei, um zu Hause zu bleiben und über sich nachdenken zu können. Heute bezeichnet sie den Mann, mit dem ihre Mutter zusammenlebte, als ihren "Onkel". Sie habe einiges über ihn aufgeschrieben. Seit dem letzten Gespräch habe sie außerdem der Gedanke gequält, ich sei mit ihr unzufrieden. Dann schildert sie, wie der Anruf zustande kam. Zunächst habe sie mich anrufen wollen, um mir zu sagen, womit sie sich beschäftige; das hätte ich am Telefon aber sicher abgelehnt. Beim weiteren Nachdenken sei ihr wie ein Blitz aufgegangen, daß sie alle Männer verachte. Da habe sie mich doch anrufen und um den früheren Termin bitten müssen.

(8) "Haben Sie eine bestimmte Vorstellung, nach der es Ihnen plausibel erscheint, daß ich beim letzten Gespräch unzufrieden mit Ihnen war?"

Sie meint, ich hätte am Ende des ersten Gesprächs gesagt, wir könnten das Thema dort fortsetzen, wo wir aufhören mußten: bei dem "Onkel". Außerdem hätte ich, als sie über die beiden Arten von Männern sprach, wie nebenbei bemerkt, ihr "Onkel" scheine für sie zur ersten Art ihrer Männercharakteristik zu zählen. Als sie dann geantwortet habe, der sei kein Mann sondern ein Monstrum, hätte sie bei mir ein Lächeln wahrgenommen, das sie sehr irritierte. Gleichzeitig sei ihr aufgefallen, daß sie von diesem "Onkel" noch nie genau erzählt habe, zum Beispiel auch ihrem Mann nicht. Warum ich denn gelächelt hätte, fragt sie mich direkt.

(9) "Ich würde gerne noch wissen, wie Sie mein Lächeln aufgefaßt haben."

Frau A. dachte, ich nähme sie nicht ernst. Dann schildert sie Erinnerungen. Im Alter zwischen 10 und 13 Jahren habe sie oft auf dem Schoß ihres "Onkels" gesessen. Dabei habe sie einerseits gedacht, sie müsse es tun, weil sie sich nicht gegen ihn wehren könne, andererseits habe sie auch eine angenehme Erregung verspürt. Oft habe er sie photografiert, manchmal mit Blütenzweigen im Haar, weil sie, wie er sagte, "so dunkel war".
Unvermittelt erzählt Frau A. ein weniger weit zurückliegendes Ereignis. Ihre eigene Tochter sei nach einem Aufenthalt bei der Großmutter (Mutter von Frau A.) aufgelöst nach Hause gekommen. Die Großmutter habe ihr, als sie onanierte, gesagt, davon werde sie krank. Frau A. habe sich solche Eingriffe in die Erziehung ihrer Tochter verbeten. Zugleich stellte sie sich vor, wie die Mutter ihr selber die Onanie ausgetrieben habe.
Ebenso unvermittelt wie zuvor führt Frau A. die Schilderung über den "Onkel" fort. Als dieser und ihre Mutter dabei waren, sich zu trennen, habe er einmal, als er mit ihr allein war, alle Vorbereitungen getroffen, um mit ihr zu schlafen. Als sie den riesigen Penis gesehen hätte, sei sie sehr verängstigt gewesen. Warum es aber nicht zu dem Verkehr gekommen sei, wisse sie nicht.
Kurze Zeit darauf sei etwas Eigenartiges passiert. Es war Winter und hatte viel geschneit. Sie sei zu ihrer Mutter gelaufen und habe behauptet: "Ein Mann hat mich im Schnee vergewaltigt." Die Mutter sei mit ihr zur Polizei gegangen, weil sie ihr wohl geglaubt habe. Auch die Kriminologin, "die sicher auch eine Kinderpsychologin war", habe es wohl geglaubt, aber sicher sei sie sich da nie gewesen, ob diese Frau ihrer Mutter nicht doch gesagt hätte: "Ihre Tochter lügt."

(10) "Nach meinem Eindruck ist die mit dem "Onkel" geschilderte Szene derjenigen mit N. ähnlich: es kommt nicht zum Verkehr. Das damalige Erlebnis muß in zweifacher Hinsicht für Sie belastend gewesen sein: zum einen der Mutter gegenüber - vielleicht stellt die Geschichte von der Vergewaltigung im Schnee eine Art Rehabilitierung dar - zum anderen, weil es nicht zum Verkehr gekommen ist. Um auf Ihr Drängen auf einen früheren Termin zurückzukommen: ich denke, Sie hatten das Gefühl, ein Geständnis ablegen zu müssen. Offenbar haben Sie mein Interesse, das Thema fortzusetzen, wie einen Verführungsversuch erlebt - ich erinnere an Ihren Traum, in dem Ihnen ein Faden aus dem Kleid gezogen wird. Ich erschien Ihnen unzufrieden, weil Sie nicht genau das gemacht haben, was ich gesagt habe."

(Die Länge dieser Intervention ergibt sich daraus, daß für das Protokoll einzelne Interpretationsschritte zusammengefaßt wurden.)
Frau A. wirkt erleichtert. Sie habe geahnt, daß die Beziehung zu diesem Onkel einen großen Einfluß auf sie ausübe. Gegen Ende der Sitzung formuliere ich noch eine weitere Interpretation:
(11) "Ich stelle mir vor, daß Sie gerade jetzt hierherkommen und eine Behandlung suchen, weil Sie es schlecht miteinander vereinbaren können, daß Sie mit Ihrer Tochter zusammenleben, aber gleichzeitig Wünsche haben, mit einem Mann zusammen zu sein. Sie scheinen zu befürchten, daß Sie sich und Ihre Tochter in eine Situation bringen könnten, wie Sie sie selbst früher erlebt haben."
Die Sitzung endet damit, daß ich Frau A. vorschlage, den soweit erkennbar gewordenen Konflikt in einer begrenzten Zahl von Behandlungsstunden zu bearbeiten.

4. Sitzung

Zu Beginn der Sitzung biete ich Frau A. eine festgelegte Zahl von Sitzungen in wöchentlichem Abstand an. Dabei ging ich von insgesamt zwölf Sitzungen aus und zog die bereits stattgefundenen ab, so daß, die heutige Sitzung mitgezählt, noch neun Stunden zur Verfügung stehen; ich lege mit Frau A. das Datum jeder dieser Sitzungen fest. Frau A. reagiert erfreut, ich glaube aber auch ein Erstaunen über die genauen zeitlichen Festlegungen zu beobachten.
Es überrascht mich, als sie mir erzählt, daß sie nach dem letzten Gespräch den "Onkel", den sie heute "diesen Mann" nennt, aufsuchte. Sie habe ja immer gewußt, wo er wohnte. Sie war jedoch von seiner Reaktion enttäuscht. Einerseits habe sie erwartet, daß er bei ihrem Auftreten erschrecke und sofort ein schlechtes Gewissen zeige. Andererseits habe sie sich bestätigt gefühlt, weil sie immer gewußt habe, daß er arrogant sei. Frau A. hat diese Begegnung bald mit der Bemerkung, sie habe nur mal sehen wollen, wer er sei und jetzt habe sie genug gesehen, beendet. (Während dieser Schilderung fragte ich mich, wozu das nötig war; es erschien mir wie ein Racheakt: sagt sie ihm mit ihrem Überraschungsbesuch, jetzt könne sie mit ihm schlafen, wolle es aber nicht mehr? Was heißt das im Hinblick auf mich und die vorausgegangenen Sitzungen?)

Frau A. sagt, sie habe sich nach dem letzten Gespräch entlastet gefühlt; offenbar, weil sie über diese Sache mit dem "Onkel", die sie lange mit sich herumgeschleppt habe, endlich reden konnte. Sie hoffe, daß die Bedeutung dieses Erlebnisses schwächer werde. Aber sie frage sich immer noch, warum sich die Mutter gerade diesen Mann zum Freund nahm. Sie habe doch vorher einen anderen, netteren Freund gehabt. Der sei aber ausgewandert. Dann meint sie, ihre Mutter habe sich immer so verhalten, als wollte oder könnte sie die große Freundin ihrer Tochter sein.

(12) "Vielleicht haben auch Sie für Ihre Mutter etwas sein wollen, vielleicht ebenfalls eine Freundin, die sich durch diesen Mann zur Seite gedrängt fühlte." Es scheint, als müßte sich Frau A. große Mühe geben, diese Überlegung zu verstehen. Sie spricht dann davon, daß sie viel für den drei Jahre jüngeren Bruder dagewesen sei. Mit acht Jahren habe sie einen zwei Jahre älteren Freund gehabt. Ab diesem Zeitpunkt habe sie ihren kleineren Bruder nicht mehr beschützen müssen.

(13) "Ich stelle mir vor, daß Sie mit diesem Freund und Ihrem Bruder selber eine Art "kleine Familie" bildeten und spielten."

Frau A. geht darauf nicht ein; sie meint, was ich vorher gesagt hätte, würde doch darauf hinauslaufen, daß Freundinnen dieser Art - wie bei ihrer Mutter und ihr - miteinander rivalisierten. So eine Beziehung wolle sie mit ihrer Tochter nicht: "Das bedeutet den Tod", sagt sie dramatisch (und dieser Ausruf brachte mir Traum III wieder in Erinnerung, den sie in der ersten Sitzung erzählte).

Am Ende der Sitzung wurde eine Terminabsprache nötig. Frau A. hatte seit längerem eine Woche Ferien geplant, und ich war noch nicht sicher, ob ich den nächstfolgenden Termin um einen Tag würde verschieben müssen. Daher vereinbarte ich mit ihr, daß sie zwischenzeitlich vom Sekretariat Nachricht erhält, wann der nächste Termin stattfindet.

5. Sitzung

Zunächst bedankt sich Frau A. für den Brief, den sie wie vereinbart erhielt. Sie sei ohne ihre Tochter mit einer Freundin weggefahren und habe angenehme Tage erlebt. In der ersten Nacht zu Hause habe sie jedoch wieder geträumt und sich geängstigt:

(V) Sie war mit ihrer Mutter, die sich im ganzen Traum neutral verhalten habe, ihrem Bruder und "dem Mann" (dem "Onkel") in einem Zimmer. Sie dachte im Traum: Hoffentlich kommt meine Tochter nicht dazu. Sie kam aber, und Frau A. umarmte sie, womit sie dem anwesenden Mann zeigen wollte, daß sie stark sei. Sie spürte im Traum, daß sie ihre Stärke nicht lange durchhalten würde und wachte geängstigt auf.

Sie bringt diesen Traum mit ihrem Überraschungsbesuch beim früheren Freund der Mutter in Zusammenhang. Nachträglich habe sie daran gezweifelt, ob sie richtig handelte. Vielleicht fände er ihre Adresse heraus: "Vielleicht um sich an meine Tochter heranzumachen". Dann scheint es, als gebe sie sich einen Ruck; dies würde ihrer Meinung nach der Traum bedeuten - ob ich eine andere Interpretation hätte? (Beim Zuhören trat ein Element des Traumes - daß die Mutter neutral sei - in den Vordergrund. Ich erwog, ob Frau A. mit dem Stichwort "neutral" auf mich anspielt, und entschloß mich, zunächst zu weiteren Einfällen aufzufordern.)

(14) "Vielleicht haben Sie noch weitere Ideen zu Ihrem Traum."

Frau A. hat noch erwogen, ob sie für den Fall, daß der Mann bei ihr anrufen würde, ihre Mutter präparieren solle; die Mutter solle ihre Adresse nicht weitergeben. Dieser Einfall bestätigte mir, daß im Traum entstellt eine Äußerung enthalten ist, wie Frau A. mich erlebt: nicht neutral, sondern verführend.

(15) "Ihre Mutter erscheint in dem Traum durchgehend neutral, d.h. ganz anders, als sie von Ihnen in den vorausgegangenen Gesprächen geschildert wurde. Ich stelle mir vor, daß Sie mich in diesen Gesprächen nicht als neutral erlebt haben. Sie denken vielleicht, ich hätte mit Ihnen anders umgehen sollen, dann hätten Sie auch nicht zu diesem Mann gehen und in Befürchtungen geraten müssen."

Sofort fragt Frau A., ob ich damit meinte, daß ich dieser Mann im Traum sei. Damit überrascht sie mich. Sie ergänzt, daß sie vor dem heutigen Gespräch wieder Angst empfunden habe. Zunächst habe sie darüber überhaupt nicht reden wollen, aber jetzt sei wieder eine derartige Situation entstanden: jedes Mal sei es in diesen Gesprächen so gekommen, daß sie Dinge gesagt habe, von denen sie entweder vorher nichts wußte oder nicht angenommen hätte, daß sie darüber sprechen würde. So, denke sie, könne ich sie gewiß kaum akzeptieren - und zwar je mehr sie über sich erzähle. Ein anderer Gedanke sei, ich nähme sie nicht ernst und würde mich fragen, was sie hier eigentlich wolle.

(16) "So haben Sie auch über sich nach dem ersten Gespräch gedacht. Einerseits meinten Sie, Sie seien unzumutbar, andererseits daß ich Sie nicht ernstnehmen könne. Wenn Sie sich für unzumutbar halten, dann meinen Sie wohl, Sie seien dem Mann, den Sie kürzlich auch einmal "das Monstrum" genannt haben, recht ähnlich."
Auf der einen Seite liege ihr viel an dem Gespräch mit mir, sagt Frau A., auf der anderen sei sie sehr unsicher geworden. Es sei doch auffällig, daß sie, kaum daß sie wieder hier war, von derselben Unruhe und Ängstlichkeit befallen wurde, die sie vor der kurzen Unterbrechung erlebte. Inzwischen habe sie über ihre Ehe nachgedacht. In gewissem Sinn sei auch ihr Ehemann ein Monster gewesen - eines, das sie sogar haben wollte! Er habe sie sehr unterdrückt, habe seine ganze Karriere auf ihre Kosten aufgebaut. Sie hingegen habe ihn sehr damit getroffen, als sie sich endgültig von ihm trennte.

6. Sitzung

Da ich aus persönlichen Gründen zum vereinbarten Termin nicht im Institut sein konnte, habe ich Frau A. telefonisch gebeten, zwei Tage später zu kommen. Sie beteuerte, daß ihr diese Verschiebung nichts ausmache.
Frau A. beginnt diese Sitzung mit der Bemerkung, sie wisse gar nicht, wie es weitergehe. Vor dem Anruf habe sie vom Institut einen Brief bekommen; sie habe sich kaum getraut, ihn zu öffnen, da sie annahm, es werde ihr darin mitgeteilt, daß sie nicht mehr kommen könne. Der Brief enthielt jedoch nur die Aufforderung, den fälligen neuen Überweisungsschein abzugeben. Vorgestern habe sie sich zum Zeitpunkt der ursprünglich vereinbarten Stunde vorgestellt, wie ich mich angesichts der bevorstehenden Stunde fühlen würde: da kommt die mit ihren Träumen wieder, würde ich sicherlich denken. Zeitweise habe sie das Gefühl, daß sie sich besser gegen die Ansprüche anderer wehren könne. Die nachfolgende Geschichte sei jedoch der Gegenbeweis. Eine Freundin bat sie, ein paar Seiten einer Dissertation für sie zu tippen. Als sie zugesagt hatte, habe der Doktorand noch einige Seiten hinzugefügt, die handgeschrieben und zum großen Teil in englischer Sprache verfaßt waren. Sie habe sich sehr mit dieser Arbeit gequält und sei dann um so enttäuschter gewesen, als sie erfahren habe, daß sie damit ihrer Freundin noch nicht einmal einen besonderen Gefallen getan hatte. Frau A. wirkt zerknirscht, als sie sagt, ich hätte

recht gehabt mit meiner Bemerkung in der letzten Stunde - im Grunde sei sie selbst das Monstrum. Die Zeit bis zum Ende der Therapie sei so kurz und dann stünde sie alleine mit dem Monster da. Nach außen sei sie zumeist freundlich, aber dahinter - sie spricht nicht weiter.
(17) "Freundlicherweise haben Sie versucht, die von mir vorgenommene Begrenzung der Gespräche sich zu eigen zu machen. Sie spüren mehr und mehr, wie Sie sich ärgern."
Frau A. fragt sich, ob sie überhaupt eine Chance hätte, sich in dieser kurzen Zeit zu verändern. Als sie sich vor zwei Tagen mit ihrem ehemaligen Mann getroffen und ihm auch erzählt habe, daß sie in eine Behandlung gehe, habe er ihr klipp und klar gesagt, das sei nicht gut für sie, da der Therapeut sie abhängig machen werde. Sie spürte, wie sie mich zu verteidigen versuchte. Ihr Mann habe aber auch etwas gesagt, was ihr einleuchtete: er sei gerade durch die Art, wie sie ihn geliebt habe, ihr gegenüber immer hilfloser, zugleich aber auch wütender geworden.
Nach der letzten Stunde habe sie zu Hause einige Gedanken aufschreiben wollen. Ihre Tochter fragte, was sie schriebe, und als sie versuchte, ihr zu erklären, daß sie mit diesen Gedanken für sich sein wolle, habe ihre Tochter gefragt, warum sie diese Gedanken nicht mit ihr besprechen könne.
Am Ende der Sitzung fragt Frau A., ob sie für den vereinbarten Zeitraum eine zweite Sitzung in der Woche haben könne. Ich sage ihr, daß ich keine zweite Stunde zur Verfügung habe. Sie wirkt ziemlich verärgert, als sie geht.

7. Sitzung

Zunächst erzählt Frau A. vom vergangenen Wochenende. Sie hatte sich mit verschiedenen Freunden und deren Kindern getroffen. Sie schaute zu, wie ihre Tochter malte und stellte ihr die Frage, wie sie wohl die Mutter dazu malen würde. Die Antwort der Tochter: als Kind und Freundin. Frau A. erklärte ihrer Tochter, daß sie sich auf dem Bild lieber als Erwachsene sehen möchte. Mir gegenüber räumt sie ein, in dieser Charakteristik als Kind und Freundin komme Wichtiges von ihr zum Ausdruck.
Dann kommt Frau A. auf die letzte Stunde zurück und meint, sie habe mich wohl unter Druck setzen wollen. Vielleicht habe sie mir durch ihr Bedrängen

schon jetzt die Schuld daran geben wollen, falls es ihr dann, wenn die Behandlung zu Ende sei, noch schlecht gehe.

(18) "Soll ich mich im Hinblick auf das Behandlungsende, das ich Ihnen zumute, jetzt schon schlecht fühlen?"

Wenn es wenigstens so wäre, meint sie; sie bezweifle ständig, daß sie mich beeindrucken könne.

(19) "Sie bewegen sich mir gegenüber in einem Dilemma: mal haben Sie das Gefühl, daß Sie gar nichts bewirken, mal haben Sie Angst, daß mir alles an Ihnen zu viel wird."

An dieser Stelle versucht Frau A., an mir den Mann und den Analytiker zu unterscheiden. Sie finde es gut, daß sie sich derart offen äußert, so lange sie mich ausschließlich als Analytiker sieht. Aber sie wird das ungute Gefühl nicht los, daß sie mich zu sehr bedrängt.

(20) "Sie fürchten, daß Sie mich in ähnlicher Weise überraschen und erschrecken könnten wie den früheren Freund ihrer Mutter, als sie ihn kürzlich aufsuchten."

Nach dieser Interpretation beginnt Frau A. zu klagen. Sie könne vermutlich nicht gut formulieren, sich nicht richtig verständlich machen. Auch in einer ihrer letzten Männerbekanntschaften habe sie das Gefühl gehabt, daß sie irgendwie diesen Mann ständig bedrängte, auch noch bei einem klärenden Gespräch, das wiederum auf ihr Drängen zustande gekommen sei.

Am Ende dieser Sitzung fragt Frau A. erneut, ob ich nicht eine zweite Stunde bereitstellen könnte. Meine Antwort darauf ist ein Nein ohne weitere Erklärungen. Nach der Stunde stellte ich mir vor, daß der Ausgang dieser Behandlung auch entscheidend davon abhängig sein würde, ob ich den Übertragungskontext dieser Forderung aufdecken könnte.

8. Sitzung

Frau A. stellt zwei kurz zurückliegende Erlebnisse mit ihrer Tochter an den Anfang. Neulich habe ihre Mutter die Tochter von Frau A., während sie sprach, unterbrochen und in die Küche schicken wollen, damit sie ihr ein Glas Milch hole. Die Tochter habe protestiert, und Frau A. gab ihrer Tochter recht. Die Großmutter mußte sich schließlich ihre Milch selbst holen. Mit dem Hinweis auf das Buch von Alice Miller "Am Anfang war Erziehung" stellt Frau A.

empört fest, so müsse sich ihre Mutter früher auch ihr gegenüber verhalten haben.
Das zweite Erlebnis bezieht sich darauf, daß sich ihre Tochter über das Essen beklagte und Frau A. daraufhin ärgerlich geworden sei. Ihre Tochter habe gesagt: "Du kannst mich ja jetzt gleich ins Krankenhaus fahren und mir Deine Gedanken einoperieren lassen". Frau A. sei darüber sehr erschrocken. Sie habe es vermieden, den Streit weiter eskalieren zu lassen, und schließlich hätten beide über die Situation lachen müssen. (Beim Zuhören blieb mir unklar, auf welche Weise sich die gespannte Atmosphäre zwischen Mutter und Tochter so rasch entschärfte. Die geschilderte Szene erinnerte mich, vor allem über die Assoziation "Operation", wieder an Traum III, den mir Frau A. im ersten Gespräch erzählte.)
Am Wochenende sei bei Spielen mit Freunden eine psychologische Charakteristik der Beteiligten vorgenommen worden. Über Frau A. wurde übereinstimmend gesagt, sie sei freundlich, perfekt und ordentlich - wenn man sie zu Besuch erwarte, müsse man vorher aufräumen. (Über das "Aufräumen" gelange ich in meinen Einfällen zu dem, was schon angeklungen war: daß Frau A. im Zusammenhang mit den Therapiestunden Aufzeichnungen macht - ist das ein "Aufräumen" von Beunruhigendem, Unerledigtem?)
Nun spricht Frau A. selber vom Aufschreiben. Dabei führt sie auch eine Freundin ein, die gelegentlich während der Therapiestunde auf ihre Tochter aufpaßt. Dieser gegenüber habe sie angedeutet, daß sie mich zwiespältig erlebe. Nach der Stunde sei sie einen Kaffee trinken gegangen und habe ihre Gedanken niedergeschrieben.
(21) "Indem Sie Ihre Gedanken zur Behandlung aufschreiben, stellen Sie eine geheimnisvolle Situation her, nicht nur Ihrer Tochter und Ihrer Freundin, sondern auch mir gegenüber."
Frau A. rechtfertigt sich damit, daß sie von mir schließlich keine zweite Stunde bekäme und außerdem beim Aufschreiben auch gute Gedanken entwickle. Sie sei zum Beispiel darauf gekommen, daß ihr Überraschungsbesuch beim früheren Freund ihrer Mutter wohl auf eine Entlastung abziele: sie habe nämlich sehen wollen, ob sich dieser Mann wegen der früheren Ereignisse noch schuldig fühle.
(22) "Durch das Schreiben wird es zu einem Geheimnis, wie Sie auf mich reagieren. Sie fangen beim Schreiben Ihre Reaktionen ab. Während der

Stunde führen Sie mich in die verschiedensten Situationen, die Sie kürzlich erlebt haben. Das tun Sie, denke ich, damit wir nicht dazu kommen, direkt von Ihnen zu sprechen. Auch wenn Sie mich mit Ihrem Wunsch nach einer zweiten Stunde bedrängen, kann in diesem Bedrängen selber eine Ablenkung liegen."
Nach dieser Interpretation überlegt Frau A., ob nicht ihr wichtigstes Problem darin bestehe, daß sie schlecht mit Aggressivität umgehen könne.

9. Sitzung

Frau A. eröffnet die Stunde mit der Frage, ob es stimme, daß ich in der letzten Sitzung "keinen Nerv" für sie hatte. Sie vermutet, daß sie ziemlich durcheinander gesprochen habe und es so aussähe, als passe alles nicht zusammen, vor allem ihre Probleme einerseits mit Männern, andererseits ihre Konflikte mit Frauen. Sie denke dazu folgendes: ihre Probleme mit Männern würden sich aus ihren Konflikten mit Frauen entwickeln. Neulich habe sie ihre Tochter gemaßregelt, weil sie nicht aufräumte. Da sagte die Tochter, sie habe Angst vor ihr. Die Tochter erklärte es noch genauer: sie habe nämlich Angst, weil ihre Mutter "immer das gleiche Gesicht mache". Frau A. versteht ihre Tochter so, daß sie ihr sagen möchte, sie könne nicht richtig reagieren, sondern nehme sich immer zurück. Sie erinnert sich, daß sie selbst die Angst, von der ihre Tochter sprach, ihrer Mutter gegenüber hatte. Als sie feststellt, ihre Reaktionen seien bis zur Selbstaufgabe gegangen, weist sie erneut auf das schon erwähnte Buch von Alice Miller hin. Mit ungefähr vier Jahren habe sie oft Blasenentzündungen gehabt. Als sie nachts einmal ins Bett machte, wurde sie von ihrer Mutter in die Zimmerecke geschickt. Sie habe dort stundenlang gestanden. Zur selben Zeit habe sie auch große Angst vor Dunkelheit entwickelt.
(23) "Ich überlege mir, ob Sie nicht damals Angst vor Ihrer Mutter hatten, weil Sie vielleicht dachten, Ihre Mutter wollte Sie loswerden und hätte deshalb keinen Nerv für Sie gehabt. Ich komme darauf, weil Sie sich verschiedentlich mir gegenüber so äußerten. Einmal nahmen Sie an, ich würde innerlich gleichsam aufstöhnen und denken, da kommt die wieder mit den Träumen, oder heute meinten Sie, daß ich in der letzten Stunde keinen Nerv für Sie hatte."
Frau A. wirkt erschrocken. Nach längerer Zeit spricht sie davon, ihre Mutter habe ihr mehrfach gesagt, sie sei ein Wunschkind gewesen, während sie den

jüngeren Bruder nicht mehr hätte haben wollen. Aber - so komme es ihr jetzt vor - vielleicht sei der Mutter in der Schwangerschaft "alles zu viel" gewesen.
(24) "Die Verbindung, die Sie jetzt zur Schwangerschaft herstellen, erinnert mich daran, daß Sie einmal andeuteten, Sie hätten Ihren Kinderwunsch Ihrem Mann gegenüber durchgesetzt."
Darauf geht Frau A. nicht direkt ein. Sie ist mit der Beziehung zu ihrer Tochter beschäftigt. Sie meint, sie müsse ständig Vergleiche zu ihrer eigenen Kindheit ziehen. Dabei falle ihr auch immer wieder auf, wie ihre Tochter sich von ihr unterscheide, vor allem in der Kraft ihrer Äußerungen. Sie habe sie deshalb auch "Power-Kind" genannt. Als sie nach der Scheidung umzog, habe die Tochter fürchterlich geschrien, so daß sie sogar von den Nachbarn darauf angesprochen wurde. Als sie mit dem Geschrei ihrer Tochter nicht mehr umgehen konnte, meldete sie sich in einer Beratungsstelle an. Neulich hätte ich mich auf den Traum bezogen, in dem sie wußte, daß sie ihrer Tochter Gewalt angetan hatte. Im Zusammenhang mit meiner Bemerkung habe sie sich daran erinnert, wie sie ihre Tochter, als es Zeit war, zum Termin in die Beratungsstelle zu gehen, aus dem Bett zerrte. Dabei habe sich das Mädchen an der Bettkante verletzt und schrecklich geblutet. Frau A. beteuert mehrfach, daß sie mit ihrer Tochter nie grob umgehe.
Wieder kommt ihr alles durcheinander vor. Sie spricht vom Aufschreiben; damit verfolge sie schließlich auch das Ziel, das Durcheinander zu ordnen. Sie sei ziemlich erschrocken, als ihr die Geschichte mit der Verletzung wieder eingefallen sei. Nach längerem Zögern sagt sie, sie habe in der letzten Stunde, wieder unter dem Eindruck, ich hätte es sicher nicht hören wollen, etwas beiseite geschoben. Sie hätte gerne einen Traum erzählt:
(VI) Sie sei unter Orchestermusikern gewesen und habe selber eine Trompete gehabt. Im Traum dachte sie daran, daß sie nie Trompete gespielt habe, und sie sei überrascht gewesen, daß sie doch spielen konnte. Sie hatte außerdem im Traum auch das Gefühl, es sei für die anderen wichtig gewesen, daß sie Trompete spielte.
Inzwischen habe sie ja gemerkt, daß sie immer für andere eine wichtige Rolle spielen müsse; soweit sei ihr schon verständlich, warum sie im Traum Trompete spielen konnte. Aber warum gerade Trompete?
(25) "Bekanntlich ist die Trompete ein lautes Instrument. Ich stelle mir gerade vor, daß vielleicht meine Kollegen hier ähnlich reagieren würden wie Ihre

Nachbarn, falls Sie hier so laut schreien würden, wie Ihre Tochter das getan hat."

Wieder wirkt Frau A. erschrocken. Ich habe nach dieser Sitzung das Gefühl, daß Frau A. die Stunde mit Übertragungsangeboten mehr und mehr vollpackt und kann mir durchaus vorstellen, daß es mir "zu viel" wird.

Einen Tag nach dieser Sitzung bekam ich vom Sekretariat einen Zettel mit der Telefonnummer von Frau A. Ich wurde informiert, daß sie mehrfach angerufen hatte und ich zurückrufen möchte. Für den Fall, daß sie nochmals anrufen würde, wies ich auf die Telefonzeit hin, in der ich erreichbar bin. Am nächsten Morgen erhielt ich ein Kuvert, das an mich adressiert und mit dem Zusatz "Persönlich" versehen war. Um mir darüber klar zu werden, wie die Anrufe und das Kuvert auf mich wirken, beschloß ich, weder telefonisch zu reagieren noch das Kuvert zu öffnen.

Frau A. rief während meiner Telefonzeit an. Sie wollte dringend eine Stunde. Dadurch brachte sie mich zu der Frage, was denn so dringlich sei; sie sagte, daß ein Traum sie sehr erschreckt habe. Dieser Traum sei auch in dem Brief, den sie vorbeigebracht habe. Ich überlegte kurz und bot ihr an, ich könne, wenn es sehr dringlich sei, die übliche Stunde zwei Tage vorverlegen. Über das, was sie geschrieben habe, könnten wir in der Stunde sprechen. Dieser Vorschlag schien ihr nicht recht zu sein, und es blieb bei dem üblichen Termin. Dieses Zwischenspiel, das den Brief, den darin enthaltenen Traum und die Telefonanrufe umfaßt, sollte mich offensichtlich aus meiner Neutralität bzw. Abstinenz herausholen. Es sollte mich selbst danach drängen, das Kuvert zu öffnen und mich mit dem Traum zu beschäftigen. Ein Kuvert öffnen, um an einen Traum zu kommen - die Symbolik ist überdeutlich. Ich will nicht unterschlagen, daß ich mir standhaft vorkam, wenn ich das ungeöffnete Kuvert in den nächsten Tagen auf meinem Schreibtisch liegen sah. Dort sollte es, sichtbar ungeöffnet, für Frau A. liegen bleiben.

10. Sitzung

Frau A. beginnt mit einer Erklärung, warum es ihr so wichtig gewesen sei, mich möglichst sofort zu sprechen. In diese Erklärung baut sie mich geschickt ein: ich hätte sinngemäß einmal gesagt, sie könne ihre Gefühle nicht äußern, zum Beispiel auch darüber, daß ich ihr keine zweite Stunde zur Verfügung

stellen könnte. Nun habe sie ihre Gefühle äußern wollen. Ihre starke Beunruhigung habe sich aus einem Traum heraus entwickelt:
(VII) Frau A. ist an ihrem Arbeitsplatz. Man feiert ein Fest. Plötzlich vermißt sie ihre schöne Stoffhandtasche. Mit einer Lederhandtasche, die ihr als Ersatz angeboten wird, kann sie sich nicht zufrieden geben und sucht weiter. Ihre Suche führt sie durch viele Räume und Türen. Es tauchen Personen auf, die Krankenpflegern ähneln und sie auf eine Trage legen wollen. Es sind Männer, die dauernd Späße machen, während ihr nicht lustig zumute ist. Dann tauchen drei Indianer auf. Wieder läuft Frau A. durch viele Räume und Türen.
Schließlich sieht sie sich mit einem Indianer im Innenhof, der zwischen den verschiedenen Gebäuden freigeblieben ist. Dort steht eine kleine Hütte. Frau A. geht mit dem Indianer in die Hütte, in der es wie in einer Rumpelkammer aussieht. Vor der Tür der Hütte sieht sie einen großen, gefährlich wirkenden und schönen Tiger. Sie flüstert dem Indianer zu, daß sie den Tiger gesehen habe. Der Tiger setzt zum Sprung an und springt in die Hütte. Der Indianer kämpft mit dem Tiger, und es gelingt ihm, das Tier erst auf die Seite, dann auf den Rücken zu legen. Es hat den Anschein, als liege der Tiger auf einem Tisch oder einer Fensterbank. Plötzlich hat der Indianer mehrere Messer in der Hand - ein Sortiment, wie ich es in der Küche habe, ergänzt Frau A. Der Indianer sticht dem Tiger ein Messer in den Leib. Es fließt entsetzlich viel Blut. Voller Angst hat sich Frau A. hinter einen Schrank verkrochen. Als der Tiger verletzt ist, wird er menschlich und beginnt zu sprechen. Er sagt zu dem Indianer: "Das wirst Du mir büßen." Dann hat der Tiger ein Messer in der Hand und sticht dem Indianer in die Brust. Voller Angst sieht Frau A., wie der Indianer zusammenbricht. Sie hält die Beine des Tigers fest und bemerkt, wie diese immer länger werden. Dazu denkt sie, der Tiger stirbt jetzt auch. Sie steht auf, geht vorsichtig zur Tür, und als sie loslaufen will, wird der Tiger wieder lebendig und verfolgt sie. Sie denkt im Traum, daß sie, weil sie die vielen Türen, Räume und Gänge kennt, schneller als der Tiger sein könnte, muß jedoch mit zunehmender Angst feststellen, daß er sie einholt.
Frau A. ist geängstigt und zitternd aufgewacht. Trotz ihrer Angst möchte sie wissen, wie der Traum weitergegangen wäre. Sie habe sich in der Nacht mit zitternden Händen eine Zigarette angesteckt, sich hingesetzt und den Traum aufgeschrieben. Als sie sich etwas beruhigt hatte, habe sie gedacht, der Tiger

stelle ihre Gefühle dar. Ich könne jetzt wohl verstehen, warum sie derart beunruhigt gewesen sei und mich habe erreichen wollen.

(26) "Sie sagten, Sie hätten nach dem Aufwachen gerne gewußt, wie die Verfolgung weitergegangen wäre. Ihr Traum ging weiter - die Verfolgung setzte sich in Ihren Anrufen fort."

Frau A. ist überrascht. Nach einer Weile meint sie, wenn ich damit sagen wolle, sie habe diesen Traum sozusagen gemacht, um mir das Kuvert schicken zu können, sei das unlogisch.

(27) "Ich meine, das Beziehungsmuster im Traum, gekennzeichnet von Angst, Bedrängen und Verfolgen, reicht über den Traum selber hinaus, bestimmt Ihre Beziehung zu mir - der Tiger steckt im Kuvert."

Frau A. stellt fest, Bedrängen und Ungeduld spiele in ihren Beziehungen sowohl Frauen wie Männern gegenüber eine wesentliche Rolle. Sie schaut mich an. Es habe sie sehr mitgenommen, was ich am Ende der letzten Stunde zu ihrem Traum mit der Trompete gesagt hätte (VI). Sie habe sich nämlich darüber gefreut, daß sie im Traum Trompete spielen konnte. Als ich jedoch die Situation so formuliert hätte, daß sie vielleicht in der Stunde laut schreien würde, sei sie erschrocken. Mit dem früher schon geschilderten Blick schaut sie mich weiterhin an und stellt fest, der Tiger-Traum spiele zwischen ihr und mir eine Rolle.

(28) "Ja, in dem Traum geht es um Angst und Bemächtigung, und darum ging es auch in den Tagen nach dem Traum."

Frau A. meint nun, sie wolle auch "die ganze Situation haben", also mit mir in der Stunde über all das, was sie bewege, sprechen. Am Telefon habe sie mich so verstanden, als wolle ich nicht, daß wir schriftlich "verkehrten". Das wolle sie eigentlich auch nicht, müsse sich jetzt aber fragen, warum sie es denn in Gang setzen wollte.

(29) "Ich sehe noch ein Detail, was Ihr Traumerlebnis und Ihr anschließendes Verhalten mir gegenüber betrifft: Was meinen Sie - wie öffnet man ein Kuvert?"

Frau A. reagiert sofort: Mit einem Messer -

(30) "Ja, und auf diese Weise käme es dazu, daß die Situation zwischen Ihnen und mir in der Therapie und die im Traum zwischen dem Indianer und dem Tiger ähnlich würde - eine Situation, vor der Sie einerseits große Angst haben, die Sie sich andererseits herbeiwünschen."

Frau A. hat den Eindruck, bei ihren Gefühlen gehe es in der Tat um starke, leidenschaftliche Gefühle, die auch mit Gewalt verbunden seien. Ihr faktisches Verhalten ließe jedoch nie auf Aggressivität schließen. Im Gegenteil, zumeist sei sie ordentlich und distanziert. Daß an dieser Distanziertheit etwas merkwürdig sei, merke sie daran, daß sie nicht mehr weinen könne oder auf eine Art und Weise weine, die ihr selber unecht vorkomme.

(31) "Ich stelle mir vor, daß Sie mich, nachdem Sie diesen Traum hatten, prüften - als wollten Sie herausfinden, wie die Situation mit mir ausgeht; ob Sie mich bedrängen oder ängstigen können - zum Beispiel, wenn ich auf Ihr Drängen eingegangen wäre."

(Ich hatte erwogen, dieser Interpretation noch anzufügen, daß ich in Frau A.s Bedrängen eine Art Wiederholung des Überraschungsbesuchs sähe, den sie zu Anfang der Kurztherapie beim früheren Freund der Mutter machte. Ich ließ diesen Gedanken weg, weil ich Frau A. nicht anbieten wollte, sich schnell aus der Aktualität der Übertragung auf ein Ereignis zurückzuziehen, das eine Weile zurückliegt. Ähnliches gilt für den greifbaren Zusammenhang zwischen der Messer-Szene im Traum, dem intendierten Brieföffnen und dem vom früheren Freund der Mutter vorbereiteten Verkehr, zu dem es nicht kam.)

Frau A. bemerkt, genau das habe sie nach ihrem Anruf selber auch gedacht, habe diesem Gedanken zunächst aber keine weitere Bedeutung beigemessen. Was ich gesagt hätte, würde doch wohl heißen, sie versuche, wenn sie mit anderen ungeduldig ist und sie bedrängt, anderen Angst zu machen, obgleich sie selber Angst habe.

Am Ende der Sitzung zeige ich auf das Kuvert, das auf dem Schreibtisch liegt und sage dazu:

(32) "Was soll jetzt mit dem Tiger geschehen?"

Frau A. antwortet entspannt und humorvoll, da ich den Tiger jetzt kennen würde, könne sie ihn auch wieder mitnehmen.

11. Sitzung

Frau A. eröffnet die Sitzung, sie müsse mich schon wieder mit einem Traum behelligen:

(VIII) Sie fährt in einem Greyhound-Bus. Als er anhält, fragt sie den Fahrer, was das Ziel der Reise sei. Er holt ein Buch und sie blättern es gemeinsam

durch. Sie blättern sehr viel und verlieren die Orientierung. Immerhin kann sie erkennen, wo sie sich jetzt befindet: zwischen zwei bestimmten Orten. - Sie unterbricht die Traumerzählung durch eine Erläuterung zu den beiden Orten: im einen habe sie die ersten Jahre ihres Lebens verbracht, der andere sei von ihr und einer Freundin in Erwägung gezogen worden, um näher beieinander zu wohnen. - Dann setzt sie ihren Traumbericht fort: Sie fährt noch ein Stück mit dem Bus. Als sie aussteigt, kommt sie zu einem Gebäude, das zwei Einrichtungen ähnelt, die sie häufiger besucht. Dort begrüßt sie viele Leute. Hier schiebt Frau A. die Bemerkung ein, letzteres gelinge ihr gerade nicht gut, und setzt ihren Traumbericht fort:
Sie raucht eine Zigarette und will sie in den Abfall werfen. Bei ihrer Suche entdeckt sie eine im Boden eingelassene Platte, die sie anhebt; sie wirft die Zigarette mit einigen Papierschnitzeln in die Öffnung. Kurz darauf beginnt ein Papierstückchen in ihrer Hand zu brennen. Außerdem qualmt es aus dem Boden hervor. Sie geht an die Theke, und im Gegensatz zu ihrer Erwartung, daß man ihr Vorwürfe machen würde, ist der dort arbeitende junge Mann sehr freundlich. Er freut sich darüber, daß sie ihm gleich Bescheid sagt und meint, das Feuer ließe sich ja löschen. Zwischen beiden entwickelt sich ein Flirt, der mit der Verabredung endet, daß Frau A. später an die Theke zurückkommt. Sie trifft eine Reihe von Frauen. Plötzlich hält sie eine schwungvolle Rede über Erziehung, die von allen heftig beklatscht wird. Ihre Freundin äußert sich ebenfalls, jedoch nur in einem Satz, und Frau A. spürt im Traum ein schlechtes Gewissen darüber, daß diese eine Bemerkung der Freundin nicht beachtet wird. Sie meint, daß die Freundin besser als sie formulieren könne. Die Begeisterung der applaudierenden Frauen wird ihr peinlich. Als sie aus der Tür geht, um sich um ihre Blumen zu kümmern, sieht sie noch eine Freundin, von der sie sich inzwischen getrennt hat.
Unter ihren Blumen befindet sich eine exotische Pflanze. Sie trägt sie in den Raum und muß dabei durch Wasser laufen, sogar durch eine besonders tiefe Stelle waten. Dann passiert etwas, was ihr sehr peinlich ist. Sie faßt die Pflanze an, und diese löst sich mit einem Geräusch aus dem Topf, das einem "Pups" ähnelt. Jetzt schauen alle zu ihr hin. Sie hält die Pflanze hoch, als wolle sie beweisen, daß nicht sie, sondern die Pflanze das Geräusch verursacht habe. Sie steht immer noch im Wasser und spürt, wie es immer tiefer wird. Sie geht immer mehr unter und beginnt zu denken: "Ich ertrinke". Da läßt sie den Ton-

topf mit der Pflanze los und sieht, wie er zur Wasseroberfläche aufsteigt. Sie aber geht weiter unter - und wacht aus dem Traum mit schwerem Schnaufen auf.
(Nach dieser Traumerzählung hatte ich zunächst das Gefühl, daß alle Klarheit, die sich soweit über Konflikte und Abwehr von Frau A. erarbeiten ließ, buchstäblich unterginge.)
Frau A. schildert mir die verschiedenen Gedanken, die sie zu diesem Traum hat. An den genannten Orten könne sie nicht so auftreten, wie sie dies gerne täte. Deswegen bewundere sie die erwähnten Freundinnen für ihr Auftreten. Sie müsse mehr und mehr daran denken, wie alt sie inzwischen geworden sei. Vielleicht verlaufe ihr Leben weiterhin so, wie in den letzten fünf Jahren; sie hatte zumeist das Gefühl, so wolle sie nicht leben, müsse es aber.
An dieser Stelle des Protokolls fiel mir ein, daß ich bei der Wiedergabe des Traumberichts einen Teil vergessen habe; er lautet:
(zu VIII) Nach der schwungvollen Rede und dem großen Beifall wird gesagt, daß Frau A. 18 Jahre sei. Sie setzt entgegen, daß sie einige Jährchen darüber sei. Als sie dann an die Theke geht, sieht sie zuerst einen Freund von früher, mit dem sie als 18jährige befreundet war - wie sie sagt, eine platonische Liebe. Er sei eine Zeitlang bei allem, was sie machte, dabeigewesen. Im Traum aber übersieht sie ihn, weil sie befürchtet, er könne dem Mann an der Theke, mit dem sie gerade flirtete, sagen, wie alt sie in Wirklichkeit sei.
Frau A. meint, sie sei von Freundinnen und Kolleginnen leicht auf das Thema des Engagements zu heben; dabei kämpfe sie sich jedesmal ab. Sie schweigt eine Weile und sagt, vor allem zu der Pflanze falle ihr nichts ein.
(33) "Nicht nur zur Pflanze nicht, sondern auch zum Feuer, zum Untergehen oder zum Schnaufen nicht."
Frau A. lacht; vielleicht "habe die Bettdecke bis zum Halse auf ihr gelegen". Dann ergänzt sie stockend, sie habe noch an etwas anderes gedacht und sich auch überlegt, ob ich daran dächte. Mit 22 Jahren habe sie nach einigen Freunden, die ziemlich "ungeschickt" gewesen seien, einen älteren Mann kennengelernt, der sehr "geschickt" war. Sie sei in der kurzen Zeit des Zusammenseins mit ihm nachts drei- oder viermal mit einem Orgasmus aus dem Schlaf aufgewacht. Ob ich in diese Richtung gedacht hätte? Der Mann habe sie damals beruhigt, es sei nichts Besonderes, von einem Orgasmus zu träumen oder ihn im Schlaf zu erleben.

(34) "In Ihrem Traum verursachen Sie ein Feuer. Der Mann an der Theke sagt zu Ihrer Überraschung, es könne leicht gelöscht werden. Danach scheint es wichtig, daß sie die Anerkennung vieler Frauen bekommen."
Darauf geht Frau A. zunächst nicht ein. Am schlimmsten fände sie in ihrem Traum das Geräusch, das die Pflanze verursachte, weil sie befürchtete, daß es ihr zugeschrieben wurde. Sie sei in letzter Zeit überwiegend traurig, vor allem darüber, daß sie alles, was sie jetzt erlebe und verstehe, nicht schon früher verstehen konnte. Sicherlich sei es etwas Besonderes, mit 18 Jahren eine schwungvolle Rede zu halten, aber in ihrem jetzigen Alter sei das höchstens normal.
(35) "Der Brand, der durch die Zigarette hervorgerufen wird, das Geräusch der Pflanze, das Untergehen und schwere Schnaufen deuten auf leidenschaftliche Empfindungen, die sich Ihrer bemächtigen. Überdies scheinen Sie sich sehr zu bemühen, im Zusammenhang mit diesen Regungen anerkannt zu werden."
Aus Frau A. schießt der Satz heraus: "Meinen Sie, diese Impulse beziehen sich auch auf Frauen?". Diese Frage am Ende der Sitzung bleibt unbeantwortet.

12. Sitzung

Frau A. spricht über ihre Stimmung. Sie sei traurig und ängstlich. Heute gehe die Behandlung zu Ende. Traurig sei sie, weil damit ihre Beziehung zu mir beendet sei. Ängstlich sei sie, weil sie sich frage, was sie nun mit all dem, worüber sie hier gesprochen habe, anfangen könne. Dazu sei ihr eingefallen, daß die Stunden, aber auch ich ihr als "Krücke" dienten. Sie denkt eine Weile über diese Formulierung nach und fragt mich direkt: "Meinen Sie, mit diesem Bild der Krücke ist auch Gewalt verbunden?". Sie habe hier ja erkannt, daß sie auf andere Gewalt ausübe. Zugleich habe die Behandlung in der Weise auf sie eingewirkt, daß sie Dinge sagen könne, die sie sonst noch nie gesagt hat, und das "freiwillig". Warum solle sie dann ängstlich sein, fragt sie sich weiter.
Dann denkt Frau A. an ihre Mutter, die ihr erzählt habe, sie - Frau A. - sei schon mit elf Monaten sauber gewesen. Sie finde das fürchterlich. Die Beziehung zu ihrer Mutter sei überhaupt schlechter geworden. Frau A. höre fast immer etwas wie das Erwähnte heraus, wenn ihre Mutter mit ihr spreche.

(36) "Wenn Ihnen mein Vorgehen ähnlich forciert wie das Ihrer Mutter erscheint, dann müßten Sie heute - Sie hatten jetzt elf Sitzungen bei mir - also in der zwölften und letzten Sitzung sauber sein."
Frau A. antwortet mit einem rationalen Argument; sie wisse ja, daß ich nicht mehr Zeit hätte. Sie setzt jedoch hinzu, daß sie immer wieder denke, ich würde sie überfordern.

(37) "Zum einen fühlen Sie sich von mir überfordert, andererseits haben Sie hier Dinge sagen können, die Sie sonst noch nicht sagten - Sie konnten sich als jemand zeigen, der sich einerseits mehr körperliche Leidenschaftlichkeit wünscht, sie andererseits fürchtet. Aber Sie sind sich Ihrer Einschätzung dessen nicht sicher: war es etwas Entscheidendes oder war es ein "Pups"?
Nachdem Frau A. eine Weile nachgedacht hat, scheint sie sich einen Ruck zu geben. Sie möchte mir noch etwas erzählen. Als sie nach der letzten Stunde durch die Stadt ging, sah sie in einem Bilderladen ein Bild, das zu ihrer großen Überraschung fast identisch die Pflanze abbildete, die sie in ihrem Traum gesehen hatte. Außerdem war dieses Bild in einem Rahmen, einer Art Guckkasten, was auch gut zu der Pflanze im Traum (VIII) paßte. Sie mußte sich das Bild, obgleich sie über den Preis erschrak, kaufen. Mit ihrer Freundin (die erprobte Kotherapeutin, ergänze ich in meinen Gedanken) hat sie später über diesen Bilderkauf nachgedacht. Er enthalte wohl eine Art "Erfolgsmeldung" in dem Sinne, daß sie sich etwas angeeignet habe.
Dann kommt sie von dem Bilderkauf auf das Traumelement des Ertrinkens zurück. Sie verstehe immer noch nicht, warum sie im Traum untergegangen sei. Es sei ihr jedoch ein Traum eingefallen aus der Zeit, als sie vor ihrer Ehe eine Beziehung zu einem verheirateten Mann hatte, mit dem sie den Verkehr intensiv und befriedigend erlebte. Sie träumte damals:

(IX) Sie habe nackt im Seitwärtsschritt gestanden. Zwischen ihren Füßen lag eine Schlange. Sie wußte in diesem Traum, daß die Schlange, obgleich sie klein war, sie beißen würde, sobald sie einen Schritt machte. Deshalb blieb sie bewegungslos.

(38) "Ich meine, daß die peinliche, geräuschvolle Trennung der Pflanze vom Topf für den Verkehr steht. Das Aufnehmen des Penis ist durch eine Trennung von der Pflanze dargestellt. Die Pflanze bedeutet vielleicht, daß Sie sich unbewußt so erleben, als hätten Sie auch einen Penis, einen nämlich, von dem Sie denken, daß Sie den Männern damit Angst machen. Dabei denke ich an

den Freund, von dem Sie erzählten, und an mich, als Sie mich mehrfach anriefen und mir dann den Tiger im Kuvert schickten. Sie waren doch, als Sie in die Behandlung kamen, sehr darüber beunruhigt, daß man Ihnen gesagt hatte, an Ihnen sei alles zu viel. Das verstehe ich heute so, daß Sie, wenn Sie andere sehr bedrängen, unbewußt von sich die Vorstellung haben, Sie seien mit dem großen Penis des früheren Freundes Ihrer Mutter ausgestattet. Heute haben Sie von der Krücke gesprochen. Sie sind sich unsicher, ob Sie mich nicht doch bedrängt und mir etwas weggenommen haben. Sie fragen sich, ob ich als "Krücke" zurückbleibe oder ob ich nach dieser Behandlung noch in Ordnung bin."

In diesem Abschnitt faßte ich mehrere Interventionen zusammen, die ich im weiteren Verlauf der Stunde formulierte. (Die letzte meiner Deutungen, in der ich das Wort "Krücke" aufgriff, sollte Frau A. darauf hinweisen, daß sie den großen Penis, mit dem sie sich meiner Interpretation nach ausgestattet fühlt, unbewußt den Männern wegnimmt.)

Offenbar ist Frau A. bewußt geworden, daß sie versucht hatte, mich zu bedrängen, ja geradezu in mich einzudringen. Sie fragt sich, ob die heutige Trennung von mir auch bedeute, daß sie sich zugleich von diesem Verhalten trennen sollte. Sie zeigt, daß es ihr schwerfällt, nicht mehr zur Behandlung zu kommen.

TEIL III

Prozeßorientierte Diskussion des Verlaufs

Der dargestellte Behandlungsverlauf läßt meines Erachtens mehrere Abschnitte erkennen, die in ihrer Bedeutung für den Behandlungsprozeß im Ganzen unterschiedlich sind; sie sollen mit Hilfe einer kurzen Rekapitulation der einzelnen Sitzungen zunächst hervorgehoben und dann unter der Perspektive des Behandlungsprozesses näher charakterisiert werden. Zum Teil stimmen diese Abschnitte mit den Verlaufsbeschreibungen überein, wie sie von Klüwer und Köhler-Weisker (1980) sowie Leuzinger-Bohleber (1985) gegeben wurden. Zugunsten der prozeßorientierten Perspektive wird die spezifische Psychodynamik des unbewußten Konfliktgeschehens nicht getrennt dargestellt, sondern an denjenigen Stellen des therapeutischen Prozesses benannt, an denen sie deutlich wurde.

1. - 2. Sitzung: Eröffnungssituation

Die erste Sitzung möchte ich als programmatisch bezeichnen, da es Frau A. gelingt, auf unterschiedlichen Ebenen zu beginnen und ihre psychische Situation offen darzulegen. Sie weist zunächst auf ein Erlebnis hin, das drei Wochen zurückliegt und sie veranlaßte, therapeutische Hilfe zu suchen. Man hatte ihr gesagt, "an ihr sei alles zu viel". Dann begibt sie sich, was den zeitlichen Bezug betrifft, in die Nähe des gerade beginnenden Gesprächs. Sie sagt, sie habe vor diesem Gespräch große Angst gehabt und geträumt, ein Zahnarzt hätte ihr einen Zahn nach dem anderen gezogen *(I)*. Anschließend setzt sie ihr angstvolles Erleben, das diesen Traum aus der vergangenen Nacht begleitete, mit dem Traumerlebnis gleich, das dem für sie entscheidenden Satz, an ihr sei alles zu viel, folgte. Sie erinnert die Inhalte dieses drei Wochen zurückliegenden Traumes *(II)* und fügt einen dritten Traum hinzu, der weiter zurückliegt als die beiden zuerst geschilderten; dieser Traum von der Zerstückelung der Tochter *(III)* ist drei Jahre alt und entstand, als Frau A.s Ehe geschieden wurde.

Diese Eröffnungssituation ist meines Erachtens Ausdruck einer intensiven Übertragungsbereitschaft. Offenbar hat der Satz, "an ihr sei alles zu viel", wie eine Deutung gewirkt, Frau A.s Abwehr erschüttert und Abkömmlinge ihrer unbewußten Phantasien freigesetzt. Außerdem hat Frau A.s Angst im Hinblick auf das erste Gespräch mit einem ihr noch unbekannten Analytiker eine aktualisierte Form angenommen, wenn sie unter zunehmender Angstentwicklung träumt, ihr werde ein Zahn nach dem anderen gezogen. Es ist anzunehmen, daß sich die unbewußte Bedeutung dessen, was an ihr zu viel sei, symbolisch als Zahnarztbesuch und Zähneziehen darstellt.

An dieser Stelle scheint mir eine erste Reflexion zur Anwendung des psychoanalytischen Verfahrens angebracht. Das vielfältige Angebot Frau A.s könnte zu einem Vorgehen verlocken, das als "wilde Analyse" zu charakterisieren wäre, zum Beispiel wenn ein Therapeut ohne weitere Kenntnisse über Frau A. eine Symbolübersetzung vornähme, in der er vom Zahnziehen auf das Vorliegen eines Kastrationsthemas schließen würde. Selbst wenn diese Schlußfolgerung zutreffend wäre, wofür es jedoch soweit noch keine Belege gibt, wäre das Vorgehen in dieser Richtung insofern "wilde Analyse", als damit willkürlich nicht nur das Angsterleben von Frau A., sondern auch das Faktum, daß sie "viel" anbietet, beiseite gelassen würde. An dieser Stelle des Gespräches ist eine Symbolübersetzung beziehungsweise inhaltliche Deutung, selbst wenn sie sich aufdrängt, zurückzuhalten, weil dadurch der situative Bezug der Behandlungseröffnung durch Frau A. übergangen wird.

Nachdem wir eine inhaltliche Deutung von Traum I ohne Bezug zur Gesprächssituation verworfen haben, bleiben immer noch zwei Möglichkeiten offen, wie Frau A.s Eröffnung aufgegriffen werden kann. Meine erste Intervention greift den manifesten Trauminhalt auf und verknüpft ihn mit Frau A.s Angst vor dem bevorstehenden Gespräch. Die weitergehende Formulierung, Frau A. fürchte solche Träume, weil sie ihr unerwartet einen Einblick in ihr Gefühlsleben vermitteln könnten, drückt außerdem meine Vermutung aus, daß Frau A. mit dieser Eröffnung auch ihre Symptomatik dargestellt hat; zwar nicht in distanzierter Form, wie das der Fall wäre, wenn sie gesagt hätte, sie habe diese oder jene Ängste, sondern in unmittelbarer, konkreter und situationsbezogener Form, indem sie ihre Angstträume ohne weitere Kommentare erzählt.

Traum IV, den Frau A. zu Beginn der zweiten Sitzung berichtet, fasse ich als Bestätigung auf, daß Frau A. unter einer Angstsymptomatik leidet: wieder berichtet sie einen typischen Angsttraum. Im Anschluß an den Traumbericht wird die Übertragungssituation deutlicher, wenn Frau A. von der Vorstellung spricht, ich würde ihr heute sagen, daß ihre Probleme unwesentlich seien und sie deshalb wieder wegschicken. In meiner Deutung (5) ist die bewußte Einschätzung, sie habe Probleme "kleinerer Art" als Abwehr der unbewußten Befürchtung benannt, ich würde sie deshalb wegschicken, weil es (auch) mir "zuviel" werde mit ihr.

Mit den angeführten Auszügen aus den Stunden möchte ich begründen, daß ich in der ersten und zweiten Sitzung die Eröffnungssituation der Behandlung sehe. Es stellt sich allerdings die Frage, ob die Eröffnung auf das initiale Übertragungsangebot von Frau A. zu begrenzen ist oder ob sowohl die ersten Versuche, diese Übertragung zu deuten als auch das, was sich aus den Deutungen ergab, einzubeziehen ist. Ich entscheide mich dafür, den Abschnitt der Eröffnung enger zu fassen: er erstreckt sich von der ersten Sitzung in die zweite und endet nach dem Traumbericht (IV) und der Befürchtung Frau A.s, sie werde weggeschickt. Mit der zitierten Deutung (5) beginnt ein neuer Abschnitt, den ich als erste Fokussierung der Übertragung bezeichne.

2. - 3. Sitzung: Erste Fokussierung der Übertragung

Nach der zuletzt zitierten Deutung schilderte Frau A., daß die verschiedenen Beziehungen zu Männern, die sie seit ihrer Scheidung vor drei Jahren eingegangen sei, einen typischen Verlauf zeigten. Während dieser Schilderung, und dies erscheint mir für die Vorgänge in dieser Stunde wichtiger als die Inhalte, kam ich in eine Verfassung, die über die zweite Sitzung hinaus andauerte: eine Art von Benommenheit, aus der ich schloß, daß ich mich auf einer Ebene mit Frau A. identifiziert hatte, die nicht unmittelbar thematisch wurde. Diese Ebene betraf Zustände von Erregung und Frustration, deren genaue Wahrnehmung während der Stunde unterdrückt blieb.
Im Protokoll der zweiten Stunde ist die Stelle enthalten, an der die Auswirkung meiner unbewußten Identifizierung mit Frau A. erkennbar wird. "Mit ihren großen, ausdrucksvollen Augen schaut mich Frau A. eine Zeitlang an" ... "Es war, als schaute Frau A. mich intensiv an und zugleich durch mich hindurch auf etwas, was sie in ihrer Phantasie sieht und wovon sie den Blick nicht wenden kann."
Es ist zu vermuten, daß auch Frau A. innerhalb der Sitzung in eine psychische Verfassung gekommen war, die in der Sitzung selbst nicht mehr zur Sprache kam, sich nach der Sitzung in Angst umsetzte und den Anruf erzwang, mit dem Frau A. einen früheren Termin, wenn möglich noch am selben Tag, mit mir vereinbaren wollte.
Die Inhalte der dritten Sitzung weckten bei mir außerdem den Eindruck, Frau A. habe ein Geständnis ablegen müssen, als sie von der Verführungssituation erzählte, die in ihrer Pubertät zwischen dem ehemaligen Freund ihrer Mutter und ihr entstanden war. Ich nehme an, daß sich die Situation von Verführen und Verführtwerden auch im initialen Übertragungsangebot konstelliert hatte. Meine Deutung *(10)*, daß Frau A. mein Interesse, das Thema, das heißt die Erzählung vom Onkel fortzusetzen, offenbar als Verführung erlebt habe, bringt diesen Zusammenhang zwischen der aktuellen Übertragung und der zwar weit

zurückliegenden, emotional jedoch unerledigt gebliebenen Situation zur Sprache. Nimmt man die beiden ineinandergreifenden Abschnitte, Eröffnungssituation und erste Fokussierung der Übertragung, zusammen, dann hat man sozusagen ein erstes Zusammenspiel von Frau A. und mir vor Augen, das Hinweise liefert, in welche Richtung der therapeutische Prozeß weitergehen könnte, das heißt, welcher Konflikt in den folgenden Sitzungen erneut, aber intensiver und detaillierter aktuell wird.

4. - 7. Sitzung: Der Handlungsdialog

Vergleicht man die vierte Sitzung mit den drei vorausgegangenen, dann erscheint sie zunächst eher blaß und ereignislos. Bei genauerer Betrachtung läßt sich vermuten, daß zwischen der Atmosphäre dieser Sitzung und dem Überraschungsbesuch, den Frau A. zwischen der dritten und vierten Stunde bei dem früheren Freund ihrer Mutter machte, ein Zusammenhang besteht. Aus dem Protokoll geht hervor, daß es mir nicht gelang, eine Interpretation dieses Besuchs im Kontext der aktuellen Behandlungssituation zu finden, obgleich ich mich während der Sitzung fragte, wozu dieser Besuch nötig war und ihn auch als Agieren einschätzte. Im Rückblick läßt sich jedoch annehmen, daß Frau A. mit diesem Agieren auf die endgültige Festlegung und Detaillierung meines Behandlungsangebots am Ende der dritten Stunde antwortete.

Bekanntlich hat Freud die Übertragung selbst als Agieren aufgefaßt. Er formulierte folgende Beispiele (1914g, S. 129f.):
"Der Analysierte erzählt nicht, er erinnere sich, daß er trotzig und ungläubig gegen die Autorität der Eltern gewesen sei, sondern er benimmt sich in solcher Weise gegen den Arzt." "Je größer der Widerstand ist, desto ausgiebiger wird das Erinnern durch das Agieren (Wiederholen) ersetzt sein." "Er (der Analysierte), erinnert nicht, daß er sich gewisser Sexualbetätigungen intensiv geschämt und ihre Entdeckung gefürchtet hat, sondern er zeigt, daß er sich der Behandlung schämt, der er sich jetzt unterzogen hat."

Es ist zu beachten, daß Freud hier das Agieren auf die Übertragung in der Analysestunde bezieht; aber auch wenn man das Agieren so erweitert, daß man den motorischen Anteil an den Handlungen betont und damit

Handlungen erfaßt, die außerhalb der Analysestunde liegen, bleibt der Bezug zur Übertragung gültig. Das heißt am Beispiel von Frau A., daß sie, indem sie diesen Überraschungsbesuch machte, mir unbewußt bestätigte, daß ich den Konfliktzusammenhang von Verführen und Verführtwerden zutreffend benannt hatte. Sie gab mir aber auch zu verstehen, daß sie darauf noch nicht (im Sinne von Selbstreflexion) eingehen konnte, weil die Phantasie von Verführen und Verführtwerden, die auch in der Behandlungssituation selbst aktuell geworden war, ihr noch nicht bewußt werden durfte.

Geht man jetzt der Frage nach, in welcher Weise mein Nichtverstehen des Agierens und damit das Ausbleiben einer Deutung auf die weitere Entwicklung der Übertragung einwirkt bzw. die Übertragung ergänzt, dann gewinnt die eher blaß und ereignislos erscheinende Sitzung sofort an Spannung und Prägnanz. Indem ich nämlich zur agierten Übertragung schweige, behält die Behandlungssituation die noch unbenannte Atmosphäre von Verführen und Verführtwerden nicht nur bei, sondern sie nimmt überdies die Bedeutung an, daß beide Beteiligten über das Wichtigste nicht sprechen. Ich kann daher auch sagen, daß die vierte Sitzung deshalb nichtssagend erschien, weil in ihr keine Analyse stattfindet. Wir reden miteinander, reden aber nicht über das, was die Sitzung unmittelbar bestimmt. Klüwer schlägt vor, derartige Behandlungssituationen als Handlungsdialog zu charakterisieren (1983, S. 143):

"Diese Formulierung (Handlungsdialog) will ausdrücken, daß die aktuelle Übertragungssituation von wechselseitiger Behandlung bestimmt ist, die nur dadurch behoben werden kann, daß der Analytiker sich dessen bewußt wird, daß er auf das Drängen des Patienten unbewußt handelnd eingegangen ist und seine verbalen Interventionen nicht mehr den dringlichen Punkt des Geschehens erreichen können. Wir nennen es "Dialog", weil in diesem unbewußt handelnden Aufeinanderbezogensein der Analytiker eine "komplementäre" oder "konkordante" (Racker 1978) Entsprechung übernommen hat. Beide verständigen sich dialogisch handelnd" ... "Der Verbaldialog ... tendiert bei zunehmender Übertragungsaktualisierung dazu, in einen Handlungsdialog überzugleiten, und muß, analog der Gegenübertragung, in die selbstanalytische Reflexion als mögliche Erkenntnisquelle aufgenommen werden."

Einerseits wird mit dem Konzept des Handlungsdialogs beschrieben, was seit langem als Agieren und Mitagieren diskutiert wird; andererseits kommt, wenn man Agieren und Mitagieren als Handlungsdialog auffaßt, eine Akzentverschiebung zustande, die zu einer veränderten Einstellung des Analytikers führt. Während in der Formulierung Agieren und Mitagieren die Bewertung mitschwingt, der Analytiker begehe Fehler, kann man mit dem Auffinden des Handlungsdialogs den pejorativen Standpunkt verlassen und eine Art Schaltstelle des psychoanalytischen Prozesses ausmachen: unaufgedeckt bleibende Handlungsdialoge führen entweder zum Stillstand des Prozesses oder auch zu Abbrüchen, während das Entstehen eines Handlungsdialogs selbst für die Entwicklung des Prozesses nicht schädlich ist, "sondern eine häufige Durchgangsstufe zur Gewinnung von Einsicht (darstellt). Seine Aufdekung ist die Aufgabe des Analytikers und der nächstfällige Deutungsschritt" (Klüwer ebd., S.144).

Meines Erachtens zeigt sich, wenn man gesondert meine Interventionen ab der vierten Sitzung betrachtet, daß sie das aktuelle, aber nicht zur Sprache kommende Übertragungsangebot entweder gar nicht erfassen (12, 13, 14, 17, 18) oder nur unvollständig formulieren (15, 16, 19). Erst eine Intervention in der siebten Sitzung erfaßt das Übertragungsangebot, das seit der dritten und vierten Sitzung konstelliert ist. Frau A. spricht davon, sie werde "das ungute Gefühl nicht los, daß sie mich zu sehr bedränge". Darauf sage ich (20): "Sie fürchten, daß Sie mich in ähnlicher Weise überraschen und erschrecken könnten wie den früheren Freund ihrer Mutter, als sie ihn kürzlich aufsuchten".

Ein unaufgedeckter Handlungsdialog bleibt, wie schon gesagt, nicht folgenlos für den analytischen Prozeß. Während die Auswirkungen in einer unbefristeten psychoanalytischen Behandlung längere Zeit verschleiert bleiben können, kommen sie unter der zeitlichen Begrenzung einer Kurztherapie rasch als krisenhafte Zuspitzung der Behandlungssituation zum Ausdruck.

Hier ist noch darauf aufmerksam zu machen, daß sich die unterschiedlichen Abschnitte, die ich in dieser Diskussion herausstelle, überschneiden. Zum einen markiert die aus der siebten Sitzung zitierte Deutung (20) den Behandlungszeitpunkt, an dem die Auflösung des Handlungsdialogs beginnt; zum anderen ist eine krisenhafte Zuspitzung der Behandlungssituation schon seit dem Ende der sechsten Stunde erkennbar.

6. - 10. Sitzung: Krisenhafte Zuspitzung

Zunächst möchte ich am Beispiel der sechsten Sitzung zeigen, wie meine Interventionen die aktuelle Übertragungsszene, deren Thema Verführen und Verführtwerden ist, verfehlen, obgleich Frau A. mir am Anfang dieser Sitzung mehrmals die Möglichkeit gab, die Situation zu erfassen.

Frau A. teilte mir zuerst mit, daß sie, als sie einen Brief erhielt, in dem ein neuer Überweisungsschein angefordert wurde, befürchtete, er enthalte die Mitteilung, sie könne nicht mehr zur Behandlung kommen. Dann erzählte sie, sie habe sich zum Zeitpunkt der ursprünglich vereinbarten Stunde vorgestellt, wie ich mich ihr gegenüber fühlen würde; sicherlich dächte ich: "Da kommt Die-mit-ihren-Träumen wieder". Danach wies sie auch noch darauf hin, ihre Hoffnung, sie könne sich der Ansprüche anderer besser erwehren, habe sich als trügerisch erwiesen und führte als Beispiel die Schreibarbeit an, die sie für ihre Freundin übernommen hatte. Sie schloß diese Sequenz mit der Bemerkung, die Zeit bis zum Ende der Therapie sei zu kurz.

Es fällt auf, daß ich von den verschiedenen, hier noch einmal aufgezählten Angeboten Frau A.s lediglich auf das letzte einging. Daran wird meines Erachtens erkennbar, daß nicht nur Frau A., sondern auch ich mich im Hinblick auf die zeitliche Begrenzung der Behandlung unter Druck gesetzt fühlte. Genaugenommen dient meine Intervention (17) weniger einer Klärung als vielmehr einer Rechtfertigung, oder allgemeiner, einer Art Selbststabilisierung: als wollte ich Frau A. sagen, auch ich hätte das Ende der Behandlung nicht aus den Augen verloren. Entscheidend ist, daß die übrigen Möglichkeiten zur Deutung der Übertragung ungenutzt blieben.

Im Rückblick verstehe ich Frau A.s Frage am Ende der Sitzung, ob sie für den insgesamt vereinbarten Zeitraum pro Woche eine zweite Sitzung haben könne, als Zuspitzung der bislang ungeklärt gebliebenen Übertragungssituation. Die Antwort, die ich ihr auf ihre Forderung nach einer zweiten Stunde gab, bestätigt, daß ich in eine Position geraten war, die sich auch mit dem Stichwort "Selbstverteidigung" umschreiben läßt. Die Tatsache, daß ich im Protokoll meine Antwort nicht als Intervention herausstellte, unterstreicht noch, daß das mit Frau A.s Forderung nach einer zweiten Stunde gestellte Thema auf der Ebene von Agieren ("Angriff") und Mitagieren ("Verteidigung") ablief.

Somit sind in der siebten Sitzung drei Ebenen der Behandlungssituation nebeneinander erkennbar: erstens der Handlungsdialog, der zwar schon zur Sprache gekommen ist, jedoch andauert; zweitens ein erneutes Fokussieren, das, wie später beschrieben wird, ein begrenztes Durcharbeiten einleitet; drittens eine krisenhafte Zuspitzung, die erneut dadurch zum Ausdruck kommt, daß Frau A. am Ende der siebten Sitzung ihre Bitte um eine zweite Stunde wiederholt. Meine Antwort auf Frau A.s erneute Frage nach einer zweiten Stunde läßt einerseits erkennen, daß ich mich inzwischen von der Position der Rechtfertigung oder Verteidigung distanzieren konnte; andererseits gelang es mir noch nicht, die Forderung nach einer zweiten Stunde zu deuten.

Die wiederholte Forderung Frau A.s nach einer zweiten Behandlungsstunde läßt sich aus zwei völlig verschiedenen Perspektiven sehen. Einerseits kann sie als Angriff auf die Vereinbarungen oder den Behandlungsvertrag (vgl. Menninger und Holzman 1973, S.30ff.) aufgefaßt werden, andererseits kann man darin auch sehen, was umgangssprachlich-sprichwörtlich unter einem "Wink mit dem Zaunpfahl" verstanden wird. Diese beiden verschiedenartigen Auffassungen erinnern an unterschiedliche Einschätzungen des Widerstandes. Ich meine, daß nicht nur ein verdinglichter Gebrauch des Widerstandskonzepts vorliegt, wenn der Widerstand vor allem als "Angriff" auf die Arbeit des Analytikers verstanden wird, sondern daß vor allem die Möglichkeit aus dem Blick gerät, im Widerstand eine "Leistung im Dienst der Analyse", also eine prozeßregulierende Größe zu sehen (vgl. Thomä und Kächele 1985, S. 105ff.). Es entspricht der letzteren Auffassung, wenn ich, was Frau A.s Forderung nach einer zweiten Stunde betrifft, die Formulierung vorziehe, Frau A. habe mir einen Wink mit dem Zaunpfahl gegeben. Frau A. hatte die Behandlungssituation derart zugespitzt, daß ich nahe daran war, in Erfüllung des Wiederholungszwanges mitzuagieren, das heißt, unbewußte Beziehungsabläufe zu komplettieren. Ich hatte zwar Frau A. nicht gesagt, mit ihrer Forderung wolle sie "zuviel" von mir, jedoch blieben meine Antworten im Bereich eines konventionell geregelten Gesprächs und damit auch im Rahmen des Handlungsdialogs.

Die krisenhafte Zuspitzung mußte sich auch weiterentwickeln, weil meine Ablehnung von Frau A.s Forderung nicht mit einer präzisen Deutung der Situation verbunden war, sondern zunächst nur auf ein Nein hinauslief, das ich selbst brauchte, um analytische Neutralität oder Abstinenz wiederherzustellen.

Als Variation der Haltung des Analytikers hat Köhler-Weisker (1986; s. S. 153) ein "Dagegenhalten" beschrieben, das ihres Erachtens in den Krisen von Fokaltherapien nötig wird, jedoch erst in Verbindung mit einer präzisen Deutung gerechtfertigt ist. Auch in ihrem Fallbeispiel geht das "Dagegenhalten" der Deutung voraus, was meines Erachtens heißt, daß eine Deutung erst durch die Wiederherstellung analytischer Neutralität ermöglicht wird.

Die Situation der krisenhaften Zuspitzung wäre unvollständig beschrieben, wenn man lediglich die Übertragung beziehungsweise das Agieren des Patienten herausstellte. Es zeigt sich nämlich, daß auch der Analytiker in eine krisenhafte Situation gerät, die sich auf seine inneren Verstehensvorgänge wie auch auf seine Interventionen auswirkt. Diese Situation läßt sich ebenfalls als Schaltstelle des analytischen Prozesses kennzeichnen: bleibt es nämlich nur beim "Dagegenhalten", dann wird nichts Neues erreicht und an die Stelle einer möglichen Deutung tritt eine Manipulation der Übertragung (Köhler-Weisker ebd., S. 166ff.).

Die krisenhafte Zuspitzung erreichte ihren Höhepunkt durch Frau A.s Anrufe nach der neunten Sitzung und das Kuvert, das sie mir zukommen ließ. Der Verlauf der neunten Sitzung läßt erkennen, daß ich mit meinen Interventionen beabsichtigte, die vorher schon zur Sprache gekommene Aggressivität im Sinne einer Bemächtigungstendenz aufzuzeigen und sie aus einer Phantasie abzuleiten, die sich Frau A. in der Pubertät von der aggressiven Sexualität des Freundes ihrer Mutter machte. Meine Deutungen stützten sich auf die Vorstellung, daß bei Frau A. eine unbewußte Identifizierung mit dem Freund der Mutter vorlag, die sich in Erweiterung der Identifizierung mit dem Aggressor, wie sie von A. Freud (1936) beschrieben wurde, als Identifizierung mit dem phallischen Aggressor charakterisieren läßt. Zum einen konnte ich Frau A.s eigene und eher selbstbeschwichtigende Interpretation ihres Traums vom Trompetespielen (VI) in Frage stellen, mit den aggressiven Regungen ihrer Tochter gegenüber verknüpfen und auch zur aktuellen Behandlungssituation in Beziehung setzen; zum anderen fehlte meiner Deutung ein Schritt: ich hätte das Symbol "Trompete" durchaus inhaltlich übersetzen sollen, das heißt als den unbewußt vom Onkel angeeigneten Phallus benennen können, mit dem Frau A. mich bedroht, um ihren Ängsten vor dem Überwältigtwerden zu entkommen.

Sterba (1946) und Roth (1958) zeigten an Fallbeispielen, daß diejenigen Elemente des manifesten Trauminhalts, die in ihrem Bezug zur Übertragung ungedeutet bleiben, unverzüglich im Agieren erscheinen. Die Übersetzung des Traumsymbols Trompete hätte zu einem Zeitpunkt stattfinden können, an dem die unbewußte Bedeutung (Phallus des "Onkels") kurz vor dem Bewußtwerden war. Es ist nicht viel Phantasie erforderlich, um sich die Dramatik, die Frau A. nach der neunten Stunde durch ihre Anrufe, das Kuvert und ihr Drängen auf einen früheren Termin verursachte, als lauten Fanfaren- oder Trompetenstoß in meine Richtung vorzustellen. Frau A. hatte jedoch nicht nur agiert, sondern die krisenhafte Zuspitzung auch in einem weiteren Traum verarbeitet; zum Zeitpunkt ihrer Anrufe konnte ich noch nicht wissen, daß sie schon vom Zweikampf zwischen Tiger und Indianer geträumt hatte und daß der "Tiger-Traum" (VII) in dem Kuvert steckte, das sie mir zukommen ließ.

Frau A.s Forderungen, bedrängende Anrufe und schließlich das Kuvert hätten ein "konventionelles Entsetzen" (vgl. Freud über Breuer 1960a, S.406) hervorrufen können, das zugleich dem entspricht, was Frau A. immer wieder erleben mußte und weswegen sie in die Behandlung kam: man hatte ihr gesagt, "an ihr sei alles zu viel". Frau A. hatte mir inzwischen jedoch genügend Hinweise gegeben, die mir klar machten, daß ich, anstatt ihren Forderungen nachzugeben, das heißt sofort eine Stunde bereitzustellen, womöglich davor auch das Kuvert zu öffnen und zu lesen, herauszufinden hatte, wozu ich das alles tun sollte.

Dennoch möchte ich fragen, ob man jemandem, der mit der Praxis der Psychoanalyse wenig oder nicht vertraut ist, verständlich machen kann, warum ich dem Drängen Frau A.s nicht nachkam. Ist nicht die nächstliegende Erwartung an einen Therapeuten die, daß er hilft? Wenn ich auf das, worum Frau A. mich bat, eingegangen wäre, hätte ich den alltäglichen, konventionell geregelten Umgangsformen entsprochen. Meine Weigerung stellt im Rahmen von Konventionen gesehen geradezu eine Grobheit dar. Damit jedoch der psychoanalytische Dialog zu einem Dialog über die Übertragung werden kann, ist ein Außerkraftsetzen von Konventionen, das heißt ein Nichterfüllen konventionsbestimmter Erwartungen nötig. Nur so kann die psychische Realität des Analysanden Anerkennung finden und gedeutet werden (vgl. Deserno 1990, S. 27ff.).

Ein weiterer, spezifisch praktischer Aspekt kommt zu diesem grundsätzlichen oder methodischen Aspekt hinzu. Telefongespräche oder die Lektüre von

Briefen etablieren neben den regulären Behandlungsstunden Zeiträume, in die sich die Behandlungssituation fortsetzt. Die regulären Behandlungsstunden verlieren an Intensität; diese verschiebt sich auf die Zeiträume, die außerhalb der Stunden liegen und von psychoanalytischen Interventionen nicht erreichbar sind. Telefongespräche und Briefkontakte sind aus dieser Sicht Nebenschauplätze der Behandlung, und die auf diesen Schauplätzen verhandelte Übertragung kann in den regulären Stunden, da es diesen an Intensität oder Dringlichkeit fehlt, nicht mehr interpretiert werden. Indem ich den Forderungen von Frau A. nicht nachgab, erreichte ich auch, wie die zehnte Sitzung zeigt, daß die aktuelle Übertragungssituation, die sich über den Rahmen der Behandlungsstunden hinaus im Agieren etabliert hatte, wieder in der Behandlungsstunde zugänglich wurde. Indem es Frau A. möglich wurde, mit der Übertragung sozusagen wieder in den Rahmen der Behandlungsstunde zurückzukehren, fand auch der Abschnitt, den ich als krisenhafte Zuspitzung überschrieben habe, sein Ende. Was hier als Zuspitzung beschrieben wurde, stellt aus einem anderen Blickwinkel zugleich eine erneute Fokussierung der Übertragung dar, wie der nächste Abschnitt zeigen soll.

7 - 12. Sitzung: Zweite Fokussierung der Übertragung - Begrenztes Durcharbeiten

Die entscheidende Annahme, auf die sich meine bisherige Diskussion verschiedener Abschnitte des Behandlungsverlaufs stützte, lautet, daß ein erstes Fokussieren der aktuellen Übertragungssituation durch die Ausbildung des Handlungsdialogs zum Stillstand kam und die Übertragung erst dann wieder zutreffend gedeutet werden konnte, als der bestehende Handlungsdialog verstanden und aufgelöst wurde. Die Deutung in der siebten Sitzung (20), Frau A. fürchte, sie werde mich in ähnlicher Weise überraschen und erschrecken wie sie selbst vom früheren Freund ihrer Mutter in der Pubertät erschreckt worden sei, kennzeichnet aus meiner Sicht die beginnende Auflösung des Handlungsdialogs, da sie den Zusatz enthält, daß Frau A. zugleich fürchte, mit mir so zu verfahren, wie sie es kürzlich durch ihren Überraschungsbesuch bei diesem Mann (im Sinne einer Umkehrung der früheren Situation) beabsichtigte.
Allerdings stellte sich dem erneuten Fokussieren und Durcharbeiten der aktuellen Übertragungssituation ein starker Drang auf seiten Frau A.s entge-

gen, der auf eine Reinszenierung der unerledigten, weil unbearbeitet gebliebenen Erlebnisse und Phantasien aus der Pubertät hinauslief. Die schon beschriebene Etablierung von Nebenschauplätzen der Übertragung war eine Auswirkung dieses Wiederholungszwangs. Aber auch in den zusätzlichen Zeiten, in denen Frau A. ungestört ihre Erlebnisse niederschrieb und sich damit die zusätzlichen Stunden, die sie von mir nicht bekam (vgl. 8. Sitzung), selbst verschaffte, läßt sich eine Wiederholung erkennen. Frau A. stellte auf diese Weise "nicht nur ihrer Tochter und ihrer Freundin, sondern auch mir gegenüber eine geheimnisvolle Situation her" (vgl. Intervention 21) und "erinnerte" damit (in Form des Agierens), daß die Verführungssituation mit dem "Onkel" geheimbleiben mußte.

Während die Behandlungssituation von der siebten bis in die zehnte Sitzung hinein durch drei Teilprozesse bestimmt war (einen gelockerten Handlungsdialog, ein beginnendes Durcharbeiten, zugleich aber auch eine krisenhafte Zuspitzung), konnte noch in der zehnten, vor allem jedoch in der elften und zwölften Sitzung ein intensiviertes Durcharbeiten zustande kommen, in das auch der Behandlungsabschluß thematisch aufgenommen wurde.

Aus meiner Sicht stellt der Bericht des "Tiger-Traums" *(VII)* in der zehnten Sitzung diejenige Stelle des therapeutischen Prozesses dar, an der die Intensivierung des Durcharbeitens möglich wurde. Leider muß ich, um zu verhindern, daß meine prozeßorientierte Diskussion des Verlaufs unübersichtlich wird, auf eine vollständige Erörterung der insgesamt neun Traumberichte Frau A.s und den jeweiligen Bezug, den diese Traumberichte zum Behandlungsprozeß haben, verzichten. Lediglich mit dem Beispiel des "Tiger-Traums" soll an die Annahme Klaubers erinnert werden, nach der das Berichten eines Traumes darauf hinweist, daß das Ich versucht, Stellung zu dem zugrundeliegenden Konflikt zu beziehen (1969, S. 283):
"Wenn es stimmt, daß das Berichten eines Traumes in der Analyse eine Krise darstellt bei dem Versuch, eine neue Kommunikation herzustellen, dann bedeutet dies auch, daß vom Ich eine gewisse Integration von Elementen des Es oder Über-Ich vollzogen worden ist, die durch die Abwehr zuvor unzugänglich waren. Mehr noch: der Bericht von etwas so Strukturiertem, wie es der Traum ist, könnte darauf hindeuten, daß ein innerpsychischer Konflikt in Bewegung kommt, indem nämlich das Ich versucht, eine erträglichere Haltung zum Konflikt zu finden."

Der "Tiger-Traum" scheint Klaubers Annahme zu bestätigen. Mit nur geringfügigen Entstellungen kommen Frau A.s unbewußte Phantasien über den Geschlechtsverkehr zum Ausdruck. Es ist leicht zu erkennen, daß Frau A. in ihrem Traum mehrfach auftritt. Zunächst erscheint sie unentstellt, als sie alleine ihre Tasche sucht. Dann wird die Traumszene von verschiedenen Personen belebt. Frau A. trifft auf einen Indianer, mit dem sie in eine kleine Hütte geht. Hier wird sie einerseits zur angstvollen Beobachterin der Ereignisse, andererseits tritt sie selbst als Indianer und Tiger auf.

Freud machte auf die wichtige Entstellungsleistung der Traumarbeit aufmerksam, die darin besteht, daß der Träumer in Gestalt verschiedener Personen auftritt (1900a, S. 327f.):

"Es ist eine Erfahrung, von der ich keine Ausnahme gefunden habe, daß jeder Traum die eigene Person behandelt. Träume sind absolut egoistisch. Wo im Trauminhalt nicht mein Ich, sondern nur eine fremde Person vorkommt, da darf ich ruhig annehmen, daß mein Ich durch Identifizierung hinter jener Person versteckt ist. Ich darf mein Ich ergänzen."

Mit Hilfe der Verteilung auf verschiedene Traumpersonen können unbewußte Ich-Anteile Frau A.s über die Traumszene in einen Zusammenhang kommen, der im Wachleben abgewehrt werden muß. Das gegenseitige Erstechen bildet den Höhepunkt der Traumhandlung. Zunächst ersticht der Indianer den Tiger, dann der Tiger den Indianer. Das Ziel der Traumarbeit, die Wunscherfüllung, erscheint durch zunehmende Angstentwicklung gefährdet. Als der Tiger regungslos am Boden liegt, will Frau A. fliehen, muß jedoch feststellen, daß er, sobald sie losläuft, lebendig wird und sie verfolgt. Bevor der Tiger sie einholt, wacht sie geängstigt und zitternd auf. Frau A.s Tendenz, sich eines anderen phallisch zu bemächtigen, ist dennoch zum Teil zur Befriedigung gekommen. Die Angstentwicklung hängt damit zusammen, daß ihr selber droht, wie sie mit anderen verfährt, nämlich überwältigt oder unterworfen zu werden.

Frau A.s Aufwachen stellt die letztmögliche Abwehrmaßnahme im Prozeß der Traumarbeit dar. Offensichtlich kommt im "Tiger-Traum" genau jene Situation zum Ausdruck, für die Frau A. bislang keine Lösung finden konnte, aus der sich befriedigendere und angstfreiere Beziehungen hätten entwickeln können. Nach van Bork (1982, S. 274) zeigt derjenige Abschnitt des manifesten Trauminhalts, der dem angstvollen Ende des Traumes unmittelbar vorausgeht, daß bei Patienten mit Angstsymptomen und typischen Angstträumen die Vorstellung besteht, sie könnten sich einer großen Gefahr nur dadurch erwehren, daß sie selber nichts tun. Die Traumsituation, in der Frau A. den Tiger am Boden liegen sieht und denkt, sie könne fliehen, worauf der Tiger wieder lebendig wird, bildet die genannte Vorstellung ab. Der Versuch, sich der Gefahr durch Totstellen zu erwehren, muß jedoch scheitern.

Im Verlauf der zehnten Sitzung versuchte ich Frau A. bewußt zu machen, daß sie die im Traum erlebte Verfolgungssituation, die durch das Aufwachen unterbrochen wurde und unerledigt blieb, unbemerkt im Wachzustand fortsetzte. Die Deutung lautete *(26)*: "Sie sagten, Sie hätten nach dem Aufwachen gerne gewußt, wie die Verfolgung weitergegangen wäre. Ihr Traum ging weiter - die Verfolgung setzte sich in Ihren Anrufen fort". Oder (27): "Ich meine, das Beziehungsmuster im Traum, gekennzeichnet von Angst, Bedrängen und Verfolgen, reicht über den Traum selber hinaus, und bestimmt Ihre Beziehung zu mir - der Tiger steckt im Kuvert".

Hätte ich Frau A.s verschiedenen Forderungen stattgegeben, wäre, wie schon angedeutet, nichts anderes entstanden, als eine Komplettierung der Szene von Bemächtigung, Unterwerfung und Verfolgung meinerseits unter dem Deckmantel konventionell geregelter Erwartungen und Handlungen. Der Hinweis, daß der "Tiger-Traum" die Annahme Klaubers bestätigt, sollte auch zeigen, daß ich im Falle des Nachgebens überdies den Versuch Frau A.s, verschiedene, bisher vom Bewußtsein getrennte Tendenzen psychisch zu integrieren, unterlaufen hätte. Meine Weigerung in Verbindung mit den zitierten Deutungen bildete die Voraussetzung dafür, daß Frau A. begann, ihre phallischen Bemächtigungsstrebungen anzuerkennen und, zumindest was den restlichen Verlauf der Behandlung betrifft, aus dem Wiederholungszwang zu lösen. Dies hatte vermutlich zur Folge, daß sich die gleichsam automatische Angstentwicklung reduzierte.

Der nächste Abschnitt zeigt, daß die dargestellte zweite Fokussierung der Übertragung zugleich den Beendigungsabschnitt der Behandlung bildet.

10. - 12. Sitzung: Intensiviertes Durcharbeiten - Behandlungsende

In der Literatur zur Kurztherapie findet sich häufig die Auffassung, das Behandlungsende solle nicht aus dem Blick verloren werden, sondern immer wieder Erwähnung finden. Vor allem J. Mann (1973) stellte die Zeitbegrenzung als therapeutisches Instrument heraus. Ich habe nichts dagegen einzuwenden, wenn im Rahmen der Behandlungsvereinbarungen das Behandlungsende hervorgehoben wird. Es dürfte jedoch aus meiner bisherigen Argumentation klar geworden sein, daß ich in wiederholten Hinweisen auf das Behandlungsende nur dann ein sinnvolles Vorgehen sehen kann, wenn sie mit zutreffenden Deutungen verknüpft sind, die das Behandlungsende sowohl in den Kontext der Übertragung als auch in den Rahmen der Lebensgeschichte rücken. Ist dies nicht der Fall, dann wird die Übertragung in erster Linie manipuliert, über das Thema Behandlungsende ein gemeinsames Agieren etabliert und das Bewußtmachen bislang unbewußter Motive verspielt. Konfrontierendes Insistieren auf dem Behandlungsende macht geradezu schwerhörig, was die Hinweise auf Einsicht und Veränderungen betrifft, die Patienten in der Abschlußphase einer Behandlung geben. Ich möchte solche Hinweise aus den beiden abschließenden Sitzungen der Kurztherapie mit Frau A. hervorheben und stelle wichtige Veränderungen voran, die sich meines Erachtens unter den Gesichtspunkten von Integration, Einsicht und Erinnerung konkretisieren lassen.

Zunächst möchte ich drei Stellen des Behandlungsverlaufs miteinander vergleichen, um die wechselnde Bedeutung des Erinnerns hervorzuheben. Sie hängen jeweils mit der unverarbeitbar gebliebenen Verführungssituation zusammen, die der frühere Freund von Frau A.s Mutter herstellte. In der ersten Sitzung charakterisierte Frau A. diesen Mann als "brutal" und drückte ihr "Unverständnis" darüber aus, daß die Mutter mit ihm zusammen war. Sie ergänzte, daß ihre Einschätzung, dieser Mann sei brutal, mit einer Beobachtung des Geschlechtsverkehrs zusammenhinge. In der dritten Sitzung bezeichnete sie diesen Mann als "Monstrum" und schilderte Details der Verführungssituation. Beide Male steht ihre Erinnerung meines Erachtens unter einem Zwang, der sich sowohl als Geständniszwang, der immer mit Strafbedürfnissen und Schuldgefühlen zusammenhängt, wie auch als Wiederholungszwang auffassen läßt und dessen entscheidendes Moment in der dauerhaft nötigen Abwehr unbewußt gewordener, unerledigt gebliebener Triebregungen liegt. Über eine Sequenz aus Traum VIII, den Frau A. in der elften Sitzung berichtete, wird ein Erinnerungsvorgang eingeleitet, der jedoch nicht mit einer Wiederholung, sondern mit einer Integration von bislang Unbewußtem ins bewußte Erleben endet. Die Traumsequenz lautet: "Als sie aus der Tür geht, um sich um ihre Blumen zu kümmern, sieht sie noch eine Freundin, von der sie sich inzwischen getrennt hat. Unter ihren Blumen befindet sich eine exotische Pflanze" (Hervorh. H.D.).

Frau A. betonte im Verlauf der Analyse dieses Traumes, daß ihr zu der Pflanze nichts einfalle. Im restlichen Verlauf der elften Sitzung schien die Pflanze auch keine Rolle mehr zu spielen. In der zwölften Sitzung berichtete Frau A. jedoch, sie habe, als sie nach der letzten Stunde durch die Stadt gegangen sei, in einem Bilderladen ein Bild entdeckt, "das zu ihrer großen Überraschung fast identisch die Pflanze abbildete, die sie in ihrem Traum gesehen hatte. Außerdem war dieses Bild in einem Rahmen, einer Art Guckkasten, was auch gut zur Pflanze im Traum paßte". Frau A. kaufte sich das Bild und bemerkte dazu, dies sei wohl eine "Erfolgsmeldung" in dem Sinne, daß sie sich etwas angeeignet habe.

Diese Traumsequenz soll nun mit einem Detail der Verführungssituation verglichen werden, das ich in der dritten Sitzung von Frau A. erfuhr: "Im Alter zwischen zehn und dreizehn Jahren habe sie oft auf dem Schoß ihres sogenannten Onkels gesessen. Dabei habe sie einerseits gedacht, sie müsse es tun, weil sie sich nicht gegen ihn wehren könne, andererseits habe sie auch eine angenehme Erregung verspürt. Oft habe er sie photographiert, manchmal mit Blütenzweigen im Haar, weil sie "so dunkel war", wie er sagte" (Hervorh. H.D.).

Meines Erachtens hat sich Frau A. diese Erinnerung an die Verführungssituation, die bislang mit Verurteilung, Angst, Schuld und Scham verknüpft war, nach der krisenhaften Zuspitzung der Behandlung neu angeeignet, und zwar zunächst im Kontext eines Traumerlebnisses, dann durch den Kauf des Bildes. Zunächst stand diese Erinnerung für einen wichtigen Bereich ihres Gefühlslebens, der keine Anerkennung finden konnte. Aus dem therapeutischen Prozeß ergab sich jedoch die Möglichkeit, daß Frau A. über die Traumsequenz und das Bild, das sie sich selbst schenkte, die Erinnerung aus dem Kontext von Verführen und Verführtwerden herauslösen und sich neu, das heißt auch im Sinne einer Entlastung von Angst und Schuld, aneignen konnte. Die Verbindung, die Frau A. zwischen der "exotischen Pflanze" (Traum VIII) und dem Bild, das sie sich wenig später kaufte (12. Stunde), herstellte, möchte ich als Wiederentdeckung charakterisieren. Vermutlich wurde schon das

Traumelement "exotische Pflanze" von einem deutlichen Wirklichkeitsgefühl begleitet, das Frau A. jedoch erst richtig bewußt wurde, als sie in einem Bilderladen ein Bild entdeckte, das sie sich kaufen mußte, weil es die Pflanze aus dem Traum "fast identisch abbildete".
In dieser Übereinstimmung sehe ich auch deshalb eine Wiederentdeckung, die über einfaches Erinnern hinausgeht, weil ich die Verbindungslinie, die zwischen Traum-Pflanze und Bild-Pflanze besteht, bis zu den "Blütenzweigen im Haar" zurückverlängere, dem exotischen, über den "Onkel" vermittelten Selbstbild Frau A.s aus der Pubertät. Dieser Zusammenhang liefert eine Bestätigung für Freuds Feststellung, das Wirklichkeitsgefühl, von dem ein Traumelement begleitet werde, verweise auf eine frühere Realität sowie auf deren Wiederholung im Traumerlebnis (1900a, S.376f.). Wenn Frau A. sagt, "vor allem zu der Pflanze falle ihr nichts ein", dann verweist die Assoziation "nichts", wie Lewin (1948, S.322) zeigte, als er Freuds Feststellung zum Wirklichkeitsgefühl im Traum aufgriff, auf eine Vorstellung vom weiblichen Genitale, die stark unter dem Einfluß des Kastrationskomplexes steht. "Mir fällt nichts dazu ein" ist zu übersetzen als "da ist nichts".
Der Kastrationskomplex lebt bekanntlich in der Pubertät wieder auf. Es liegt nahe, daß diese entwicklungsgemäße Situation mit der Verführungssituation zusammentraf. Daraus läßt sich schließen, daß Frau A. die in der Verführungssituation liegende Möglichkeit zur phallischen Identifizierung mit dem Aggressor ergriff, um den Kastrationskomplex erneut abzuwehren. In der Behandlung hat Frau A. diesen kritischen Punkt ihrer psychosexuellen Entwicklung wiederentdeckt, und es hat den Anschein, als könne sie beginnen, die phallische Identifizierung aufzugeben und durch eine Vorstellung ihres eigenen Genitales zu ersetzen, die ihr mehr sexuelle Befriedigung und ein besseres Selbstgefühl erlaubt.
Indem das zwar begrenzte, aber intensivierte Durcharbeiten, das in der elften und zwölften Sitzung stattfindet, die Bemächtigungstendenzen Frau A.s bewußt macht und darüber hinaus zeigt, daß sie mit diesen Tendenzen ihre Vorstellung abwehrt, Weiblichkeit sei ein der männlichen gewaltsamen Sexualität ungeschütztes Ausgesetztsein, kann Frau A. Bereiche ihrer sexuellen Phantasien anerkennen, die sie bislang von sich weisen mußte. Ich nehme an, daß Frau A. nach der krisenhaften Zuspitzung in eine eher entspannte Verfassung kam. Möglicherweise kommt das in ihrem achten Traumbericht (11. Stunde)

dadurch zum Ausdruck, daß sie die Verfolgungsszene, mit der ihr "Tiger-Traum" abbrach, in die Fahrt mit dem Greyhound-Bus verwandeln konnte. Auch der Hinweis, daß zwei bestimmte Orte, die in ihrem Leben eine konkrete Rolle spielen, im manifesten Trauminhalt vorkommen, könnte anzeigen, daß sie sich jetzt im Hinblick auf ihre Sexualität deutlicher erkennt. Diese Annahme läßt sich durch die Traumsequenz stützen, in der sie befürchtet, ihr faktisches Alter könne im Traum offenbar werden. Das Ende von Traum VIII, das nach meiner Auffassung ein Orgasmus-Äquivalent darstellt, scheint zu ergänzen, was im "Tiger-Traum" noch nicht zum Ausdruck kommen konnte.
Wie aus dem geschilderten Verlauf hervorgeht, ist Frau A.s konkretes sexuelles Erleben und Verhalten weder von ihr beschrieben worden noch hatte ich versucht, es unmittelbar zum Thema zu machen. Im Hinblick auf Veränderungen erscheint es mir um so wertvoller, wenn sich aus der Deutung der aktuellen Übertragung auch entwickelt, was bislang wohl für Frau A.s sexuelles Erleben im Vordergrund stand. Verknüpft man nämlich das Orgasmus-Äquivalent am Ende von Traum VIII mit Frau A.s Schilderung, sie sei in der kurzen Zeit des Zusammenseins mit einem älteren, "geschickten" Mann nachts drei- oder viermal mit einem Orgasmus aus dem Schlaf aufgewacht, dann wird deutlich, daß Frau A.s orgastisches Erleben vom Ablauf einer bestimmten unbewußten Phantasie abhängig war, die sich im "Tiger-Traum" und der nachfolgenden "Topfpflanzen"-Traumsequenz niedergeschlagen hatte. Entscheidend ist, daß das Eintreten des Orgasmus in erster Linie vom Ablauf einer bestimmten unbewußten Phantasie abhing; man kann auch sagen, Frau A. machte sich bislang ihren Orgasmus selber, worin sich eine Fixierung ihres sexuellen Erlebens auf Onaniephantasien zeigt. Zwischen einer Fixierung dieser Art und dem angsthysterischen Modus der Symptombildung besteht ein enger Zusammenhang (vgl. Root 1962, S.321), auf den hier jedoch nicht weiter eingegangen werden soll.

Schluß

In Teil I wurde schon erwähnt, daß auf meinen Wunsch hin einige Jahre nach Abschluß der Behandlung ein katamnestisches Gespräch mit Frau A. stattfand. Es zeigte deutlich, daß Frau A. in der Kurztherapie den Beginn einer für sie befriedigenden Entwicklung sah. Als ich später die Teile II und III für die Veröffentlichung bearbeitet hatte, schickte ich sie Frau A. Sie überließ mir über ihre Zustimmung zur Veröffentlichung hinaus den folgenden Brief zum Abdruck; mit ihm hat sie das Schlußwort zu diesem Beitrag über die Praxis der Psychoanalyse.

Lieber Herr Deserno,
inzwischen bin ich ziemlich mutlos, enttäuscht, unzufrieden. Ich habe so viel zu sagen zu Ihrem Text, aber es ist mir unmöglich, die Gedanken in die richtigen Worte zu fassen. Es trifft nichts.
Zuerst war ich begeistert, ein so umfangreiches Schriftstück von Ihnen über mich in Händen zu halten: wie sehr hat er sich mit mir beschäftigt; was es da alles über mich zu sagen gibt; wie sorgfältig und aufmerksam er vorgeht!
Dann, allmählich, verspürte ich immer mehr Zorn; ich hätte Ihnen das Papier am liebsten zerrissen zurückgeschickt: Was erlaubt sich dieser Mensch, mich so wissenschaftlich zu zerlegen? In welche Schachtel soll ich denn passen? Für welchen analytischen Lehrsatz werde ich denn zurechtinterpretiert? Wo ist die Dramatik meiner Kinderseele geblieben? Für diesen Wissenschaftler war ich ja überhaupt nur ein Fall!
Die verschiedenen Ebenen sind mir schmerzlich bewußt geworden: Ihre und meine.
Die Folge war eine lange Zeit des Rückzuges, in der ich nicht bereit war, mit Ihnen in Kontakt zu treten. Ich habe Ihnen eine Postkarte geschickt: ein kleines Mädchen trägt das sehr große, gerahmte Bild einer Frau (ihrer Mutter?) über die Straße. Ich bat um Geduld.
Inzwischen ist eine Mischung aus Traurigkeit, Freude und Erleichterung eingetreten. Geblieben ist außerdem ein Gefühl von Unfähigkeit, einen zufriedenstellenden Kommentar zu schreiben.
Doch zu einer Geschichte muß ich etwas sagen: "... Dieser Mann habe ihren Bruder mit einem Lederriemen gezüchtigt ..." So steht das da. Sie haben offenbar nichts von der Grausamkeit gespürt, die diese Zeremonie hatte! Mein Bruder mußte sich die Hose runterziehen, sich über einen Küchenschemel legen; dieses Ungeheuer nahm seelenruhig den Lederriemen von der Wand und zog dem hilflosen Kind eines über den nackten Hintern, und noch einmal, noch einmal und noch einmal ("Fanny und Alexander"). Ich sehe den Mann

mit Kraft ausholen, meine Mutter hält sich dramatisch die eine Hand vor Augen, die andere ans Herz und läßt es zu. Mich sehe ich vor Angst zittern und schließlich, weil ich es nicht mehr ertragen kann, "aufhören"-schreiend dazwischengehen. Ich erinnere mich nicht, daß mein Bruder auch nur einen Ton von sich gegeben hat. Der Lederriemen wird wieder an die Wand gehängt, meine Mutter nimmt tröstend ihren Sohn in die Arme und zusätzlich zu der gerade erfahrenen Demütigung muß er noch versprechen, daß er "das" nicht wieder machen wird, und sie versichert ihm, daß sie ihn doch so lieb hat und daß sie nur sein Bestes will. Und mein Bruder ist ein ganz lieber Bub mit Striemen auf dem Hintern, so schlimm, daß er tagelang Schmerzen beim Sitzen hat. Und da steht: "... Dieser Mann habe ihren Bruder mit einem Lederriemen gezüchtigt ..."

Diese Lederriemen-Tragödien sind der Schlüssel! Sie haben recht: ich habe nicht dazugehört. Mit diesem unbewußten Wissen habe ich meine Rettung betrieben. Mein Alleinsein und das immer dringendere Bedürfnis dazuzugehören, aber nicht zu dieser Familie, haben mich auf die Suche geschickt.

Auf diesem Weg bin ich vielen begegnet, die mir weitergeholfen haben, auch Ihnen. Es war sehr wichtig, daß ich gerade Ihnen meine Träume erzählen konnte. Ein Fachmann, der mich ernstnimmt!

Ich verzeihe Ihnen die Fehlinterpretation: "Frau A. könnte unbewußt mit der Phantasie von einer Mutter identifiziert sein, die das Verhältnis von Vater und Tochter moralisch verurteilt und trennen will."

Während der Schwangerschaft - ohne Kenntnis des Geschlechts meines Kindes - habe ich mich von Ehemann und Mutter getrennt, in dieser Reihenfolge. Auch wenn der Vollzug noch eine ganze Weile gedauert hat, habe ich die Trennung in mir sehr deutlich gespürt: diese Kraft, die mit dem Kind wuchs. Nicht wegen einer "ödipalen Problematik", sondern weil ich endlich genug Kraft spürte, alleine zu gehen, konnte ich auch gehen. Meine weitere Entwicklung bestätigt das: eine nachfolgende, sehr intensive Gestalttherapie hat nicht das Verhältnis mit meiner Mutter annähern können. Meine Gesundung lag und liegt in der Trennung von dieser Mutter, ja sogar von dieser Familie.

Das wollte ich lange nicht begreifen; es fällt mir noch immer schwer. Immer wieder befällt mich ein schlechtes Gewissen. Die Mutter verlassen ist nicht gesellschaftsfähig! Es ist sogar ziemlich unmoralisch. Meine Mutter hat einmal zu meiner damals vielleicht 5jährigen Tochter gesagt: "Sei lieb zur Mami. Du bist doch das Einzige, was die Mami hat." Solche Sprüche werde ich reichlich gehört haben. Wie soll ich dann jetzt kein schlechtes Gewissen haben, wenn ich mich ihr verweigere?!

Mein neues Zuhause, das ich endlich mit 40 Jahren erreicht habe, ist sehr verschieden von dem Platz, an dem ich aufgewachsen bin. Es gibt Liebe füreinander, Achtung voreinander und immer wieder das Bemühen, den Anderen zu verstehen, zu akzeptieren. ich gehöre dazu, ich bin angekommen.

Meinem Bruder, der damals dazugehört hat, ist es bis heute nicht gelungen, sein Leben in eine für ihn glückliche Form zu bringen. Er hat immer wieder so viel Kraft gebraucht, um sich die Liebe meiner Mutter zu erringen, daß er heute fast keine mehr hat.

Noch eine Berichtigung muß vorgenommen werden: Ein Mann hat versucht, mich im Schnee zu vergewaltigen. Ich habe ganz sicher nicht erzählt, daß ich tatsächlich vergewaltigt worden sei. Mehr als den Versuch einer Vergewaltigung brauchte ich ja auch nicht zu veröffentlichen, um meine Not zu lindern. Und bitte, stellen Sie sich die Folgen vor, wenn ich von einer richtigen Vergewaltigung gesprochen hätte! Das war dem kleinen Mädchen sicher schon klar.

Lieber Herr Deserno, ich würde es gerne fertigbringen, noch mehr dazu in die passenden Worte zu fassen, es geht nicht.

Veröffentlichen Sie den Text - unter Berücksichtigung der sehr wichtigen Korrektur "versuchte Vergewaltigung" - so, wie ich ihn vorliegen habe. Ich überlasse es Ihnen, diesen Brief ebenfalls zusammen mit dem Text zu veröffentlichen. Ich bitte Sie, mir ein Heft mit dem Text zuzuschicken.

Ich denke sehr freundlich und mit großer Dankbarkeit an Sie.

Frau A.

Literatur

Arlow, J.A. (1979): The Genesis of Interpretation. Journal Amer. Psychoanal. Assoc. 27 (Suppl.), 193-206

Balter, L., Z. Lothane und J.H. Spencer (1980): On the Analyzing Instrument. Psychoanal. Quarterly 49, 474-504

Bork, J.J. van (1982): An Attempt to Clarify a Dream-Mechanism: Why do People Wake up out of an Anxiety Dream? Intern. Review of Psycho-Anal. 9, 273-277

Brenner, Ch. (1976): Praxis der Psychoanalyse. Übers. von W. Köhler. Frankfurt am Main: S. Fischer

Deserno, H. (1990): Die Analyse und das Arbeitsbündnis. Eine Kritik des Arbeitsbündniskonzepts. München/Wien: Verlag Internationale Psychoanalyse

Devereux, G. (1967): Angst und Methode in den Verhaltenswissenschaften. Übers. von C. Neubaur und K. Kersten. München: Hanser 1973

Flader, D. und W.-D. Grodzicki (1978): Hypothesen zur Wirkungsweise der psychoanalytischen Grundregel. In: Flader, D., W.-D. Grodzicki und K. Schröter (Hg.): Psychoanalyse als Gespräch. Frankfurt am Main: Suhrkamp, S. 41-95

French, Th. (1952): The Integration of Behavior. Bd.I: Basic Postulates. Chicago: The University of Chicago Press

French, Th. (1953): The Integration of Behavior. Bd.II: The Integrative Process in Dreams. Chicago: The University of Chicago Press

French, Th. (1958): The Integration of Behavior. Bd.III: The Reintegrative Process in a Psychoanalytic Treatment. Chicago: The University of Chicago Press

Freud, A. (1936): Das Ich und die Abwehrmechanismen. München: Kindler 1964

Freud, S. (1899a): Über Deckerinnerungen. GW I, 529-554

Freud, S. (1900a): Die Traumdeutung. GW II/III

Freud, S. (1912b): Zur Dynamik der Übertragung. GW VIII, 363-374

Freud, S. (1912e): Ratschläge für den Arzt bei der psychoanalytischen Behandlung. GW VIII, 375-387

Freud, S. (1913c): Zur Einleitung der Behandlung. GW VIII, 453-478

Freud, S. (1914g): Erinnern, Wiederholen und Durcharbeiten. GW X, 125-136

Freud, S. (1915a): Bemerkungen über die Übertragungsliebe. GW X, 306-321

Freud, S. (1937d): Konstruktionen in der Analyse. GW XVI, 41-56

Freud, S. (1960a): Briefe 1873-1939, hrsg. v. E. und L. Freud. Frankfurt am Main: S. Fischer

Greenson, R.R. (1967): Technik und Praxis der Psychoanalyse. Übers. von G. Theusner-Stampa. Stuttgart: Klett 1973

Heimann, P. (1969): Gedanken zum Erkenntnisprozeß des Psychoanalytikers. Psyche 23, 2-24

Heimann, P. (1977): Further Observations on the Analyst's Cognitive Process. Journal Amer. Psychoanal. Assoc. 25, 313-333

Jaffe, D.S. (1986): Empathy, Counteridentification, Countertransference: A Review with some Personal Perspectives on the "Analytic Instrument". Psychoanal. Quarterly 55, 215-243

Klauber, J. (1969): Über die Bedeutung des Berichtens von Träumen in der Psychoanalyse. Psyche 23, 280-294

Klüwer, R. (1973): Anmerkungen zum Selbstverständnis des Psychoanalytikers. Psyche 27, 1077-1089

Klüwer, R. (1983): Agieren und Mitagieren. In: Hoffmann, S.O. (Hg.): Deutung und Beziehung. Kritische Beiträge zur Behandlungskonzeption und Technik in der Psychoanalyse. Frankfurt am Main: S. Fischer, S. 132-145

Klüwer, R. und A. Köhler-Weisker (1980): Le processus thérapeutique de la thérapie focale analytique. Psychologie Médicale 12, 581-586

Köhler-Weisker, A. (1986): Zum Begriff der Haltung des Psychoanalytikers am Beispiel einer Fokaltherapie. Jahrbuch der Psychoanalyse 12, 145-173

Leuzinger-Bohleber, M. (1985): Psychoanalytische Fokaltherapie. Eine klassische psychoanalytische Kurztherapie in Institutionen. In: diess. (Hg.): Psychoanalytische Kurztherapien. Opladen: Westdeutscher Verlag, S. 54-93

Lewin, B.D. (1948): The Nature of Reality, the Meaning of Nothing, with an Addendum on Concentration. In: J.A. Arlow (Hg.): Selected Writings of B.D. Lewin. New York: The Psychoanalytic Quarterly 1973, pp. 320-328

Lewin, B.D. (1952): Phobic Symptoms and Dream Interpretation. In: J.A. Arlow (Hg.): Selected Writings of B.D. Lewin. New York: The Psychoanalytic Quarterly 1973, pp. 187-212

Lorenzer, A. (1984): Die Funktion der gleichschwebenden Aufmerksamkeit. Vortragsmanuskript: München 1984.

Mann, J. (1973): Psychotherapie in 12 Stunden. Zeitbegrenzung als therapeutisches Instrument. Übers. von B. Strehlow. Olten: Walter 1978

Menninger, K. und Ph. Holzman (1973): Theorie der psychoanalytischen Technik. Übers. von J. John. Stuttgart: Frommann-Holzboog 1977

Morgenthaler, F. (1978): Technik. Zur Dialektik psychoanalytischer Praxis. Frankfurt: Syndikat

Peterfreund, E. (1983): The Process of Psychoanalytic Therapy. Models and Strategies. Hillsdale/London: Analytic Press

Pohlen, M. und L. Wittmann (1980): Die Unterwelt bewegen. Versuch über Wahrnehmung und Phantasie in der Psychoanalyse. Frankfurt am Main: Syndikat

Racker, H. (1978): Übertragung und Gegenübertragung. München/ Basel: Reinhardt

Root, N.N. (1962): Some Remarks on Anxiety Dreams in Latency and Adolescence. Journal Amer. Psychoanal. Assoc. 10, 303-322

Roth, N. (1958): Manifest Dream Content and Acting Out. Psychoanal. Quarterly 27, 547-554

Spence, D.H. (1982): Narrative Truth and Historical Truth. New York/London: Norton

Sterba, R. (1946): Dreams and Acting Out. Psychoanal. Quarterly 15, 175-179

Thomä, H. und H. Kächele (1985/1988): Lehrbuch der psychoanalytischen Therapie. Bd.1: Grundlagen, Bd.2: Praxis. Berlin: Springer

Praxis der Individualpsychologie

Gerd Lehmkuhl / Ulrike Lehmkuhl

I. Theoretische Grundannahmen

Die individualpsychologische Untersuchungs- und Behandlungsmethode ist eng mit ihren theoretischen Grundannahmen verknüpft. Hierbei handelt es sich jedoch nicht nur um die technische Anwendung dieser Theorie, sondern um ein therapeutisches Vorgehen, das in jeder einzelnen Beziehung gestaltet, kontinuierlich überprüft und bestätigt werden muß.
Thomä und Kächele (1985) weisen darauf hin, daß Behandlungsregeln grundsätzlich zielorientiert sind und sich als Einzelschritte einer Methodik begreifen lassen, die überprüfbar sein muß. Kritisch schränken sie ein, daß solche Regeln "häufig nicht mit ihrer Nützlichkeit, sondern mit ihrer Verankerung in der psychoanalytischen Theorie begründet" (S. 224) werden. Oft scheinen sie den Sicherheitsbedürfnissen und den Identitätsproblemen des Therapeuten zu entsprechen. Aufkommende Schwierigkeiten im therapeutischen Prozeß sollten vielmehr zu einer Überprüfung der Zweckmäßigkeit und damit zu einer Infragestellung der Behandlungsempfehlungen führen. Cremerius (1984) weist ebenfalls darauf hin, daß es kein überindividuelles, objektives psychotherapeutisches Standardverfahren gibt, sondern ein immer persönlich geprägtes Vorgehen, denn "der Arzt wird selbst Teil des analytischen Prozesses - er bestimmt ihn nicht ausschließlich methodisch operational, sondern auch durch seine Person, seine Individualität" (S. 189).
Ebenso wie in der Psychoanalyse existieren in der Individualpsychologie unterschiedliche theoretische Ausrichtungen und somit verschiedene Anschauungen über die Behandlungstechnik. Zum besseren Verständnis soll die historisch bedingte Entwicklung dargestellt und hierdurch aktuelle Veränderungen in Theorie und Praxis der Individualpsychologie verdeutlicht werden.

Im Gegensatz zu Freud besitzen wir von Adler keine vollständige Falldarstellung über einen Therapieverlauf. In seinem 1928 erschienenen Buch "Die Technik der Individualpsychologie, Band 1: Die Kunst, eine Lebens- und Krankheitsgeschichte zu lesen", interpretiert Adler die Biographie einer Patientin, um deren Lebensstil zu rekonstruieren. Die Aufgabe des Therapeuten wird darin gesehen, "die besondere Struktur und Entwicklung dieses individuellen Lebens mit einer solchen Genauigkeit zu erfassen und mit solcher Klarheit zum Ausdruck zu bringen, daß der Patient erkennt, er ist vollständig verstanden" (Adler 1929, S. 90). In allen Fällen der Neurose spiele die Einfühlung in die Krankheitssituation "die entscheidende Rolle". Nach Adler gehört zur Technik der Behandlung in jedem Fall "eine Erweiterung der Kooperationsfähigkeit; das ist der Kern der individualpsychologischen Behandlung." Bei der Zusammenarbeit zwischen Arzt und Patient habe ich viel Gewicht darauf gelegt, wie der Patient dem Problem angenähert werden muß, so daß er langsam in diese Bahn hineingebracht wird, bis es ihm selbstverständlich erscheint. Das Resultat ist die erweiterte Kooperationsfähigkeit" (Adler 1932b, S. 326).

Adler definiert den Begriff des Seelenlebens als einen beweglichen, lebenden Organismus, "der ohne ein Ziel, zu dem hin die Bewegung, die Dynamik abrollt", nicht vorstellbar sei (Adler 1927, S. 21). Kindliche Erlebnisse, Eindrücke und Stellungnahmen stehen zu späteren Erscheinungen des Seelenlebens in einem "bindenden Zusammenhang", so daß man "Einzelerscheinungen im Seelenleben nie als ein für sich abgeschlossenes Ganzes betrachten dürfe, sondern nur dann für sie ein Verständnis gewinnen könne, wenn man alle Erscheinungen eines Seelenlebens als Teil eines untrennbaren Ganzen versteht und dann versucht, die Bewegungslinie, die Lebensschablone, den Lebensstil eines Menschen aufzudecken und sich klarzumachen, daß das geheime Ziel der kindlichen Haltung mit dem der Haltung eines Menschen in späteren Jahren identisch ist" (Adler 1927, S. 21). Um die Psychodynamik eines Menschen zu verstehen, müssen daher bestimmte individualpsychologische Grundaxiome berücksichtigt werden:

1. Prinzip der Einheit

Im Unterschied zu Freud ging Adler von der Ganzheit des Individuums aus, die sich "in seinem Denken, Fühlen und Handeln, Bewußten und Unbewußten, in jedem Ausdruck seiner Persönlichkeit äußert. Diese Einheit nennen wir den Lebensstil eines Individuums" (Adler 1935, S. 136). Adler versteht den Lebensstil als eine eigene Schöpfung des Kindes, der ein ganzheitliches, teilweise unbewußtes, interdependentes System von Einstellungen, Wahrnehmungen, Zielen und Handlungen zur Aufrechterhaltung und Förderung des Selbstwertgefühls des Individuums von sich und seiner Bezugsgruppe darstellt (Antoch 1981). Aufgrund dieser subjektiven Einschätzungen der Wirklichkeit entwickelt das Kind unbewußt "final leitende Fiktionen als Leitlinien seines Lebensstils wie auch seiner Apperzeptionsweise" (Hellgardt 1982, S. 59). Als zugleich individuell und sozial bestimmtes Wesen steht der Mensch von früher Kindheit an in einem Spannungsverhältnis, das durch die Wirklichkeit und durch deren subjektive Einschätzung und Verarbeitung geprägt ist: "Bei der Betrachtung der Persönlichkeitsstruktur besteht die Hauptschwierigkeit darin, daß ihre Einheit, ihr besonderer Lebensstil und ihr Ziel nicht auf der objektiven Wirklichkeit aufbauen, sondern auf der subjektiven Anschauung, die der Mensch aus den Tatsachen des Lebens gewinnt. Eine Vorstellung, eine Anschauung von einer Tatsache ist niemals mit der Tatsache selbst gleichzusetzen. Deshalb formen auch die Menschen, obwohl sie alle in ein und derselben Tatsachenwelt leben, sich selbst so verschiedenartig" (Adler 1930, S. 7, zit. n. Ansbacher u. Ansbacher 1982, S. 183).

Der Lebensstil verfügt hierbei über alle Ausdrucksformen, "das Ganze über die Teile" (Adler 1933, 23). Antoch (1979) betont, daß Adler am konsequentesten darauf gedrungen hat, lebendige Zusammenhänge, z.B. Handlungen unter der einheitlichen Dynamik des Lebensstils, nicht zugunsten abstrakter Einzelphänomene zu zerreißen. Hierbei sind die inneren und äußeren Lebenszusammenhänge unteilbar miteinander verbunden: "Die Individualität des Kindes reicht über seine körperliche Individualität hinaus und umgreift ein ganzen Umfeld sozialer Beziehungen" (Adler 1929a, S. 30).

Die Entwicklung des Lebensstils, der Selbständigkeit und der Autonomie wird durch die Beziehungsfähigkeit der Mutter stark geprägt, wodurch eine Spannung zwischen Ohnmacht und Machtgefühlen in dieser Primärbeziehung entsteht. Nach Hellgardt (1982) tendiert das Kind aus seinem ursprünglichen, unbewußten Einheitserleben, seinem prälogischen Entwicklungsstadium heraus dazu, Mangelsituationen, Kränkungen und Unverstandenes durch magische Vorstellungen zu überwinden. Erst allmählich kann es zwischen innerer und äußerer Wirklichkeit trennen, ein differenzierteres, psychosoziales Identitätsgefühl aus der Unterscheidung zwischen Selbst und Umwelt aufbauen. Diese Entwicklung ist gekennzeichnet von "einer zunehmend bewußten und individuell reflektierten Unterscheidbarkeit zwischen innerer Wunschwelt (bzw. Bedürfnisspannung, Versagensängsten) und äußerer Wirklichkeit, zwischen Abgrenzung (Widerstand und aktiver Anpassung)" (Hellgardt 1982, S. 54). Hieraus leitet sich die individuelle psychosoziale Dialektik des Lebensstils ab, d.h. die Meinung des Individuums über sich selbst und die Umwelt. Damit entspricht der Begriff des Lebensstiles der Selbst- und Objektrepräsentanz in der Psychoanalyse. Hellgardt (1982) differenziert aus individualpsychologischer Sicht in Anlehnung an Ferenczi folgende Entwicklungsstadien des Ich-Bewußtseins bzw. des Lebensstiles in der frühkindlichen Entwicklung:

1. "Die pränatale Periode des absoluten All-Einheitsgefühles, in der alle Bedürfnisse des Kindes sich von selbst befriedigen.

2. Während der symbiotischen Phase der Dualunion mit der Mutter im ersten Lebensjahr, die Periode der magisch-halluzinatorischen Allmachtsgefühle des Kindes, das unbewußt 'meint', daß ihm jeder Wunsch, jedes Bedürfnis allein durch die bloße Vorstellung der Wunscherfüllung befriedigt werden. Während dieser Phase macht das Kind aber zunehmend die Erfahrung, daß seine Wunschvorstellungen teilweise nur unzureichend in Erfüllung gehen.

3. Wunschvorstellungen werden allmählich zu magisch-leitenden Fiktionen, hinter denen unbewußte Allmachtsfiktionen stehen. Das Kind meint und tut so, als ob es durch bestimmte magische Gebärden, Sprachversuche, Beschwörungszauber oder Handlungen seine Wünsche erfüllen kann. In dem Maße, in dem es die Erfahrung macht, daß seine Wünsche sich so nicht zuverlässig erfüllen, beginnt es aufgrund der Frustrationserfahrungen, zwischen sich und seiner Umwelt zu unterscheiden. Es wird bewußter, selbstbewußter, seine Fiktionen und Handlungen werden wirklichkeitsbezogener und zweckmäßiger, - sofern es dazu zärtlich ermutigt wird.

4. Im Verlauf der weiteren Kindheit entwickelt sich das Potential der schöpferischen Kraft aus archaisch-ursprünglichen Allmachtsgefühlen und -vorstel-

lungen, mehr oder weniger weitgehend differenziert, zu wirklichkeitsbezogener und selbstbewußt reflektierter Ich-Kraft" (S. 54ff.).

Balint prägte für die pathologische frühe Mutter-Kind-Beziehung den Begriff der Grundstörung. Nach Balint (1968) kann hierbei ein Defekt im Sinne eines Mangels in der psychischen Struktur entstehen. Beim Kleinkind entstehen jedoch keine intrapsychischen Konflikte. Es handelt sich vielmehr um ein grundlegendes Mangelerlebnis, um ein - individualpsychologisch formuliert - Minderwertigkeitsgefühl. Dieses widerfährt im Grunde jedem Menschen, kann von ihm jedoch entsprechend seiner "schöpferischen Kraft" in unterschiedlicher Weise kompensiert werden. Die frühkindliche Mangelsituation, verbunden mit späteren emotionalen und sozialen Störungen, führt nach Adler zur Entmutigung mit einem dadurch verstärkten Minderwertigkeitsgefühl. Dadurch wird ein überkompensatorisches Streben nach Überwindung bedingt, das der Stabilisierung des Selbstwertgefühls dient. Dieses stellt damit das Grundmuster des "nervösen Charakters" dar (Adler 1912).

2. Prinzip der Dynamik

Leben ist ohne Bewegung nicht vorstellbar; psychische Prozesse folgen einem Ziel und Intentionalismus. Zunächst sah Adler im Aggressionstrieb die vorherrschende Kraft, später im Streben nach Überlegenheit. Hierbei durchlief die Bedeutung von Überlegenheit, d.h. der spezifische Zielpunkt, einen bedeutenden Wandel (Ansbacher und Ansbacher 1982): Wurden die Zielpunkte zunächst in persönlicher Sicherheit, Macht und Überlegenheit gesehen, so erfuhr diese Definition durch die Einbeziehung des Gemeinschaftsgefühls eine erweiterte Bedeutung: "Im Streben nach Vollendung ist der Mensch immer seelisch bewegt und fühlt seine Unausgeglichenheit gegenüber dem Ziele der Vollkommenheit. Einzig das Gefühl, eine zureichende Stelle im Streben nach aufwärts erreicht zu haben, vermag ihm das Gefühl der Ruhe, des Wertes und des Glücks zu geben. Im nächsten Augenblick zieht ihn sein Ziel wieder hinab. In diesem Augenblick wird es klar, daß Mensch sein heißt, ein Minderwertigkeitsgefühl zu besitzen, das ständig nach seiner Überwindung drängt. Die Richtung der gesuchten Überwindung ist tausendfach verschieden wie das Ziel der gesuchten Vollkommenheit. Je größer das Minderwertigkeitsgefühl ist und erlebt wird, um so heftiger der Drang zur Überwindung, um so stärker die Bewegung der Gefühle" (Adler 1933, S. 83).

Nach Neuer (1926) fordert die Unterlegenheitssituation des Menschen seine Aktivität nach Überwindung heraus, im günstigsten Fall eine psychische Energie, die mit Mut bezeichnet wird. Das Ausmaß der physischen und psychischen Energie bestimmt die Reaktionsmöglichkeiten bei Kindern entscheidend mit. Die Unterschiede des "Aktivitätsgrades" beeinflussen die Ausbildung der psychopathologischen Symptomatik des Erwachsenen - ein Konzept, das sich in Temperamentsuntersuchungen bei Kindern bestätigt hat.

Die Finalität kann als "Streben nach Überwindung" von subjektiv erlebter Mangellagen verstanden werden. Antoch (1979) leitet hieraus für das therapeutische Vorgehen folgendes ab: "Es liegt auf dieser Linie, wenn Individualpsychologen die Handlungsweisen, die sich ihnen in der Therapie als Symptomatik darbieten, nicht als Zustände betrachten, sondern als spezifische Bewegungen, die nicht zu dem angestrebten Ziel führen" (S. 157), d.h. die unbewußte Kompensation der originär erlebten Mangelerlebnisse gelang hier nicht.

3. Prinzip des Gemeinschaftsgefühles

"Mitbestimmt wird die Setzung des Zieles der Überlegenheit durch die Größe des Gemeinschaftsgefühles. Wir können kein Kind, keinen Erwachsenen beurteilen, wenn wir nicht einen Vergleich ziehen zwischen dem in ihm vorhandenen Gemeinschaftsgefühl und dem Beitrag seines Strebens nach Macht und Überlegenheit über die anderen. Das Ziel wird so aufgestellt, daß seine Erreichung die Möglichkeit bietet, Überlegenheit zu fühlen oder die eigene Persönlichkeit soweit zu heben, daß das Leben lebenswert erscheint. Dieses Ziel ist es auch, das den Empfindungen ihren Wert verleiht, die Wahrnehmungen lenkt und beeinflußt, die Vorstellungen gestaltet und die schöpferische Kraft leitet, mit der wir die Vorstellungen schaffen, Erinnerungen ausgestalten oder beiseite schieben" (Adler 1927, S. 73). Adler setzte dem Gemeinschaftsgefühl das Machtstreben dialektisch entgegen: In der Zeit der Ichfindung entwickelt das Kind seine Beziehung und Abgrenzung zur Umwelt und antwortet mit einer aktiven Stellungnahme. Die so entstehende Bewegungslinie besitzt eine unzerstörbare Einheitlichkeit, die es uns ermöglicht, "einen Menschen als

einheitliche Persönlichkeit zu begreifen, was besonders für den Fall wichtig ist, wenn ein Mensch Ausdrucksbewegungen aufweist, die einander zu widersprechen scheinen" (Adler 1927, S. 45).
Der Begriff des Gemeinschaftsgefühls, häufig als Anpassung an soziale Normen mißverstanden (Jacoby 1978), bedeutet tiefenpsychologisch betrachtet, daß seine Grundlage, "pränatal und in der frühen Kindheit entwickelt, untrennbar verbunden ist mit der Entwicklung des individuellen Lebensstiles und der Ichfindung bzw. Ichbildung des Kindes in und aus seinem sozialen Umfeld" (Hellgardt 1982, S. 46). Wesentliche Phasen dieser Entwicklung, die das spätere Gemeinschaftsgefühl prägen, sind die vorgeburtliche Zeit, das Geburtstrauma (siehe hierzu von psychoanalytischer Seite Janus 1986a,b), die anschließende Mutter-Kind-Symbiose (Künkel 1928, 1931), die Phase der Ablösung, Trennung und beginnenden Individuation des Kindes sowie die zunehmende Selbständigkeit und Interaktionsfähigkeit. Eine entsprechende Differenzierung der Theorie des Gemeinschaftsgefühles und seiner Entwicklung, die neuere sozialpsychologische und psychoanalytische Erkenntnisse integriert, erfolgte u.a. durch Schmidt (1981), Antoch (1981, 1984) sowie Wiegand (1984).

4. Das Prinzip von Aktion und Reaktion zwischen dem Individuum und seiner Umwelt

Das Individuum ist nicht in einer isolierten und statischen Situation zu betrachten, sondern "im Licht seiner Aktion". Das Leben des Menschen ist "nicht nur als Einheit anzusehen, sondern auch im Zusammenhang mit seinen jeweiligen sozialen Beziehungen zu betrachten" (Adler 1929, S. 30). Künkel (1929) nannte diese Auseinandersetzung eines Lebewesens mit seiner Umwelt transitive oder äußere Dialektik, "weil der Vorgang sich nicht im absoluten Subjekt vollzieht, sondern auf die Außenwelt übergreift, so daß zwischen Subjekt und Objekt eine bestimmte Art von Wechselbeziehung entsteht" (S. 77). Um zu verstehen, was in einem Menschen vorgeht, um seine Zielgerichtetheit zu erkennen, "ist es notwendig, dessen Haltung zu seinen Mitmenschen einer Betrachtung zu unterziehen" (Adler 1927, S. 36), denn in diesen Interaktionen zeigt sich das "wirksame Psychische", äußert sich das infantile Apperzeptionsschema und das unbewußte Leitbild.

Aus den vier geschilderten Bausteinen läßt sich das individualpsychologische Modell der psychodynamischen Zusammenhänge wie folgt darstellen: Der Mensch entwickelt aufgrund seiner frühen Erfahrungen unbewußt seinen Lebensstil, der sich einheitlich in Träumen, Vorstellungen, Wahrnehmungen und Stellungnahmen ausdrückt. Dabei versucht das Individuum entsprechend seinem Aktivitätsgrad, seiner psychischen Energie und seiner schöpferischen Kraft, die erlebten Konflikte und Mangelsituationen zu bewältigen. Die vorhandene Psychodynamik zeigt sich daher einheitlich in allen Lebensphasen und Stellungnahmen des Individuums und wird durch die frühesten Kindheitserfahrungen geprägt (Adler 1935).

II. Konsequenzen für das therapeutische Vorgehen

Wie wirkt sich dieses theoretische Verständnis der individualen Entwicklung auf die therapeutische Arbeit aus? Bei der individualpsychologischen Therapie kann es sich nicht um eine Form der Belehrung, Verpflichtung oder Anpassung des Patienten an irgendwelche Leistungen und Normen handeln, wie ihr u.a. von Jacoby (1978) vorgeworfen wurde. Psychotherapie stellt nach Adler eine "Übung in Kooperation" dar, soll das Individuum ermutigen sowie den unbewußten Lebensstil erlebbar machen. Adler (1933) betonte, daß die therapeutische Beziehung durch ein Klima der Gleichberechtigung gekennzeichnet sein sollte. Er wies darauf hin, daß es nicht genüge, Erkenntnisse und Wahrheiten intellektuell zu erarbeiten, sondern daß der "Patient die Wahrheit lebendig machen muß". Das heißt, daß die "vergessenen Ursprungsszenen, das ursprüngliche Erleben der Insuffizienz in der Analyse des Lebensstiles im psychotherapeutischen Prozeß erschlossenen werden" (Antoch 1985, S. 352). Andere individualpsychologische Autoren rücken hingegen den teleoanalytischen Aspekt in den Vordergrund: "Ihr therapeutisches Ziel - der Abbau von Minderwertigkeitsgefühlen, Überlegenheitsstreben - sieht die Individualpsychologie als erreichbar, indem sie den Patienten systematisch ermutigt und ihm bewußt macht, daß er seine 'private Vernunft' zugunsten der Logik des menschlichen Zusammenlebens zurückdrängen muß. Damit soll eine Stärkung seines Gemeinschaftsgefühles und seiner Beziehungsfähigkeit herbeigeführt werden" (Jacoby 1974, S. 90). Um dies zu erreichen, ist es nach Titze (1979) notwendig, "daß der Therapeut detaillierte Fragen stellt, die sich auf die

Körperlichkeit, die Position in der Geschwisterreihe, die Familienatmosphäre, das Erziehungsverhalten der Eltern des Patienten usw. beziehen". Ellenberger (1985) schreibt, "man sagt dem Patienten auch, in welcher Weise sein Lebensstil und sein Lebensziel im Widerspruch zur Realität des Lebens und zum Gesetz des sozialen Interesses stehen" (S. 836).

III. Therapeutische Beziehung

Dieser Gesichtspunkt relativiert die Anwendung einer "richtigen Technik". Die interaktionellen Vorgänge in der analytischen Beziehung und die therapeutischen Veränderungen des Patienten haben unter diesem Blickwinkel mehr damit zu tun, was in der Beziehung zwischen Analytiker und Analysand Bedeutung gewinnt, als damit, was der Analytiker dem Analysanden deutet (Bauriedl 1980). Da das Kind in dem Prozeß der interaktionellen Auseinandersetzung mit seiner Umgebung seine Persönlichkeit und Psychodynamik unbewußt entwickelt, kann der Patient gar nicht anders, als in der therapeutischen Situation in Aktionen entsprechend dieser frühkindlichen Erfahrung wiederzubeleben, d.h. seinem Lebensstil, erneut zu gestalten: "Der Lebensstil als roter Faden der Identitätsentwicklung wird damit auch zum roten Faden des Therapieprozesses. Das bedeutet für den Therapeuten im Rahmen des therapeutischen Settings: er wartet auf die Beziehungsangebote des Patienten, da der Patient überhaupt nichts anderes tun kann, als mit ihm in lebensstiltypischer Weise in Beziehung zu treten" (Heisterkamp und Zanke 1983, S. 484). In diesem Sinne forderte Adler (1920, S. 60) den Therapeuten auf, "sich der Führung des Patienten zu überlassen". Das bedeutet, daß der Patient bestimmt, was er anspricht und anbietet: "Wenn er sich an seine Kindheit erinnert, wenn er Träume einbringt, aktuelle Schwierigkeiten thematisiert oder Pläne schmiedet, dann sind das alles Produktionen des sich 'Hier und Jetzt' ausformenden Lebensstiles, also sowohl das 'Vergangene' als auch das 'Gegenwärtige' und das 'Zukünftige'" (Heisterkamp und Zanke 1983, S. 485). Der Grundgedanke dieser Überlegungen ist bei Adler (1912) in prägnanter Weise zum Ausdruck gebracht: "Nur in der Bewegung ist Wahrheit" (S. 139). Diese Sichtweise problematisiert jede auf Einzelthemen orientierte Analyse und richtet die Aufmerksamkeit des Therapeuten auf die durchgängigen Bewegungsprinzipien einzelner und übergreifender Sitzungseinheiten. In einer verlaufsorientierten Therapie ist es auch kein Ärgernis für den Therapeuten, wenn der Patient noch keine frühen Kindheitserinnerungen hat, noch nicht träumt oder nur über berufliche Probleme spricht, sondern es wird das Auftreten der jeweiligen Themen und Konflikte selbst zum Diagnostikum für den Entwicklungsstand der Therapie (Heisterkamp und Zanke 1982). Ein solches therapeutisches Vorgehen berücksichtigt nicht nur die eingangs dargestellten individualpsychologischen Konzepte und die von Adler geforderten therapeutischen Grundprinzipien der Ermutigung und Gleichwertigkeit, sondern integriert den kognitiven Ansatz mit einem beziehungsanalytischen und psychodynamischen Verständnis. Die von Adler für die individuelle Entwicklung als entscheidend angesehene dialektische Spannung zwischen Minderwertigkeitsgefühlen und fiktiven Sicherungstendenzen wird in der therapeutischen Beziehung durch die bis dahin "unbewußt gehaltenen Wünsche und Ängste innerhalb der Personen und zwischen den Personen bewußt erlebt" (Bauriedl 1985, S. 32). Dies ermöglicht die Wiederbelebung der originären Insuffizienzerlebnisse in den vergangenen und in den aktuellen Lebenssituationen (Heisterkamp 1984b).

Der Begriff des Minderwertigkeitsgefühles steht hierbei für alle belastenden chronischen Lebenserfahrungen, frühkindlichen Versagungen und Enttäuschungen, die zur Ausbildung des Lebensstiles führten. Je mehr es nun dem Therapeuten gelingt, den Patienten empathisch zu begleiten und zu ermutigen, damit dieser seine unbefriedigten und notdürftig verdeckten Enttäuschungen, Demütigungen, Kränkungen usw. wahrzunehmen vermag, desto mehr kann sich dieser in seinem Leid und in seiner Not von seinem Therapeuten verstanden und angenommen fühlen und desto mehr wird er auf seine Symptome und neurotischen Sicherungstendenzen verzichten können. Wenn der Patient auf diese Weise seine Wahrheit wieder lebendig gemacht hat (Adler 1933), "wenn er sie wieder belebt und erlebt, was etwas völlig anderes ist als kognitive Einsichten in psychologische Sinnzusammenhänge, drängen die unerledigten Strukturierungsprobleme des jeweiligen Lebensstiles mit der ganzen dem Seelischen zur Verfügung stehenden Dynamik auf neue Lösungen" (Heisterkamp 1984a, S. 35). Dieser therapeutische Prozeß gelingt jedoch nicht, wenn der Patient von seinem Therapeuten erfährt, daß seine heutigen Reaktionen in der Kindheit adäquat waren, jetzt aber inadäquat sind. Für Bauriedl (1985, S. 33) geht es gerade "um das Verständnis der Adäquatheit selbst der 'verrücktesten'

Aktionen und Reaktionen sowohl beim Analysanden als auch beim Analytiker. Diese Adäquatheit kann nur verstanden werden, wenn man die für ihr Verständnis nötigen Wünsche und Ängste, wiederfindet", erst dann können Patient und Therapeut die frühkindlich belastenden Insuffizienz- und Mangelerlebnisse mit ihrer häufig essentiellen Bedrohung neu erfahren, "setzen sich die originären Bedürfnisse und schöpferischen Kräfte des Patienten frei" (Heisterkamp 1986, S. 40).

Ebenso wie die psychoanalytische Theorie und Technik mit ihrer Anwendung in den letzten Jahrzehnten wesentliche Änderungen erfahren haben, folgten auch in der Individualpsychologie entscheidende Erweiterungen und Akzentverschiebungen, die - ausgehend von der bereits bei Adler vorformulierten Beziehungsanalyse - "den therapeutischen Schwerpunkt auf eine horizontale, interpersonale Analyse legen, bei der die Konflikte der Vergangenheit des Patienten im Lichte der gegenwärtigen therapeutischen Beziehung betrachtet werden" (Kruttke-Rüping 1984, S. 231).

In Anlehnung an Cremerius (1984) stellt sich hier die Frage: "Gibt es zwei individualpsychologische Techniken?" (S. 187) - Eine individualpsychologische Teleoanalyse, der eine Beziehungsanalyse gegenübersteht? Kruttke-Rüping (1984) glaubt, daß eine Überwindung dieser Positionen nur durch eine ganzheitliche, dialektische Betrachtungsweise erreicht werden kann: "Da werden Kausalität und Finalität, Subjektivität und Objektivität, Emotionen und Kognition in ihrem dialektischen Beziehungsgefüge berücksichtigt. Da wird das Ziel vor dem Hintergrund seines dialektischen Gegenstücks betrachtet, das die finale Psychodynamik ja nicht außer Kraft setzt, sondern - im Gegenteil - als deren Ausgangsort oder These mitbedingt. Um das Ziel, die Causa finalis, ganzheitlich verstehen zu können, muß dem Patienten selbst erst einmal jene tief im Unbewußten verborgene geheime Antriebskraft erfahrbar, einsichtig und bewußt werden" (S. 230). Dieser Prozeß ist langwierig, kann nicht kognitiv vollzogen werden und ist ohne Trauerarbeit nicht möglich. Die hierfür notwendigen regressiven Prozesse ermöglichen eine Bearbeitung der frühen intrapsychischen Konflikte der autochthonen Grundbedürfnisse wie z.B. von Selbstabgrenzung/Selbstdurchsetzung, Anlehnung und Abhängigkeit (Tenbrink 1985). Nach Tenbrink hat die in der "klassischen individualpsychologischen Theorie" (S. 44) übliche Auslegung des Begriffs "ganzheitliche Sichtweise" die Weiterentwicklung der individualpsychologischen Theorie in Richtung auf eine dringend erforderliche Mikroanalyse psychodynamischer Prozesse blockiert "und damit auch die Differenzierung intrapsychischer Konflikte, die zu einem Verständnis der Dynamik zwischen Selbstwertsuche einerseits und autochthonen Impulsen andererseits dazu beitragen, verhindert" (S. 53).

Wenn Adler vom Therapeuten eine empathische, ermutigende Haltung verlangt, um dem Patienten die Wahrheit lebendig werden zu lassen, damit er seine Ängste, Nöte, Konflikte und die Struktur seines Lebensstiles erlebnismäßig nachvollziehen kann, dann stellt sich für den Therapeuten die Frage: "Wie kann ich diese Einsicht so formulieren, daß sie für den Patienten sinnerfüllt und doch nicht traumatisierend ist?" (Greenson 1967). Stuhr (1984) verlangt aus einer empirischen Analyse zur Dialektik von Engagement und Distanz der therapeutischen Beziehung heraus folgende zwei Haltungen zu integrieren:

"a) eine eindeutig strukturierte emotionale Haltung, die entweder deutlich emotional zugewandt und partnerschaftlich ist oder lenkend-distant, je nachdem, ob ich den Patienten stützen muß, da er angespannt oder/und depressiv ist oder noch über sich selbst getäuscht ist;

b) eine gewährende Suche nach dem idealen Punkt, an dem ich tiefgehend und gehaltvoll intervenieren kann, ohne emotional zu kränken." Die Wirkung der psychoanalytischen Therapie kann mit den Begriffen "Einsicht" und "Erfahrung" umrissen werden (Lehmkuhl 1989, S. 229).

Auch "ermutigende Interventionen" und Deutungen können erst dann bei dem Patienten zu einer neuen Erfahrung führen, wenn sie in der Beziehung zwischen Analytiker und Analysand an Bedeutung gewinnen; "die Statik der Beziehungsstrukturen des Analysanden (ausgedrückt in stereotypen Szenen innerhalb und außerhalb der Analyse) wird aufgelöst. Bewegung und Fortentwicklung von Beziehungen und Beziehungsstrukturen sind nur im Kontakt möglich; und Kontakt ist im Gegensatz zur zwischenmenschlichen Isolation hier definiert als doppelbindungsfreie Spannung aufnehmende Beziehung" (Bauriedl 1980, S. 55).

IV. Individualpsychologische Aspekte der Psychotherapie

Wenn nun das individualpsychologische therapeutische Vorgehen in Anlehnung an Antoch (1979, 1981, 1985) in seinen Grundzügen beschrieben wird, dann soll dies kein festes Schema oder Raster darstellen, sondern ist auf dem Hintergrund des beziehungsanalytischen Ansatzes zu verstehen. Das heißt, die einzelnen Bereiche werden nicht "abgefragt", stellen vielmehr für den Therapeuten einen "roten Faden" dar, nach dem er die von dem Patienten eingebrachten Informationen für sich ordnet und interpretiert. Entsprechende Interventionen ergeben sich deshalb nicht regelhaft, sondern aus dem jeweiligen Interaktionsprozeß.

Am Anfang der Behandlung wird die Grundregel besprochen. Sie besagt, daß der Patient alles mitteilen soll, was er denkt und fühlt. Er soll keinen Einfall unterdrücken - auch wenn er ihm sinnlos und peinlich erscheint. Die Methode der freien Assoziation wird von Kris (1982) "als gemeinsamer Prozeß verstanden, wobei der Patient versucht, alle seine Gedanken und Gefühle in Worte zu fassen und der Analytiker - von seinen eigenen Assoziationen geleitet - ihm hilft, diese Aufgabe zu erfüllen".

Nachdem dann die Konsultationsgründe und die Erwartungen des Patienten in der Anfangsphase geklärt worden sind, werden mit ihm die notwendigen Vereinbarungen zur Durchführung einer Psychotherapie besprochen. Hierzu gehören u.a. die Schweigepflicht des Therapeuten gegenüber Dritten, die Frequenz der Termine (zwei- bis dreimal pro Woche) und die Honorarfrage.

1. Erinnern und Rekonstruktion

Für die individualpsychologische Therapie sind besonders Hinweise über die Familienkonstellation, das Beziehungsnetz und die Interaktionsmuster der frühen Kindheit von entscheidender Bedeutung. Diese frühen Erfahrungen - z.B. der Beziehung zu den Eltern bzw. den Geschwistern - werden im therapeutischen Prozeß wiederbelebt. Die Kindheitserinnerungen verhelfen zu einem szenischen Verstehen der frühkindlichen Situation, geben Hinweise für die Dynamik des späteren Erlebens sowie Verhaltens und sind wichtige Bestandteile für das Verständnis des Lebensstils, dessen Entwicklung und Ausformung. In der Beziehungsanalyse werden die frühkindlichen Kränkungen, intrapsychischen Konflikte und Mangelsituationen erkennbar, d.h. es kommt im therapeutischen Prozeß zu einer Aktivierung und Wiederbelebung dieser verdrängten Erlebnisse. Die Lebensstilanalyse vollzieht sich hierbei nicht als ein diagnostischer, deutender Vorgang, sondern ergibt sich aus dem Interaktionsgeschehen: Deutungen schaffen Verbindungen zwischen biographischem Material, Träumen, Erinnerungen und der aktuellen therapeutischen Situation. Sie helfen dem Patienten, seine lebensstiltypische Bewegung zu erleben und zu verstehen. Dies bedeutet, daß die Analyse der frühen Kindheitserinnerungen kein einmaliger Akt, sondern eine die gesamte Therapie begleitende Durch- und Neugliederung der Erfahrungen der Kindheit des Patienten ist. Dabei besteht die therapeutische Intervention in einer einfühlenden Begleitung der vom Patienten immer wieder initiierten lebensstiltypischen Bewegung, die sich im "Hier und Jetzt", in der therapeutischen Beziehung zeigt und sowohl "Erinnerungen aus vergangenen Zeiten, als auch Erfahrungen der Gegenwart sowie Entwürfe auf die Zukunft" enthält (Heisterkamp 1983, S. 104). Dies gelingt jedoch nur, wenn eine auf Empathie beruhende Kommunikationsform des sich gegenseitig einfühlenden Verstehens entsprechend dem Vorbild der frühen Mutter-Kind-Beziehung hergestellt werden kann (Argelander 1968).

2. Durcharbeiten

Im therapeutischen Prozeß werden Lernprozesse angestoßen, die sich sowohl innerhalb als auch außerhalb der analytischen Situation vollziehen. Thomä und Kächele (1985) fragen, was der Analytiker dazu beitragen kann, daß die tastenden Versuche des Patienten bzw. seine Probehandlungen günstig ausgehen und der Patient diese draußen fortsetzt. "Mehr noch als gesunde Menschen suchen und brauchen Patienten Bestätigung und alle jene zwischenmenschlichen Erfahrungen, die als 'Ich-Stärkung' bezeichnet werden." (S. 322). Durcharbeiten bedeutet für die individualpsychologische Therapie die Bearbeitung und Erweiterung der grundlegenden, nicht gelösten Strukturierungsprobleme des Lebensstils. Das durch ein lebenslanges Interaktionstraining eingeübte Beziehungsgefüge wird in der therapeutischen Situation wiederbelebt und damit sichtbar und veränderbar. Thomä und Kächele (1985) formulieren: "Unsicherheiten, die beim Durcharbeiten mit dem Ziel der Umstrukturierung unvermeidlich sind, können leichter ertragen werden, wenn die Neugier des Patienten für seine unbewußten Wünsche und Ziele durch eine tragfähige Beziehung unterstützt wird" (S. 323).

3. Kriterien für die Beendigung der Therapie

Heisterkamp versteht das Ziel individualpsychologischer Therapie als "einen Prozeß der Strukturierung und Umstrukturierung", wobei die gesamte Erlebnismöglichkeit des Individuums eine umfassende Durch- und Neugliederung erfährt (Heisterkamp 1983, S. 102). Hinweise für eine "Strukturveränderung" des Lebensstils zeigen sich dadurch, daß es dem Patienten gelingt, sein unbewußtes Beziehungsschema zu erweitern und im Vergleich zu früher konfliktfreier und selbständiger zu leben, mit mehr Vertrauen in die eigenen Fähigkeiten und ohne die ihn einschränkenden Symptome. Heisterkamp spricht von einem "Formenwandel" des Lebensstils, der sich in der Beziehung zwischen Patient und Therapeut ereignet. Diesem Ziel nach Veränderbarkeit in der Therapie sind jedoch oft engere Grenzen gesetzt, als wir wahrhaben wollen (Thomä und Kächele 1985).

V. Darstellung eines Therapieverlaufes

Der 30jährige Patient wird von einem Internisten überwiesen, den er wegen Magenschmerzen und anderen multiplen körperlichen Beschwerden aufsucht. Insbesondere klagt er über zunehmende innere Unruhe und Spannungszustände. Da für seine Beschwerden keine somatischen Ursachen gefunden werden, beginnt er selbst, an eine psychosomatische Störung zu glauben. Vor mehreren Jahren hat er bereits an einem autogenen Trainingskurs teilgenommen, jedoch ohne davon sehr zu profitieren. Die zunehmende Symptomatik hat zu Schwierigkeiten im Beruf und in der Familie geführt, die ihn für eine Psychotherapie hinreichend motivieren.

Herr D. wirkt in seiner körperlichen Erscheinung altersgemäß. Vom Auftreten eher zurückhaltend, betritt er in den ersten Stunden nur zögernd das Zimmer, verhält sich abwartend und hat Schwierigkeiten, das Gespräch zu beginnen. Nach seinen jetzigen Beschwerden und dem Anlaß zur Therapie gefragt, gibt er bereitwillig Antwort, wobei er mit leiser Stimme spricht:

"Ich arbeite in einer Schule als Lehrer und habe dort mit meinen Kollegen und dem Direktor große Schwierigkeiten. Ich fühle mich in der Schule unfrei, werde von den Kollegen unterdrückt und oft schlecht, ungerecht behandelt. Dabei denken sie, ich sei ein aufsässiger Mensch. Ich habe einmal einen Schüler geschlagen. Viele andere Lehrer tun das auch, aber erst sehr viel später wurde ich angezeigt, und es wurde gefährlich für mich. Ich spürte damals eine starke äußere Bedrohung und bekam existentielle Ängste. Ich muß Dinge tun, die ich nicht möchte, nur weil sie in dieser Schule vorgeschrieben sind und ich mich ihnen nicht entziehen kann. Meine eigenen Wünsche kann ich deshalb auch nicht durchsetzen, wenn ich z.B. versuche, mit Kollegen einen anderen Unterrichtsstil zu erarbeiten. Mein Leben läuft so dahin. Ich habe an nichts mehr richtig Spaß. Ich schaffe auch nichts mehr. Ich spiele z.B. auch sehr gerne Musik, gebe dieses Fach auch in der Schule, aber selbst dort erlebe ich nur mein Unvermögen. Ich war vor einiger Zeit auf einer Musikakademie, habe dort sehr gut spielen können, und danach ging es immer mehr bergab. Ich bin darüber ganz verzweifelt, daß ich z.Z. die Trompete nicht mehr blasen kann wie vorher. Mit diesen Dingen beschäftige ich mich sehr eingehend und komme davon gar nicht mehr los. Ich bin völlig verkrampft, depressiv, habe an nichts mehr Spaß und Lust. Ich bin dort irgendwie hineingeschlittert wie in eine Art Rauschgift der Gefühle. Ich lasse bereits bei kleinen Belastungen die Flügel hängen, beziehe alle Schwierigkeiten direkt auf mich."

Die in den ersten Stunden gewonnenen biographischen Daten und Informationen über die aktuellen Lebensbezüge von Herrn D. lassen sich wie folgt zusammenfassen: Der Patient wurde als jüngster von drei Brüdern geboren, die sieben bzw. drei Jahre älter sind als er. Über seine Familie macht er spontan folgende Aussagen:

"Ich habe zu meinen Brüdern nie einen wirklichen engen Kontakt gehabt oder eine gute Beziehung. Meinen älteren Bruder habe ich seit ein paar Jahren nicht mehr gesehen. Er ist ein schlimmer Egoist, der andere nur gebrauchen kann. Ich empfinde diesem Bruder gegenüber keine Gefühle. Mein Vater war 15 Jahre älter als meine Mutter. Als ich geboren wurde, war er 53 Jahre alt. Ich habe die Mutter nicht besonders ernst genommen, auch heute noch nicht. Ich halte sie für dumm. Sie macht irrationale Handlungen, bei denen ich ihr nicht folgen kann. Ganz früher bin ich gern auf ihrem Schoß herumgekrabbelt.

Ich habe versucht, zu ihr einen engen und zärtlichen Kontakt zu bekommen, jedoch ohne Erwiderung. Ich habe immer das Gefühl gehabt, daß mein Vater die Mutter nicht ernst nimmt und sie nicht liebt. Mein Vater machte die Mutter oft lächerlich. Es war seine zweite Ehe. Meine Gefühle dem Vater gegenüber waren zunächst sehr positiv, später habe ich ihn teilweise gehaßt."

Bereits in dieser frühen Phase der Therapie zeigt sich die große Kränkbarkeit des Patienten. Er beobachtet den Therapeuten, während er von sich berichtet, sehr aufmerksam, fragt einige Male, ob er ihm glaube. Fragen verunsichern ihn; andererseits fordert er den Therapeuten direkt auf, ihm zu sagen, ob seine Schwierigkeiten wirklich zu verändern seien. Er bringt sehr viel Material in die Stunden, zunächst sachliche, biographische Informationen, später vermehrt Beschwerden und Ängste:

"Ich muß mich erst einmal stabilisieren, mehr Energie bekommen, aber es passiert nicht. Ich habe drei Kinder, einen Jungen von sieben Jahren, eine Tochter von fünf und einen Sohn von drei Jahren. Ich habe den Kindern gegenüber ein schlechtes Gewissen. Ich müßte mehr mit ihnen zusammensein, mehr für sie tun. Mein Frau ist gelernte Krankenschwester. Bei der Geburt des ersten Sohnes war es sehr schwierig. Der Sohn mußte die ersten zweieinhalb Jahre bei der Schwiegermutter aufwachsen. Auch von daher habe ich ihm gegenüber heute noch Schuldgefühle. Er hat sicherlich die Mutterbindung vermißt. Das Verhältnis zu meiner Frau ist z.Z. schlecht aufgrund meiner Depression. Ich kann deshalb Belastungen mit ihr nicht aushalten, und sie muß in unserer Beziehung sehr aktiv sein. Die Schulstunden fallen mir meistens sehr schwer, deshalb bin ich auch zu Hause nach dem Essen meistens sehr müde und lege mich hin. Anschließend gehe ich oft allein spazieren, um nach dem Abendessen Schulvorbereitungen zu machen."

Herr D. begann vermehrt seinen Ärger und seine Enttäuschung über seine aktuelle Lebenssituation, aber auch über frühere Ereignisse auszudrücken. In der 15. Stunde ergab sich folgender Dialog:

P.: "Wenn ich zurückdenke, fehlen mir in meinem Leben positive Erfahrungen. Ich fühle mich nur selten angenommen. Auch hier bei Ihnen bin ich unsicher, wie es weitergehen wird."

Th.: "Sie glauben, daß auch ich Ihre Ängste nicht verstehen und akzeptieren kann."

P.: "Ich bin so mißtrauisch, ich muß Sie beobachten, mich rückversichern, weiß nicht, woran ich wirklich bin. Wenn ich zurückdenke, war es jedoch schon immer so. Ich möchte mich gerne verständlich machen, traue mir aber nicht zu, es wirklich zu schaffen."

Th.: "Sie erleben Ihre jetzige Situation genauso wie in Ihrer Kindheit."

P.: "Auch in meiner Familie hatte ich das Gefühl, nicht erwünscht zu sein. Wenn ich zurückdenke, erschreckt es mich, wie gleichgültig mir heute meine Eltern sind."

Th.: "Mit dieser Erfahrung der Ablehnung beschäftigen Sie sich auch heute."

P.: "Ja, mir fällt dabei eine Erinnerung an meinen Vater ein, als ich 12 Jahre alt war. Ich spielte mit Nachbarsjungen unten im Hof. Vater rief, ich solle hochkommen. Ich winkte ab. Er hat dann weitergerufen und mich nach oben gelockt. Ich kam in die Wohnung, die Türe wurde abgeschlossen, und dann wurde ich geschlagen. Ich mußte die Hose ausziehen und er hat dann mit einem Holzstück auf mich eingeschlagen. Ich empfand das als sehr erniedrigend und demütigend. Über ein halbes Jahr sprach ich mit meinem Vater nicht mehr. Erst Weihnachten habe ich ihm die Hand gegeben auf Bitten der Mutter. Anschließend sprach mein Vater über Belanglosigkeiten mit mir. Es war keine Herzlichkeit mehr da, und ich habe das Gefühl gehabt, er wollte mich nur übertölpeln, mir aber keine echte Freundschaftlichkeit zeigen."

Ich erlebte die große Vorsicht und Kränkbarkeit des Patienten auch in der therapeutischen Beziehung. Er äußerte wiederholt indirekt, daß es für ihn sehr schwierig sei, persönliche Dinge einem Fremden gegenüber zu äußern. Die von dem Patienten berichteten emotionalen Erfahrungen wiederholten sich in der Übertragungssituation. Er befürchtete auch hier, "überlistet" zu werden. Psychodynamisch vermutete ich eine narzißtische Neurose des Patienten mit einem geringen Selbstwertgefühl und der Erfahrung, nicht um seiner selbst willen von den Eltern angenommen worden zu sein. Die Erziehungshaltung der Eltern schwankte zwischen einer starken Verwöhnung, hohen Leistungserwartungen und häufig wechselnden emotionalen Botschaften von Mutter und Vater. Die Entwicklung einer echten Autonomie und Eigenständigkeit waren hierdurch erschwert. Er erlebte die Umwelt als bedrohlich, bestrafend und benötigte deshalb in der Therapie längere Zeit, seine Ängste zu äußern, ein Stück Vertrauen aufzubauen.

P.: "Die Schulzeit war für mich sehr kränkend. Ich habe mich immer sehr angestrengt, habe jedoch nie richtigen Erfolg gehabt. Ich habe nie erkennen können, worauf es eigentlich ankommt. Ich habe die Lehrer gehaßt und mußte trotzdem für sie Verständnis aufbringen. Ich habe immer mein Gefühl gegen die Vernunft gestellt. Meistens überwog meine Vernunft. Ich habe die Gefühle nie so ausleben können, wie es notwendig gewesen wäre. Die Mutter wollte mir meistens beistehen, jedoch half es mir nicht, und ich fühlte mich immer schlechter gestellt als die anderen. Zum Beispiel hatte ich in Deutsch immer eine Beton-Fünf. Es war die Rache des Lehrers. Seitdem habe ich das Gefühl bekommen, daß ich mich nicht ausdrücken kann. Was mir gelingt, sind geraffte Gedanken ohne viel Beiwerk. Als ich endlich mein Abitur schaffte, ich war insgesamt dreimal sitzengeblieben, gratulierten mir die Brüder nicht."
Th.: "Sie haben nie erlebt, daß Ihre Bemühungen und Leistungen wirklich anerkannt werden."
P.: "So geht es mir auch hier bei Ihnen. Ich denke, ich habe in der Schule in Deutsch immer eine schlechte Zensur gehabt. Ich kann mich nicht ausdrücken, also kann auch die Therapie nicht klappen, da sie über die Sprache läuft."
Th.: "Haben Sie hier schon solche Verständnisschwierigkeiten erlebt?"
P.: "Ich bin mir nie ganz sicher. Ich komme manchmal in einer großen Unsicherheit zu Ihnen, es geht mir dabei wie in meinem letzten Traum. Ich träumte von der Schule. Ich habe das Abitur noch nicht gemacht, bin verzweifelt. Ich weiß auch, daß ich Lehrer bin, aber trotzdem bin ich Schüler, ich habe auch als Lehrer Prüfungen zu machen, und vor mir ist eine riesige Mauer und ich bekomme starke Angstgefühle. Ich muß in diesem Traum verzweifelt kämpfen."

In dem Bemühen des Patienten wurde für mich deutlich, wie stark er sich anstrengen muß, um mir zu zeigen, wie es wirklich um ihn steht. Erste Deutungen können vom Patienten nur bedingt aufgenommen werden. Er

verharrt in seinem Erleben, berichtet über seine Schwierigkeiten, vermeidet jedoch, mit mir in Kontakt zu kommen und erwartet, daß ich alles verstehen soll. In dieser Phase der Therapie (40. Stunde) berichtet er folgenden Traum:
P.: "Ich stehe mit einem anderen Menschen in einer Auseinandersetzung. Ich möchte mich durchsetzen und kämpfen. Ich bemühe mich, strenge mich unendlich an. Plötzlich brechen Zahnreihen aus meinem Mund heraus. Ich bin hilflos und laufe davon. So geht es mir immer. Ich bemühe mich und muß erleben, daß es dann doch nicht klappt. Ich hatte in der gleichen Nacht noch einen weiteren Traun: Mein Sohn ist verunglückt. Ich habe ein schlechtes Gefühl, als wenn ich nicht aufgepaßt hätte, aber es kommt keine Traurigkeit auf. Ich fühle mich schuldig, daß ich keine Betroffenheit spüre."
Th.: "Es macht Sie betroffen, daß Sie keine Gefühle wahrnehmen. Sie fühlen sich von ihrer Umgebung isoliert."
P.: "Ich habe das auch früher so gemacht. Mein Vater war in seinem Verhalten sehr wechselnd, er schwankte zwischen Freundlichkeit und Bestrafung. Ich habe versucht, ihn gar nicht mehr an mich rankommen zu lassen, alles abzublocken. Am Samstag war ich mit meiner Frau auf einem Ball. Ich wollte eigentlich nicht mitgehen, ich war nicht locker und unzufrieden, daß ich die Tanzfiguren nicht ausführen konnte. Es war zu laut, zu schrill, zu grell. Ein Riesensaal mit tausend fremden Leuten. Ich kam mir überflüssig vor. Eine innere Trägheit, bleierne Schwere, Tatenlosigkeit hatten sich ausgebreitet. In der Schule geht es mir genauso. Ich kämpfe mit denselben Schwierigkeiten als Lehrer, mit denen ich früher als Schüler zu tun hatte. Ich möchte gutmütig sein, ein Erfolgserlebnis haben, aber es gelingt mir nicht."
Zu dieser Stunde brachte Herr D. eine Zeichnung mit, um mir zu verdeutlichen, wie er sich im Augenblick erlebt. Er betonte, daß es ihm sehr schwer gefallen sei, dieses Bild mitzubringen, aber er meinte, ich müßte es unbedingt gesehen haben, um verstehen zu können, wie es um ihn bestellt ist (Abb. 1).
P.: "Dieser Mann mit den Scheuklappen, mit einem halbzugenähten Mund und auf dem Kopf das Gesetzbuch, das den Schädel zerbricht, das bin ich. Das ist nicht nur die Politik, wo ich mich hilflos erlebe, sondern auch die Schule. Meine persönlichen Qualen. Ich erlebe mich oft so verletzbar. Meine Frau lernte ich kennen, als ich in die Unterprima ging. Sie war damals schon berufstätig und arbeitete als Krankenschwester. Wir haben gemeinsam Musik

gemacht, in einer Band gespielt und uns von vornherein sympathisch gefunden. Es ging gut, die Beziehung war harmonisch und ungetrübt, bis meine Frau mir erzählte, daß sie vor mir einen anderen Freund gehabt hatte. Daraufhin zog ich mich zurück und habe mich erst 14 Tage später wieder gemeldet. So verletzt fühlte ich mich. Ich ging zurück, weil ich mich davor fürchtete, allein zu sein, weil ich hoffte, mehr Nähe zu bekommen. Ich kümmere mich zu wenig um sie. Sachen von meinem Vater fallen mir ein. Die Mutter mußte zu Hause alles machen, Vater war inaktiv. Er hatte sich auch zu Hause zurückgezogen. Ich schätze an meiner Frau: Warmherzigkeit, Selbstlosigkeit, unsere gemeinsamen Interessen. Auch mit meiner Frau bin ich sehr vorsichtig, ängstlich. Sonst gibt es zu leicht Streit. Ich schlucke alles herunter, filtere, was ich sage, und drücke es sorgsam aus. Es ist alles sehr doppelschichtig, weil sie wiederum Dinge verschweigt, um mich zu schonen, und ich mache es ebenso. Ich erlebe es aber als Mißtrauen, das mir entgegengebracht wird. Mit diesem Verhalten lassen sich unsere Schwierigkeiten nicht lösen, denn die Offenheit fehlt. Wir klammern aus, was schwierig sein könnte, aus Angst, uns gegenseitig zu kränken. Wenn ich meine Frau kränken würde, dann gäbe es Regenwetter und ich wäre unglücklich. Ich habe ja auch erfahren, wie es ist, wenn man gekränkt wird. Außerdem habe ich große Angst vor Gegenangriffen, denn ich bin sofort der Unterlegene. Mir ist es dann nicht möglich, den Leuten in die Augen zu sehen, ich denke, sie urteilen mich ab."
Th.: "Welche Parallelen sehen Sie zwischen dem Verhalten Ihrer Eltern und der Beziehung zu Ihrer Frau?"
P.: "Ich bemerke es immer deutlicher, ich spüre, daß sich meine Eltern ähnlich verhalten haben wie meine Frau und ich heute. Ich komme aus der Rolle des Ängstlichen, der sich bedroht fühlt, nicht heraus."
Schweigepause von ca. fünf Minuten
P.: "Ich müßte Angst vor Ihnen haben. Ich denke daran, daß Akten gestohlen werden können und dann gegen mich verwandt werden. Dieses Gefühl der Unsicherheit besteht auch jetzt. Gefühlsmäßig bin ich immer bei denen, die in der Minderheit stehen, gegen die Autorität."

1. Wiederentdeckung frühkindlicher Erfahrungen

Herr D. begann, zunehmend über eigene Ängste und Schwächen zu sprechen. Kindheitserinnerungen tauchten vermehrt auf; er brachte zunehmend Träume mit in die Therapie. Aktuelle Beschwerden wurden weniger wichtig. Gefühle der Leere, der Fremdheit tauchten auf, aber auch Ängste vor dem Alleinsein sowie Wünsche nach Nähe und Geborgenheit wie in folgenden Kindheitserinnerungen:

P.: "Es ist kurz nach dem Krieg. Ich bin mit meinen Geschwistern und den Eltern auf einer Müllkippe und suche Abfälle. Alle suchen Gegenstände auf dem Boden, und ich weiß nicht genau, was sie dort finden wollen. Ich bin vielleicht drei Jahre alt, kann mich nicht beteiligen und laufe davon. In die gleiche Zeit fällt eine Erinnerung mit der Mutter: Ich stehe mit ihr vor dem Schlachthof in einer langen Schlange, wir müssen warten, bis wir drankommen, ich bin einsam, die Mutter spricht mit anderen Frauen. Militärkolonnen fahren langsam durch den Ort. Soldaten werfen Dinge aus den Fahrzeugen. Ich möchte runter und etwas aufheben. Ich habe keine Schuhe an, niemand hilft mir, sie anzuziehen. Ich kann noch heute weinen, wenn ich daran denke, wie allein ich war und immer noch bin."

Th.: "Sie vermißten schon in der Beziehung zur Mutter den engen Kontakt."
P.: "Ja, ich bin noch heute ihr gegenüber still und sprachlos. Es bleibt ein Gefühl der Fremdheit. Ich bemerke immer mehr, wie sich dies in der Beziehung zu meiner Frau wiederholt. Meine Frau ist im Haushalt perfekt. Ich fühle mich dadurch gelähmt. Ich bin dann gar nicht mehr notwendig. Ich versuche, alles selbst zu analysieren, mich zu fragen, warum das so ist. Wenn ich nicht ankomme, fühle ich mich nicht notwendig, sinnlos, überflüssig. Meine Frau kann mir das Gefühl nicht vermitteln, daß ich gebraucht werde. Sie hat Angst, ich würde es falsch verstehen. Auch im sexuellen Bereich habe ich mit meiner Frau Schwierigkeiten. Dies liegt zum Teil an uns beiden. Mein Bedürfnis ist größer, sie hat ein geringeres Verlangen. Dennoch ist es mir möglich, heute Sexualität als etwas Schönes und Befreiendes zu erleben.
Die Enttäuschung zu Beginn unserer Beziehung sitzt mir noch immer in den Knochen. Auf der einen Seite idealisiere ich unsere Ehe, andererseits bin ich oft unzufrieden und spüre Kälte zwischen uns. Damals war ich gerade im

Begriff, ihr großes Vertrauen entgegenzubringen, mich auszuliefern, mich voll zu öffnen. Die erste echte Gefühlsbindung war die Beziehung zu meiner Frau, wie ich es heute empfinde. Ich habe jetzt Angst, daß dies schon wieder so ein Windfähnchen sein könnte, dennoch spüre ich auch ihre Warmherzigkeit."

Herr D. erlebte schmerzlich seine Unfähigkeit, sich durchzusetzen, aktiv Dinge in die Hand zu nehmen. Seine ausgeprägte Ambivalenz zeigte sich auch in der therapeutischen Beziehung. Während er streckenweise den Therapeuten idealisierte, tauchten auch immer wieder entwertende und aggressive Impulse ihm gegenüber auf. Das zentrale Thema in dieser Phase (120. Stunde) betraf seine Identitätsfindung und Autonomie. Eine erste Auseinandersetzung mit diesem Thema erfolgte in einer von ihm geschriebenen "Schöpfungsgeschichte", die er mir während einer Therapiestunde übergab:

"Gott schuf die Welt nicht: Sie entstand aus sich selbst und das war gut so: Denn wir brauchen keinen Vormund, wir können selbst entscheiden. Wir sind die Herren, wir. Wir wissen, was richtig ist ohne IHN. Wir wissen, daß Napalm und Atompest und Milzbrand udgl. die einzig wichtigen Dinge sind zu unserem Schutze. Wir wissen auch, daß wir unsere Feinde damit vernichten müssen und das wissen auch unsere Feinde und darum sind die Militärs die einzigen lebenswerten Wesen. Und das wird so weitergehen, bis diese die einzigen auf der Welt sind (oder auch nicht mehr); denn das ist ja wohl der einzige Grund der Welt, sie ist da, damit sie sich selbst zerstört. Und das stimmt, denn wir dulden keinen, der anders denkt, der aus der Ordnung drängt."

Herr D. äußerte zu seinem Text folgende Assoziationen:

P.: "Ich muß häufig autoritäre Methoden anwenden, die jedoch bei den Schülern keinen Erfolg haben. Ich ärgere mich dann, daß sie mir nicht zuhören. Ich spüre in mir eine große Hilflosigkeit, komme nicht weiter und die Kinder spüren es auch. Früher kam das Gefühl der Hilflosigkeit, Ausweglosigkeit häufig vor. Dazu fällt mir gerade spontan ein Erlebnis mit den Nachbarn ein, die mich ärgern, und ich bin dann zu feige, den Leuten gegenüberzutreten, um mich offen zu wehren. Normalerweise lehne ich Macht ab, muß jedoch erfahren, daß ich häufig robuster auftreten muß. Ich will nicht aus der Rolle fallen wie mein Vater, der einmal meine Mutter bedroht hat. Es gab bei uns zu Hause oft Streit und Krach. Vater schimpfte die Mutter aus. Wir hatten einen

Untermieter, der hieß Schmitz, der auch mit uns zusammen aß, und ich sagte zu ihm "Schmitzchen" und mein Vater schlug mich so heftig, daß die heiße Milch über meine Hände floß, und ich die Tasse nicht mehr festhalten konnte. Ich fürchte, in die gleiche Art zu schlagen und heftig werden zu können wie mein Vater. Es war bereits Vaters zweite Ehe mit meiner Mutter, ich glaube, sie waren nicht sehr glücklich. Ich habe nie verstanden, warum er meine Mutter geheiratet hat. Das Verhältnis meiner Eltern zueinander bleibt mir ein Rätsel. Mein Vater hat an sich meine Mutter verachtet, ich habe das immer gespürt, trotz der Kinder. Warum sind sie aneinander geraten und haben geheiratet? Schon als kleines Kind hat die Mutter mir folgendes Erlebnis erzählt: An Silvester habe der Vater eine andere Frau geküßt, die Mutter habe ihn daraufhin zur Rede gestellt und er habe ihr eins aufs Auge geschlagen. Vater und Mutter lebten in getrennten Zimmern und hatten getrennte Betten. Ich selbst habe lange Jahre bei der Mutter und beim Vater abwechselnd im Bett geschlafen."

Th.: "Auch heute spüren Sie häufig Ihre Hilflosigkeit und Abhängigkeit, erleben sich so ohnmächtig wie als Kind."

P.: "Ich kann das nicht begreifen, daß sich dieses Gefühl seit meiner Kindheit gehalten hat. Im Grunde bin ich auch als Lehrer machtlos. Ich habe früher den Lehrer als mächtig gesehen, hatte Illusionen, daß man Macht nicht ausüben muß."

Herr D. stellte zunehmend eine Verbindung zwischen seiner jetzigen Situation und den frühkindlichen Erfahrungen her. Anlaß hierzu waren zunächst die von ihm erlebten beruflichen Schwierigkeiten in der Schule. Es traten auch zunehmend die hinter seiner Enttäuschung über die eigene als ungenügend erlebte Leistungsfähigkeit liegenden Riesenerwartungen hervor.

P.: "Ich habe früher als Schüler die Macht der Lehrer deutlich erlebt, mich ihnen gegenüber ausgeliefert gefühlt und sehe mich jetzt auf der anderen Seite. Ich lehne mich aber auch jetzt ab. Ich möchte gerne den Kindern gegenüber sympathisch sein, ihnen nachgeben, aber es ist gar nicht realistisch, was ich möchte und wie ich mich verhalte. Ich fahre ständig aus meiner Haut, reagiere heftig und autoritär."

Th.: "Dem Gefühl nach hat sich nichts verändert, egal, ob Sie die Rolle als Schüler oder als Lehrer einnehmen."

P.: "Ja, ich kann dieses Gefühl der Abhängigkeit und Ohnmacht nicht hinter mir lassen. Waren es früher meine Erwartungen an gute Leistungen, die ich selten erreichen konnte, so ist dies heute der Wunsch, ein möglichst perfekter und angesehener Lehrer zu sein. Aber auch dies gelingt mir nicht."
Th.: "Sie können Ihre selbstgesteckten Ziele nicht erreichen und geraten deshalb immer wieder in denselben Druck."
P.: "Ich fühle mich so unvollkommen; der Geist ist da, aber es gelingt nichts. Ich strebe immer nach etwas Besserem. Was ist Vollkommenheit? Ich würde gerne Organist sein, Hand und Fuß beherrschen, Vollkommenheit, das Instrument im Griff haben. Alles umsetzen können, was ich mir vorstelle. Ich merke, es kommt nicht von innen. Ich kann mich selbst nicht so ausdrücken, wie ich es gerne täte."
Th.: "Geht es Ihnen in unseren Gesprächen ebenso?"
P.: "Ich habe hier schon soviel gesprochen und es hat sich überhaupt nichts geändert. Ich erlebe immer Hindernisse, auch hier mit Ihnen. Manchmal habe ich ein Gefühl, als wollten Sie mich - wie mein Vater - irgendwohin locken, um mich zu verletzen. Aber ich spüre auch, wie es möglich ist, bestimmte Erlebnisse und Erfahrungen anders wahrzunehmen. Aber auch das macht mir Angst. Oft denke ich dann, ich müßte meine gesamten Einstellungen wegwerfen, und reagiere dann mit Ärger und Traurigkeit."
In dieser Therapiephase (120.-160. Stunde) begann Herr D. vermehrt, Träume einzubringen, und hierdurch wurden frühere Kindheitserinnerungen und Erfahrungen verstärkt aktiviert.
P.: "In dem Traum befinde ich mich in einem dunklen Raum. Das Haus hat etwas ruinenhaftes, ist etwas groß. Ich fühle mich einsam und alleingelassen. Es ist ganz dunkel. Dann sehe ich ein Licht und möchte es in einem Spiegel einfangen, um zu sehen, wo ich mich befinde. Kaum versuche ich es, habe ich Angst, mich zu verraten, daß ich gesehen werden könnte. Dieses Gefühl taucht in vielen meiner Träume auf. Ich leide unter meinem Alleinsein; wenn ich versuche, etwas daran zu ändern, treten Angst und Panik auf."
Th.: "Was würde geschehen, wenn es Ihnen im Traum gelingen würde, das Licht einzufangen, um die Umgebung besser sehen, erkennen zu können?"
P.: "Es könnte schmerzlich sein, mich dort umzusehen. Irgendwie steht dies Haus für mich - mein bisheriges Leben. Wenn ich anfange, darüber nachzudenken, werde ich verzweifelt und wütend. Das sind auch Momente, wo

ich denke, die Therapie hat keinen Zweck, daß ich hier nur meine Unfähigkeit gespiegelt bekomme und spüre, was mir fehlt."

Direkte Deutungen konnten von dem Patienten in dieser Phase schlecht angenommen werden. Auf der einen Seite bat er um Erklärungen und Ratschläge, andererseits betonte er jedoch auch, daß sie für ihn nicht akzeptabel seien. Die Beziehungsform zwischen dem Patienten und mir folgte einem "verstehenden Modus". Körner (1985) beschreibt dieses Vorgehen wie folgt: "Da das Verstehen keiner festen Regel folgt, ist auch der Dialog zwischen Patient und Therapeut denkbar offen: sie verständigen sich über ihre Interpretationen. In einem solchen Fall legt der Therapeut eine Deutung vor, die der Patient vor dem Hintergrund seines eigenen Sinnhorizontes zu verstehen sucht. Kann er sie akzeptieren, verändert sich dieser Horizont und damit sein Verständnis von sich und der Welt." Analytiker und Patient rekonstruieren gegenwärtige und zurückliegende Verhaltensweisen als teleologische Handlungen; der Patient eignet sich seine innere Welt zum zweiten Mal an.

P.: "Erinnerungen an die Mutter. Ich gehe mit ihr zum Friedhof mit einem sehr unangenehmen Gefühl. Es sind nur Bilder. Ich versuche, ihr nahe zu sein, Nähe zu spüren. Es ist wie eine zähe Masse, ich komme nicht zu ihr durch. Meine Mutter war häufig krank. Sie erbrach sich immer, steckte dabei den Finger in den Hals. Ich konnte diesen Anblick nicht ertragen, fühlte in mir Ekel, aber auch Angst, da ich nicht wußte, wie schlecht es ihr wirklich ging. Trotz allem blieb bei mir ein Gefühl der Distanz. Es war keine Herzlichkeit zwischen uns. Ich habe versucht, zu allen ein distanziertes Verhältnis zu bekommen, nicht abhängig zu werden. Dennoch habe ich vor allem Haß auf den mittleren Bruder gehabt, da er immer wichtiger in der Familie war als ich. Ich habe mir einen Expander gewünscht, um stark zu werden und den Bruder schlagen zu können. Ich spürte überall den Mangel. Es ist mir peinlich zu sagen, aber ich lud nie Freunde mit nach Hause ein, da es dort sehr ärmlich war, ich kein eigenes Zimmer hatte. Ich habe mich der Eltern wegen geschämt, mich geniert, sie anderen zu zeigen."

Th.: "Diese Unsicherheit hat es Ihnen erschwert, Kontakt zu anderen aufzunehmen."

P.: "Da war immer ein Gefühl, sie meinen gar nicht mich. Ich bin es nicht, der ihnen wichtig ist. Am deutlichsten habe ich dies in der Beziehung zu meiner Frau gemerkt. Ich dachte, sie würde nur auf einen Mann warten, den Erstbesten, um ihn zu heiraten. Ich hatte ein so taubes Gefühl, leer, als sei ein Vorhang vor mir, der mich hinderte, alles zu erleben, alles so zu sehen, wie es wirklich ist. So war es auch als Kind. Ich fühlte mich hinter meinem Vorhang geschützt, aber auch isoliert, vom wirklichen Leben getrennt."
Th.: "Sie erleben die Distanz und Leere des Kindes auch heute noch."
P.: "Gestern war meine Frau mit den Kindern zusammen Brombeeren pflücken. Alle waren aktiv, nur ich lag herum und tat nichts. Es war angenehm, so zu liegen, aber auch verbunden mit einer Leere und dem Gefühl, von den anderen getrennt zu sein. Das war schlimm. Die Kinder waren weit weg, mir gar nicht mehr nah. Ich spürte, daß mir etwas fehlte."
Th.: "Diese Distanz stellt jedoch auch einen Schutz für Sie dar - wie in Ihrer Erinnerung."
P.: "Ja, sonst denke ich, ich werde überrollt, kann die Dinge nicht mehr kontrollieren; alles entgleitet mir. Das spielt sicher auch in unserer Beziehung eine wichtige Rolle. Ich hatte vor zwei Tagen einen Traum, den ich Ihnen nur ungern erzähle, aber er ist mir auch wichtig. Ich gehe in diesem Traum mit meinem Schwager durch eine Straße. Wir wollten zum Zirkus. Plötzlich sehen wir einen Esel mit einem sehr menschlichen Gesicht, der lange Ohren hat und dumm grinst. Wir müssen um den Esel herumgehen und mein Schwager versucht, ihn zu necken. Ich sage: "Laß das sein." Wir stellen dem Esel einige Fragen: Wo der Weg weitergeht und wie wir am besten zum Zirkus kommen können. Der Esel gibt jedoch keine Auskunft, spricht nicht mit uns, obwohl ich genau weiß, daß er sprechen kann. Er macht hingegen einige Kunststückchen, wirft die Beine hoch, verdreht den Kopf. Die Ähnlichkeit zwischen dem Esel und Ihnen fiel mir gleich auf. Ich habe das Gefühl, mich dafür entschuldigen zu müssen, obwohl ich weiß, daß Sie mich deswegen nicht ablehnen werden."
Th.: "Sie vermissen in diesem Traum die Antworten auf Ihre Fragen, fühlen sich im Stich gelassen."
P.: "Ja, so war es schon immer. Die anderen machen ihre Kunststückchen; ich kann nur zusehen und muß meinen Weg alleine finden. Wie oft habe ich diesen Zorn gegenüber meinen Eltern gefühlt. Da gab es immer einen Mangel an Zuneigung, an Unterstützung. Ich erlebte mich als Einzelkämpfer. Ich hatte

stundenlange Tagträume, malte mir eine eigene Welt aus, in der ich mächtig und bestimmend war und die anderen von mir abhängig. So ist es noch heute. Ich merke in der Schule fast gleichzeitig vor der Klasse meine Macht und Ohnmacht, fühle mich ausgeliefert, trete jedoch auch autoritär auf. Hier bei Ihnen fügen sich diese beiden Seiten von mir zusammen, ich muß mich ihnen stellen. Der Zirkus bedeutet für mich, eine schöne Scheinwelt vorgeführt zu bekommen; aber es ist nicht die Realität, dahinter versteckt sich der Alltag, nur die Kulissen sind verlockend."

2. Selbstwertgefühl und Beziehungsfähigkeit

Herr D. erlebte die Beziehung zu seiner Familie als zunehmend offener und befriedigender. Er fühlte sich weniger bedroht, sprach selbst von einer Neuorientierung. In vielen Träumen und Erinnerungen wurde die ihn prägende kindliche Situation wieder erlebbar: Er fühlte sich alleingelassen, nicht angenommen, nahm diesen frühen Mangel an Nähe und Versorgung intensiv wahr. Seine Antwort hierauf war eine zunehmende Distanzierung gegenüber der Umwelt, ein Sich-Zurückziehen in eigene Größenphantasien und Riesenerwartungen an sich selbst.

P.: "Je mehr ich mich anderen nahefühlen kann, um so mehr habe ich Angst, ein Alltagsmensch zu werden. Ich fürchte, in der Masse unterzugehen, habe bemerkt, daß ich mich von anderen Leuten gar nicht so stark unterscheide, wie ich immer angenommen habe. Ich habe immer versucht, besondere Fähigkeiten und Eigenschaften zu besitzen. Jetzt sehe ich mehr meine Grenzen und trauere über die frühen Verluste."

Herr D. beschäftigte sich intensiv mit seinem Selbstbild: "Kann ich mich so akzeptieren, wie ich bin? Muß ich mich nicht aus Angst vor Ablehnung zurückziehen?" (160.-190. Stunde). Zentrales Thema war: Wie stark kann er Nähe und Zärtlichkeit zulassen, ohne sich bedroht zu fühlen? Es gelang ihm zunehmend, seine frühkindliche Mangelerfahrung und die sich daraus ergebenden lebenstiltypischen Bewegungen auf dem Hintergrund seiner aktuellen Reaktionen zu verstehen.

P.: "Ich träumte mich mit einer Mörtelkelle in der Hand. Ich werfe sie weg, sie wird zu einem Flugzeug. Das Gefühl, es ist wirklich erstaunlich, daß das Ding fliegen kann, hat bis heute noch keiner erkannt, nur ich. Ich fühle mich im Traum sehr stark und merke dann plötzlich, das kann doch gar nicht sein, ich muß aufpassen, mich nicht zu blamieren."
Th.: "Sie werden im Traum unsicher, ob Ihre Erfindung auch wirklich einer Prüfung standhält."
P.: "Ja, ich spüre auf einmal die Doppelbödigkeit, ich kann mich nicht mehr selbst täuschen. Früher war ich davon überzeugt, daß sich meine Erwartungen auch erfüllten. Geschah dies nicht, dann spürte ich einen großen Selbsthaß und Wut und brauchte einige Zeit, um wieder neue Ideen aufzubauen. Ich träumte, daß ich einen großen Sack mit Edelsteinen besitze. Ich muß aber verschwinden, weil eine Bande mir diesen Schatz abjagen möchte. Ich befinde mich in einem Haus, das mich an mein früheres Gymnasium erinnert. Ich springe aus dem Kellerfenster und verschwinde."
Th.: "Sie müssen aufpassen, daß Ihnen im Traum nichts weggenommen wird, wie Sie es schon so oft erlebt haben."
P.: "Ja, das Wegnehmen bedeutet für mich, mich in meiner Existenz zu gefährden. Mir fällt aber auch ein, daß ich in dem Traum zweifelte, ob es wirklich echte Edelsteine oder nur Halbedelsteine sind, vielleicht nur wertlose Kiesel. Wenn mir mein Schatz abgenommen wird, könnte ja auch dabei herauskommen, daß er ganz wertlos ist und ich mich selbst getäuscht habe."
Th.: "Wenn sich der Schatz als wirklich wertlos erweist, müßten Sie andererseits keine Angst haben, daß er Ihnen abgenommen werden könnte."
P.: "Das spüre ich auch hier. Je mehr ich mir selbst über meine Enttäuschungen, den Mangel an früherer Wärme und Nähe im klaren bin, desto besser kann ich meine heutigen Schwierigkeiten verstehen. Es ist merkwürdig, je mehr sich für mich feste Vorstellungen verändern, desto sicherer werde ich."

In der 200. Stunde berichtet Herr D. über einen für ihn sehr wichtigen Traum, den er anschließend spontan interpretierte:

P.: "Ich befinde mich in einer aufsteigenden Landschaft. Ich gehe hoch, bin allein. Ich komme an einen alten knorrigen Baum. Früher muß hier eine Baumgruppe gewesen sein, denn ich sehe noch die Baumstümpfe aus der Erde ragen. Von diesem Baum gehen Wanderwege ab und ich sehe sie vor meinen Augen wie auf einer Wanderkarte. Vor allem zwei Hauptwege. Einer ist wahnsinnig steil und gefährlich, der andere führt auch zur Spitze, jedoch mit einem großen Umweg. Ich steige auf den Baum und versuche, von oben noch genauer die Wege zu betrachten. Mir fiel zu diesem Bild gleich ein, daß die Wege Lösungen darstellen könnten, meine Entwickung zu verstehen und neu zu gestalten. Dieser knorrige Baum mit den Baumstümpfen ist sicherlich kein guter Ausgangspunkt, doch ich sehe Möglichkeiten für mich. Im Traum stellte sich ein Gefühl der Beruhigung ein. Ich war sicher, den längeren Weg gut schaffen zu können, und fühlte mich erleichtert, nicht ein 'Gipfelstürmer' sein zu müssen."

Th.: "Sie waren überrascht, daß Sie es sich erlauben konnten, sich Zeit zu nehmen und nicht den schwierigen Weg gehen zu müssen, wie Sie es häufig taten."

P.: "Am Anfang war ich in der Therapie sehr ungeduldig, ich wollte alles sehr rasch schaffen. Jetzt beschäftige ich mich mehr mit dem Ausgangspunkt und fühle, daß ich neue Möglichkeiten habe. Das Bild der Baumstümpfe machte mich traurig, ich spürte den Verlust an Geborgenheit deutlich, kann ihn aber jetzt in meinen Beziehungen erleben, ohne dabei stehenzubleiben. Am Anfang war die Beziehung zu meiner Frau durch das Gefühl geprägt: Den letzten beißen die Hunde, das Gefühl, ich muß um alles kämpfen, es geschieht nicht um meiner selbst willen. So war es dann auch später in der Schule. Die Rolle des Schülers und Lehrers vermengte sich in mir, manchmal komme ich mir vor, als würde ich eine Autorität verteidigen, die ich gar nicht verteidigen möchte. Ich muß mich gar nicht wehren, ich jage einem Phantom nach und glaube, so mein Gesicht wahren zu können.

3. Einsicht und Beruhigungsphase

Herr D. versucht, diese neue Erfahrung auf Handlungen außerhalb der Therapie anzuwenden. Er macht wechselnde Erfahrungen, braucht immer wieder die Rückversicherung in der Therapie, fühlt sich jedoch konfliktfähiger und bemerkt, welche Schranken und Bestrafungen er sich selbst auferlegte, wenn er etwas zu einem bestimmten Zeitpunkt nicht erreichen konnte, wie er es für sich vorgesehen und geplant hatte. Während er sich früher zurückzog, um nichts aufzuwühlen und seine Angst nicht zu verstärken, so versucht er jetzt, sich hiermit auseinanderzusetzen. Er kann Trauer gegenüber seinem kindlichen Weltbild empfinden, das er wie folgt beschreibt: "Das Gefühl, die Welt ist gegen mich, ich muß kämpfen. Alles was ich erreichen will, muß ich mir erst erschaffen. Und immer dahinter die Angst, es schaffen zu müssen und es nicht erreichen zu können." Die aus seiner Not entstandenen Größenphantasien und Riesenerwartungen verloren einen Teil ihrer Bedrohlichkeit.

P.: "Meiner Meinung nach wird nur der gute Lehrer akzeptiert und nur der sehr gute Ehemann geliebt sowie nur der gute Trompeter geschätzt. Es ist ja schlimm, ich vergleiche mich immer mit den anderen, was diese leisten, ich kann dadurch gar nicht entspannt und glücklich sein. Jedoch merke ich langsam, daß ich auch - ohne den Anspruch von Perfektion einhalten zu können - von meiner Frau akzeptiert und geliebt werde. Ich kann es ertragen, daß die Kinder in meiner Klasse auch Schwierigkeiten mit mir haben, messe jedoch nicht gleich meinen Wert an ihren Reaktionen."
Th.: "Diese Veränderung ist auch in unseren Gesprächen zu spüren."
P.: "Ich merke, daß ich der Sache näherkomme, wichtige Dinge besprechen kann, ohne Mißtrauen und Vorsicht. Eine für mich ganz neue Erfahrung. Ich hatte erst große Angst, abgelehnt und zensiert zu werden. Als ich bemerkte, daß dies nicht der Fall war, wurde ich ärgerlich, weil Sie so wenig direkt zu mir sagten, obwohl ich genau wußte, daß ich Ratschläge nicht annehmen würde. Ich war zunächst auch deswegen mißtrauisch, weil ich mich vor Veränderungen fürchtete und glaubte, nur so, wie ich war, existieren zu können. Mir fallen so viele Bilder ein, wo ich mich gegen Übergriffe wehren mußte. Ich sollte als kleines Kind - vielleicht zweieinhalb bis drei Jahre alt - fotografiert werden. Ich wurde in einen Matrosenanzug mit kurzen Armen, so eine Art Strampelanzug, gesteckt. Das Ding kratzte, ich mußte es trotzdem anziehen, stand aber mit abgewinkelten Armen dort und bekam Schläge. Ich kann Pullover heute noch nicht auf der Haut tragen. Ich fühlte mich damals ungeheuer ausgeliefert. Die Mutter schimpfte mich aus und befahl: 'Schau mich an, warum kannst Du mir nicht in die Augen blicken?' Ich entsprach nicht ihren Vorstellungen und Wünschen und hatte Angst, schon wieder einen Fehler gemacht zu haben, der nicht zu korrigieren war. Diese Empfindungen

und Einstellungen wiederholen sich zum Teil heute noch, haben noch immer Macht über mich."

Ohne den Lebensstil von Herrn D. ihm gegenüber ausdrücklich zu formulieren, hatte er sich in der therapeutischen Situation neu inszeniert und diente als roter Faden zum Verständnis der Identitätsentwicklung. Mit zunehmender Therapiedauer veränderten sich die Beziehungsangebote des Patienten. Es gelang, das Verständnis seiner Symptome und seine Entwicklung aufgrund der frühkindlichen Erfahrungen, die seinen Lebensstil prägten, wieder zu beleben. Deshalb kann die Analyse der frühen Kindheitserinnerungen und der Träume kein einmaliger Akt sein, sondern eine die gesamte Therapie begleitende Durch- und Neugliederung der Erfahrungen einer Kindheit (Heisterkamp und Zanke 1983). Herr D. beschäftigte sich zunehmend mit dem bisherigen Therapieverlauf (220 Stunden). Er war überrascht, daß über eine Aktivierung seiner früheren Ängste und Kränkungen neue Beziehungsmuster in der therapeutischen Interaktion möglich wurden. Er bekam positive Rückmeldungen von seiner Umgebung und erlebte es als entlastend, nicht mehr seinen früheren Riesenerwartungen nachkommen zu müssen.

P.: "Wenn ich Ihnen früher einen Traum erzählte, hatte ich immer Angst, Sie wären ein großer Lehrmeister, würden mir alles erklären - und ich bin der Dumme, der das nicht gesehen hat. Rückblickend denke ich, das war für mich eine ganz wichtige Erfahrung, daß Sie sich nicht so verhalten haben. Daß Sie Dinge haben stehen lassen, mir Zeit ließen und vor allem meine Enttäuschung über meine Kindheit akzeptieren konnten. Mein Gefühl, der Therapeut weiß ja schon alles und sagt es nicht, wich zunehmend dem Empfinden, er traut mir eigene Schritte zu. Als ich dies spürte, merkte ich erleichtert, daß sich die alte Schüler-Lehrerrolle nicht wiederholte. Erst dachte ich über mich nach und meine eigenen Unsicherheiten und Ängste. Ärger und Depression hängen bei mir eng zusammen. Ich bin wütend aus Angst, ein Blödmann zu sein, und die Reaktion führt dann zu Rückzug und Depression. Jetzt, wo ich das Gefühl zulassen kann, verstehe ich auch, warum ich mich als Kind in eine Traumwelt zurückzog. Im Alter von sechs bis sieben Jahren spielte ich Karl den Großen. Ich bastelte mir damals eine Krone und ein Schwert und stellte mir vor, in den Krieg zu ziehen und berühmt zu werden. Meine Eltern lachten über mich, konnten nicht verstehen, warum mir dieses Spiel so wichtig war. In die gleiche Zeit fallen Erinnerungen, wo mich mein Vater in die Knie zwang, ich mich ihm gegenüber total ohnmächtig und ausgeliefert fühlte."

In der letzten Phase der Therapie (230.-250. Stunde) zeigte sich, daß der Patient im Vergleich zu früher konfliktfreier, selbständiger und mit mehr Vertrauen in die eigenen Fähigkeiten leben konnte. Er beschäftigte sich intensiv mit seinen früheren Mangelerlebnissen, brachte seine späteren Verhaltensweisen mit diesen frühkindlichen Erfahrungen in Beziehung und reagierte mit Wut und Trauer. Es konnte ein Lernprozeß angestoßen werden, der zur Fähigkeit der Selbstanalyse führte, wie sie von Thomä und Kächele (1985) für die Beendigungsphase als günstig erachtet wird.

P.: "Ich merke, daß ich inzwischen wesentlich sicherer und freier geworden bin. So haben z.B. die Kollegen Kritik an mir und meiner Arbeit geübt. Früher wäre ich sauer gewesen, jetzt habe ich die Einwände verstanden und nicht persönlich genommen. Ich habe den zwischenmenschlichen Bereich immer ausgespart, habe keine Freunde gefunden, da ich nirgendwo Verlaß erlebte, habe versucht, diesen Bereich zu umgehen. Inzwischen konnte ich das ändern; ich gehe auf andere zu und versuche, bei Enttäuschungen nicht mit Rückzug zu reagieren. Es verwirrt mich, daß inzwischen die Schüler Briefe an mich schreiben und mich nicht mehr so ablehnen wie früher. Die Dinge treffen mich nicht mehr so existentiell vernichtend wie früher, sie stellen mich nicht mehr als Person in Frage."

Th.: "Sie fühlen sich in vielen Bereichen sicherer und können Ihre hohen Erwartungen an sich selbst verringern."

P.: "Es war ein schmerzlicher Prozeß, festzustellen, daß ich nicht außerordentlich bin. Ich habe aber auch verstanden, warum es mir früher so wichtig war, und ich bin froh, davon frei geworden zu sein. Ich wollte Ihnen noch ein Bild zeigen, das ich gemalt habe. Sie erinnern sich noch an das Gesicht, daß ich Ihnen am Therapiebeginn zeigte, damit Sie verstehen, wie es mir geht. Ich wollte mich so darstellen, wie ich mich zur Zeit erlebe. Ich spiegele mich in einer Scheibe, dahinter sind die Lichtpunkte von Lampen und Autoscheinwerfern zu erkennen. Ich kann mich so, wie ich mich dargestellt habe, akzeptieren."

Der Therapieverlauf war durch eine zunächst schwierige Beziehungsaufnahme geprägt, die bestimmt war durch Erlebnisse tiefster Kränkung und Größenphantasien. Diese narzißtische Störung wurde von Künkel (1928) wie folgt beschrieben: "Er hat ein Ich-Ideal, das er zu erreichen strebt, ein Leitbild, wie wir es nennen, an dem er seinen Wert und Unwert mißt... In vielen Fällen bewirkt die Ichhaftigkeit, daß man sich mehr oder weniger deutlich bei seinen eigenen Handlungen zuschaut. Man steht auf Schritt und Tritt als eigener Kritiker neben sich, aber man ist sich nicht klar über den Sinn dieser seltsamen Form des Bewußtseins. Sie bedeutet nämlich nicht etwa ein besonders wachsames Gewissen, sondern sie bedeutet, daß man sich zu seinem eigenen Objekt macht, sich begutachtet und beaufsichtigt aus Angst vor Niederlagen oder, was dasselbe ist, aus Angst vor Abweichungen vom Ich-Ideal (S. 13)."
Wexberg (1931) wies bereits auf die vielen frühen negativen "Mittelerfahrungen" zwischen dem Individuum und seiner Umwelt im ersten Lebensjahr hin: "Die daraus erwachsene Spannung zwischen Wollen und Können vermittelt dem Kind das Erlebnis der eigenen Hilflosigkeit" (S. 66). Bei Herrn D. zeigte sich deutlich, wie er aufgrund früherer Kränkungen und Mangelerlebnisse ein überhöhtes Ich-Ideal aufgebaut hatte. Nur so war es ihm möglich, diese frühen schmerzhaften Erfahrungen zu kompensieren. Schmidt (1977) beschreibt die zugrundeliegende Psychodynamik wie folgt: "Unter der Bedingung narzißtischer Kränkung (Verwöhnung oder Erniedrigung, Entmutigung) engt das Individuum seinen Blickwinkel auf die Welt ein in Richtung auf eine egozentrische Weltwahrnehmung. Es wächst nicht in die reale Welt hinein, sondern zieht sich zurück in eine phantasierte Welt (narzißtische Innenwelt). Gegen empfundene Ohnmacht in der realen Welt setzt es hier Allmachtsvorstellungen, gegen die erfahrene Minderwertigkeit die Fiktion der Vollkommenheit." Das Verhalten des Patienten, seine den Lebensstil ausdrückende Finalität läßt sich daher nur verstehen aus der frühkindlichen Mangelsituation: Er versucht verzweifelt, den erlebten Kränkungen und Ohnmachtsgefühlen durch die Fiktion der Überlegenheit zu entkommen (Lehmkuhl und Lehmkuhl 1982, 1983, 1985a,b, Lehmkuhl 1983). Schon von daher ist eine vorsichtige Deutungsarbeit notwendig und die Therapie wird zu einem langwierigen Prozeß kleiner und kleinster Schritte. Kohut (1971) spricht in diesem Zusammenhang von "Mikro-Prozessen von (umwandelnder) Verinnerlichung". Hackenberg und Lemm-Hackenberg (1984) gehen besonders auf die Dialektik von Kränkbarkeit und totaler Ich-Be-

zogenheit dieser narzißtisch gestörten Patienten ein. Die narzißtische Bedürftigkeit hat ihre Wurzeln in einer massiven Kränkung durch die primären Bezugspersonen. Der therapeutische Prozeß sollte die Erfahrung ermöglichen, "daß man in den ersten Lebensjahren etwas Grundlegendes nicht oder nur sehr einseitig erfahren hat: ein genügendes Maß an Zärtlichkeit und bedingungslose Zuwendung. Diese schmerzliche Einsicht gibt Anlaß zur Trauer; das Entgangene ist nicht aufholbar, es ist endgültig verloren. Erst wenn diese Trauer durchlebt und verarbeitet ist, kann der Patient seine schöpferischen Kräfte im Sinne der persönlichen Entfaltung und der Verantwortung für die Gemeinschaft entwickeln" (S. 50).

Heisterkamp und Zanke (1983) unterteilen den Therapieverlauf in folgende Phasen: Wiederbelebung - Zuspitzung/Umbruch - Erprobung. Ein solcher dreiphasischer Zyklus ist sicherlich nicht für jeden Therapieverlauf typisch, vielmehr können die einzelnen Bereiche in unterschiedlichem Ausmaß in jeder Therapiephase auftreten. Entscheidend sind die Wiederholung und Vertiefung der verschiedenen Plateaus der seelischen Identitätsentwicklung und der sich hieraus ergebende Formen- und Beziehungswandel des Lebensstils im Verlauf der Therapie. Der eingeschränkte Dialog mit der Welt soll einem flexibleren Austausch weichen und eine Lösung aus den bisherigen Abhängigkeiten ermöglichen, damit der Patient "sich ohne therapeutische Begleitung durch die lebensnotwendigen Wandlungen des individuellen Lebens ohne existentielle Krisen halten und entwickeln kann" (Heisterkamp und Zanke 1983, S. 495).

Literatur

Adler, A. (1912): Über den nervösen Charakter. Wiesbaden: Bergmann (Frankfurt: Fischer 1972)
Adler, A. (1920): Praxis und Theorie der Individualpsychologie. München: Bergmann (Frankfurt: Fischer 1974)
Adler, A. (1927): Menschenkenntnis. Leipzig: Hirzel (Frankfurt: Fischer 1966)
Adler, A. (1928): Die Technik der Individualpsychologie. München: Bergmann (Frankfurt: Fischer 1974)
Adler, A. (1929): Lebenskenntnis. (Frankfurt: Fischer 1978a)
Adler, A. (1930): Kindererziehung. (Frankfurt: Fischer 1976)

Adler, A. (1929): Problems of neurosis. London: Routledge & Kegan (Neurosen. Frankfurt: Fischer 1981b)
Adler, A. (1932a): Persönlichkeit als geschlossene Einheit. Int. Ztschr. f. Individ.Psychol. 10, S. 81-88
Adler, A. (1932b): Der Aufbau der Neurose. Int. Ztschr. f. Individ.Psychol. 10, S. 321-328
Adler, A. (1933): Der Sinn des Lebens. Wien, Leipzig: Passer (Frankfurt: Fischer 1973)
Adler, A. (1935): Vorbeugung der Neurose. Int. Ztschr. f. Individ.Psychol. 13, S. 133-141
Ansbacher, H.C., Ansbacher, R.R. (1982): Alfred Adlers Individualpsychologie. München: Reinhardt
Antoch, R.F. (1979): Individualpsychologie. In: Heinarth, K. (Hg.): Einstellungs- und Verhaltensänderung. München: Reinhardt, S. 149-182
Antoch, R.F. (1981): Von der Kommunikation zur Kooperation. München: Reinhardt
Antoch, R.F. (1981): Individualpsychologische Therapie. In: Hockel, M., Feldhege, F.J. (Hg.): Handbuch der angewandten Psychologie, Bd. 2: Behandlung und Gesundheit. Landsberg: Verlag Moderne Industrie, S. 239-255
Antoch, R.F. (1984): Die Individualpsychologie als dialektische Charakterkunde oder: Wie wir versuchen können, die Wahrheit lebendig zu machen. In: Mohr, F. (Hg.): Beiträge zur Individualpsychologie, Bd. 5. München: Reinhardt, S. 18-26
Antoch, R.F. (1985): Psychotherapie. In: Brunner, R., Kausen, R., Titze, M. (Hg.): Wörterbuch der Individualpsychologie. München: Reinhardt, S. 351-353
Argelander, H. (1968): Der psychoanalytische Dialog. Psyche 22, S. 326-339
Balint, M. (1968): The basic fault. Therapeutic aspects of regression. London: Tavistock (Therapeutische Aspekte der Regression. Stuttgart: Klett 1970)
Bauriedl, T. (1980): Beziehungsanalyse. Frankfurt: Suhrkamp Bauriedl, T. (1985): Psychoanalyse ohne Couch. München: Urban & Schwarzenberg
Cremerius, J. (1984): Vom Handwerk des Psychoanalytikers: Das Werkzeug der psychoanalytischen Technik. Stuttgart: Fromann-Holzboog
Dreikurs, R., Gould, S., Corsini, R.J. (1977): Familienrat. Stuttgart: Klett
Ellenberger, H.F. (1985): Die Entdeckung des Unbewußten. Zürich: Diogenes
Greenson, R.R. (1967): Technik und Praxis der Psycho-analyse. Stuttgart: Klett 1973
Hackenberg, W., Lemm-Hackenberg, R. (1984): Individual-psychologische Überlegungen zur Diagnose und Behandlung narzißtischer Störungen. In: Mohr, F. (Hg.): Beiträge zur Individualpsychologie, Bd. 5. München, Reinhardt, S. 37-51
Heisterkamp, G. (1980): Grundzüge der Therapie und Beratung. Ztschr. f. Individ.Psychol. 5, S. 32-40, 65-81
Heisterkamp, G. (1983): Psychotherapie als Beziehungsanalyse. Ztschr. f. Individ. Psychol. 8, S. 86-105
Heisterkamp, G. (1984a): Zur Dialektik der Beziehung zwischen Patient und Therapeut. In: Mohr, F. (Hg.): Beiträge zur Individualpsychologie, Bd. 5. München: Reinhardt, S. 27-36
Heisterkamp, G. (1984b): "Kriegskosten" der Finalität. In: Reinelt, T., Otalora, Z., Kappus, H. (Hg.): Beiträge zur Individualpsychologie, Bd. 3. München: Reinhardt, S. 142-149

Heisterkamp, G. (1986): Übertragung, Gegenübertragung und Widerstand als Teilaspekte der Therapeut-Patient-Beziehung. In: Mohr, F. (Hg.): Beiträge zur Individualpsychologie, Bd. 7. München: Reinhardt, S. 33-43

Heisterkamp, G., Zanke, M. (1983): Zum Formenwandel des Lebensstils. Ztschr. personenzentr. Psychol. Psychother. 1, S. 483-496

Hellgardt, H. (1982): Grundbegriffe des individual-psychologischen Menschenbildes. In: Schmidt, R. (Hg.): Die Individualpsychologie Alfred Adlers. Stuttgart: Kohlhammer, S. 43-77

Jacoby, H. (1974): Alfred Adlers Individualpsychologie und dialektische Charakterkunde. Frankfurt: Fischer Jacoby, H. (1978): Soziale Amnesie. Eine Kritik der konformistischen Psychologie von Adler bis Laing. Frankfurt: Suhrkamp

Janus, L. (1986a): Zur Geschichte der psychoanalytischen Behandlungstechnik. Forum Psychoanal. 2, S. 1-19

Janus, L. (1986b): Zur verdeckten Tradierung Adlers durch Schultz-Hencke. Ztschr. f. Individ. Psychol. 11, S. 148-160

Kohut, H. (1973): Narzißmus (1971). Frankfurt: Suhrkamp

Körner, J. (1985): Vom Erklären zum Verstehen in der Psychoanalyse. Göttingen: Vandenhoeck & Ruprecht

Kris, A.O. (1982): Free association. Method and process. New Haven: Yale Univer. Press

Kruttke-Rüping, M. (1984): Zur Wechselbeziehung von Kausalität und Finalität. Ztschr. f. Individ. Psychol. 9, S. 218-232

Künkel, F. (1928): Einführung in die Charakterkunde. Leipzig: Hirzel

Künkel, F. (1929): Vitale Dialektik. Leipzig: Hirzel

Künkel, F. (1931): Charakter, Wachstum und Erziehung. Leipzig: Hirzel

Lehmkuhl, G., Lehmkuhl, U. (1982): Die Ichgebundenheit als Grundproblem des nervösen Charakters. In: Schmidt, R. (Hg.): Die Individualpsychologie Alfred Adlers. Stuttgart: Kohlhammer, S. 89-97

Lehmkuhl, G., Lehmkuhl, U. (1985a): Narzißmus. In: Brunner, R., Kausen, R., Titze, M. (Hg.): Wörterbuch der Individual-psychologie. München: Reinhardt, S. 304-307

Lehmkuhl, G., Lehmkuhl, U. (1985b): Psychodynamik. In: Brunner, R., Kausen, R., Titze, M. (Hg.): Wörterbuch der Individual-psychologie. München: Reinhardt, S. 336-342

Lehmkuhl, U. (1983): Die "neuen Narzißmus-Theorien" aus individualpsychologischer Sicht. In: Mohr, F. (Hg.): Beiträge zur Individualpsychologie, Bd. 4. München: Reinhardt, S. 39-46

Lehmkuhl, U. (1989): Wie läßt sich Einsicht vermitteln? Zur Methode und zur Wirkung von Deutungen. Ztschr. f.Individ.Psychol. 14, S. 227-233

Neuer, A. (1926): Mut und Entmutigung. München: Bergmann

Schmidt, R. (1977): Konzept eines Thesenpapiers. Unveröffentlichtes Manuskript. Therapiewochen Lindau

Schmidt, R. (1981): Individualpsychologische Gruppenpsychotherapie. Ztschr. f. Individ.Psychol. 6, S. 195-206

Schmidt, R. (1985): Neuere Entwicklungen der Individualpsychologie im deutschsprachigen Raum. Ztschr. f. Individ. Psychol. 10, S. 226-236

Stuhr, U. (1984): Deutungsarbeit im psychoanalytischen Dialog. Göttingen: Vandenhoeck & Ruprecht

Tenbrink, D. (1985): Persönlichkeit als zielgerichtete Einheit und das Konzept vom intrapsychischen Konflikt. Ztschr. f. Individ.Psychol. 10, S. 44-56

Thomä, H., Kächele, H. (1985): Lehrbuch der psychoanalytischen Therapie. Berlin: Springer

Titze, M. (1979): Lebensziel und Lebensstil. München: Pfeiffer Tuschy, G. (1982): Analytiker und Patient - ein Elternschutzbund. Psychologie heute 9, S. 70-74

Wexberg, E. (1931): Individualpsychologie. Leipzig: Hirzel (Stuttgart: Hirzel 1974)

Wiegand, R. (1984): Evolution und "psychische Gesundheit". Ztschr. f. Individ.Psychol. 9, S. 41-51

Gesprächspsychotherapie -
Eine klientenzentrierte Beziehungstherapie

Bodo Müller

Im Verlauf meiner Entwicklung zum Psychotherapeuten haben während des Studiums die Psychologie der Wirkungseinheiten und die Morphologie von Salber (1969a,b) für mein Verständnis des psychischen Gegenstandes besondere Bedeutung gewonnen. In der berufsbegleitenden Weiterbildung zum klientenzentrierten und zum individualpsychologischen Psychotherapeuten sind für mich der klientenzentrierte Lehrtherapeut Ulrich Esser und die individualpsychologischen Lehranalytiker Graf Hans von Finckenstein und Prof.Dr. Günter Heisterkamp maßgebend gewesen. In der Begegnung mit ihnen habe ich vor allem die entwicklungsfördernde Wirkung von Beziehungsangeboten erfahren, wie sie Rogers (1959, 1977) formuliert hat.
Die tägliche Arbeit in der Erziehungsberatung seit mehr als 15 Jahren sorgte und sorgt in Beratungs- und Psychotherapieprozessen sowie in der Zusammenarbeit mit Kolleginnen und Kollegen immer wieder für Herausforderungen und Auseinandersetzungen, die mein Selbstverständnis als Psychotherapeut beeinflußt haben und hoffentlich weiter in Bewegung halten. In erster Linie bin ich Praktiker, der sich um die Reflektion der therapeutischen Arbeit bemüht. Hierbei geht es mir im Sinne von Linster et.al. (1980) darum, die die eigene "Dialogbereitschaft und -fähigkeit" zu entwickeln und einen Beitrag zur "Symbolisierung des Therapeutischen" zu leisten.
Die Person des Klienten in ihrer inneren phänomenalen Welt (Rogers 1951) steht für mich im Mittelpunkt des therapeutischen Prozesses. Für den Klienten versuche ich Bedingungen herzustellen und für die Dauer der Therapie aufrechtzuerhalten, unter denen er sich zu einer Person entwickeln kann, die mit sich selber empathisch und wertschätzend umgeht, so daß sie zunehmend kongruenter werden kann und so daß eigene organismische Bewertungen die Ei-

genverantwortlichkeit, das Selbstvertrauen und das Selbstbewußtsein fördern. In einem therapeutischen Prozeß kommt es von Anfang an wesentlich auf das personenzentrierte Beziehungsangebot an, in dem - mit Esser (1985) gesprochen - "zwischen Therapeut und Klient Transparenz und gegenseitiges Verständnis und Wertschätzung realisiert werden" (S.79) sowie eine Trennung von Beziehungs- und Inhaltsebene in der Bearbeitung des dialektischen Prozesses erlebbar aufgehoben wird. Wie Binder und Binder (1979) in ihrem "Commitment" genannten Beziehungskonzept erläutern, sind neben dem Ziel, hilfreiche therapeutische Bedingungen herzustellen, die Akzeptanz "eigendynamischer Entwicklungsmöglichkeiten" sowie "das Engagement für die Person des Klienten" von Bedeutung für die Echtheit des therapeutischen Beziehungsangebotes. Mit Engagement ist vor allem die psychische Erreichbarkeit (als Voraussetzung für intensives Beziehungserleben), Verläßlichkeit, Nicht-Gleichgültigkeit sowie die Betonung der Einzigartigkeit der Beziehung gemeint.

Dieses Verständnis von Psychotherapie beinhaltet ein grundsätzliches Vertrauen in die Möglichkeit des Menschen, aus sich heraus zufriedenstellendere Formen des Lebens zu entwickeln, falls bestimmte, hemmende Bedingungen verringert oder aufgehoben werden und förderliche Bedingungen vorhanden sind. In diesem Punkt gehe ich mit dem klientenzentrierten Ansatz davon aus, daß der Mensch wie jeder andere Organismus eine ihm innewohnende Tendenz besitzt, seine Fähigkeiten zu entwickeln, den Organismus zu erhalten und zu vervollkommnen. Mit dieser holistischen Orientierung wird der jeweils einzigartige Veränderungs- und Entwicklungsprozeß eines Menschen hervorgehoben. Unter therapeutischen Bedingungen werden steckengebliebene, gebremste, verbogene, sich im Kreise drehende, seelische Bewegungen erlebt und bearbeitet. Die nicht bewußt gelebten, abgewehrten Seiten der Person kommen wieder zum Vorschein und können integriert werden.

In diesem Sinne kann eine Psychotherapie bei allem schmerzlichen, aggressiven und leidvollen Erleben (im therapeutischen Prozeß) "die Geschichte einer einmaligen ermutigenden Begegnung" sein (Heisterkamp 1983). Was in der Psychotherapie entsteht, verstehe ich als ein gemeinsames Werk, das sich aus dem wechselseitigen Einwirken von Therapeut und Klient aufeinander in Form von Bildungs- und Umbildungsprozessen entwickelt. Der Verlauf einer Psychotherapie läßt sich in diesem Sinne durch phänomengetreue psychologische Begriffe beschreiben. Die in diesem Beitrag vorgestellte Psychotherapie läßt in ihrer spezifischen Verlaufsgestalt jenen Prototyp von Therapieverläufen erkennen, den Heisterkamp (1983) mit den Begriffen "Wiederbelebung, Zuspitzung/Umbruch und Erprobung" benannt hat. In der Beschreibung der Phänomene sind sowohl die Besonderheiten von Klient und Therapeut als auch die Formen klientenzentrierter Psychotherapie enthalten, die für mich während der Dauer der Therapie in den Jahren 1982 und 1983 erlebbar und kommunizierbar waren.

Es entspricht dem Konzept dieses Buches, daß auch die theoretischen Grundlagen der jeweiligen Therapierichtung deutlich werden sollen. Deshalb werde ich zunächst die Gesprächspsychotherapie als klientenzentrierte Beziehungstherapie vorstellen. Dies trägt möglicherweise zum genaueren Verständnis des Therapieverlaufes bei und kann auch die kritische Auseinandersetzung fördern.

Entwicklung des klientenzentrierten Ansatzes

Der Begründer der klientenzentrierten Psychotherapie, Carl Rogers, hat in den Jahren von 1938 von 1950 mit einem empirischen Forschungsansatz in der Psychotherapie die wesentlichen Bedingungen hilfreicher Gespräche entdeckt und präzise formuliert. Rogers und seine Mitarbeiter werteten über 5000 Tonbandprotokolle von Therapien systematisch aus, ein damals geradezu revolutionäres Vorgehen. Sie fanden, daß die therapeutischen Fortschritte immer mit bestimmten Haltungen des Therapeuten oder mit Merkmalen der therapeutischen Beziehung im Zusammenhang stehen; nämlich mit Kongruenz, unbedingter positiver Wertschätzung und empathischem Verstehen. Darauf aufbauend entwickelte Rogers eine eigene Form der Beratung und Psychotherapie.
In der folgenden Entwicklung blieb die beratende und therapeutische Arbeit Ausgangs- und Bezugsebene für theoretische Ausdifferenzierungen des klientenzentrierten Konzeptes. Mit der strengen Orientierung an der empirischen Psychotherapieforschung als Weg zu verläßlichen Erkenntnissen haben sich Rogers und seine Mitarbeiter für eine in der Erfahrung und im Phänomen begründeten und darin enthaltenen vorläufigen Theoriebildung und gegen die Ausdeutung des Klienten als Grundlage der Theorie entschieden. Im Gegensatz zum vorherrschenden medizinischen Vorgehen betrachtet die klienten-

zentrierte Richtung die Person nicht als Objekt der Behandlung, sondern rückt die erlebte, innere Welt des Klienten ins Zentrum und betont die Selbstverantwortlichkeit des Klienten. 1959 veröffentlichte Rogers eine formalisierte Therapie- und Persönlichkeitstheorie einschließlich einer Theorie zwischenmenschlicher Beziehungen, die Ausgangspunkt für vielfältige Forschungstätigkeiten im Bereich der Psychotherapie, der Beratung und der zwischenmenschlichen Beziehungen in Familien, Schulen und Betrieben geworden sind. Die Arbeit mit chronisch Schizophrenen in den 60er Jahren erweiterte das Konzept und auch die Indikation für klientenzentrierte Psychotherapie.

In der Bundesrepublik Deutschland ist der klientenzentrierte Ansatz von Reinhard Tausch (1968) unter dem Namen "Gesprächspsychotherapie" eingeführt und verbreitet worden. Seit 1970 gibt es hier die Gesellschaft für wissenschaftliche Gesprächspsychotherapie (GwG), die sich zum Ziel gesetzt hat, die wissenschaftliche klientenzentrierte Psychotherapie in Forschung und Praxis zu unterstützen und zu fördern, um so der allgemeinen seelischen Gesundheit zu dienen.

Im Laufe der bisherigen Entwicklung der klientenzentrierten Psychotherapie hat sich die Überzeugung bestätigt, daß therapeutische Effizienz nicht vom Training der Verhaltens- oder Verbalisierungstechniken abhängt, sondern davon, daß der Therapeut bestimmte Haltungen in der Beziehung zum Klienten herstellen und diese für die Dauer der Therapie aufrechterhalten kann. Der Therapeut ist als Persönlichkeit gefordert, nicht als Techniker. Worauf es ankommt, ist nicht das Realisieren bestimmter operationalisierbarer Merkmale, sondern das Erleben therapeutischer Grundhaltungen und das tiefe Verstehen des Klienten in seiner persönlichen Welt. In diesem Sinne sind alle vergangenen, gegenwärtigen und auf die Zukunft bezogenen Aspekte im Erleben des Klienten wichtig. Letztendlich entscheidet kein anderer als der Klient selber, ob das Beziehungsangebot des Therapeuten ihm hilft, ob er dieses Beziehungsangebot wahrnehmen und für sich bei der Bewältigung seiner Probleme und auf dem Wege zu persönlicher Kongruenz nutzen kann.

Grundhaltungen des Therapeuten

Rogers formuliert drei klientenzentrierte Grundhaltungen. An überragender Stelle steht die wohl zugleich am schwersten zu entwickelnde therapeutische Einstellung, die mit den Begriffen Kongruenz, Echtheit und Glaubwürdigkeit definiert wird. Der Therapeut soll in der Beziehung zum Klienten er selbst sein und sich hinter keiner beruflichen oder persönlichen Fassade verbergen, damit es dem Klienten möglich wird, sich auf konstruktive Weise im Sinne seines Selbstkonzeptes und der unterschwelligen Tendenzen zu entfalten und zu verändern. Erforderlich für Therapeuten ist es hiernach, zu einer Übereinstimmung oder Kongruenz zwischen dem, was sie fühlen, dem, was ihnen bewußt ist, und dem, was sie dem Klienten mitteilen, zu gelangen.

Die zweite Haltung oder Bedingung, die zur Schaffung eines die Entwicklung des Klienten fördernden emotionalen Klimas notwendig ist, ist die der Achtung, der positiven Wertschätzung und Respektierung des Klienten. Dies bedeutet vor allem, daß der Therapeut seine ganze Aufmerksamkeit dem Klienten widmet, daß die positive Wertschätzung dem Klienten gegenüber bedingungslos ist. Dies wird natürlich nur dann möglich sein, wenn der Therapeut bedingungslose Wertschätzung gegenüber einem Klienten auch tatsächlich erlebt.

Die dritte für den konstruktiven Verlauf einer Therapie erforderliche Haltung beinhaltet die Bereitschaft des Therapeuten, sich empathisch auf den Klienten einzustellen. Empathie meint genaues Aufspüren der persönlichen Bedeutungszusammenhänge und einfühlendes Verstehen. Hier sind auch solche Bedeutungszusammenhänge angesprochen, die unterschwellig wirken, deren sich der Klient noch nicht bewußt ist. Es geht darum, dem Klienten mit Achtung zuzuhören, sich in die innere Welt des Klienten einzufühlen und dessen Bewertungen und Ziele mitzuempfinden, ohne dabei die eigene Integrität aufzugeben oder gar sich mit dem Klienten zu identifizieren.

Sofern diese Grundhaltungen des Therapeuten glaubwürdig, wirksam und kompetent an den Klienten herangetragen und von ihm wahrgenommen werden, sind sie die Bedingungen für therapeutischen Fortschritt in der Persönlichkeitsentwicklung des Klienten. In einem solchen therapeutischen Prozeß ergeben sich beim Klienten z.B. Veränderungen im Verhältnis zu seinen Gefühlen, in der Art und Weise seines Erlebens, sowie in den persönlichen Kon-

zepten und Deutungen bezüglich des Erlebten. Es verändern sich auch seine Wahrnehmung der Probleme, die Formen und Inhalte der persönlichen Mitteilungen sowie seine zwischenmenschlichen Beziehungen
Ob es dem Therapeuten möglich ist, empathisch im beschriebenen Sinne zu sein, hängt davon ab, ob er den Klienten in dem, was er verstanden hat, ohne Bedingungen wertschätzt. Konsequent weitergedacht ist dies nur möglich, sofern der Therapeut kongruent ist. Wenn auch der Idealzustand kaum erreichbar sein dürfte, so bleibt es doch ganz besonders wichtig, daß der Therapeut sich um Kongruenz bemüht: Er muß bereit und in der Lage sein, die eigenen Inkongruenzen, Diskrepanzen und Widersprüche, die eigenen Bedingungen, Anliegen, Gefühle und Werte bei sich zu bemerken und sich mit ihnen auseinanderzusetzen, um wirklich den Klienten empathisch verstehen zu können und nicht zu manipulieren. Es wird deutlich, daß die beschriebenen Haltungen des Therapeuten nicht isoliert nebeneinander stehen können, sondern erlebnismäßig aufeinander bezogen und ineinander verwoben sind.
Mit den drei Haltungen Kongruenz, unbedingte positive Wertschätzung und empathisches Verstehen hat die klientenzentrierte Psychotherapie und Beratung Bedingungen therapeutischen Wirkens überhaupt nachgewiesen und konkret benannt. Diese gelten, wie vielfältige Forschungen zeigen, wohl für jeden emanzipatorischen therapeutischen Ansatz, ganz gleich welcher Theorie und Methodik er sich verschreibt. Um diese Haltungen tatsächlich erleben zu können, wird der Therapeut das Menschenbild der klientenzentrierten Psychotherapie für sich akzeptieren müssen, denn ansonsten besteht sicher die Gefahr der Unechtheit des Beziehungsangebotes.

Das Menschenbild

"Die von mir veranschaulichten Einstellungen bleiben sinnlos, solange sie nicht mit einer hohen Achtung vor dem Menschen überhaupt und seiner in ihm schlummernden Möglichkeiten verbunden werden. Allein wenn der Wert des Einzelmenschen für den Therapeuten an erster Stelle steht, nur dann ist er fähig, wirkliche Anteilnahme zu spüren, sowie das Bedürfnis, den Klienten zu verstehen und wohl auch den Grad von Selbstachtung, dessen es zur Echtheit bedarf" (Rogers 1983, S.222-223).

Der klientenzentrierte Ansatz geht davon aus, daß der Mensch wie jeder andere Organismus eine ihm innewohnende Tendenz besitzt, seine Fähigkeiten zu entwickeln, den Organismus zu erhalten und zu vervollkommnen. Dies ist die einzige grundlegende Annahme in der klientenzentrierten Theorie. "Wenn er (der Mensch) aber am vollständigsten Mensch ist, wenn er sein ganzer Organismus ist, wenn die Bewußtheit des Erlebens, diese spezifische menschliche Eigenschaft, voll wirksam wird, dann kann man ihm vertrauen, dann ist sein Verhalten konstruktiv: Nicht immer konventionell und konform, sondern individualisiert, aber immer auch sozialisiert" (Rogers 1983, S.136)

Die Grundannahme der Aktualisierungstendenz

Grundsätzlich geht die klientenzentrierte Psychotherapie davon aus, daß jeder Organismus - Pflanze, Tier und Mensch - eine ihm innewohnende Aktalisierungstendenz besitzt. Diese wirkt immer, ganz gleich, welche sozialen Verhältnisse und Umweltbedingungen der Organismus vorfindet. Die jeweiligen äußeren Lebensbedingungen beeinflussen sowohl das Ausmaß als auch die Qualität dessen, was von der Aktualisierungstendenz im Organismus bewirkt werden kann. Diese allgemeine Tendenz zur Aktualisierung findet auch ihren Ausdruck in der Entfaltung und Ausbreitung des Bereiches der gesamten organismischen Erfahrung, der im Selbst abgebildet ist.
Die Grundannahme einer Aktualisierungstendenz wird von einer ganzen Reihe namhafter Forscher aus verschiedenen Wissensgebieten geteilt. Rogers bezieht sich in diesem Zusammenhang unter anderem auch auf den Begründer der Individualpsychologie, Alfred Adler, den er wie folgt zitiert: "Es könne 'keinen Zweifel mehr geben, daß alles, was wir als Körper bezeichnen, ein Bestreben zeigt, zu einem Ganzen zu werden.'" (Rogers 1987, S.65). Es handelt sich bei dieser Aktualisierungstendenz um ein verläßliches ganzheitliches Bestreben des menschlichen Organismus, sich auf das hinzubewegen, was als Wachsen, Entwickeln, Reifen, das - Leben-Bereichern benannt werden kann - vorausgesetzt, die Aktualisierungstendenz kann sich frei gestalten. Zur weiteren Unterstützung dieser Auffassung beruft sich Rogers auf Goldstein und Maslow, in deren philosophischen und psychologischen Ausführungen das gleiche Menschenbild wie in der klientenzentrierten Psychotherapie wiederzufinden ist. (Rogers 1959, 1987, 1989) In neuester Zeit sind Hinweise

von Naturwissenschaftlern bemerkenswert, wie die von Szent-Gyorgyi, einem Biologen, der 1974 Nobelpreisträger wurde und diese Tendenz zur Aktualisierung sowohl auf der Ebene der einzelnen Zelle als auch der des Gesamtorganismus nachgewiesen hat. Spätestens hierdurch wurde der Auffassung von der Aktualisierungsfunktion des Organismus auch ein naturwissenschaftlich begründetes Fundament geschaffen. Weitere Quellen hierfür sind Gedanken des Physikers Capra, des Wissenschaftsphilosophen Murayama und des Nobelpreisträgers für Chemie Prigogine. (Rogers 1987) Das Phänomen, daß offensichtlich nicht nur Konstruktives sondern auch Destruktives um uns herum passiert, ist im klientenzentrierten Konzept auch im Zusammenhang mit der Aktualisierungstendenz bedacht worden. Rogers meint, daß Umweltbedingungen bei der Aktualisierung hinderlich sein können. Die den Organismus umgebenden, physischen und psychologischen Bedingungen können dazu führen, daß die Aktualisierungstendenz sogar ganz zum Erliegen kommt, nur in bizarrer, entstellter oder abnormaler Form in Erscheinung tritt oder eher sozial destruktive Wege geht. (Rogers 1959, 1983, 1989) Auf die innere Dynamik eines Menschen bezogen, bleibt die Aktualisierungstendenz des ganzen Organismus relativ ungespalten, wenn auch die Selbst-Aktualisierung oder das Streben der Persönlichkeit bzw. des Ich in die gleiche Richtung tendieren wie die organismische Aktualisierungstendenz. Andernfalls befindet sich der Mensch nicht in Übereinstimmung oder Kongruenz, d.h. zwischen seinem Selbstkonzept und dem organismischen Gesamterleben besteht Inkongruenz. Dieser Vorgang soll durch eine genauere Beschreibung dessen, was im klientenzentrierten Ansatz mit Selbstkonzept gemeint ist, verständlicher werden.

Die Theorie des Selbst

Das Selbst entwickelt sich, indem der Organismus Erfahrungen in einem phänomenalen Feld macht, manches bewußt und anderes unbewußt erlebt. Das kleine Kind unterscheidet allmählich Erfahrungen, die mit der eigenen Person, dem Selbst bzw. dem Ich zu tun haben, und solchen, die nicht dazu gehören oder dazu passen. So wird das Selbst zur erlebbaren, eigenständigen Figur, und die Wahrnehmungen der Beziehungen zu anderen und zur Umwelt stellen den Hintergrund dar, vor dem sich das Selbst als Figur abhebt. Zum Selbst gehören auch die mit den Erfahrungen verbundenen, verinnerlichten Werte. Es entsteht eine organisierte Gestalt, die mit dem Begriff Selbst bezeichnet wird. Diese Gestalt ist in Bewegung, sie verändert sich, sie ist aber auch in ihrer jeweiligen Erscheinungsform wenigstens teilweise erfaßbar. Die Gestalt des Selbstkonzeptes eines Menschen kann auch als Organisation von Wahrnehmungsmustern gesehen werden, die zur Bewältigung des Lebens und zur Entfaltung des Selbst benutzt werden. Das Selbst ist dem Bewußtsein potentiell zugänglich, es ist jedoch nicht notwendig im Bewußtsein enthalten. Es enthält Konstruktionen der eigenen Vergangenheit, Erinnerungen, Vorentwürfe sowie Vermutungen bezüglich der eigenen Zukunft.

Die ständige Selbsterfahrung ist der Prozeß, in dem das Individuum sein organisiertes und stetig sich veränderndes Selbstkonzept schöpferisch gestaltet. Es entsteht ein Bild, das jemand von sich selbst hat. Zum Selbst eines Menschen gehört auch jener Teil, der am erstrebenswertesten ist bzw. der am höchsten bewertet wird, nämlich das Selbstideal. Der Begriff Selbststruktur wird verwendet, wenn das Selbstbild eines Menschen von einem äußeren Beobachtungsstandpunkt aus gesehen wird, beispielsweise wenn theoriebegleitet ein Selbstbild in seiner Dynamik und in seinen Funktionen beschrieben werden soll.

Der vorgestellte Verlauf einer Psychotherapie ist ein konkretes Beispiel für die Entfaltung eines Selbstkonzeptes während des Prozesses einer Psychotherapie. In einem solchen Therapieverlauf wird auch deutlich, daß es Erfahrungen gibt, die den Organismus berühren und ihn aktivieren, ohne daß sie wahrgenommen werden. Möglicherweise werden sie abgewehrt, um das vertraute Selbstkonzept nicht zu gefährden. Solche jenseits des Gewahrwerdens wirkenden Erfahrungen können in der Therapie aus zunächst diffusen Ahnungen heraus erlebbar werden und ins Bewußtsein treten. Als unmittelbar gegenwärtiges organismisches Erleben wahrgenommen, gerät das Selbstkonzept damit in Bewegung, es formt und differenziert sich weiter aus.

Erleben (Experiencing)

Experiencing bezeichnet den Prozeß, der alles umfaßt, was innerhalb des Organismus geschieht. Wie erwähnt, gehören auch Erlebnisse dazu, die nicht oder nur unterschwellig wahrgenommen werden. Dennoch kann ein vages, mehr oder weniger deutliches Gefühl vorhanden sein, welches auch körperlich empfunden wird. In der Psychotherapie geht es um ein vollständiges Erleben, denn dies ist die Voraussetzung zu vertieftem, unmittelbarem persönlichem Verstehen. Gendlin (1981) hat diesen Prozeß ausgearbeitet und mit "Focusing" eine Methode entwickelt, die Wild-Missong (1983) als neuen Weg zum Unbewußten - auch im Unterschied zu psychoanalytischen Ansichten - dargestellt hat.

Die Theorie des Experiencing besagt konkret, daß in dem Augenblick Veränderung geschieht, in dem eine bislang geleugnete Erfahrung vollständig, offen und akzeptierend erlebt wird. Wenn ein Mensch in einer auf sich bezogenen und nicht urteilenden Weise in sich hineinschaut und sich dabei dem gefühlten Erleben seines eigenen Seinszustandes zuwendet, dann kann eine erlebnismäßig gefühlte Veränderung erfolgen. Die dualistische Trennung von unbewußt und bewußt wird aufgehoben und auf eine ganzheitlich organismische Ebene gebracht. Das Selbstkonzept kommt in Bewegung; Strukturveränderungen, die bisher unberücksichtigte Aspekte des Selbst integrieren, können folgen. In dieser Weise kann sich der Klient in Richtung auf zunehmende persönliche Kongruenz hin entwickeln.

Kongruenz - Inkongruenz

In der klientenzentrierten Psychologie der Person wird die Übereinstimmung zwischen organismischen Tendenzen und dem Selbstkonzept als erstrebenswert betrachtet. Wenn dies gelingt, sind alle Erfahrungen vollständig und genau symbolisiert in das Selbstkonzept einbezogen. Der Mensch ist dann im Vollbesitz all seiner Fähigkeiten und kann diese auch zum Ausdruck bringen und nutzbar machen. Die Wirklichkeit des Lebensprozesses sieht jedoch anders aus. Sie ist voller Widersprüche, Ambivalenzen, Ungereimtheiten und Diskrepanzen, mit anderen Worten, sie ist voll von erlebten Inkongruenzen.

Der Begriff "Inkongruenz" wird verwendet, wenn das wahrgenommene Selbst und die jeweils gegenwärtigen Erfahrungen des Organismus nicht übereinstimmen, d.h. diskrepant sind oder in verschiedene Richtungen weisen. Es kann sich z.B. eine Frau in ihrem Erleben als ein Selbst sehen, das keine feindlichen Gefühle gegenüber seinem Partner kennt. Im Kontakt mit ihrem erlebenden Organismus, mit den bislang unterschwelligen und abgewehrten Erfahrungen, merkt sie vielleicht, daß sie vor Wut platzen könnte. Sie erfährt sich als ein Mensch, dessen Selbstkonzept sich verändern wird, wenn sie das Erleben der Wut als zu ihr gehörig integrieren kann. Sofern Inkongruenz in großem Ausmaß vorhanden ist, kann es geschehen, daß einerseits das Selbstkonzept in der vorhandenen Gestalt mit Hilfe von Abwehrprozessen unterstützt wird, und daß andererseits der Organismus danach strebt, seinen unter Umständen in die entgegengesetzte Richtung weisenden Bedürfnissen gerecht zu werden. Es kann zu einer Zerreißprobe kommen, wenn sich die bewußten Wünsche extrem von den organismischen Wünschen unterscheiden. Dann entsteht Angst, die anzeigt, daß Inkongruenz vorhanden ist.

Wie in jeder Begegnung, so gehen auch von der ersten Kontaktaufnahme zwischen Klient und Therapeut an persönliche Wechselwirkungen aus, die den therapeutischen Prozeß selber zur Quelle für unzählige Inkongruenzen in der Beziehung zwischen Klient und Therapeut werden lassen. Sie stellen aber auch eine Herausforderung und Chance dar, das ganze therapeutische Beziehungsgeschehen im Interesse einer Entwicklung zu mehr Kongruenz therapeutisch zu bearbeiten.

Klientenzentrierte Psychotherapie als Beziehungstherapie

In der klientenzentrierten Psychotherapie hat der Beziehungsaspekt eine ausgesprochen zentrale Bedeutung. Psychotherapie wird von Anfang an als ein Beziehungsangebot des Therapeuten verstanden, das durch die bereits beschriebenen Haltungen Kongruenz, positive Wertschätzung und empathisches Verstehen charakterisiert ist.

Die grundlegenden therapeutischen Haltungen ermöglichen dem Klienten sein Erleben ernst zu nehmen. Der Klient macht zunächst ein Beziehungsangebot, das durch deutliche Inkongruenz zwischen Erleben, Symbolisierung im Bewußtsein und bewußt kommuniziertem Ausdruck des Erlebens gekennzeichnet werden kann. Dies trifft zu Beginn eines therapeutischen Prozesses - mehr oder weniger ausgeprägt - immer zu. Es kommt so eine Beziehung mit Gefälle zustande, die bereits vom Anfang einer Therapie an in der Gefahr ist, zu einer gestörten Beziehung zu werden.

Die Komplexität und Schwierigkeit einer therapeutischen Beziehung werden nachvollziehbar beim Betrachten der verbalen und nonverbalen Äußerungen, die teils im Einklang mit der bewußten Erfahrung stehen und teils Informationen enthalten, die mit den unterschwelligen Aspekten im organismischen Geschehen übereinstimmen. Wenn der Therapeut Widersprüche oder Mehrdeutigkeiten in den Äußerungen des Klienten und nur auf die bewußten Mitteilungen des Klienten achtet, ist er für seine vollständige Erfahrung nicht offen, insofern als er selber die unterschwelligen Anteile an dem Beziehungsgeschehen abwehrt bzw. dafür nicht aufnahmefähig ist. Er geht in diesem konstruierten Fall ja nur auf die bewußten Anteile ein, obwohl er Widersprüche oder Mehrdeutigkeiten erlebt. Letztere bleiben jedoch im Verborgenen. Beim Therapeuten entwickelt sich dann im Prinzip dasselben Phänomen wie beim Klienten: Er wird nämlich inkongruent bezüglich seines bewußten Ausdrucks gegenüber dem Klienten. Der Klient muß in diesem Falle die vieldeutigen Äußerungen des Therapeuten verarbeiten und erlebt sie in seiner eigenen Verletzlichkeit möglicherweise als bedrohlich für sein Selbstkonzept. Es ist mit großer Wahrscheinlichkeit anzunehmen, daß der Klient sich nicht verstanden fühlt und als Folge davon immer weniger in der Lage sein dürfte, persönlich bedeutsame Gefühle, Empfindungen, Erinnerungen, Wahrnehmungen und Inkongruenzen erlebnismäßig zuzulassen und auszudrücken. Parallel dazu wird der Therapeut vermutlich immer weniger die innere Welt des Klienten wahrnehmen können und Verzerrungen in der Symbolisierung des Therapeuten dürfen auf seiten des Klienten zu verstärkter Abwehr führen. Der therapeutische Prozeß würde ständig oberflächlicher und die Inkongruenz zwischen Selbst, Erfahrung und Ausdruck würde weiter bestehen oder sich sogar noch vergrößern, d.h. letztendlich, daß eine Reorganisation des Selbst bzw. eine Integration unterschwelliger Aspekte dann unmöglich wäre, so daß der Sinn der Therapie überhaupt in Frage gestellt wäre.

Um diese Gefahr, in eine Beziehungsstörung hineinzugeraten und eventuell darin steckenzubleiben, rechtzeitig zu bemerken, muß vom Therapeuten verlangt werden, daß er sich von Anfang an um Kongruenz bemüht.

Da in Form der Einzeltherapie zwei Menschen einander begegnen, die jeweils ihre einzigartigen Selbstkonzepte entwickelt haben, entsteht auch ein einzigartiger Therapieprozeß. Diesen gestalten der Klient und der Therapeut als ganze Person, indem sie sich zunächst auf die therapeutische Situation als Rahmen für ihre Beziehung und dem folgenden therapeutischen Prozeß einlassen. In der klientenzentrierten Psychotherapie wird deshalb großer Wert auf das Erleben der Beziehung zwischen dem Klienten und dem Therapeuten gelegt. Die zentrale Aufgabe besteht darin, diese zum Wohle des Klienten vor dem Hintergrund der Entwicklung des Klienten und im Zusammenhang mit dem Kontext der aktualisierten Kindheits- und Lebensgeschichte des Klienten wahrzunehmen, mitzuerleben, zu verstehen und mit dem Klienten zu bearbeiten.

In der Beziehung zwischen Klient und Therapeut können sich besonders dann, wie oben bereits erwähnt, Beziehungsstörungen ergeben und stabilisieren, wenn die Selbstkonzepte beider Personen gegenseitig Schonung und Bewahrung alter Formen anstreben. Bauriedl (1980) spricht in diesem Zusammenhang von Manipulation als gegenseitige Ausnutzung. Um die hierin zum Ausdruck kommende Not in einem vertiefenden Verstehensprozeß miteinzubeziehen, kennzeichnet Heisterkamp "das Wesensmerkmal aller Beziehungsstörungen als wechselseitige Benötigung" (1984, S.27). Die Entfaltung partnerschaftlicher (Rogers), kooperativer (Antoch) bzw. emanzipatorischer (Bauriedl) Beziehungsformen wird damit verhindert. Auch in therapeutischen Beziehungen würden manipulative Umgangs- und Erlebensformen die spezifischen Ängste des Klienten und des Therapeuten nur scheinbar in Schach halten. Eine wirkliche Erweiterung des Selbstkonzeptes und damit ein Weg zur Lösung der Probleme des Klienten blieben verschüttet.

Dies bedeutet für den Psychotherapeuten, daß er sein eigenes Selbstkonzept wahrnimmt und Gefühle zuzulassen vermag, von denen er möglicherweise glaubte, verschont geblieben zu sein, sich befreit zu haben oder nie etwas zu tun zu bekommen. Schließlich beginnen Klienten zumeist erst dann eine Psychotherapie, wenn sie in ihrem Leid, mit ihren Klagen und Selbstanklagen, mit ihren erfahrenen Kränkungen und ihrer verzweifelten Wut nicht mehr weiterleben können oder wollen und wenn sie allein keinen Ausweg aus ihrer Not mehr finden. Der Psychotherapeut bekommt es insofern mit tiefgreifenden seelischen Prozessen zu tun, die auch sein Selbstkonzept gefährden können. Er bekommt es möglicherweise mit wohltuenden Bestätigungen, mit schmerzlichen Erinnerungen, mit heftigen Herausforderungen, mit unsagbarer Ohnmacht und großer Leere zu tun. Sowohl beim Klienten als auch beim Therapeuten werden alte und immer wieder neue angenehme und unliebsame Gefühle belebt. Es wäre auch befremdend, bliebe eine Begegnung zwischen zwei Menschen ohne bewußte und unterschwellige Auswirkungen auf die Selbstkonzepte beider Personen. Aber dies bedeutet auch, daß im Beziehungsgeschehen zwischen Klient und Therapeut zahlreiche Zugänge zu bewußten und unbewußten Prozessen im Selbstkonzept des Klienten enthalten sind, die in der klientenzentrierten Psychotherapie als Chance für die Entwicklung des Klienten wahrgenommen und genutzt werden.

Das frühkindliche Erleben in der klientenzentrierten Psychotherapie

In jedem Selbstkonzept ist auch die Geschichte der Entwicklung bis hin zu der gegenwärtig gelebten Form enthalten. In der Klient-Therapeut-Beziehung werden somit auch stets die Erfahrungen wider belebt, die jeder von seiner frühesten Kindheit an gemacht hat, die ihm ermöglicht, vorenthalten, zugemutet oder zugefügt wurden. Um diese nicht oder noch nicht in Worte zu kleidenden seelischen Prozesse geht es eigentlich in der Psychotherapie. Wie Biermann-Ratjen (1979) sagt, will der Klient möglicherweise vor allem in seiner Wut darüber verstanden werden, daß er in seinem Leben nie verstanden wurde. So geht es im therapeutischen Prozeß inhaltlich um die Entstehungsgeschichte des Selbstkonzeptes beim Klienten, ohne daß systematisch exploriert werden muß. Gestaltpsychologisch gesehen kommen durch die genannten therapeutischen Bedingungen, die das Abwehren von neuen Erfahrungen und die Sicherung des bestehenden Selbstkonzeptes überflüssig werden lassen, uralte, noch offene, unerledigte und bislang nicht integrierte organismische Erlebensprozesse wieder in Gang, die nach zufriedenstellenden, selbst-akzeptierenden Regulierungen und Ausgestaltungen streben. Solche Erfahrungen werden von Klienten in der Therapie gelegentlich mit Worten wie "Ich fühle mich wie neugeboren" benannt; ein Hinweis für das Gewahrwerden verborgener Aspekte des Selbstkonzeptes.

Eine so verstandene klientenzentrierte Psychotherapie nimmt also die frühkindliche Entwicklung nicht nur theoretisch ernst, sie sieht darin zugleich eine Chance für den Klienten, sich selber besser zu verstehen (d.h.. bis in die eigenen Wurzeln der Entstehung des Selbstkonzeptes hinein.) Die historische Dimension des Selbstkonzeptes wird als ein wesentlicher Bestandteil in der klientenzentrierten Psychotherapie zugelassen und bearbeitet.

Die besondere Bedeutung und zugleich Schwierigkeit gerade des klientenzentrierten Psychotherapeuten besteht in diesem Zusammenhang wohl darin, daß er sich immer und ganz entschieden auf die Einzelentwicklung, eines konkreten Klienten, seine Lebensgeschichte und seine gesamte Beziehungsmatrix beziehen muß, ohne sich auf eine spezifische Phasentheorie als Orientierung beim therapeutischen Verstehen stützen zu können und zu wollen. Dieser vermeintliche Nachteil birgt jedoch auch den besonderen Vorteil in sich, die Einzigartigkeit eines jeden Menschen, ganz gleich mit welcher Störung, in seinem ganzen Bezugsrahmen ohne Einengung auf eine weitgehend festgelegte Entwicklungstheorie zu erkennen und ihm bei der Entfaltung der Einzigartigkeit therapeutisch behilflich zu sein. In der klientenzentrierten Psychotherapie ist ganz entschieden der letztlich wirklich relevante Bezugspunkt allen therapeutischen Bemühens die erlebte, subjektive Welt des Klienten. Zwar gibt die Entwicklungspsychologie mit ihren verschiedenen Modellen und Erkenntnissen zahlreiche Anhaltspunkte, das wichtigste Instrument zum genauen und tiefen Verstehen des Klienten stellt jedoch die Analyse der eigenen Inkongruenzen des Therapeuten dar, die ja immer auch zu dem Beziehungsangebot des Klienten eine Verbindung haben.

In der wechselseitigen Beziehungsgestaltung von Klient und Therapeut werden zunächst die Bedingungen erlebbar, unter denen der Klient selber sein Selbstkonzept entfaltet hat und mit dem er sich notgedrungen an die Bewältigung und Gestaltung seines Lebens und damit auch an die Gestaltung der therapeutischen Beziehung und Situation heranbegeben mußte. Unausbleiblich entstehen vorsprachliche Dunkelzonen, in denen die Abwesenheit von unbedingter positiver Wertschätzung, von Interesse an der Person des Klienten, vom Bemühen um Empathie gegenüber den kindlichen Lebensäußerungen des Klienten in der Beziehung zu seinen wichtigsten ersten Bezugspersonen und damit aufkommende verzweifelte Gefühle von Leere, Einsamkeit oder ohnmächtiger Wut spürbar werden.

An solchen Ursprüngen von dem Überleben dienenden Selbstkonzepten kann, wie Seidel (1985) es nennt, eine "ermutigende Begegnung mit dem Defizit" stattfinden. Für Defizit kann auch Mangel- oder Insuffizienzerleben oder nicht erfahrene Wertschätzung und Beachtung gesagt werden. In einer solchen Begegnung, die einerseits sehr belastend und bedrohlich für das vorhandene Selbstkonzept ist, kann es andererseits zu befreiendem, körperlich unmittelbar spürbarem, organismischem Erleben kommen, wie es Gendlin (1981) und Wild-Missong (1983) in der Beschreibung von Focusing als einem holographischen Prozeß der Veränderung im Selbstkonzept eines Menschen hervorgehoben haben, wenn Geist und Materie zusammentreffen.

Der Klient muß in dem therapeutischen Prozeß die Gelegenheit zur Wiedererinnerung, zum Wiederholen und zum Durcharbeiten seiner Ur-Szenen haben, in denen sich sein Selbstkonzept gebildet und umgebildet hat bzw. nicht mehr weiter entfalten konnte. Bedeutendster Orientierungs- und Ausgangspunkt dafür sind die organismischen Erfahrungen, die Gefühle, für die es zumeist erst einmal keine Worte gibt. Verstanden werden will das Kind, das in lebenswichtigen Bereichen seines Selbst bis in die Gegenwart des Jugendlichen, Heranwachsenden und Erwachsenen unverstanden geblieben ist und mit den eigenen inneren Inkongruenzen nur mit Hilfe lebensbehindernder Symptome umgehen konnte und kann. In der Psychotherapie kommt es dann vor allem darauf an, dem Klienten die Rückkehr in seine Geschichte zu erlauben und ihm empathisch und wertschätzend zur Seite zu stehen.

In der Betonung des frühkindlichen Erlebens und der regressiven Momente in einem therapeutischen Verlauf geht es um Gefühle, die dem Bewußtsein des Klienten in der Vergangenheit nicht zuzugänglich waren oder die nur entstellt wahrgenommen werden konnten. Es handelt sich um Lebensimpulse, die das Kind verbergen mußte und unterdrückt hat. Die lebensfördernde Funktion des Therapeuten besteht in diesem Zusammenhang darin, es dem Klienten zu ermöglichen, gerade diese unterdrückten Bereiche besser kennenzulernen und ins Selbstkonzept zu integrieren. Es werden immer mehr Inkongruenzen dialektisch aufgehoben.

In diesem Prozeß werden Erfahrungen, die früher entstellt worden sind oder keinen Zugang zum Bewußtsein haben durften, zugelassen und neu aufgegriffen, so daß es zu einer Reorganisation der Selbststruktur kommen kann. Nun dürfen zum Selbst auch Erfahrungen gehören, die früher bedrohlich waren. Hiermit deutet sich die Entwicklung in Richtung auf zunehmende Kongruenz an, denn der Klient hat es dann immer weniger nötig, seinem Selbstkonzept zu

dessen Schutze Erfahrungen vorzuenthalten. Seine Abwehr nimmt ab (Rogers 1959).
Die als klientenzentrierte Beziehungstherapie verstandene Psychotherapie orientiert sich an der Entwicklung des einzelnen Menschen. Sie vertraut radikal auf die konstruktiv wirkenden Kräfte im Menschen, wenn bestimmte, Bedingungen des menschlichen Zusammenlebens vorhanden sind, und hilft dem Klienten dabei, seinen jeweils einzigartigen Weg zur Befreiung aus erfahrenem Leid und erlebter Not zu finden. So kann er letztendlich kongruenter als bisher die eigenen Aktualisierungs- und Selbstaktualisierungskräfte nutzen.

Klientenzentrierte Psychotherapie in der Praxis

In der folgenden Darstellung einer Psychotherapie geht es um Frau K. Sie ist Mitte 30, verheiratet, hat zwei Kinder und ist halbtags beruflich tätig. Der Verfasser dieses Beitrags, Psychotherapeut von Frau K., ist Mitte 40, verheiratet, hat drei Kinder und ist voll berufstätig. Daten zur Person der Klientin, die eine Identifizierung ermöglichen würden, wurden verändert oder weggelassen.
In der Beschreibung des Therapieverlaufs werde ich die Entwicklung der Klientin und der Beziehung Klientin-Therapeut in ihren voneinander unterscheidbaren Phasen darstellen. Grundlage dieser Arbeit sind Tonaufzeichnungen und Erlebensprotokolle von den Therapiesitzungen.

Erster Eindruck

Mit gekreuzten Armen lehnt ihr Oberkörper auf den übereinandergeschlagenen Beinen, als ich Frau K. aus dem Wartezimmer zum Gespräch abhole. Sie wendet ihren gesenkten Kopf in meine Richtung, schaut mich aber nicht an. Im Gesprächszimmer setzt sie sich in den hochlehnigen Sessel und beginnt nach kurzem Zögern, über ihre Probleme zu sprechen. Sie schaut dabei zu Boden oder an mir vorbei. Sie gönnt sich kaum eine Pause. Gelegentlich treffen sich unsere Augen kurz. Sie wendet ihre Blicke dann sofort wieder ab. Frau K. erzählt, als ob sie jemand hetzen würde, als wäre sie auf dem Sprung, als fürchte sie, gepackt zu werden. Mir fällt besonders auf, daß sie sich selber ständig in ein ungünstiges Licht rückt, dabei aber auch deutlich werden läßt, wie wenig ihr Einsatz bemerkt wird. Ich bekomme den Eindruck, daß sie sich selbst für unfähig und wenig attraktiv hält. Bei mir merke ich, daß ihre Ausweglosigkeit mich bedrückt. Aber ich finde auch, daß sie sehr viel Energie zur Verfügung hat und gar nicht unattraktiv ist, sondern sympathisch, klug und differenziert wirkt.

Entwicklung des Entschlusses zur Therapie

Während der ersten Begegnung spricht Frau K. von ihren Ängsten. Besonders zu Hause, wenn sie allein sei, werde sie von ihnen überfallen und gerate regelrecht in Panik. Aber auch außerhalb, auf Brücken, beim Autofahren, im Fahrstuhl usw., trete urplötzlich Angst auf. Sie sei auch oft sehr niedergeschlagen und verbreite in der Familie eine Atmosphäre, die für ihre Kinder und für den Ehemann unerträglich sei. In der Beziehung zum Partner leide sie sehr. Sie glaube, daß sie selber Schuld daran sei, obwohl sie doch alles erdenklich Mögliche tue.

Körperlich habe sie Schwierigkeiten mit dem Kreislauf; Kopfschmerzen und Bauchschmerzen quälen und beunruhigen sie. Sie fühle sich schlapp und so lustlos, daß sie auch in ihrem Beruf fürchte, immer mehr zu versagen. Häufig sehe sie keinen Sinn mehr im Leben.

Frau K. hat das Gefühl, so wie bisher dürfe es nicht weitergehen. "Ich komme aus meiner Niedergeschlagenheit nicht mehr raus. Alles ist mir zuviel", sagt sie. Sie erlebt sich wie eine Gefangene. Alle Gespräche mit anderen, auch mit ihrem Ehepartner, würden ihr nicht weiterhelfen. Sie habe Angst, immer weiter abzusacken, gerate immer öfter in Panik und fürchte, "durchzudrehen". Sie glaube, jetzt dürfe sie nicht länger warten, sondern müsse dringend für sich etwas tun, um nicht in die "Klapsmühle" zu kommen.

Frau K. sucht einen Weg, der sie aus ihrer Niedergeschlagenheit, Trostlosigkeit und Ausweglosigkeit herausführt, um nicht immer wieder von ihren Ängsten und Beziehungsnöten so hoffnungslos gepackt zu werden. Eine Partnertherapie sei nicht das,. was ihr helfen könne, meint sie, es gehe ihr um die eigene Person, um ihre Probleme. Von mir als Therapeuten erwarte sie, daß ich sie aus ihrem Teufelskreis herausführe. Wir vereinbaren fünf Probesitzungen. Ich bitte Frau K., zur Klärung ihrer körperlichen Verfassung ihren Arzt aufzusuchen.

Zur Objektivierung der Indikation und zum Zweck eines "Vorher-Nachher-Vergleichs" lege ich ihr einen standardisierten Fragebogen vor, den sie bereitwillig bearbeitet. In den ersten Wochen erhalte ich die Bescheinigung des Arztes, aus der hervorgeht, daß die körperlichen Beschwerden behandelbar seien und keine Kontraindikation gegen eine Psychotherapie bildeten. Wir vereinbaren, daß die weiteren Gespräche einmal wöchentlich stattfinden sollen. Bei der Terminabsprache fragt Frau K., wie lange die Therapie dauern könne und ob mir zeitliche Begrenzungen auferlegt seien. Ich kann ihr sagen, das hänge von ihr, von mir und der Entwicklung der Therapie ab. Sie atmet erleichtert auf.

Selbstkonzept - Selbststruktur

Das Selbstkonzept und dessen Entwicklung wird im Laufe des therapeutischen Prozesses, der sich in verschiedenen Phasen vollzieht, nach und nach sichtbar werden. Die Momentaufnahmen anhand der standardisierten Fragebögen (vorher - nachher) weisen im Rahmen der Meßskalen auch auf Veränderungen während der Therapiedauer hin, die denen, die in der Beschreibung deutlich werden, nicht widersprechen, aber auch nicht identisch damit sind. Was während der Therapie geschehen ist, das wird umfassender und phänomennaher aus der Darstellung des Verlaufes hervorgehen. Auf eine Nennung der einzelnen Skalenwerte wird deshalb in diesem Rahmen verzichtet. Dennoch soll der Leser Einblick bekommen in die Struktur des Selbst der Klientin, wie sie sich dem Therapeuten zeigte - von außen betrachtet und als Ergebnis der Verarbeitung erster Informationen über die Problemstruktur und den lebensgeschichtlichen Hintergrund. Der folgende Versuch, die Selbststruktur zu Beginn der Therapie in Worte zu kleiden, dient auch dem Ziel, das explizit zu symbolisieren, was ohnehin als implizite Hypothesenbildung mitschwingen würde. Nur der Klarheit wegen will ich vorher noch anmerken, daß die Formulierungen zur Selbststruktur selbstverständlich nicht mit dem Selbstkonzept aus der Perspektive der Klientin übereinstimmen sollen und auch nicht können.

Jede expansive Eigenbewegung versetzt Frau K. vermutlich in eine gesteigerte Angst davor, ausgestoßen und verlassen zu werden, so daß sie eine unendliche Sehnsucht nach totaler Nähe, Sicherheit und Geborgenheit entwickelt. Dieses immer wieder vergeblich erstrebte Ziel versucht sie, mit aller Kraft zu erreichen, indem sie jede expansive Tendenz zu vermeiden und ihren Bestimmungseinfluß ständig auszubauen trachtet. Die psychologischen Folgewirkungen bereiten ihr dabei die schmerzliche Erfahrung, daß gerade ihre machtvollen Abwehrtendenzen dazu führen, daß ihre Ängste immer wieder neu entstehen. Dies bringt sie in den Teufelskreis der Verängstigung, die in gesteigerte Aktivität und Panik mündet, bis sie nach totaler Verausgabung in vollkommene Passivität umschlägt. Hier wird Frau K. mit der ganzen Breite ihrer Insuffizienzgefühle konfrontiert. Schließlich erlebt sie sich als unfähig, wertlos und nicht geliebt. In dieser großen Verzweiflung scheint ihr der Wunsch nach Nähe, Sicherheit, Anerkennung und Geborgenheit absolut unerfüllbar.

Ob und wie diese anfänglichen Konstruktionen im Verlauf der Therapie lebendig werden, das kann sich erst im tatsächlichen Therapiegeschehen erweisen - besonders wohl in der Form der Beziehungsentwicklung.

Erahnte Beziehungsprobleme

Als Frau K. erfährt, daß das Ende der Therapie von mir nicht gesetzt wird, ist sie, wie erwähnt, froh. Dann spricht sie aber gleich von ihrer Angst, ihr könnte der "Stoff" ausgehen, und sie würde "rausfliegen". Ich möchte Frau K. glaubhaft machen, daß ich sie nicht hinauswerfen wolle, sondern mich bemühen werde, sie zu verstehen. Gleichzeitig spüre ich in mir auch Befürchtungen, sie werde vielleicht in ihrer Angst immer wieder daran zweifeln, ob sie mir wirklich glauben darf oder kann.

Was nun im einzelnen wirklich passiert, das soll jetzt die Darstellung des Therapieverlaufes selber zeigen, wobei es sich bei den Angaben über die Dauer der einzelnen Phasen nur um eine ungefähre Einteilung handelt.

1. Fesselung - In-den-Bann-Ziehen (1.-7. Gespräch)

Frau K. sitzt mit gesenktem Kopf wie gedemütigt rechtwinklig zu mir in einem hochlehnigen Sessel. Ihre Blicke streifen mich flüchtig. Ich merke ihre Unsicherheit und möchte ihr eine Brücke bauen. Jedoch, noch bevor ich zu ihr sprechen kann, richtet sie sich auf, drückt Rücken und Kopf an das Polster und hält die hölzernen Lehnen mit ihren Händen umklammert. Dabei ragen ihre Brüste betont in der Bluse vor. Die in engen Jeans steckenden Beine sind übereinandergeschlagen. Selbst wenn sie aufstehen wollte, könnte sie nicht von der Stelle. Ich bin verwundert und irgendwie auch fasziniert von diesem Kraftakt.

Frau K. wirkt auf mich so, als ob sie an ihr eigenes Selbstkonzept gefesselt wäre und mit äußerster Anstrengung versucht, ihre Ängste und Unsicherheiten zu beschwichtigen.

Nach diesen ersten Augenblicken schildert Frau K. ihre Gründe zur Konsultation. Sie spricht sehr gefaßt, benennt genau ihre Ängste, aber es sind keine emotionalen Regungen zu spüren. Es sieht so aus, als wolle sie alles fest im Griff behalten. In ihren Schilderungen schont sie andere, beschuldigt sich selbst und will unter allen Umständen an sich so viel ändern, daß sie nicht mehr in die schrecklichen, beängstigenden Tiefs hineinrutscht. In ihren Worten hört sich dies folgendermaßen an:

"So kann mich doch keiner mögen, ich kann ihn (gemeint ist der Partner) nicht froh machen, er geht bestimmt zu attraktiveren Frauen. Ich muß aus meiner Passivität heraus, irgend etwas drückt mich und hält mich fest, ich bin immer so ernst und lahm, habe solche Angst, es nicht zu schaffen. Zu Hause will ich oft weg, weiß aber nicht wohin, bin richtig festgebunden, habe schreckliche Angst, es passiert mir was, ich komme nicht durch die Nacht. Ich mache mir Vorwürfe, daß ich so herumhänge, zu nichts tauge, daß ich die Kinder dann vernachlässige, allen zur Last falle, meinen Kindern und meinem Mann vor allem."

Ich soll ihr helfen, sich so zu verändern, daß sie nicht mehr in solche alptraumhafte Hilflosigkeit fällt. Diese verständlichen Erwartungen setzen mich unter Verantwortungs- und Leistungsdruck. Was ich versuchen kann und will, ist, sie empathisch, wertschätzend und so kongruent wie möglich in ihre Tiefs zu begleiten und mich zu bemühen, zu verstehen, wie, warum und wozu sie immer wieder und zunehmend da hineingerät. Mir wird bewußt, welche große Not sie erlebt, wenn sie von ihrem nächtlichen Ausgeliefertsein an die Schlaflosigkeit, von der Unruhe in ihrem Organismus und der entsetzlichen Angst spricht.

Befremdend für mich ist dabei allerdings, daß Frau K. so von ihrer Not spricht, als würde sie irgendeinen Gegenstand beschreiben. Gefühle die ich anspreche, weist sie von sich. Ich werde vorsichtig in meinen Formulierungen, spüre aber auch den Wunsch, mich freier und offener zu bewegen. Ich ahne, daß die Klientin bereits die ersten Stunden unserer Beziehung so arrangiert, daß auch hier ihre vermutlichen Ängste vor Nichtbeachtung und Verlassensein nicht spürbar werden. In meinem eigenen Erleben nehme ich bereits ihre Opfer wahr: Sie strengt sich so sehr an, mir mit all den impliziten Erwartungen etwas zu bieten, daß ich beginne, mich innerlich zu distanzieren und anzupassen, weil ich mich in meinen Möglichkeiten, ihr näherzukommen, beschnitten fühle. Ich vermute, daß sich die Notsituation der Klientin auch in unserer Beziehung zeigt, ohne dies jedoch schon genau verstehen zu können. Indem sie mir mitteilt, wie sehr ihre Kinder sie brauchen und ihr Mann erwartet, daß sie das Haus in Ordnung hält, die Kinder und ihn versorgt, wird mir das Ausmaß ihrer Opferbereitschaft deutlich. Am stärksten belaste sie der Partner, der "ganz egoistisch" sei und sich Freiheiten herausnehme und seinen Interessen nachgehe, während sie ans Haus gebunden sei und auf ihn warten müsse. Immer wenn sie auf ihn warte, zweifle sie an ihrer Attraktivität und bekomme das Gefühl, daß sie trotz aller Anstrengungen ihren Mann nicht an sich binden könne. Sie fürchtet, er werde sie verlassen, und alle Frauen, besonders die jüngeren, werden für sie zu Rivalinnen. Sie ist großen Ängsten, alleingelassen zu werden, ausgesetzt, und diese steigern sich immer häufiger zu regelrechter Panik.

Frau K. beeindruckt mich mit ihrem ungeheueren Einsatz. Auf die Sitzungen freue ich mich, weil Frau K. so engagiert mitarbeitet. Inzwischen scheint sie mein therapeutisches Beziehungsangebot angenommen zu haben. Sie packt tatkräftig Probleme an, ihre Selbstexploration wird emotionaler. Diskrepanzen entstehen bei mir wegen der Gehetztheit von Frau K. und weil gefühlsmäßige Äußerungen schnell wieder hinter ihrem Bemühen, alles rund zu machen, verschwinden. Gelegentlich denke ich auch, eigentlich kommt sie recht gut mit ihren Problemen zurecht. Warum also Therapie? Stutzig machen mich dann jedoch ihre Hilferufe und Absicherungsfragen :

"Wie lange dauert die Therapie? Ob Sie mich rauswerfen, wenn mir der Stoff ausgeht?"

Meine Gedanken kreisen nach Verabschiedung noch länger als gewöhnlich nach Therapiesitzungen um Fragen nach dem Unverstandenen.

In der Supervision wird mir klar, wie es der Klientin gelungen ist, auch mich in ihren Bann zu ziehen, indem sie sich aus ihrer Niedergeschlagenheit mit einem Kraftakt heraushebt und mir mit ihren differenzierten, erklärenden Schilde-

rungen imponiert, so daß ich unbeweglich werde. Indem sie mir Rätsel aufgibt, hält mein Gebanntsein auch nach den Sitzungen noch an. Als ich meinem Ärger darüber, so entgegen eigenen Wünschen beschäftigt zu werden, nachspüre, wird mir klar, daß ich die Klientin vor allem in ihren Verlassenheitsängsten nicht verstanden habe. Da ich mich in die Distanzierung begebe, bestätigt sich ihre Angst auch in der Therapie, die sich nach Ende der Sitzungen in der Form mitteilt, ob ich sie rauswürfe, wenn... .
Ich nehme mir vor, besonders wachsam auf eigene Regungen zu sein, um auch die Wirkungen ihrer Beziehungsgestaltungen therapeutisch förderlich werden zu lassen.
Mir wird in den folgenden Sitzungen zunehmend deutlich, daß sich Frau K. sehr einsam, verlassen und wertlos fühlt. Diese Unzulänglichkeitserlebnisse versucht sie unentwegt zu umgehen, indem sie mit gewaltigen Anstrengungen ihre besondere Attraktivität aufrecht erhält. Sie wehrt ihre Angst davor ab, übersehen zu werden, indem sie die anderen in extremem Maße zu bestimmen und zu beeindrucken sucht. Genau diese Beziehungsangebote führen sie in die für ihr Selbstkonzept typische Verzweiflung: Mit äußerster Anstrengung strebt sie nach einer unübersehbaren, alles umfassenden, fesselnden Attraktivität und zieht jeden so in ihren Bann, daß er keinen Grund haben kann, sie jemals zu verlassen. Gleichzeitig wehrt sie sich gegen jede Annäherung, die nicht von ihr bestimmt ist. Es könnten Mängel sichtbar werden, die so ihre Angst zur Folge hätten, daß der andere sich von ihr abwendet. In dieser Angst vor Verlassenwerden sehnt sie sich nur mehr nach absoluter Geborgenheit, und diese nicht zu stillende Sehnsucht steigert zugleich immer wieder neu die Angst vor totalem Ausgeliefertsein.

2. Verwicklungen - Festziehen und Verknoten der Fesselung (8.-12. Gespräch)

Frau K. strengt sich sehr an, alles im Griff zu behalten. Gehetzt sucht sie nach geeigneten Aktivitäten, ihre Fesseln zu lösen. Sie vermeidet dabei jedes Spüren ihrer Lage. Die sie einschnürenden Bewegungen nehmen an Heftigkeit noch zu. Unentwegt ist sie bei mir auf positive Resonanz und Anerkennung bedacht: "Meinen Sie das nicht auch, sollte ich das machen?!"
Wohl aus Angst vor Verwicklungen verweigere ich die vielleicht erwünschte Bestätigung oder Kritik. Zu akzeptieren versuche ich ihre Unsicherheit, es ent-

steht erneut Distanz. Vor allem möchte ich verstehen, wieso Frau K. es nötig hat, die Beziehung so zu gestalten, daß eine dichtere Annäherung an Gefühle nicht zustande kommt. Mein Drängen nach Vertiefung und mein Aufgreifen gefühlsmäßiger Bedeutungen ihrer Beiträge führen dazu, daß das Erleben ihrer Angst und ihrer Hilflosigkeit für sie wohl noch bedrohlicher ist, als die Folgen ihrer scheiternden Bestimmungs- und Sicherungsbemühungen. Meine Resonanz und ihr Beziehungsangebot zusammen verdeutlichen, wie die Symptomatik der Distanzierung oder auch Vermeidung von Annäherung entsteht, und daß der Sinn dieser Symptomatik in der Kontrolle der Angst gefunden werden kann.

Frau K. will ihrem Mann "alles geben" und ihren beiden Kindern eine "gute Mutter" sein. Sie wünscht sich von ihrem Mann, daß er sich ausschließlich nach ihr "umsieht", bei ihr bleibt, sie für die "attraktivste Frau auf der ganzen Welt hält". Attraktiv heißt für sie "sexuell begehrenswert, geistig interessant, nicht langweilig, die Beziehung lebendig gestalten". Sie möchte mehr Nähe zu ihrem Mann, aber zugleich auch alle auftretenden Gefühle kontrollieren. Ihrem Mann traut sie zu, daß er andere "Frauen, die sich so anbieten, auch direkt nimmt".

Erlebbar werden jetzt besonders ihre Haßgefühle ihrem Mann gegenüber, die es ihr schwer machen, sich auf ihn einzulassen. Zugleich steigert sich ihre Angst, er könnte sie deshalb und trotz ihrer "anstrengenden Show" verlassen. Wörtlich sagt sie:

"Ich becirce ihn, koch alles, mache es ihm bequem, bin nett zu ihm, und er setzt sich dann vor den Fernseher. Er geht, wann er will, ich warte ängstlich. Ich möchte auch zu Bekannten und Freunden, um auf ihn nicht angewiesen zu sein, vielleicht vermißt er mich dann auch mal. Aber nein, es ist ihm egal, wann ich gehe. Dabei will ich doch gar nicht zu den anderen, ich will doch nur ihn."

Am Ende dieser und anderer Illustrationen ihres Opferganges stellt sie dann regelmäßig die Frage:

"Was soll ich denn noch alles machen?"

Ich teile ihr erneut mit, daß ich ihre Verzweiflung und Empörung über die vergeblichen Liebesbemühungen mitbekomme, diesmal mit den Worten:

"Daß Sie am Ende immer allein bleiben, wo Sie doch alles für ihn gegeben haben, das wühlt Sie auf und bringt Sie zur Verzweiflung."

Frau K. kann darauf nicht eingehen. Erst später wird mir deutlich, daß sie mir wohl eher vermitteln wollte, daß es bei ihrem großen Einsatz doch endlich gelingen müßte, die ersehnte Sicherheit in der Partnerbeziehung zu finden. Vielleicht. Auf jeden Fall werden Grenzen des Machbaren spürbar. Auch meine eigenen Ängste vor Hilflosigkeit werden wieder belebt, da ich mich in meinem Beharren auf Vertiefung verwickelt habe. Je mehr ich mich nämlich bemühe, emotionale Bedeutungen anzusprechen, um so mehr strengt Frau K. sich an, ihre Gefühle zu kontrollieren. Ich weiß dann nicht mehr, wie es zu einem Dialog kommen kann, der ihre Ängste vor Kontrollverlust und ihre Sehnsucht danach, sich fallen lassen zu können, bearbeitbar werden läßt. Zunächst sage ich mir nur, daß wohl Zeit und Geduld erforderlich seien.

In einer weiteren Supervisionssitzung bemerke ich mit Hilfe der Gruppe, wie die Klientin ihre Beziehung zu mir so gestaltet, daß sie ihre quälenden Verlassenheitsängste nicht erleben muß. Mir wird auch deutlich, wie ich ihre Abwehr unterstütze, indem ich ungeduldig um Vertiefung des therapeutischen Prozesses bemüht bin, statt die sich verausgabende Person der Klientin in ihrem Leid zu verstehen. Meine Bemühungen führen damit im Gegensatz zu meiner Absicht gerade zu einem stärkeren Festziehen neurotischer Verwicklungen. Allerdings bekommt die Therapie nun auch gerade dadurch ihren Sinn und ihre Chance, daß derartige Verwicklungen wieder geschehen, damit zugänglich und bearbeitbar werden. Das Ausmaß der Betroffenheit der Klientin wird wahrnehmbar. Aber solange sie befürchten muß, daß ich ihre Art und Weise, sich verständlich zu machen, nicht annehme und verstehe, muß es gefährlich für sie sein, z.B. ihre Verzweiflung über all das Vergebliche zuzulassen.

Für mich bedeutet diese Sicht, meine eigenen Verwicklungen zu lösen, um in meinen Bewegungsmöglichkeiten freier für die Klientin und in meinem Beziehungsangebot kongruenter zu werden. Mir ist bewußt, daß damit auch die schützende Distanzierung verloren geht und ich mich neuen, unbekannten Verwicklungen aussetzen werde.

3. Lockerung (13.-25. Gespräch)

Frau K. strengt sich weiterhin besonders an, mir zu zeigen, was sie alles probiert hat, um Nähe, Beachtung und Verwunderung zu erreichen. Bei mir merke ich, daß ich ihre darin zum Ausdruck kommende Not wahrnehme und nicht mehr ungeduldig werde. Sie darf sich ruhig in der Form, die sie sich angeeignet hat, ausbreiten. Ich solidarisiere mich mit dem "gehetzten Kind", das sich so dagegen wehrt, völlig übersehen zu werden. Die Abwehr- und Verleugnungstendenzen der Klientin drängen mich nicht mehr in befürchtete Verwicklungen, vor denen ich mich mit ärgerlichen Gefühlen zu schützen versuchte. Ich glaube, inzwischen habe ich mehr von dem verstanden, was Frau K. mir wirklich verständlich machen will. Ich nehme deutlich die Klemme wahr, in die sie gerät, wenn ich ihr mit verständnisvollem Benennen der erlebten Bedeutungen begegne.

Was geschieht inhaltlich? Frau K. spricht erneut über ihre Beziehung zu ihrem Ehemann. Sie beschreibt, daß sie ihn nicht so froh machen könne, daß es ihm reiche. Sie spricht über ihre Angst. Je älter sie werde, desto unattraktiver werde sie, und ihr Mann werde dann nicht mehr bei ihr bleiben. Erinnerungen an Äußerungen ihres Partners wie "Immer dasselbe, Du bist langweilig" stützen ihre Angst. Auch folgende Erfahrungen bestätigen ihr das:

"Ich habe mir eine Zeitlang bewußt meine Kleider immer wieder anders zusammengestellt, da hat er mich öfter in den Arm genommen. Tat er das trotzdem nicht, bin ich enttäuscht gewesen und habe mich allein gefühlt."

So oder ähnlich sagt sie, mache sie oft eine "Show", um ihrem Mann und anderen zu gefallen. Erahnen lassen sich hier Dominanztendenzen, Verführungsphantasien, Wünsche nach Nähe und Begehrtsein, die der andere dann von sich aus erfüllen soll. Vom Partner erwartet sie eine andere Haltung: "Wenn ich mich attraktiv halte, bleibt er bei mir. Wenn er sich attraktiv macht, nehmen ihn mir andere Frauen weg."

Erst in der Sicherheit einer vollkommenen Geborgenheit und Anerkennung durch den Partner scheint sie ihre expansiven Impulse offen zulassen zu können.

Spreche ich ihre Angst vor Abweisung und Verlassenwerden an, wehrt sie sich, indem sie mir mitteilt, was sie doch alles tut: "Ja, ich habe doch... gemacht." Es ist ihr immer noch wichtig, ihre Ängste und mich so in Schach zu halten. Mit

folgenden Worten versuche ich erneut, mich dem nicht verbalisierten Erleben anzunähern:
"Ich spüre bei mir, wie ich mich abgewiesen fühle, wenn ich merke, daß ich nicht ankomme und Sie mich nicht näher kommen lassen können, wenn ich solche beklemmenden Gefühle anspreche. Es ist vielleicht auch gar nicht vorstellbar für Sie, daß das Zulassen einer solchen Annäherung nicht zu einer Enttäuschung oder gar Kränkung führen muß."
Frau K. hält inne, wehrt sich eine Zeitlang gegen aufsteigende Tränen und bricht schließlich in Schluchzen aus. Erstmalig wird ihre Not, der sie unterschwellig dauernd ausgesetzt war und ist, hier und jetzt spürbar. Ihr Leid drückt sie mit folgenden Worten aus:
"Immer muß ich mir alles erkämpfen und fühle mich dann so leer."
Sie spricht dann von ihrem Gefühl, sich zu "genieren", wo ich nun soviel von ihr wisse und sie mir nichts vormachen könne. Sie würde schon gerne auch hier das Bild von der starken Frau, das sie sonst vermittele, beibehalten wollen. Gleichzeitig habe sie aber auch den Wunsch, daran etwas zu ändern, weil sie sich im Grunde "minderwertig" fühle. Ich teile ihr an dieser Stelle mit:
"Es ist Ihnen vielleicht auch ganz unbekannt, gemocht zu werden, ohne sich vorher über alle Maßen angestrengt zu haben."
Frau K. läßt sich wieder Zeit zu spüren, was in der Gegenwart wirkt. Ich habe das Gefühl, daß jetzt das Eis geschmolzen ist. Ich kann mich genauer in ihren Bezugsrahmen hineinversetzen und finde, daß in der therapeutischen Beziehung jetzt Bereiche des Erlebens angesprochen werden, die Frau K. nicht nur mir, sondern sicher aus guten Gründen auch ihrem eigenen Selbstkonzept vorenthalten mußte.
Das für die Klientin überraschende Zulassenkönnen von "Schwäche" hat als eine Kongruenzerfahrung einerseits erleichtert und entkrampft, andererseits aber auch beunruhigt und geängstigt. Ich merke, daß sie sich zunächst wieder stärker kontrolliert, damit derartige "Entgleisungen" nicht noch einmal geschehen. In ihrer Selbstexploration öffnet sie sich dann aber weiteren Bedeutungen. Gerade in der Gegenwart von Männern könnte sie durch solche "Schwächen" in noch größere Abhängigkeiten geraten. Männer sollten wissen, daß sie auch ohne sie auskomme. Sie möchte nicht darauf angewiesen sein, daß Männer auf sie schauen, damit sie wieder mehr Selbstwertgefühl bekomme. Vielmehr sollten sie in ihr die gute Frau und sorgende Mutter sehen,

die keine sexuellen Gefühle anderen Männern gegenüber spüre. Damit wolle sie auch ihrem Ehemann dokumentieren, daß sie ganz auf ihn bezogen sei. Sie verbindet damit die Hoffnung, ihn ausschließlich auf sich ausrichten zu können. Würde sie sexuelle Gefühle auch unabhängig von ihrem Mann empfinden, dann hätte dieser auch Grund, so fürchtet sie, sich von ihr abzuwenden. Außerdem könnte sie dann nicht mehr vor sich selber bestehen.

Indem sie sich in intimere Bereiche ihrer Partnerbeziehung vorwagt, macht sie mir deutlich, daß sie Vertrauen in die therapeutische Beziehung gewonnen hat und sich persönlich weiter herauswagen kann - wenn auch sehr bedacht und mit Vorsicht. Zu ahnen ist hier ihr Kummer, der ihr vielleicht immer dann zugefügt wurde, wenn sie eigenen Liebesimpulsen folgte, so daß sie sich dermaßen in acht nehmen muß. Es wird auch vorstellbar, wie jedes Zulassen und Entwickeln von Nähe sie zugleich in große Angst versetzt, wieder enttäuscht und letztlich verlassen zu werden. Es wird aber auch die starke ungestillte Sehnsucht nach absoluter Geborgenheit und Selbst-Entfaltung spürbar.

Frau K. spricht nicht nur über Gefühle, sondern an ihrer weicheren, bewegten Stimme und ihrem langsameren Sprechen zeigt sich, daß sie auch erlebt, wovon sie spricht. Sie kommt sich insofern näher.

In meiner Supervision wird mir dann aber bewußt, daß ich mich in meiner Freude über diese Entwicklung zu sehr auf die vermeintlich schon erreichte Besserung stützen möchte, dabei aber für die noch verborgene, tieferliegende und leidvolle Erfahrung ihrer Verlassenheit und Einsamkeit gar nicht zugänglich bin.

In all unseren Gesprächen scheint wohl mein ständiges Bemühen darum, sie empathisch und wertschätzend zu verstehen, so vertrauenerweckend gewesen zu sein, daß sie für ihre Gefühle durchlässiger geworden ist. Auch gibt sie immer öfter spontane Einfälle zu ihrem gelebten Leben preis. Es tauchen jetzt Kindheitserinnerungen auf, in denen ihre Sehnsucht nach Nähe und Geborgenheit sowie ihre besonderen Bestimmungsanliegen in den Vordergrund rücken. Sehr deutlich wird dies in folgender Erinnerung. Frau K. war ungefähr drei Jahre alt, ihr Bruder noch ein Baby:

"Meine Mutter sitzt auf einem Stuhl, es ist in der Küche, am Tisch. Mein kleiner Bruder liegt in ihrem Arm. Sie streichelt über seinen Kopf und schaut zu ihm runter. Ich klettere auf einen Stuhl, kippe damit um und falle auf den Boden. Ich schaue sofort zur Mutter rauf und schreie ganz laut. Ich wollte mir die

Flasche vom Tisch holen, glaube ich, da stand jedenfalls eine. Meine Mutter hatte ja das Baby im Arm und konnte nicht. Ich denk, jetzt schimpft sie bestimmt mit mir, irgend sowas sagt sie dann auch: 'Du mußt besser aufpassen, wenn Du auf den Stuhl gehst.' Sie kommt dann aber und beugt sich über mich, guckt, ob ich mir was getan habe. Ich finde das schlimm, daß mir das passiert ist. Die Mutter sollte doch sehen, daß ich schon groß bin."
Eine weitere Kindheitserinnerung, die ihr in dieser Zeit spontan einfällt, verläuft ähnlich. Frau K. war ungefähr fünf Jahre alt:
"Ich fahre mit einem Fahrrad von unserem Hof. Die Straße geht etwas den Berg runter, weiter in der Kurve habe ich viel Schwung, ich kann nicht mehr rechtzeitig bremsen und fahre in den Zaun. Ich gucke mich um, ob keiner zugeguckt hat und laufe so schnell ich kann nach Hause. Im Garten rufe ich laut Mama, aber es kommt keiner. Ich sehe, daß Blut auf meinem Rock ist, auch an meinen Händen, und mein Gesicht tut mir weh. Ich schreie nochmal Mama, aber wieder kommt keiner. Ich höre die Schreie von meinem Bruder und laufe ins Haus, aber da kommt mir mein Vater entgegen. Er sagt: 'Was hast Du denn wieder gemacht, paß doch besser auf.' Dabei hätte ich ihm gerne erzählt, wie toll ich die Straße runtergefahren bin. Er hat mir dann noch ein Pflaster geholt."
Frau K. ist sehr betroffen von ihrem Mißgeschick, vor allem aber darüber, mißverstanden und nicht richtig wahrgenommen worden zu sein. Gefühlsmäßig hat sich am intensivsten niedergeschlagen, versagt zu haben, sich nicht richtig verständlich machen zu können. Die so auch erreichte Nähe und tröstende Zuwendung durch die Eltern finden in ihr keine positive Resonanz. Zwar konnte sie mit solchen Inszenierungen ihren jüngeren Bruder aus dem Mittelpunkt drängen und selber wieder jene einzigartige Position in der Familie einnehmen, die ihr seit der Geburt des Bruders genommen worden ist. Was aber vor allem spürbar wird, ist ihr Schmerz darüber, in ihrer "Größe" übersehen zu werden und trotz ihrer risikoreichen Anstrengungen - Verletzungen eingeschlossen, - keine Wertschätzung zu erfahren.
Mir kommt diese Hinwendung zu den Wurzeln ihrer Selbststruktur so vor, als ob sich die Knoten ihrer Fesselung und Verwicklungen gelockert hätten.

4. Befreiung (26.-41. Gespräch)

In einer der folgenden Stunden zieht Frau K. Parallelen zwischen ihrer Kindheit und der Situation ihrer eigenen Kinder. Besonders zu ihrem älteren Sohn fühle sie eine besondere Nähe, da es ihm ähnlich ergangen sei und ergehe wie ihr als Kind. Auch er fand für seine kindlichen Wünsche nicht die Beachtung wie der jüngere Sohn, der auch von ihrem Mann und von ihr bevorzugt werde. Der ältere sei oft sehr still und wirke leidend. Sie könne sich besser in ihn einfühlen und begegne darin auch ihrem eigenen Leid aufs Neue. Sie mache sich aber Vorwürfe deswegen und glaube, als Mutter versagt zu haben.
Ich fühle mich auf der Ebene des aktualisierten kindlichen Erlebens von Frau K. zuständiger, während mir ihre Selbstvorwürfe bezüglich der Versäumnisse als Mutter und der daraus resultierenden Wiedergutmachungstendenzen als weitere Versuche erscheinen, ihrem eigenen Leid auszuweichen. In ihren Äußerungen dominieren zunächst weitere "Mißgeschicke" mit ihren impliziten aggressiven und verweigernden Tendenzen. Darauf gehe ich nicht ein. Zwischen uns entsteht dann folgender Dialog:

Kl.: "Sie quälen mich, Sie sind gemein, ich bin doch schuld, das stimmt doch, Sie lassen mich einfach so zappeln. Sie halten sich einfach raus; sagen Sie doch endlich, was Sie wirklich denken."
Th.: "Sie fühlen sich hier so benachteiligt wie Sie Ihren Sohn zu Hause oft erleben und wie es Ihnen vielleicht selbst einmal ergangen ist."
Kl.: "Ja genau, und ich weiß nicht, man kann sich bemühen, wie man will, aber das ändert doch nichts und ... Ich sollte mich nicht so anstellen, ..."
Th.: "Mit dem, was Sie wirklich wünschten und fühlten, sind Sie sicher oft mutterseelenallein geblieben."
Kl.: Unter Tränen: "Am liebsten wäre ich weggelaufen, zu meiner Mutter, irgendwohin, weil ... ich wollte nicht mehr leben, ich sehnte mich nach meiner Mutter, ich wollte zu ihr in den Himmel."

Frau K. teilt mir nun zum ersten Mal mit, wie einsam sie gewesen sei, als ihre Mutter starb. Sie war damals kaum acht Jahre alt. Ihr Vater sei dann schon kurze Zeit nach der Beerdigung in eine ganz andere Gegend gezogen. Außer der Mutter verlor sie auch ihre vertraute Umwelt und ihre Spielgefährten. Ihre

unbeschreibliche Verlassenheit wird spürbar. Sie trauert um die verlorene Mutter und auch um die damit verlorene Hoffnung, bei ihr doch noch die ersehnte Geborgenheit zu finden. Erst nachdem sie diesen Schmerz durchlebt hat, spricht sie auch von ihrer Enttäuschung darüber, so endgültig von der Mutter im Stich gelassen worden zu sein, und darüber, wie sehr die Mutter sie verletzt hat, wenn sie ihr den Bruder vorzog hat. Erinnerungen an jene Zeit beleben auch ihre wütenden und haßvollen Gefühle gegenüber dem Bruder, der Mutter, aber auch dem Vater, der sie ja schließlich in eine ihr völlig fremde Welt "verschleppt" hat. Der Schlüssel zu diesem lange unterschwelligen und unbewußten Erleben ist wohl in den Analogien zu finden, die in der Klient-Therapeut-Beziehung in dieser Phase der Therapie erfahren wurden. Zugänglich wird über weitere Erinnerungen von Frau K., wie damals für sie wieder die Hoffnung aufflackerte, in der neuen Umgebung mehr Aufmerksamkeit und Wertschätzung in der Familie zu erfahren, da, wie sie meint, "ich ja nunmehr gebraucht wurde". Die Enttäuschung dieser Hoffnung ließ jedoch nicht lange auf sich warten. Gebraucht wurde sie zwar im Haushalt, aber der Vater heiratete bald wieder. Ihre Stiefmutter brachte eine etwas ältere Tochter in die Ehe mit, zu der ihr Vater ein innigeres Verhältnis als zu ihr entwickelte. Für Frau K. blieb übrig, durch fleißiges Arbeiten im Haushalt das Wohlwollen des Vaters und - wenn auch weniger - der Stiefmutter zu bekommen. Sie erlebte sich mehr geduldet als gemocht. Um ihre gute Erziehung zu gewährleisten, wurden darüber hinaus sowohl Frau K. als auch ihre Stiefschwester, in ein christliches Internat gebracht.
Hier entwickelte Frau K. Solidaritätsgefühle zu der ebenso enttäuschten und sich verstoßen fühlenden Stiefschwester. Beide waren in der Pubertät. Im Internat wurden Gefühle, besonders das Interesse am anderen Geschlecht, stark kontrolliert oder für sündig erklärt. Mädchen, die sich heimlich mit Jungen draußen verabredeten, erhielten Arrest, wenn sie entlarvt wurden, mußten beichten und wurden bei ihren Familien angeprangert. In dieser Zeit hatte sie wieder oft den Wunsch, wegzulaufen. Da sie aber nicht wußte, wohin, und sich außerdem zu schwach fühlte, auszubrechen, sei sie brav geblieben und habe sich durch besonderen Anstand nicht nur Schwierigkeiten erspart, sondern sogar die lobende Hervorhebung einer Ordensschwester erdient: "Ich war Vorbild, die anderen sollten sich an mir ein Beispiel nehmen." Frau K. erwarb sich hier Anerkennung durch Unterdrückung ihrer sexuellen Wünsche (ähnlich wie

in ihrer Beziehung zum Ehemann) und durch Unterwerfung ihrer expansiven Tendenzen.
In dieser Phase öffnet sich Frau K. zusehends mehr. Bei allem Schmerz, der für sie mit den Erinnerungen an die leibliche Mutter und das Internat verbunden ist, spürt sie auch Entlastung. Sie formuliert dies so:
"Ich hätte nie gedacht, daß ich mich besser fühle, wenn ich an diese schreckliche Zeit denke. Ich habe immer versucht, nicht daran zu denken, was aber nicht ging, und wenn einfach mal davon was angeflogen kam oder bei meinen Eltern darüber geredet wurde, dann habe ich sofort versucht, abzuschalten oder wegzuhören. Es ist dann immer so ein Gefühl wie ein Stich ins Herz gewesen."
Ein ähnliches Gefühl bekomme sie auch nachts, meint sie, wenn sie innerlich so unruhig ist und regelrecht in Panik gerate, so, als ob das Herz zerspringen würde. Ihr gefühltes Leid kann, so glaube ich, durch nichts besser verständlich werden als durch ihre folgenden Worte: "Ich fühle mich so entsetzlich allein und schwach, mir tut alles weh, jede Bewegung schmerzt." Diesem Geschehen parallel spürt sie körperliche Veränderungen, die sie stark beunruhigen. Ihre Brüste seien so hart, teilt sie mir mit, besonders immer vor der Menstruation, und schmerzten richtig. Das sei früher nicht so gewesen, und deshalb sei sie sehr beunruhigt.
Ihr Arzt kann ihr zunächst keine Klarheit geben. Sie bekommt Angst vor Krebs. Sie möchte alles positiver sehen, merkt aber, daß in der Beziehung zu ihrem Ehemann und in der Welt um sie herum so vieles bedrückend ist, daß sie dazu gar nicht in der Lage ist, und fürchtet, elendig zugrunde zu gehen. Depressive Stimmungen kommen wieder, denen sie sich hilflos ausgeliefert fühlt, und sie fürchtet, "alles zu verlieren, alleingelassen zu werden, unterzugehen." Auch als sich herausstellt, daß die Veränderungen in der Brust kein Krebs sind, bleibt sie niedergeschlagen. Große Angst ergreift von ihr Besitz, und von ihrem Partner fühlt sie sich ganz und gar abgelehnt und ungeliebt.
Ihre körperlichen Symptome werden stärker in dem Maße, in dem sie wahrnimmt, wie sehr sie in ihrer Partnerbeziehung mit ihren Wünschen, Enttäuschungen und mit ihrer Wut auf sich allein zurückgeworfen ist. Kopfschmerzen nehmen bis zum Erbrechen zu. Als besonders beunruhigend werden von ihr Taubheitsgefühle in der rechten Hand erlebt. Insgesamt fühlt Frau K. sich vollkommen lustlos, klein und unnütz. Sich selbst lehnt sie ab. Ihr Mißtrauen

gegenüber ihrem Ehemann ist grenzenlos. Sie klagt ihn unentwegt an, will nichts mehr mit ihm zu tun haben. Das Bild des Ehepartners, dem sie vorher alles opferte, verdunkelt sich zusehends. Er wird zu einem regelrechten Scheusal in ihrem Erleben, so verlassen fühlt sie sich.
Ich nehme wahr, mit, wie sehr Frau K. leidet, spüre aber auch die Versuchung, einerseits die "Schwarzmalerei" zu relativieren und andererseits "ins gleiche Horn zu blasen". An dieser Stelle werde ich bewegungslos und komme mir vor wie einer von zwei Blinden, der dem anderen über die befahrene Straße helfen will. So passiert es, daß ich mich von ihr entferne und sie in ihrer größten Not allein lasse, obwohl ich sie gerade jetzt nicht im Stich lassen wollte. Ein schlechtes Gewissen begleitet mich. Mir bleibt jedoch nichts anderes übrig, als mich eine Zeitlang auf mich selber zurückzuziehen. Dabei wird mir klar, daß ich ihre Anklagen und ihr Mißtrauen aus eigener Betroffenheit in meiner Partnerbeziehung nicht wirklich heranlassen und verstehen konnte. Rational distanziert geht dies wohl, aber gefühlsmäßig sträubte sich etwas und führte zur Inkongruenz in mir, die mich bewegungsunfähig macht. Frau K. scheint dies zu spüren und fragt:
"Glauben Sie eigentlich, daß mir das hier was bringt!? Manchmal denke ich, wenn ich darüber nachdenke, was wir hier besprochen haben, zu Hause, dann fällt mir gar nichts mehr ein."
Die Sitzung ist beendet. Ich bleibe nachdenklich zurück und fühle mich bedrückt. Ungeduldig warte ich auf die nächste Gelegenheit zur Supervision, in der ich meine Inkongruenz genauer ausleuchten, präziser wahrnehmen und tiefgreifender im Rahmen der Entwicklung meines Selbstkonzeptes verstehen kann. Erst dann kann ich mich wieder frei für die Klientin fühlen.
Als Frau K. in der nächsten Stunde ihrem Leid in Form von Klagen weiterhin Ausdruck verleiht, besteht nicht mehr meine mangelnde Wertschätzung und Empathie infolge eigener Inkongruenz zwischen uns und behindert die Entwicklung der Klientin und den therapeutischen Dialog. Im direkten Gespräch kann die Klientin den Faden ihrer Selbstexploration, wie der folgende Ausschnitt zeigt, wieder aufnehmen:

Th.: "In Ihrem Klagen spüre ich vor allem Ihre Kränkung und Wut darüber, immer im Stich gelassen oder lediglich gebraucht zu werden."

Kl.: "Ja, so ist das oft. Bei meinem Vater hat immer die Pflicht an erster Stelle gestanden, ich sollte fleißig sein, im Haushalt und in der Schule. Bei X (Ehemann, d. Verf.) ist es praktisch genau so. Der merkt gar nicht was ich tue, es ist alles selbstverständlich. Ich bin oft sauer darüber gewesen, aber es bringt ja doch nichts."

Frau K. kommt bei sich an einen Punkt, an dem sie resigniert. Ihre Wut behält sie für sich. Sie zieht sich stärker auf sich zurück, fühlt sich den häuslichen und familiären Aufgaben nicht mehr gewachsen. Sie wagt sich nicht mehr zu Bekannten und klagt darüber, daß sie am Arbeitsplatz versage. Bei jedem Kontakt mit einem anderen Menschen müsse ihrer Erwartung und Befürchtung nach deutlich werden, wie uninteressant, häßlich und wertlos sie sei. Jeder schwachen Regung, aktiv nach außen zu gehen, stellen sich in ihr stärkere Ängste entgegen, die sie zurückhalten. So hat sie z.B. Angst, Auto zu fahren, über Brücken zu gehen, im Fahrstuhl zu fahren. Ihr Mann muß häufig beim Einkaufen, Kindertransportieren usw. einspringen, damit die täglichen Aufgaben erledigt werden.

Jetzt ist sie in ihrer Angst, vom Vater, vom Ehemann und wie zuvor beschrieben, auch vom Therapeuten verlassen zu sein bzw. zu werden, ganz "Mißgeschick". Sie entwickelt eine Symptomatik, die sie selbst lähmt, um notdürftig eine Bindung herzustellen, die zugleich aber auch ihre Unbeweglichkeit steigert. Sie fürchtet immer mehr, ihr Ehemann könnte sich anderen Frauen zuwenden, und verlangt entsprechend häufiger nach seiner Nähe. Sie entwickelt ein gesteigertes Bedürfnis nach Kontrolle, um ihr Mißtrauen dem Ehepartner gegenüber zu schmälern. Dabei bekommt sie aber auch ein schlechtes Gewissen, "weil ich ihm das Leben kaputt mache". Mit diesem Gedanken nimmt ihre Angst nur noch zu, denn dann würde sie ihn ja auch verlieren. Ihre Begründungen hierfür entnimmt sie seinen in diese Richtung weisenden Andeutungen und seinen aggressiven Äußerungen ihr gegenüber. Er habe ihr den Mund verboten und sich nicht anhören wollen, was sie zu sagen hatte. Das habe ihr sehr weh getan, sie habe sich abgekanzelt gefühlt "wie als kleines Mädchen beim Vater". Der habe sie auch, wenn sie sich schwach und schlapp gefühlt habe, aufgefordert, voranzumachen und sich nicht so anzustellen. Er habe sie gar nicht zu Wort kommen lassen. Wenn sie sich erklären wollte, dann sei er immer einfach weggegangen.

In dem sich dramatisch zuspitzenden, resignierenden Rückzug der Klientin wird ihre innere Zwickmühle deutlich. Indem sie sich von ihren einengenden Fesselungen nach und nach befreit, spürt sie auch ihre Enttäuschungen häufiger und intensiver. Über das Wiederauftauchen ihrer leidvollen Erfahrungen in der Kindheit bekommt sie Zugang zu dem Sinn ihrer vielen Opfer, die sie bringen mußte, um die von ihr geliebten Personen nicht ganz zu verlieren. Zugleich regt sich in ihr aber auch Wut auf das, was ihr zugemutet und zugefügt wurde, auf die, die ihr das angetan haben und auf das, was sich in ihrer ehelichen Beziehung jahrelang ähnlich abgespielt hat. Aus Angst, den Ehemann zu verlieren und einsam zurückzubleiben, steckt sie auch jetzt alle Kränkungen und alle Wut weg. Sie meidet die direkte Konfrontation mit dem Ehepartner, weil sie sicher ist, am Ende wie beim Vater allein zurückzubleiben. So steigert sie sich extrem in alte Bewältigungsversuche hinein.

Die einzige mögliche Form, ihren Ehepartner zu halten, schien lange Zeit darin zu bestehen, sich unentbehrlich zu machen und so attraktiv zu sein, daß sie alle anderen Frauen stets übertrifft. Im tieferen Bewußtsein der Zusammenhänge vermag sie jedoch nicht mehr den "alten Zauber" zu präsentieren, und wird zunehmend passiv. Frau K. entwickelt körperliche Symptome und phobische Ängste, denen sich der Mann zwar nicht entziehen kann und damit in gewisser Weise gebunden wird, die aber zugleich ihre Unzulänglichkeitsgefühle vergrößern. Ihre Angst, vom Ehepartner letztlich doch verlassen zu werden, steigert sich ins Panische. Das mit dieser Einsicht verbundene Erleben ihrer schlimmsten Kränkungen findet in ihrer Depression alltäglich aufs neue ihren versteckten Ausdruck und führt zu Neuinszenierungen ihrer kindlichen Qualen.

In einer anderen Sitzung spricht Frau K. von ihrer Beziehung zum Ehepartner und erinnert sich noch einmal an die leibliche Mutter. Die wörtliche Wiedergabe macht direkt mitvollziehbar, wie sie leidet, wie sie Ähnlichkeiten mit ihrer Mutter wahrzunehmen beginnt und wie sich das Gespräch zwischen Klient und Therapeut entwickelt.

Kl.: "Ich möchte einfach so durchgreifen, nicht darauf warten, ob ich angenommen bin oder häßlich bin oder solche Sachen. Manchmal denke ich, ich nehme aber auch soviel von anderen Dingen wahr, nicht nur von dieser opferbereiten, kämpferischen Frau. Ich bin auch auf der anderen Seite des Ichs,

oder wie soll ich das sagen, ich bin ja nicht zufrieden mit dieser einen Sache, sonst wäre ich ja wahrscheinlich nie zu Ihnen gekommen, wenn ich damit zufrieden wäre. Wenn ich der Mensch wäre, dieser opferbereite, immer für andere dasein wollende Mensch, dann würde es ja sehr gut gehen, wenn ich der wäre."
Th.: "Ja, ich krieg auch mit, wie Sie dagegen angehen."
Kl.: "Ich denke, daß ich deshalb, weil ich nicht zufrieden damit bin, mich oft auch so schoffelig benehme, so depressiv werde. Vielleicht ist da auch nur wieder eine andere Seite, die an mir zerrt, die sagt, damit kannst Du nicht zufrieden sein, damit darfst Du nicht zufrieden sein, das gehört sich heute nicht mehr für eine Frau. (kurze Pause) Weiß ich nicht."
Th.: "Sie sind da sehr verunsichert, wo Sie wirklich stehen und fühlen sich so hin- und hergerissen..."
Kl.: "Ich steh' da gerade so mit am Anfang, daß ich da aber noch schwanke und noch gar nichts verändern kann."
Th.: "Ich versuch' mir gerade die andere Seite vorzustellen, merke aber, daß es nur abstrakt und klischeehaft möglich ist. Ich kann es eigentlich gar nicht konkret greifen. Mir fällt da nur ein, emanzipiert, wie wenn die emanzipierte Seite sagt, das darfst Du eigentlich nicht, das gehört sich heute nicht für eine Frau. Mir kommt es gleichzeitig auch so vor, als ob Sie an dieser Nahtstelle Angst spüren, gefangen und unfrei zu werden."
Kl.: "Ja, meine Hauptangst ist zur Zeit wirklich nur die Angst davor, abhängig zu sein."
Th.: "Abhängig wovon?"
Kl.: "Ja und wenn es von einer Person ist, von meinem Mann gefühlsmäßig abhängig sein. Sie hatten das mal so schön mit Verbundenheit anders betitelt, aber ich lasse es jetzt doch lieber bei der Abhängigkeit. Ich finde es äußerst gefährlich, von einem anderen abhängig zu sein."
Th.: "So abhängig sich zu fühlen, das muß was ganz Schlimmes für Sie sein, vielleicht ein ganz bedrohliches Sich-Ausliefern."
Kl.: "Ja, für mich ist das auch was ganz Schlimmes, durch diese Abhängigkeit kann man verletzt werden. Mir kam eben, als Sie so sagten, es muß was ganz Schlimmes sein, da kam mir blöderweise sofort der Tod meiner Mutter in den Sinn."
Th.: "Was kommt da weiter?"

Kl.: "So dieses Verlassenwerden, aber das kann ganz klar davon kommen, weil wir davon schon öfter gesprochen haben."

Th.: "Ich merke da jetzt, wie sich bei mir was sperrt, das so anzunehmen und stehenzulassen."

Kl.: "Das ist vorbei, das finde ich auch nicht mehr so wichtig." (Ihre Stimme wird lauter, das Tempo schneller, sie wirkt aggressiv-ängstlich)

Th.: "Vielleicht soll es auch vorbei sein, weil es so schlimm für Sie war."

Kl.: "Ja, das ist auch vorbei!"

Th.: "Es schwingt gefühlsmäßig noch etwas mit, was mir sagt, daß es in Ihrem Erleben noch nicht vorbei sein könnte. So kann ich Ihnen das gar nicht ganz glauben, was Sie gerade sagen. Vielleicht erleben Sie auch jetzt wieder den Verlust, der sehr schmerzhaft für Sie war und wünschen sich, daß dies nie geschehen wäre."

Kl.: Schweigt zuerst und weint dann.

Th.: "Ich krieg auch Ihre Betroffenheit mit und bin bei Ihnen."

Kl.: (Schluchzt, Pause, nach einiger Zeit wieder mit gefaßter, weicher, leiser Stimme) "Ich hab' gestern mal wieder meinen Bruder gesehen."

Th.: "Das hat alles wieder in Ihnen wachgerufen."

Kl.: "Hm. Wahrscheinlich ist es so, daß ich doch meine Mutter als einzige Bezugsperson gefühlsmäßig gesehen habe. Daß alles, was hinterher kam, keinen besonderen Wert mehr hatte. Ich frage mich oft, wie meine Zuneigung zu meiner Mutter war. Ich weiß, ich hab' damals schon so bestimmte Dinge an ihr überhaupt nicht gemocht. Sie war auch so ähnlich wie ich, wie ich mich meinen Kindern gegenüber so oft verhalte. Daß ich so die Stellung von B. (älterer Sohn, d. Verf.) hatte, der lange eben das kleine Schnuckelchen war, auf das ich eifersüchtig war, und ich schon das Gefühl hab', daß meine Mutter gleichgültig und gefühlskalt auf mich reagiert hat. Das habe ich auch so bei mir zum B. Ja, so diese Gleichgültigkeit, mit wenig Zärtlichkeit und wenig Körpernähe. Ich kann mich z.B. an kein Mal erinnern, daß sie mich berührt hat (weint). Und ich sehe sie so oft mit meinem Bruder, der bei ihr auf dem Schoß sitzt, und wie sie ihn hübsch macht."

Th.: "Was empfinden Sie Ihrer Mutter gegenüber, wenn Sie sich jetzt so vorstellen, der Bruder sitzt auf dem Schoß der Mutter?"

Kl.: "Ich kann das im Moment nur so ganz stark mit mir und meinen Kindern in Verbindung bringen. Ich sehe mich z.Zt. mehr als meine Mutter. Ich habe

die immer so sehr distanziert erlebt. Manchmal sagt mir auch meine Kollegin, ich wirke oft so distanziert. 'Da kann ich nicht an Dich rankommen', sagt sie."
Th.: "So war es für Sie auch als Kind, daß Sie nicht an Ihre Mutter ran konnten."
Kl.: "Ja, ich habe mich sehr allein gefühlt. Ich war auch wütend auf meinen Bruder und hab' ihn weggewünscht oder mich, damit meine Mutter merkt, daß ich ihr fehle."
Mir wird ihre Einsamkeit, die sie als Kind und auch in ihren späteren Beziehungen bis in die Gegenwart erlebt hat, immer verständlicher. Auch ist deutlich die Trauer darüber zu spüren, niemals die liebevolle Zuwendung wie der Bruder erfahren zu haben, nach der sie sich so sehr gesehnt hat. Wie soll sie auch vor dem Hintergrund dieser leidvollen Erfahrungen einer anerkennenden und wertschätzenden Aufmerksamkeit trauen können? In Konflikten mit ihrem Ehepartner fürchtet sie sich ja auch ständig vor Ablehnung. Sie hat Angst, verlassen zu werden, wenn sie nichts leistet, d.h. sich so interessant und attraktiv macht, "daß es sich lohnt", bei ihr zu bleiben. Völlig unvorstellbar ist es für sie, geliebt zu werden, ohne sich die Liebe erarbeiten zu müssen.

In ihrer Trauer wird auch zugänglich, daß ihre Beziehung zum Ehemann anfangs durch die Sehnsucht nach Geborgenheit geprägt war und daß Frau K.in der Folgezeit das gleiche Muster wie in der Kindheitsfamilie herausbildete, um ihre Einsamkeit besser zu ertragen. Sie fühlte sich ausgenutzt, hatte als Frau und Mutter für Mann, Haushalt und Kinder dazusein, andere Ansprüche standen ihr nicht zu. Sie verbot sich Forderungen und Wut über die selbstverständlichen Erwartungen der anderen Familienmitglieder aus Angst davor, wertlos zu sein oder verlassen zu werden.
In dieser Phase wird ihre schmerzliche Einsamkeit und Angst tagtäglich hautnah spürbar - nur mit dem Unterschied, daß sie ihre Wut immer wieder bemerkt. In ihr keimt der Wunsch nach Auflehnung und Behauptung. Sie erlebt sich aber zugleich als zu abhängig und bekommt Angst davor, für die Schwierigkeiten, die sie anderen bereiten könnte, mit Einsamkeit bestraft zu werden. So vermag sie sich noch nicht von ihrem "Machtabfall" wegzubewegen, obwohl sie spürt, daß sie von ihren Fesseln nicht mehr gehalten wird. Diese Freiheit verunsichert sie sehr und macht sie hilflos. In einem Traum, den sie in dieser

Phase schildert, kommt die Hilflosigkeit eines ausgelieferten Kindes zum Ausdruck:

"Ertrinkendes Kind. Es schreit um Hilfe und versucht, sich verzweifelt strampelnd über Wasser zu halten, offenbar kann es nicht schwimmen. Ich gehe am Ufer spazieren, will hinein ins Wasser, das Kind retten, aber ich kann nicht. Ich rufe um Hilfe, mein Mann ist in der Nähe, aber er hört nicht. Ich schreie lauter, aber er hört nicht. Ich werde wach und bin naß geschwitzt."
Nach ihrem Gefühl befragt sagt sie: "Ich bin total verzweifelt, habe schreckliche Angst und fühle mich schuldig." Gefühlsmäßig am stärksten betroffen ist Frau K. bei der Vergegenwärtigung des ertrinkenden Kindes und bei ihrem Angewiesensein auf fremde Hilfe. Folgender Gesprächsausschnitt vermittelt einige Bedeutungszusammenhänge im Erleben der Klientin:
Kl.: "Das ertrinkende Kind bin ich ja auch selber, jedenfalls geht es mir auch so, ... (Pause), ins Leben gestoßen, und keiner hilft: Mutter und Vater sind weit weg, die Mutter kann nicht, sie traut sich nicht ..." (Klientin seufzt und atmet schnell und laut, als ob sie Atemnot hätte).
Th.: "Die Angst, es nicht zu schaffen, ist unsagbar und kaum auszuhalten."
Kl.: "Das arme Kind kann sich doch nicht selber helfen." (Klientin weint).
Th.: "Es ist wirklich erschütternd, zusehen zu müssen, wie verzweifelt und vergeblich das Kind nach Hilfe schreit."
Kl.: "Ja, es ist grausam, furchtbar, zum Verrücktwerden." (Pause - Klientin macht mehrere Versuche, etwas mitzuteilen, ohne daß die Worte hörbar sind). "Ich kriege wieder Schweißausbrüche." (sie wirft beide Hände an ihre Brust)
Th.: "Das Allerbedrohlichste ist die lähmende Not, einspringen zu wollen, aber nicht zu können."
Kl.: "Ja, das ist es, wenn ich mich doch nur trauen würde, aber ich schaffe es ja nicht, würde auch untergehen, und der es kann, kommt nicht, hört nicht, geht seiner Wege, und ich schreie mir die Lunge aus dem Leib." (Klientin spricht heftig, mit lauter, verzweifelter, klagender Stimme)
Th.: "Wie als Kind bei Ihren Eltern, so fühlen Sie auch beim Mann immer wieder, wie sie unerhört bleiben, keine Hilfe kriegen, nicht einmal, wo es doch um die Rettung des Kindes geht. Das bringt Sie innerlich zur Verzweiflung und versetzt Sie in starke Aufruhr."

Kl.: (Spricht mit kräftiger Stimme weiter) "Das ist ja empörend und unmenschlich." (Pause) "Ich bringe es nicht selber fertig, lieber gehe ich unter, das ist ja furchtbar." (Die Stimme wird brüchig)
Th.: "Sie spüren die ganze Tragik Ihres verzweifelten und ohnmächtigen Strampelns und Schreiens..., das kostet Ihre ganze Kraft."
Kl.: "Ja, genauso ist es." (Schweigen, ca. zweieinhalb Minuten) "Und dann mache ich mir Vorwürfe und vergrab mich darin."

Statt eigene Schritte zu unternehmen, erwartet sie Rettung von außen. Lebensbedrohende Kraftlosigkeit und Schuldgefühle sind der Preis, den sie zahlen muß, um das Risiko der eigenen Verantwortung nicht eingehen zu müssen. Deshalb arrangiert sie unterschwellig ihre eigene Enttäuschung sowie, sowohl von sich selbst als auch von dem anderen (der nicht hört) ihr eigenes Verlassensein. Schließlich wird sie wütend auf sich und auf den anderen. Oft genug hat sie ihre enttäuschten Erwartungen einfach weggesteckt, weil sie glaubte, gar kein Recht darauf zu haben. Auch hierfür wollte sie Verantwortung nicht übernehmen, denn zu ihrem Selbstkonzept paßte viel besser, immer mit allem, wenn auch nur scheinbar, zufrieden zu sein. Jetzt kommt ihr aber doch in den Sitzungen nach dem Traum die Wut hoch. Sie merkt dabei ebenfalls, wie sie sich selber ausliefert, indem sie in der Hoffnung, endlich die ersehnte Sicherheit und Achtung in der Beziehung zu einem starken Partner zu bekommen, solche Liebesproben auf Leben und Tod inszeniert. Diese münden dann zumeist in den bedrohlichen Gefühlen, denen ein Ertrinkender ausgesetzt sein dürfte.
In der Identifikation mit dem "Ich" am Ufer des Gewässers kommt Frau K. an dem Punkt, an dem sie spürt, daß wohl kein Weg daran vorbeiführt, selber ins Wasser zu springen, und sei es mit dem Risiko, die eigene Sehnsucht nach absoluter Geborgenheit und danach, gesehen und gehört zu werden, als unstillbar untergehen lassen zu müssen.
Sie fühlt sich von allen Fesseln befreit, gewinnt die Überzeugung, selbst handeln zu wollen. Sie schämt sich aber vor mir, daß sie das nicht bewerkstelligen kann. Sie möchte mir mit einem ersten Schritt ein Geschenk machen, scheut sich aber davor und findet vor sich selber keinen plausiblen Grund für ihr Zögern. Außerdem glaubt sie, von mir durchschaut zu werden, und daher läßt sie es lieber ganz, sich weiter zu explorieren.

Ich sage ihr, daß es ihr im Augenblick mit mir vielleicht so gehe, wie früher häufiger mit ihrem Vater, wenn sie wichtige Gefühle aus Angst zurückgehalten habe, dafür getadelt und abgelehnt zu werden. Indem sie auch mir ihre Gefühle vorenthalte, meide sie das Risiko einer kränkenden Zurückweisung und verhindere so, daß ich ihr in diesem Erleben verstehend nahekommen könne. Das finde ich schade und selber ein wenig kränkend, zumal ich ihr oft genug habe unter Beweis stellen können, daß ich sie nicht im Stich lasse, schon gar nicht in ihren kindlichen Unsicherheiten und Ängsten.

Einerseits werde ich traurig darüber, bei ihr keine Chance zu haben für mein aufrichtiges Bemühen, sie noch besser verstehen zu wollen und ihr Vertrauen zu bekommen. Andererseits bin ich aber froh, daß sie sich mir gegenüber immerhin so weit öffnet, daß sie sich ganz selbst-wertschätzend zumindest ihren Charme zugesteht. Ich teile ihr auch meine Freude darüber mit, daß sie schon recht viel Vertrauen in mich setzen kann. Da ich keine Angst vor Rückschritten in mir spüre und sie auch nicht ungeduldig zu Gefühlen, Taten oder Einsichten drängen muß, komme ich selber gefühlsmäßig näher an die von Frau K. erlebte Not heran, in der sie sich in der gegenwärtigen Ambivalenz befindet. Jeder ihr reizvoll erscheinende Schritt in Richtung Selbstbehauptung würde ja auch zu Lasten ihrer Attraktivität gehen, was in ihren Worten so klingt: "Wenn ich mal für mich etwas in Anspruch nehme, dann wird mir das vorgeworfen oder man zieht sich von mir zurück." So bleibt Frau K. einige Zeit unschlüssig, zwar befreit von hartnäckigen Verwicklungen und entbunden von ihren Fesseln, aber auch wie ein kleines Kind ängstlich und unsicher, ob sie in eigener Verantwortung Neuland betreten solle oder könne. Ein weiterer Gesprächsausschnitt soll diese Problematik veranschaulichen:

Kl.: "Ich möchte einfach so vorangehen und nicht erst so abwarten, so lange bis die anderen mich häßlich finden oder ablehnen oder solche Sachen oder attraktiv oder bis ich ganz toll bin, das nagelt mich so fest, macht mich so unfähig ... (kurze Pause) In mir ist dann so viel Zorn, daß ich um mich schlagen und treten möchte. Das tue ich dann auch in der Phantasie. (kurze Pause) Aber immer wenn ich mich so ausgenutzt fühle, dann ist das so, dann, in der Situation selber kann ich aber nicht, bin ich wie blockiert, dann staut sich alles in mir, aber hinterher geht dann die Phantasie durch (kurze Pause). Ich würde ja zum Scheusal in meiner Wut und ..." (längere Pause).

Th.: "Sie kriegen dann vielleicht auch Angst, dann gar nicht mehr liebenswert zu sein, und spüren doch gleichzeitig sehr stark den Wunsch, der Qual Ihres Ausgenutztseins Ausdruck zu geben."

Kl.: "Ja, aber dann stürzt ja alles ein. Alle meine Beziehungen gehen dann kaputt, keiner kennt mich so."

Th.: "Daß Sie dann nicht mehr gemocht werden und sich alle von Ihnen abwenden und Sie auch noch diejenige sind, die das alles so aktiv betrieben hätte, das ist doch noch so bedrohlich für Sie, daß Sie diese Seite lieber verstecken und vielleicht so spüren: So lange Du weiterhin Opfer bringst, so lange verläßt Dich wenigstens keiner ganz."

Kl.: "So habe ich es immer gemacht und mich ganz scheußlich und mickrig und häßlich gefühlt, das kam immer wieder (kurze Pause). Kopfschmerzen habe ich dann gekriegt, die waren wirklich so schlimm, daß ich ihn (den Partner), überhaupt keinen mehr sehen wollte. Ich hab ihn dann auch beschuldigt: 'Geh doch ruhig zu den anderen'. Wenn er mit mir ins Bett wollte, konnte ich nicht und wollte ich auch nicht." (Stimme wirkt trotzig, dann weint sie)

Ich sehe darin Tränen ihrer verzweifelten Wut. Sie spannt ihre Lippen, so daß ihre Zähne aussehen, als wollten sie beißen, und trommelt mit ihren Fäusten gegen etwas in der Luft. Mir kommen diese Lebensäußerungen vor wie eine kathartische Öffnung, in der sie sich noch einmal aus ihren Verwicklungen löst und wie entfesselt gegen ihre Peiniger vorgeht, von denen sie so viele Kränkungen eingesteckt hat.

Ich solidarisiere mich an dieser Stelle mit ihrem wütenden Aufbegehren gegen die jahrelange Unterdrückung. Auch teile ich ihr mit, daß ich in meinem Leben auch derartige Unterdrückungen erfahren habe, mit denen ich lange Zeit sehr ängstlich und zurückhaltend umgegangen bin. Für mich war es aber auch befreiend, zu erleben, wie sich meine Beziehungen geändert haben, als ich den anderen meine verletzten und wütenden Seiten nicht mehr so vorenthalten habe. Ich würde mich in diesem Punkt auch in ihre Lage einfühlen können und körperlich mitspüren, wie schmerzhaft und unerträglich erdrückend es für sie sein muß. Ich frage sie dann, ob dies auch ihr Erleben sei, oder ob ich mich vielleicht in meiner eigenen Betroffenheit zu stark von ihr wegbewegt habe. Sie schaut erstaunt zu mir hin, lächelt und sagt:

"Ja, genau, ich will das auch einfach nicht mehr hinnehmen, er (der Partner, d. Verf.) kennt mich ja so gar nicht, oft habe ich so viel weggesteckt, daß ich mich dann einfach nur noch mies gefühlt habe."

Wohl infolge meiner Solidarisierung mit ihr erzählt sie im folgenden Gespräch einen Traum, in dem sie mir Äpfel schenkt. Ich freue mich über diese Offenheit von Frau K. mir gegenüber, erinnere mich an ihr Lächeln in der letzten Sitzung, das ich sehr schön fand, fühle mich ihr sehr nah. Aber es mischt sich auch ein Impuls nach Abgrenzung dazu.

In ihren Phantasien erscheine ich ihr als ein idealer Partner, der an ihrer Seite bleibt, ganz gleich, was mit ihr geschehe und wie sie sei, bei dem sie sich fallenlassen könne, ohne "fallengelassen zu werden". Sie möchte sich ganz hingeben und von mir auch körperlich berührt werden. Zu dem Bild der "zwei Äpfel", die sie mir im Traum geschenkt hat, assoziiert sie Brüste, die ich mit meinen Händen berühren solle. Ich spüre eine starke erotische Nähe und freue mich darüber, daß in unserer Beziehung für sie erfahrbar wurde, daß sie in ihrer ganzen Person lebendig ist - auch mit ihren sexuellen Wünschen. Ich habe mich immer wieder darum bemüht, sie auch in den von ihr abgelehnten Bereichen ernstzunehmen, und versucht, mich dort abzugrenzen, wo sie mich - mit äußerster Anstrengung um "Attraktivität" bemüht - in ihre "Verwicklungen" miteinbinden wollte.

Unsere Beziehung ist inzwischen so offen und transparent geworden, daß ich mich traue, ihr mitzuteilen, wie gut es mir tut, soviel Vertrauen und Sympathie geschenkt zu bekommen. Ferner sage ich, daß ich aber auch gleichzeitig spüre, daß ich ihr nicht einmal ersatzweise geben könne, was sie sich natürlicherweise in sexueller Hinsicht von einer Beziehung erträume. Das ersehnte Glück wünsche ich ihr mit ihrem Lebenspartner, bei dem sie Risiken eingehen und mit dem sie all ihre inzwischen entdeckten "Schätze" teilen könne.

Mit der Ausrichtung auf meine Person inszeniert Frau K. erneut unbewußt ein Arrangement, das ihr die Erfahrung mit ihrer Alltagsrealität ersparen könnte, indem sie an der Illusion einer "traumhaften Partnerbeziehung" in der Therapie festhält. Allerdings traue ich ihr inzwischen zu, mit der von mir zugefügten Enttäuschung und Zurückweisung fertig zu werden, ohne daß die Offenheit in unserer Beziehung gefährdet ist. Sie bestätigt dies. Selbstverständlich, sagt sie, habe sie auch gewußt, daß sie nicht mit mir schlafen könne. Aber wichtig sei es

ihr gewesen, mir ihre sexuellen Wünsche zu nennen, die sie schon seit längerem mir gegenüber empfinde. Daß ich sie mit diesen Phantasien ernstnehme und "nicht verachte", das sei sehr ermutigend für sie. Sie fühle sich gelöst und innerlich ganz warm. Mir kommt es vor, als wenn sie mich erneut auf eine Probe meiner Wertschätzung für sie gestellt hat, als wenn sie sich vergewissern mußte, ob ich es wirklich ernst mit ihr meine.
Nach Beendigung der 41. Sitzung notiere ich meine Erleichterung, denn ich glaube, an dieser Stelle eine der wichtigsten und intimsten Proben in der Entwicklung unserer Beziehung relativ kongruent und in der persönlichen Begegnung sicherlich ermutigend durchlebt zu haben. Mit gespannter Zuversicht warte ich auf die Entwicklung der nächsten Gespräche.

5. Die ersten Schritte - Eigenbewegung (42.-48. Gespräch)

Diese Phase der Behandlung kann am besten folgende Äußerung von Frau K. veranschaulichen: "Ich bin schlecht gelaunt (kurze Pause), aggressiv, haben Sie bestimmt nicht bemerkt. Ich bin entrüstet, kann das innerlich nicht ertragen, daß ich so aggressiv bin und daß ich es immer anderen rechtmache." Die erhoffte Bestätigung meiner Zuversicht bleibt aus. Die Klientin muß einen Rückschlag erlitten haben. Es wird wichtig sein, ihr dort zu helfen, wo sie jetzt eine Probe zu bestehen hat. Dies denke ich und versuche, die aufsteigende Ungeduld durchzulassen, um für die realen Beziehungsangebote und für die Inhalte offen zu sein und mich nicht an die erwünschten Wegmarken zu fesseln.
Frau K. schildert in ihren anschließenden Konkretisierungen, wie ihr Mann sie verantwortlich mache, daß zwischen ihnen "Sendepause" sei. Er ziehe sich über das Fernsehen von ihr zurück, so daß sie noch nicht einmal mit ihm reden könne. Sie habe sich wieder so allein gefühlt. Eigentlich wollte sie nur am Wochenende zu ihrer Freundin, während er zu seinem Hobby ging. Sie habe jedoch nicht gehen können, ohne von ihm die Erlaubnis einzuholen, und die habe er ihr nicht erteilt. Deshalb habe sie ihren Wunsch zurückgesteckt und sei enttäuscht und wütend zu Hause geblieben. Dort sei sie ihren häuslichen Pflichten nachgegangen, habe gekocht und "wie verrückt" geputzt. Sie habe sich vorgenommen, vernünftig mit ihm zu reden, wenn er schließlich am frühen Nachmittag - wie sonst immer - nach Hause komme. Sie habe gedacht, zu ihren Gefühlen passe der Ausdruck "es ist alles zum Kotzen". Ihr Mann sei viel

später als gewöhnlich zurückgekommen, was ihre Wut noch vergrößert habe. Als er dann schließlich dagewesen sei, habe sie nicht (wie beabsichtigt) ruhig und vernünftig bleiben können, sondern habe ihn sogar in Gegenwart der Kinder schrecklich angebrüllt. Mir schildert sie dies folgendermaßen:

"Vor Wut heulend habe ich ihn angeschrien, daß ich das nicht mehr so mitmache. Ich habe auch das Recht rauszugehen und muß nicht immer nur Deine Zofe sein, ihr könnt ja auch mal selber kochen."

An dem darauffolgenden Wochenende bleibt sie bei ihrem Vorhaben, selber etwas zu unternehmen, obwohl sich die Beziehung zu ihrem Mann in der Zwischenzeit bis zum Zerreißen angespannt hat. Immer häufiger folgt sie ihren Gefühlen, stellt ihre Skrupel besonders in der Partnerbeziehung zurück und geht dabei das Risiko einer Eskalation ein. Sie sucht die Auseinandersetzung mit ihm. Ihr Selbstbild verliert die aufopfernde Qualität einer "klagenden Heiligen". Ihre bisher verleugneten und verschobenen Impulse und Wünsche nach Zärtlichkeit, Nähe und Selbstbehauptung werden spürbar und auch in der Beziehung zum Lebenspartner gelebt.

In der "entfesselten Freiheit" von den einschnürenden "Verwicklungen", in der auch ihre "Schwächen- und Schattenseiten" für sie und andere zugänglich werden, gestaltet sich ihre person-typische Lebensfrage: "Werde ich gemocht, wenn ich mich so zeige, wie ich wirklich bin?"

Bislang unzugängliche Erinnerungen, die weit in die Kindheit zurückreichen, tauchen ungefragt auf. Damals hat sie versucht, sich offen zu wehren, wegzulaufen, sich zu behaupten. Die unterdrückte Kränkung und Wut in ihren Körperverspannungen sowie die sie schützenden und einengenden Ängste bekommen eine andere, flexiblere Form.

Als Frau K. in dieser Phase auf die Erinnerung an ihren jüngeren Bruder im Arm der Mutter zurückkommt, hebt sie besonders hervor, wie die Mutter ihr eine Schleife ins Haar gebunden hatte, nachdem sie sich sorgenvoll erkundigt hatte, ob sie sich nicht verletzt habe. Den Bruder hätte die Mutter inzwischen in den Kinderwagen gelegt. Indem sie sich erinnere, fühle sie heute noch das Glück, das sie damals erlebt habe. Die Mutter habe offenbar gemerkt, daß sie gelitten habe.

Plötzlich denkt sie an ihren Vater, der ihr einmal folgendes gesagt habe: "Bis Du erwachsen bist, trage ich für Dich die Verantwortung, oder Du verhälst Dich so, wie ich das sage, und dann tust Du auch, was ich Dir sage und später, dann ist das Dein Bier." Diese im Jugendalter so erfahrene Haltung des Vaters zog sich im Grunde genommen durch die ganze Kindheit von Frau K. In einer weiteren Sequenz veranschaulicht sie dies: "Ich mußte als Mädchen immer brav und anständig, lieb und sauber sein. Wenn mein Bruder etwas angestellt hat, war das nicht schlimm, er war ja ein Junge."

Bemerkenswert ist, daß nun auch Ergänzungen zu den Erinnerungen auftauchen, die zeigen, daß sie sich den väterlichen Verboten und Geboten auch unter Gewissenskonflikten und Ängsten widersetzt hat. So sei sie z.B. länger ausgeblieben als ihr erlaubt war. Einmal habe sie die Zeit vergessen, als sie mit einem Jungen im Spiel vertieft war. Sie hätte dieses Erlebnis gerne erzählt, weil es so wunderschön für sie gewesen sei. Aber mit dem Vater darüber zu reden, sei nicht möglich gewesen. Um seiner Bestrafung und Verachtung zu entgehen, habe sie es für sich behalten, so wie sie ihm auch andere Begebenheiten verheimlicht habe. Aber oft erfuhr er dann doch, was vorgefallen war, worauf sie "Schimpfe" bekommen habe und mit Hausarrest bestraft worden sei.

Frau K. erkennt, daß es im Grunde heute in der Beziehung zu ihrem Ehemann um Ähnliches geht - nämlich darum, in Kauf zu nehmen, alte und gegenwärtige Verbote zu verletzen, wenn sie ihr Leben in größerer Breite gestalten will. Sie spüre bei aller "Selbstverwirklichung", um die sie auch kämpfen müsse, daß sie ihren Lebenspartner auch sehr mag; sie möchte ihn auf keinen Fall verlieren. Sie wolle aber auch nicht auf ihr Eigenleben verzichten. Frau K. bleibt skeptisch, ob das geht. Jedoch wolle sie weiter versuchen, so offen wie möglich auf ihn zuzugehen, statt sich zurückzuziehen. Anders als bei ihrem Vater fühle sie sich doch inzwischen kräftiger, und sie habe auch mehr Hoffnung, daß beim Ehemann etwas in Bewegung komme. Letztens sei sie z.B. zu ihm hingegangen und habe gefragt, ob ihm "der Anfang, der Schritt auf sie zu, auch so schwer falle" wie ihr. Er habe darauf zwar nicht spontan eingehen können, aber sei nachdenklich geworden. Jedenfalls habe sie hinterher anders als sonst das Gefühl gehabt: "Es hat ja doch Zweck."

Für sich alleine unternimmt Frau K. in dieser Phase als weiteren Schritt zur Klärung der Geschichte ihres Selbstkonzeptes eine Fahrt in den Ort, wo sie als

Kind gelebt hat. Sie sucht die Umgebung und die Menschen ihrer Erinnerung auf, um, wie sie sagt, "meinen Wurzeln heute noch einmal nachzuspüren und die Erfahrung mit dem Jetzt zu machen." Sie habe dort freundliche Menschen getroffen, die sie ganz anders in Erinnerung hatte. Als Kind habe sie sich oft von denselben Menschen abgelehnt gefühlt. Es habe sie sehr erstaunt, daß sie davon in der Gegenwart nichts habe wiederfinden können. Viele hätten sich an sie erinnert und sich gefreut, sie wiederzusehen. Das sei ganz unerwartet für sie gekommen. Allerdings sei ihr diese Welt zu "kleinkariert" erschienen, und sie sei froh gewesen, wieder abfahren zu können.

Auf dieser Reise ist Frau K. auch dem bedrückenden Klima ihrer Kindheit wiederbegegnet, dem sie sich seinerzeit hilflos ausgesetzt fühlte. Sie kommt aber auch mit ihrer Sehnsucht nach einer überschaubaren Welt mit klaren Rollenzuschreibungen erneut in Kontakt. Allerdings sind inzwischen die damit verbundenen "Fesseln" ein zu hoher Preis für die vermeintliche Sicherheit vor ihren sexuellen und aggressiven Gefühlen. In ihren "neuen Leben" könne sie nicht mehr anders, als sich förmlich "schmutzig" zu machen, weil sie den familiären Auftrag, "sich aufzuheben" für die Ehe und ihre Pflicht in der Kindererziehung zu tun, nicht mehr um den Preis akzeptiere, sich selber aufzugeben. Von der Reise zurückgekehrt, habe sie sich elend erlebt - aber auch frei und wie aus einer Gefangenschaft entflohen. Sie spüre jetzt Kraft in der angeblichen Schwäche, es anderen nicht rechtmachen zu können, habe jedoch auch Angst vor den auf sie zukommenden Auseinandersetzungen und neuen Aufgaben.

In ihrer Partnerbeziehung scheinen sich die bisherigen "Oben-Unten-Positionen" umzukehren. Frau K. wird offen zu stärkeren, dominanteren Person, indem sie sich entblößt. Sie spricht an, was ihr wehtut und wenn sie sich ausgenutzt fühlt. Wie nie zuvor, meint sie, komme es zu heftigen Streitigkeiten mit dem Ehemann, weil sie sich nicht mehr so vorsehe und sich nur noch selten wirklich verkrieche, wenn sie wütend werde. Aber auch er verstecke sich nicht in dem Maße wie sonst, z.B. hinter dem Fernsehen.

Frau K. schildert mir, daß sie sich sehr darum bemühe, die Erfahrungen aus unseren Gesprächen auf das Leben mit ihrem Partner zu übertragen. Damit überfordere sie ihn vielleicht manchmal, denn er entwickle jetzt Ängste davor, sie zu verlieren. Den Kindern zeige sie häufig Grenzen, beziehe sie aber auch so in die Hausarbeit mit ein, daß sie sich selber entlasteter fühlen könne. Auch lasse sie sich durch sie nicht daran hindern, zu Freunden zu gehen, mit denen zusammen sie auch politisch aktiv sei. Während sie früher in lähmende Gewissenskonflikte geraten sei, wenn ihre Kinder sie nicht haben gehen lassen, sage sie ihnen heute: "Du darfst mitkommen, wenn Du willst, aber hier bleibe ich nicht. Du kannst aber auch hierbleiben und mit C. oder einem von den anderen draußen spielen. Mit denen kannst Du vielleicht mehr anfangen." Die Kinder würden sie nicht mehr so festhalten und sie stärker und mehr von sich aus bei ihrer Hausarbeit unterstützen.

Wie von selbst fallen ihr jetzt zahlreiche Möglichkeiten ein, was sie tun könnte. Sie erlebt ihre Bekannten und Freunde als ihr mehr zugewandt und kann selbst unbefangener auf sie zugehen. In der Familie grenzt sie sich stärker ab. Ihrem Partner gegenüber behauptet sie sich, wodurch er in arge Bedrängnis gerät.

In der politischen Initiativgruppe kann sie ihre über den familiären Rahmen hinausreichenden Kontaktbedürfnisse befriedigen und gleichzeitig ihre christliche Grundorientierung beibehalten. Im beruflichen Leben ist sie Ansprechpartner für Kolleginnen bei deren Problemen, vor allem bei Beziehungsschwierigkeiten. Dort ist sie nicht mehr auf Distanz bedacht, sondern geht auf andere zu.

In mir wächst der Gedanke, daß die Therapie sich allmählich erübrigt, weil die Klientin mehr Erfahrungen zulassen kann und neue Erfahrungen in ihr Selbstkonzept integriert. Sie versteht sich selber immer besser, so daß ihre Vermeidungs- und Abwehrtendenzen zunehmend überflüssig werden.

6. Erprobung des entwickelten Selbst (49.-56. Gespräch)

Die Auseinandersetzungen mit ihrem Ehepartner werden heftiger, die Schwierigkeiten spitzen sich in einer Ehekrise zu. Frau K. erläutert mir, was sie vergeblich bei ihrem Partner gesucht hat:

"Ich glaube schon, daß ich ihn mir unter bestimmten Voraussetzungen ausgesucht habe, nämlich, daß ich etwas Bestimmtes von ihm haben wollte (kurze Pause), hauptsächlich das Gefühl, geborgen zu sein und geliebt zu werden. Gefunden habe ich aber, daß mein Abstrampeln geliebt wird. Das habe ich ja auch immer so gemacht, was anderes habe ich mich ja nie getraut. Meine Gefühle blieben in mir zugedeckt, und wenn ich jetzt mehr damit rauskomme, versucht er, mich zurückzudrängen."

Die Veränderungen in ihrem Erleben und in ihrem Handeln erschüttern die bisherige Form ihrer Partnerbeziehung. Sie fühle sich wohler in ihrer Haut; die Nächte beunruhigten sie nicht mehr, das Herzjagen und die panikartige Angst seien nicht mehr da, sie schlafe meist gut durch. Ihrem Mann gehe es aber zunehmend schlechter. Obwohl er sich einerseits freue, daß es ihr besser gehe, sei er andererseits doch beunruhigt über die Veränderungen. Die weiteren Schilderungen von Frau K. lassen erkennen, daß ihr Ehemann nach anfänglichem Ignorieren oder Abwehren ihrer Entwicklung inzwischen auch glaubt, daß es ihr ernst ist mit ihrer Entwicklung, und er bekommt Angst, zurückzubleiben.

Frau K. erkennt, daß sie ihn mit ihrem "Abstrampeln" auch von sich abhängig machen wollte und ihn so auf eine bestimmte Partnerrolle eingeengt hat. Mit Bedauern stellt sie fest: "Eigentlich habe ich ihn gar nicht richtig kennengelernt." Nun ist sie überrascht, daß er auch "schwache Seiten" zeigt, wenn sie aufgibt, ihn mit ihrem beständigen Streben nach "besonderer Attraktivität" an sich festzubinden. Die Ängste ihres Mannes bereiten ihr ein schlechtes Gewissen, das stärker wird, je schlechter es ihrem Mann geht. Frau K. erlebt eine neue Zerreißprobe. Sie fragt sich, ob sie ihren Weg weitergehen oder Rücksicht auf ihren Mann nehmen solle. Der Verlust ihres Mannes ist ihr ein zu hoher Preis für ihre eigene Entwicklung. Sie leidet darunter, daß er sie in seiner gedrückten Stimmung abweist. In ihrer Beziehungsstruktur wechseln die Positionen. Es kommt zu einer Vertauschung der Rollen: Jetzt fühlt sie sich wie ein "Scheusal" und er ist das "Opfer".

In solchen Situationen neigt Frau K. dazu, ihrem neu entwickelten Selbstkonzept den Rücken zu kehren. Es erscheint ihr erträglicher, statt zum Täter zu werden, wieder Opfer zu sein. Was sie opfert, ist ihre Wut über die Zurückweisung ihrer Hilfsangebote durch ihren Mann. Leidvoll erfährt sie immer wieder, wie in den ganzen Jahren der Ehe die schon beim Vater vergeblich gesuchte Anerkennung und Geborgenheit zu finden hoffte. Ihr wird bewußt, daß sie jetzt in die Gefahr kommt, dieses Ziel in ähnlicher Weise zu verfolgen, indem sie ihn mit ihrer Wut verschont, um sich schließlich vor Schuldgefühlen zu bewahren. Frau K. erkennt, daß sie ihrem Partner die mit Schuldgefühlen zugedeckten Wünsche und Ansprüche eigentlich nicht vorenthalten will. Sie fürchtet aber auch, daß sie sich von ihm trennen muß, falls er sich nicht auf eine Veränderung der Beziehung einstellen kann. Sie bekommt Angst, die sie folgendermaßen beschreibt:

"Ich habe manchmal Angst davor, daß sich herausstellt, daß ich ihn nur liebe, weil er mich lieben soll, daß gar nicht er von mir geliebt wird."

Frau K. fühlt sich ihrem Partner gegenüber in einer so überlegenen Position, daß sie sich gar nicht mehr vorstellen kann, sich wie früher bei ihm anzulehnen. Darüber wird sie traurig. Die Beziehung hat sich schon so verändert, daß es für sie kein Zurück mehr gibt. Sie trauert auch darüber, daß er nicht mehr zu ihr findet. Versuche, ihn in altbewährter Weise an sich heranzuholen, scheitern jetzt auch an der Verfassung des Mannes, der seine Frau nicht mehr in derselben Weise wie früher nehmen kann.

Frau K. wird sich bewußt, daß auch ihr altbewährter Einfluß auf ihren Mann kleiner geworden ist, wenn sie feststellt: "Er läßt sich nicht mehr becircen."

Mit zunehmender Einsicht von Frau K. in den eigenen Gestaltungsanteil bei ihrer Partnerbeziehung wächst ihre Unabhängigkeit und ihr Mut, die unterbrochene Auseinandersetzung mit ihrem Partner wieder aufzunehmen. Gleichzeitig entwickeln sich Kontakte zu anderen Männern, die sie gar nicht bewußt gesucht hat. Sie vermeidet sie jetzt aber auch nicht mehr wie früher aus Angst, ihr Partner könnte dann auch "andere Frauen anschauen". Frau K. spürt deutlich, daß ihr solche Kontakte etwas geben, worauf sie nicht verzichten möchte, nämlich Auseinandersetzung und Wertschätzung.

Ihrem Ehemann gegenüber äußert sie Wünsche und Ansprüche, besonders auch im sexuellen Bereich. Sie will herausfinden, ob sie ihren Ehemann liebt. Hier erprobt sie sich in alten Tabuzonen, die ihr in ihrer religiösen Internatserziehung und von ihrem Vater untersagt waren.

Es kommen immer häufiger zärtliche Gefühle und Bedürfnisse zur Sprache, denen sie dann nachgeht und mit denen sie auch Schwierigkeiten hat. Gefährdet ist diese Entwicklung am stärksten immer dann, wenn ihr Lebenspartner sich zurückzieht und sie das Gefühl erlebt, ihn überfordert zu haben.

Das stärkere Erleben sexueller Bedürfnisse und die Komplikationen in der Auseinandersetzung mit ihrem Mann lassen sie wieder schmerzhaft das Leid

erfahren, das infolge der verinnerlichten Verbote in ihrer Kindheitsfamilie irreversibel mit ihrem jahrelang geleisteten Verzicht verknüpft ist: "Was ich fühle, muß ich opfern, um gemocht zu werden."
Bei diesem Thema kommen auch sexuelle Phantasien über unsere Beziehung ins Gespräch. Frau K. erinnert den Traum, in dem sie mir Äpfel geschenkt hat. Auf mich wirkt sie inzwischen fraulich attraktiv; ich teile ihr mit, daß sie für mich auch sexuell anziehend sei. Sie findet es zwar schade, daß sich ihre sexuellen Phantasien mit mir nicht realisieren lassen, aber eigentlich sei es ihr auch lieber, es mit ihrem Mann und nicht mit ihrem Therapeuten zu versuchen. Wir stimmen beide darin überein, daß das offene Sprechen auch über sexuelle Gefühle wohltuend sei, da nun jeder besser wisse, wie er von dem anderen wahrgenommen werde und was der andere bei ihm bewirke, auch wenn die Angst vor Kränkung immer wieder mitschwinge.
Indem Frau K. eigene sexuelle Bedürfnisse bei ihrem Mann deutlich äußert, macht sie neue Erfahrungen in bezug auf Nähe und Zärtlichkeit. Sie merke, teilt sie mir mit, daß sie den zu versorgenden Mann, dem sie wie ihren Kindern mehr wie eine Magd gedient habe, nicht mehr benötige. Daß ihr Ehemann jetzt Verlassenheitsängste entwickelt, ist eine Wirkung ihrer Entwicklung zur Autonomie. In diesem Zusammenhang macht sie allerdings auch die schmerzhafte Erfahrung, daß sie so bei ihm die gesuchte "absolute Geborgenheit" nicht finden kann. Dafür sieht sie aber eine Chance in der Vertiefung des jetzt in Gang kommenden Austausches, der sich sowohl im Streit mit ihm als auch in zärtlichen und sexuellen Begegnungen äußert. Sie erfährt sich selber lebendiger als je zuvor in ihrem Leben. Sorgen macht ihr nur, ihr Mann könnte aufgrund ihrer Veränderung nicht nur überfordert, sondern auch so gekränkt sein, daß er die Lust verliere, sich mit ihr weiter zu entwickeln. Dann könnten ihre Liebesgefühle für ihn nach und nach erlöschen. Parallel zu diesen Befürchtungen bekennt sie sich zu dem von ihr selbst eingeschlagenen Weg:

"Aber auch wenn er mit einer solchen Frau, wie ich jetzt bin, nicht mehr leben möchte, ich will nicht mehr zurück. Ich möchte mit ihm weitermachen, aber er muß mich auch so nehmen, wie ich bin und noch werde. Das möchte ich ihm auch zugestehen, aber ich bin mir nicht sicher, ob er das will. Manchmal denke ich auch, er schafft es allein nicht. Er sollte auch eine Therapie anfangen, aber ich glaube, er hat auch Angst davor."

Sie leidet öfter mit ihm und denkt gelegentlich: "Wenn ich die Zeit doch zurückdrehen könnte, dann brauchte er sich nicht so quälen." Aber im Bewußtsein ihres eigenen Entwicklungsprozesses sei ihr dann ganz klar, daß persönliche Veränderungen auch wehtun. Sie hoffe, daß er nicht aufgebe. Es würde ihr große Probleme bereiten, und sie glaube, sich dann trennen zu müssen.

Nachdem in unserer therapeutischen Beziehung bearbeitet werden konnte, was möglich ist, wo unsere Grenzen sind, und daß in der Therapie nichts ungeschehen gemacht werden könne, was in ihrer Beziehung zur Mutter und zum Vater unerfüllt und ungelebt bleiben mußte, wird sie erneut traurig und holt mich von dem Sockel eines idealisierten Partners herunter. Zukünftig kann sie sich stärker auf ihren Lebenspartner konzentrieren. Sie macht auch befriedigendere Erfahrungen mit ihm, indem sie als erste einen Schritt auf ihn zugeht, ihm ihre Bedürfnisse, Schwierigkeiten und Schwächen zeigt sowie ihm auch leidvolle Erfahrungen zumutet, so wie sie während der Therapie bei sich erfahren hat.

Der Abschied zwischen uns wird zum Thema. Frau K. stellt die Überlegung an, daß sie die Gespräche eigentlich nicht mehr brauche. Aber dann würde sie sich nicht so sicher fühlen und möchte deshalb weiterhin gerne das eine oder andere mit mir besprechen, weil diese Gespräche über so lange Zeit für sie "eine rettende Insel in mancher Not" waren. Jetzt würde sie jedoch mehr die Nähe zu mir vermissen, wenn sie sich vorstelle, nicht mehr zu kommen. Sie wolle aber auch nicht den Eindruck erwecken, wegzulaufen, vielleicht sähe ich ja noch etwas Wichtiges, was zu bearbeiten sei.

Wir sprechen über die Bedeutung, die wir im Laufe der Zeit füreinander bekommen haben. Ich bin in der Beziehung zu ihr immer wieder stark mit mir selbst in meinen Ängsten, in meiner Einsamkeit und in meiner Trauer um vergangene ungestillte Sehnsüchte in Berührung gekommen, und so hat sie starken Anteil an meiner Entwicklung zu mehr innerer Transparenz und Kongruenz. Dafür bin ich ihr dankbar. Frau K. erlebt in der Bearbeitung unseres Abschieds wieder ihre Verlassenheit und das Schwinden einer Geborgenheit, die sie so in ihrem Leben bisher nicht erfahren konnte. Die Trennung von mir entspricht auch der Trennung von dem Partnerbild, unter dem sie lange gelitten hat. Sie sieht in ihrem Ehepartner mehr den gleichwertigen Partner. Es freut sie, daß ihr Partner inzwischen eine eigene Psychotherapie beginnen will und auch bereit sei, eventuell mit ihr zusammen eine Partnertherapie zu machen.

Frau K. gestaltet aktiv unseren Abschied. Sie schenkt mir eine Glaskugel mit "Innenleben", wie sie sagt. Sie solle mich an sie erinnern, wenn ich sie schon bald über die anderen Therapien vergessen würde. Diese klare und transparente Kugel möge mich auch stärken, wünscht sie mir, wenn ich in meiner Arbeit mal keine Fortschritte sehe, und mir sagen, daß am Ende doch etwas daraus werde. Das hätte ich bei ihr erfahren.

Ich freue mich sehr über dieses Geschenk. Der Abschied wird für mich dadurch leichter, daß ich die Zuversicht in mir spüre: Frau K. wird in ihrem alltäglichen Leben selbständig weitere Schritte auf dem gefundenen Weg ihrer Selbst-Entwicklung gehen.

Literatur:

Adler, A. (1974): Praxis und Theorie der Individualpsychologie. Frankfurt/M.: Fischer
Adler, A. (1966): Menschenkenntnis. Frankfurt/M.: Fischer
Antock, R. (1981): Von der Kommunikation zur Kooperation. München/Basel: Reinhardt
Bauriedl, T. (1980): Beziehungsanalyse. Frankfurt/M.: Suhrkamp
Bense, A. (1977): Erleben in der Gesprächspsychotherapie. Die Experiencing-Theorie Gendlins in der klientenzentrierten Gesprächspsychotherapie. Weinheim: Beltz
Biermann-Ratjen, E., Eckert, J., Schwartz, H.J. (1979): Gesprächspsychotherapie, Verändern durch Verstehen. Stuttgart: Kohlhammer
Binder, H.J., Binder, U. (1979): Klientenzentrierte Psychotherapie bei schweren psychischen Störungen. Frankfurt/M.: Fachbuchhandlung für Psychologie
Esser, U. (1985): Das Erstinterview in der Erziehungsberatung. Ztschr. personenzentr. Psych. und Psychother.1, S. 73-89
Esser, U. (1988): Rogers und Adler. Heidelberg: Asanger
Finke, J. (1986): Klientenzentriertes Interpretieren im Prozeß psychotherapeutischer Selbsterfahrung. Ztschr. personenzentr. Psychol. Psychother.4, S.
Gendlin, E.T. (1981): Focusing. Salzburg: Otto Müller Verlag
Gendlin, E.T. (1978): Eine Theorie der Persönlichkeitsveränderung. In: Bommert/Dahlhoff (Hg.), München, Wien, Baltimore: Urban & Schwarzenberg
Heisterkamp, G. (1983): Psychotherapie als Beziehungsanalyse. Ztschr. f. Individ.Psychol.8, S.86-105)
Heisterkamp, G. (1984): Zur Dialektik der Beziehung zwischen Patient und Therapeut. In: Mohr, F. (Hg.): Beiträge zur Individualpsychologie, Bd.5. München: Reinhardt, S.27-36
Heisterkamp, G., Zanke, M. (1983): Zum Formenwandel des Lebensstils. Ztschr. personenzentr. Psychol. Psychother.1, S.483-496

Linster, H.W., Wetzel, H. u.a. (1980): Veränderung und Entwicklung der Person. Hamburg: Hoffmann und Campe

Linster, H.W., Panagiotopoulos, P. (1986): Wissenschaftliche Fundierung von Psychotherapie - Fundierung von Psychotherapie aus ihrem Selbstverständnis. 7. Symposion der GwG, Köln, unveröffentlichtes Manuskript

Miller, A. (1979): Das Drama des begabten Kindes. Frankfurt/M.: Suhrkamp

Miller, A. (1981): Du sollst nicht merken. Frankfurt/M.: Suhrkamp

Rogers, C.R. (1951): Client-Centered Therapie. Boston / (Die klientenbezogene Gesprächspsychotherapie. München: Kindler 1973; Die klientenzentrierte Gesprächspsychotherapie. Frankfurt: Fischer 1983)

Rogers, C.R. (1959): A theory of therapy, personality, and interpersonal relationships as developed in the client-centered framework. In: Koch, S. (Hg.): Psychology. A study of a science. Vol. 3, Formulations of the person and the social context. New York: McGraw-Hill (1959), S. 184-256

Rogers, C.R. (1973): Entwicklung der Persönlichkeit. Stuttgart: Klett

Rogers, C.R. (1977): Therapeut und Klient. München: Kindler

Rogers, C.R. (1978): Die Kraft des Guten. München: Kindler

Rogers, C.R.(1987): Der neue Mensch. Stuttgart: Klett-Cotta

Schmidt, R.(1980): Träume und Tagträume. Stuttgart, Berlin, Köln, Mainz: Kohlhammer

Salber, W. (1969a): Morphologie des seelischen Geschehens. Ratingen: Henn

Salber, W. (1969b): Wirkungseinheiten. Kastella, Wuppertal: Henn

Seidel, U. (1985): Regression als therapeutisches Agens in der individualpsychologischen Therapie - oder: Die ermutigende Begegnung mit dem Defizit. In: Beiträge zur Individualpsychologie, Bd.6. München, Basel: Reinhardt

Tausch, R. (1986): Gesprächspsychotherapie. Göttingen: Hogrefe

Tscheulin, D. (1983): Beziehung und Technik in der klientenzentrierten Therapie. Weinheim, Basel: Beltz

Wild-Missong, A. (1983): Neuer Weg zum Unbewußten. Salzburg: Müller

Verhaltenstherapie in der Psychiatrie - Ein Fallbericht

Georg Hörmann

1. Die Stellung der Verhaltenstherapie bei der Behandlung psychischer Störungen

Als Domäne der Verhaltenstherapie galten lange eng umschriebene Störungen wie Lern- und Leistungschwierigkeiten, Ängste, Phobien, Zwangshandlungen, Perversionen, Enuresis, Enkopresis, Stottern, Tics und psychosomatische Störungen. Neben verstreuten Falldarstellungen in Zeitschriften (z.b. Busemeyer 1978) oder lehrbuchartigen Readern (z. B. Schulte & Thomas 1974) findet sich kasuistisches Material etwa in den Büchern von Reiss u.a. (1976), Poser (1978), Eysenck (1979) und Mackinger (1979). Eine ausführliche Falldarstellung über einen Zwang haben schließlich Hofmann & Weiß (1984) vorgelegt. In letztem Beispiel findet sich nicht nur die Abwendung von einer "symptomgerichteten" Bearbeitung, sondern auch eine Erweiterung um kognitive Anteile, im letzteren Beispiel unter Rückgriff auf individualpsychologische Elemente des Lebensstil-Konzepts von Alfred Adler. An diesem Beispiel praktischer Psychotherapie wird ein verbreiteter Trend sichtbar, statt eines symptomorientierten, unimodalen Ansatzes patienten-orientierte, multimodale Konzepte im Breitspektrum-Verfahren zur Anwendung zu bringen (Lazarus 1978; Hersen 1981; Kazdin 1984), wobei die "kognitive Revolution" in der amerikanischen klinischen Psychologie (Franks 1984) am augenfälligsten ist. Die Frage integrativer oder eklektischer Vorgehensweisen (Garfield 1982) und Etappen der Psychotherapieentwicklung (Zygowski 1985) können jedoch hier nicht erörtert werden, ebensowenig ist es möglich, die Differenzierung kognitiver Therapien und ihr Verhältnis zur Verhaltenstherapie (vgl. Schorr 1984, 265 ff.) nachzuzeichnen.

Bemerkenswert ist freilich die Tendenz, daß gegenüber einem zuweilen mächtigen Übergewicht kognitiver Richtungen, welche die altehrwürdige Verhaltenstherapie gänzlich zu überfluten drohten, neuerdings wieder eine "behaviorale Wende" konstatiert wird (Hand 1986, 281), welche die entscheidende Bedeutung von Verhaltensübungen etwa zur Erreichung des "kognitiven Umstrukturierens" betont und die Bedeutung motorischer Komponenten ebenso würdigt wie den Anteil kognitiver, emotionaler und physiologischer Faktoren. Während rigorose Behavioristen sich der kognitiven Wende von Anbeginn an widersetzten (z.B. Skinner 1977), besinnt sich die behaviorale, um kognitive Verfahren bereicherte Richtung der Verhaltenstherapie auf ihre genuinen Chancen, welche gleichzeitig eine Korrektur gegenüber idealistischen Anwandlungen kognitiver Therapie darzustellen vermag (Hörmann 1981; 1982).

Im Unterschied zur Verhaltensmodifikation, die zur Behebung von Schwierigkeiten oder Störungen beim Klienten zum Einsatz kommt, wird der Begriff Verhaltenstherapie hier verwandt, wenn sie bei psychischen und/oder organischen Erkrankungen zur Anwendung gelangt. Statt also beide Begriffe synoym zu gebrauchen, wird Verhaltenstherapie hier von den Erfordernissen der Psycho- und Organopathologie so wesentlich bestimmt, daß Kenntnisse und Kompetenzen im Bereich von Psychopathologie und Nosologie unabdingbar sind. Bei dieser Definition des Begriffs Verhaltenstherapie wird der mißverständliche Begriff "klinische Verhaltenstherapie" entbehrlich. Denn erstens erfordern nicht alle Störungen, selbst schwerwiegender Art eine klinische Behandlung; zweitens widerspricht die Fixierung auf das künstliche Setting der Klinik (Hörmann & Nestmann 1984) der Einbeziehung von Umweltfaktoren und Lebensbedingungen, wie sie von fundamentaler Bedeutung für eine verhaltenstherapeutische Orientierung sind.

Der Einsatz von Verhaltenstherapie in der Psychiatrie hat einerseits schon früh Hoffnungen geweckt auf eine Verbesserung der therapeutischen Möglichkeiten (Meyer & Chesser 1971); andererseits erfahren in neuerer Zeit eine Vielzahl psychologische Therapieverfahren unter Einbezug verhaltenstherapeutischer Grundeinstellungen vermehrte Beachtung (Reimer 1982). Ausgehend etwa von Untersuchungen zur empirischen Schizophrenieforschung (Brenner 1983) gelangen Konzepte und Programme zur Anwendung, welche auf der Grundlage von Problemen der Wahrnehmugs- und Informationsverarbeitung oder mentalen Basisstörungen gezielte Trainingsprogramme unter

Einbeziehung der Angehörigen (Fiedler u.a. 1986; Bertram 1986; Hohl 1983) anbieten. Solche multimodalen Behandlungskonzepte im Rahmen eines multiprofessionellen Teams zeigen einerseits die Grenzen der klassischen Einzelbehandlung und erfordern andererseits unabdingbar die Einbettung therapeutischer Arbeit in einen interdisziplinären Kontext fernab von standespolitischen Profilierungsbestrebungen und einzeltherapeutischer Arbeit in isolierter Privatniederlassung. Andererseits ist jedoch nicht zu verkennen, daß bei einer Reihe von Störungen die Entflechtung und Diversifizierung therapeutischer Leistungen zu einer von Patienten schwer zu verarbeitenden Diffusität und Reizüberflutung zu führen vermag, welche die Vorteile einer vielfältigen Stimulierung zunichte machen. Im Sinne einer Stabilisierung und dauerhaften Konsistenz gewinnt die "therapeutische Beziehung" (Zimmer 1982) hier an Gewicht, welche durch noch so ausgefeilte Programmangebote nicht wettgemacht wird. Vor diesem Hintergrund mag die Darstellung eines Einzelfalles trotz aller Vorbehalte gegen die Fragwürdigkeit therapeutischer Beziehungslogik berechtigt sein.

2. Ein Fall aus der Praxis

Als Beispiel wird hier eine Patientin vorgestellt, die in gewisser Weise typisch ist nicht nur für eine Vielzahl diagnostisch unklarer Fälle, sondern auch die bescheidenen Möglichkeiten therapeutischen Vorgehens. Sofern Therapie verstanden würde im Sinn eines Behandelns mit dem Ziel einer Heilung, läge zweifellos ein vermessener und gänzlich überzogener Anspruch vor. Wird jedoch Therapie im übertragenen Sinn verstanden als eine Eröffnung von Lernmöglichkeiten und eine Hilfe zur Bewältigung von Lebensaufgaben ohne den Anspruch einer Heilung oder gänzlichen Rückführung zur "Normalität", also eher als erzieherische Aufgabe einer Entwicklung entfaltbarer Ressourcen oder verschütteter Potentiale, entfällt nicht nur die Fixierung auf die krampfhafte Suche nach Pathologischem und Defekten unter Außerachtlassung gesunder und positiver Persönlichkeitsanteile. Die beabsichtigte Form des Arbeitens wird eher als pädagogisch-intendierte Vorgehensweise bezeichnet, um die angestrebte Betrachtungsweise zu gewichten: obwohl nämlich auch ein Kind vom Ziel seiner erreichbaren Entwicklung her als Mängelwesen bezeichnet werden könnte, käme doch kaum jemand auf die Idee, die Förderung von

Lernprozessen als die sukzessive Behebung von Defiziten zu bezeichnen. Ein eher pädagogisches, an der Förderung normaler Entwicklungsverläufe orientiertes Verständnis der Beziehungsarbeit öffnet auch den Weg zu einer Normalisierungsperspektive, welche Ausgrenzungen und Etikettierungsprozesse zu verringern trachtet. Vor diesem Hintergrund mag die Vorstellung des folgenden Falles gerade wegen des Mangels an aufregend Exotischem und Außergewöhnlichem für den therapeutischen Umgang mit hilfsbedürftigen Personen exemplarisch und instruktiv sein. Trotz intensiver differentialdiagnostischer Überlegungen will ich mich zur Diagnose nicht festlegen, je nach Schulmeinung oder theoretischer Richtung wird man eine psychotische Entwicklung, Psychose etwa nach Art der Schizophrenia simplex, eine schizoaffektive Psychose oder eine Borderline Störung diagnostizieren wollen. Die Liste zugeschriebener Krankheitsattribute in der Karriere der Patientin ist denn auch durchaus kontrovers und uneinheitlich. So unabdingbar die Festlegung für epidemiologische Zwecke, Dokumentationserfordernisse oder Therapieansprüche auch sein mag, soll dessenungeachtet hier die Verhaltensebene ausgeprägter im Vordergrund stehen.

2.1. Hintergrundinformationen und Ort der Behandlung

Die 26jährige Patientin, Frau D. wurde im Jahre 1981 zur stationären Aufnahme in eine Nervenklinik eingewiesen. Seit zwei Jahren befand sie sich in ambulanter psychiatrischer Behandlung, Mitte 1980 für etwa vier Wochen auch in stationärer Behandlung der psychiatrischen Abteilung eines Allgemeinkrankenhauses. Nach einem einwöchigen stationären Aufenthalt, den sie gegen ärztlichen Rat beendete, kam sie zwei Wochen später erneut zur stationären Aufnahme in die geschlossene Abteilung, auf der ich den Erstkontakt mit der Patientin hatte. Der einweisende Nervenarzt hatte wegen der familiär ungünstigen Situation eine stationäre Behandlung bewußt außerhalb ihres Wohnortes vorgeschlagen und veranlaßt.
Die stationäre Behandlung vollzog sich über drei Monate; während dieser Zeit fanden mindestens dreimal wöchentlich therapeutische Einzelgespräche statt. Die Patientin wurde in anschließende tagesklinische Behandlung entlassen, lebte weiterhin zuhause mit zwischenzeitlichen stationären kurzzeitigen Aufenthalten. Als die stationäre Behandlung keinen Erfolg mehr zu versprechen

schien und die Patientin in ein Pflegeheim abgeschoben werden sollte, baten mich die Eltern auf Bitten ihrer Tochter hin um einen ambulanten Therapieversuch, da keine andere Möglichkeit mehr offen schien. Die Patientin kam seither wöchentlich zu einer Sitzung etwa über ein halbes Jahr; die Therapie ist vorläufig beendet, ohne daß jedoch die Möglichkeit ausgeschlossen wurde, bei Bedarf kurzfristige Stabiliserungsperioden einzuschalten. Von letzterem Angebot ist bisher einmal Gebrauch gemacht worden. Die wöchentlichen Sitzungen dauerten in der Regel eine Stunde.

2.2. Kurze Vorgeschichte (Biographische Anamnese)

Die Patientin ist das jüngste Kind von vier Geschwistern, beide noch lebende Eltern waren berufstätig als Lehrer und sind inzwischen pensioniert. Während die Geschwister alle ein Hochschulstudium abgeschlossen haben, ging die Patientin nach der mittleren Reife vom Gymnasium ab, heiratete mit 19 Jahren und gebar im Alter von 21 und 23 Jahren zwei Kinder. Eine in Aussicht gestellte Ausbildung als Apothekenhelferin hat sie nach eigenen Angaben wegen der ersten Schwangerschaft nicht antreten können, eine im Jahre 1981 begonnene Ausbildung als Kosmetikerin hatte sie nicht durchgehalten, sondern bereits nach einigen Tagen abgebrochen. Seit 1980 lebt sie getrennt von ihrem Ehemann, der die Scheidung beabsichtigt, und zog wieder in die Heimatstadt ihrer Eltern. Diese haben ihr eine Wohnung in einem zu ihrem Besitz gehörigen Haus zur Verfügung gestellt. Das besagte Haus hatten die Eltern nach dem Tod der Oma vor drei Jahren geerbt. Die Einteilung erfolgt im weiteren Verlauf nach den verschiedenen therapeutischen Stationen.

3. Die stationäre Phase

Das Erstgespräch in der unglücklichen Umgebung nach ihrer mehr oder weniger freiwilligen Aufnahme auf die geschlossene Station einer psychiatrischen Abteilung stand abgesehen von ihrer Irritation durch die ungewohnte Atmosphäre ganz unter dem Eindruck ihres Kummers über die bevorstehende Scheidung und die Trennung von den Kindern.
Ein kurzer Ausschnitt verdeutlicht ihre Sicht und Stimmung.

Th: Wie kommen Sie auf der Station zurecht?
D: Ganz schrecklich. (Pause)
Th: Was belastet Sie hier besonders?
D: Die ganzen Patienten hier, die so krank sind.
Th: Sie meinen, daß Sie hier am falschen Ort sind.
D: Bei solchen Kranken kann ich nicht gesund werden.
Th: Sie merken also, daß ihr Zustand nur noch schlimmer wird.
D: Ich möchte zu meinen Kindern (Pat. bricht in Tränen aus).
Th: Wie viele Kinder haben Sie?
D: Zwei
Th: Jungen oder Mädchen?
D: 2 Mädchen
Th: Wie alt sind sie?
D: 3 und 5 Jahre
Th: Sie haben das Gefühl, daß Ihnen Ihre Kinder weggenommen werden?
D: Mein Mann will sich von mir scheiden lassen und will die Kinder. Hier wird alles noch schlimmer.
Th: Wie meinen Sie das?
D: Durch den Klinikaufenthalt werde ich nur weiter von den Kindern getrennt. Ich habe nur in einen Klinikaufenthalt eingewilligt, um die Kinder wiederzubekommen, ich bin zu nichts mehr fähig, weiß nicht mehr, was ich soll.
Th: Sie glauben also, daß Sie zur Klinikeinweisung geradezu überrumpelt worden sind?
D: Ich werde nur von den Kindern ferngehalten.
Th: Und das betrübt Sie und macht Sie niedergeschlagen?
D fängt wieder an zu weinen
Th: Wann haben Sie Ihre Kinder zuletzt gesehen?
D: Ist schon lange her
Th: Könnten Sie es etwas genauer sagen?
D: Weiß ich nicht
Th: Was würden Sie machen, wenn Sie die Kinder erhielten?
D: Nach Hause nehmen.
Th: Leben Sie dort allein in einer Wohung?
D: Ja, im Hause der Oma.
Th: Lebt diese auch dort?

D: Nein, sie ist vor einiger Zeit verstorben (Tränen laufen über die Augen).
Th: Dann leben sie also allein in dem Hause.
D: Ja, aber die Eltern kommen immer vorbei.
Th: Auf Ihren Wunsch hin?
D: Ja, denn ich schaffe den Haushalt nicht.
Th: Fühlen Sie sich dadurch überfordert?
D: Ich verliere die Übersicht und weiß nicht, wie ich mit den ganzen Aufgaben fertig werden soll, ist mir zu anstrengend, ich bin völlig erschöpft.
Th: Meinen Sie, daß dies besser würde, wenn Sie Ihre Kinder hätten?
D: Ja
Th: Sie fühlen sich durch den Verlust Ihrer Kinder also gänzlich blockiert?
D: und hier durch die Station. Bei so vielen Kranken kann ich unmöglich gesund werden.

Aus diesem Einleitungsgespräch werden als Probleme einmal die Trennung der Patientin von ihren Kindern, drohende Ehescheidung und zumindest Schwierigkeiten bei der Bewältigung des Alltags deutlich. Obwohl sich die Patientin völlig fehl am Platz fühlt auf der geschlossenen Abteilung und sich gesund fühlt, während die anderen Mitpatienten tatsächlich krank seien, gesteht sie gleichwohl zu, daß sie in einer solchen kranken Umgebung nicht gesunden könne. Der Widerspruch, daß sie nicht gesunden könne, obwohl sie eine Krankheit bei sich explizit verneint, war möglicherweise aus Anpassung an den Gesundheitsappell der Umgebung erklärbar. So könnte nach dieser Einleitung wohl nicht nur dem Therapeuten der Eindruck entstehen, hier werde ein aus nachvollziehbaren Gründen niedergeschlagener Mensch ein willenloses Opfer psychiatrischer Willkür. Denn nach dem bisher Gesagten könnte man doch rasch geneigt sein, die zweifellos prekäre Lage der Betroffenen als Ausdruck einer reaktiven Depression zu deuten. Die Patientin scheint unter dem Eindruck belastender Lebensereignisse (Scheidung, Tod der Oma) in eine Krise geraten zu sein. Allerdings wirken die Mittel zu deren Behebung zunächst gänzlich unangemessen.

Unabhängig von den im Einweisungsschreiben angegebenen Gründen galt es daher, möglichst rasch die Situation zu Hause abzuklären, um der Patientin nicht weiteren Schaden durch eine Klinikbehandlung zuzufügen.

Da die Patientin weiterhin auf ihrem Wunsch nach ihren Kindern beharrt und offensichtlich auch ihrem Mann weiterhin zugeneigt ist und seine Rückkehr trotz der von ihm ausgegangenen Trennung erwartet, wird in der folgenden Sitzung an diesem Thema weitergearbeit. Angesichts eines anstehenden Termins mit der Sozialarbeiterin, bei dem das weitere Sorgerecht der Kinder geklärt werden sollte, bringt sie erneut zum Ausdruck, daß ihre Position von vornherein verschlechtert werde angesichts ihres Klinikaufenthalts. Da sie massiv nach Hause zu ihrer Mutter drängt und eine Mitarbeit verweigert, andererseits eine Überredung zum Bleiben nichts fruchtet, wird eine mögliche Entlassung aus der Klinik erwogen mit der Auflage, daß sie eine weitere ambulante Nachbetreuung in Anspruch nehme. Dies wird der Patientin nicht nur angesichts ihrer gegenwärtig schwierigen psychischen Situation nahegelegt, sondern auch, damit sie im anstehenden Verfahren zum Sorgerecht ihrer Kinder nicht gänzlich ohne Unterstützung und Hilfe dastehe.

Da eine Weiterbetreuung am Klinikort nicht in Frage kam und lediglich eine Rückkehr nach Hause sich anbot, erfolgte nochmals Rücksprache mit dem einweisenden Arzt. Dieser erklärte, eine Rückkehr nach Hause unter die Bevormundung der dominanten Mutter sei völlig fatal, außerdem strebe diese bloß danach, die Enkelkinder wegen der Unselbständigkeit ihrer Tochter an sich zu reißen. Lediglich die bewußte Entfernung aus dem häuslichen Milieu könne eine Hoffnung auf Besserung bewirken.

Angesichts dieser Lage wurde in einem weiteren Gespräch die Situation mit der Patientin besprochen. Die Rede kam dabei besonders auf ihr Verhältnis zu den Kindern.

Th: Ihr Wunsch nach ihren Kindern ist sicherlich verständlich. Glauben Sie, daß Sie mit ihrer Versorgung zurecht kämen, wenn sie Ihnen zugesprochen würden?
D: Ja, ich werde die Hilfe meiner Mutter in Anspruch nehmen. Schließlich nimmt ja auch der Ehemann die Hilfe seiner Eltern in Anspruch.
Th: Haben die Schwiegereltern auch mitgeholfen, als Sie noch mit ihrem Ehemann zusammen wohnten?
D: Ja, weil die Pflege der Kinder sehr anstrengend ist.
Th: Sie meinen also, daß Sie sich die Versorgung der Kinder allein nicht zutrauen würden?

D: Ich habe ja meine Mutter.
Th: Wie sehen Sie Ihr Verhältnis zu Ihrer Mutter?
D: Gut.
Th: Sie können also mit Sorgen und Problemen jederzeit zu Ihrer Mutter kommen?
D: Eigentlich schon.
Th: Unternehmen Sie auch etwas mit ihr gemeinsam?
D: Ja, zum Beispiel Einkaufen.
Th: Was kaufen sie ein?
D: Lebensmittel, Kleider.
Th: Für Sie?
D.: Ja.
Th: Wählen Sie die Kleider aus?
D: Ja.
Th: Können Sie mal ein Beispiel für einen Einkauf geben.
D: Letztlich habe ich ein Kleid ausgewählt mit einem weiten Ausschnitt. Den hat die Mutter beanstandet und daran herummontiert.
Th: Und wie haben Sie sich dabei verhalten?
D: Ich habe mich geärgert.
Th: Was haben Sie gemacht?
D: Nichts.
Th: Haben Sie das Kleid gekauft?
D: Nein.

An diesem Beispiel wird behutsam das Verhältnis zur Mutter angesprochen. An der Schilderung des Verhaltensausschnitts wird deutlich, daß die Patientin ihre Beziehung zur Mutter zwar problemlos und gut schildert, ihr aber bei bohrenderem Nachfragen eine gewisse Unzufriedenheit mit derem strengen Regiment zu entlocken ist. Abgesehen von der bei ihrem Alter starken Abhängigkeit von der Mutter selbst in alltäglichen Angelegenheiten wie Einkaufen wird gleichzeitig deutlich, daß sich die Tochter gegen zurechtweisende Manipulationen wie z.B. dem Herumhantieren der Mutter an einem Kleiderausschnitt nicht zu wehren weiß, sondern sich deren Verhaltensnormen offenbar widerstandslos vorschreiben läßt und ihren Ärger höchstens insgeheim schluckt. Da ihr ungebrochener Wunsch zu ihrer Mutter angesichts solcher und weiterer aus der Schilderung konkreter Verhaltenssituationen zu entnehmender Details doch zu relativieren ist, wird ihr die Möglichkeit weiteren Bleibens sehr nahegelgt. Als die Patientin sich schließlich umgänglicher zeigte, stimmte sie einem weiteren Aufenthalt, wenn auch sehr widerstrebend zu. Sie bat lediglich um Verlegung auf die offene Station, was ihr zugesagt wird, sobald sich die nächste Möglichkeit biete.

Vielleicht mag der Leser spätestens jetzt fragen, weshalb die Patientin nicht sogleich auf die offene Station eingewiesen wurde. Wurde blindlings der Einweisungsdiagnose vertraut, erfolgte die Plazierung gar nur mangels anderer freier Plätze und haben sich die Therapeuten auf der geschlossenen Station noch nie Gedanken gemacht über die zusätzliche Erschwerung der Therapiemotivation durch ein solches Setting?

Zur Beruhigung sei versichert, daß derart blindäugig die Beteiligten durchaus nicht waren.

Ganz abgesehen von Fremdberichten ermöglichte neben verbalem Bericht auch die Verhaltensbeobachtung einige aufschlußreiche Hinweise. Die extrem steife Körperhaltung von Frau D., ihr starrer und lahmer Ausdruck, der lediglich durch Tränen unterbrochen wurde, der gleichzeitig gespannt, ängstlich und mißtrauisch wirkte, sollen hier nicht weiter aufgegriffen werden, da sie sich diese gestischen und nonverbalen Anteile einer verbalen Dokumentierbarkeit entziehen und möglicherweise von subjektiven Voreinstellungen verzerrbar sind. Formale und inhaltliche Denkstörungen sind zwar in ausgeprägter Form ebenso wenig erkennbar wie produktive Symptome (wie Wahn, Halluzinationen etc.). Auch die situative Wahrnehmung erfolgt relativ korrekt. Lediglich im Umgang mit Jahreszahlen und anderen numerischen Werten besteht eine erhebliche Desorientierung. Zeitliche Bezüge sind nicht herstellbar oder nur mit erheblichen Verzerrungen zu erhalten, wie Vergleiche mit Außendaten belegen. Die hartnäckig festgehaltene und durchgesetzte Überzeugung, daß ihr jetziger Zustand ausschließlich durch die Trennung von den Kindern verursacht sei, glich eher einer reduzierten Kausalattribuierung als den tatsächlichen Gegebenheiten. Schließlich zeigte sich im Denken eine starke Selbstbezogenheit, die es der Patientin überhaupt nicht ermöglichte, die Perspektive der Betrachtung zu wechseln: So kann sie sich beispielsweise gedanklich gar nicht mit der Möglichkeit befassen, eventuell die Kinder nicht zu bekommen, sondern klammert alle irgendwie gegen sie sprechenden Gründe gänzlich aus, was jedoch wiederum durch eine starke emotionale Befangenheit entschuldbar wäre. In gleichzeitig durchgeführten groborientierenden Tests zur Intelligenz und Persönlichkeit zeigte die Patientin im MWTB durchschnittliche Intelligenzwerte, im FPI stärkere Abweichungen vom Durchschnitt in den Dimensionen 6 (Gelassenheit, Selbstvertrauen) und 8 (Gehemmtheit, Gespanntheit).

Sicherlich sind die Zweifel an der Wahl der Station durch die bisherigen Informationen nicht ausgeräumt. Vielleicht wäre man nach bisherigen Aussagen sogar geneigt, Schlußfolgerungen, welche ihrem bisherigen Verhalten eine psychopathologische Bedeutung beimessen, als vorschnell und vermessen abzuweisen. Da Frau D. sich jedoch auf der geschlossenen Station befand, bestand ein Handlungsdruck und ein nicht aufschiebbarer Entscheidungszwang. Folgende Überlegungen bestimmten daher mein weiteres therapeutisches Vorgehen: War die der Veranlassung zur Überweisung vorausgegangene, von Drittseite angegebene und als Dauerregression beschriebene Ausgangslage tatsächlich so schwerwiegend, daß ein Aufenthalt auf einer geschlossenen Station mit ihrem wahrscheinlich antitherapeutischen Effekt gerechtfertigt war? Könnte die Eigendynamik einer solchen Station nicht zur Reifikation von unterstellten Symptomen führen? Die unheilvolle Bestätigung pathologisierender Voreinstellungen im Sinne der self-fulfilling prophecy ist schließlich am Beispiel psychiatrischer Karrieren eindrucksvoll belegt worden (Rosenhan 1975). Sicherlich würde man angesichts solcher Skrupel folgende Interpretationen zunächst einmal als höchst gewagt bezeichnen: nämlich die Deutung, es handele sich bei der hartnäckig festgehaltenen und durchgesetzten Überzeugung, daß die Trennung von den Kindern die Ursache ihrer gesamten Misere sei, um eine überwertige Idee; ferner wäre es wohl leichtfertig, unbesehen ihre Verweigerung als Negativismus, ihre Schwunglosigkeit, Antriebsarmut und Mangel an Initiative als Ich-Schwäche, ihre mangelnde Vorstellungskraft eines Lebens ohne ihre Kinder als Verkümmerung des Realitätsbezugs, ihre Überzeugung von ihrer Gesundheit als unerschütterliche Selbstbezogenheit, ihre Passivität, starke Verlangsamung und Unbeweglichkeit als Zeichen einer krankheitsbedingten Starre einzustufen. Was hier nach der bisherigen Vorstellung wie ein Demonstrationsbeispiel psychiatrischer Borniertheit oder Voreingenommenheit erscheinen mag, da jeweils nur einzelne Teile angesprochen werden konnten, wird sich hoffentlich durch die Teilnahme an einem weiteren Gesprächsabschnitt nach einer Woche entschärfen.

Th: Wie fühlen Sie sich auf der Station.

D: Das Ganze ist mir zuwider. Alle wollen mir helfen und mich in eine Gespräch verwickeln. Ich fühle mich aber wohler, wenn ich weniger rede und schweige.

Th: Sie fühlen sich also durch die anderen Patienten belästigt

D: Alle duzen sich und kommen einem so nah, das ist richtig unangenehm. Außerdem brauche ich keine Hilfe.

Th: Meinen Sie denn, daß Sie anderen helfen könnten?

Frau D. schaut einen mit großen Augen starr an, wirkt stutzig, lange Wartezeit, keine Antwort.

Th: Wenn Sie auf der Station nicht so gern Kontakt haben, haben Sie dann schon mit jemandem draußen Kontakt aufgenommen?

D: Ich habe es versucht.

Th: Mit wem?

D: Meine Schwester hat mich um einen Anruf gebeten.

Th: Und haben Sie sie erreicht?

D: Nein, die Telefonleitung war besetzt.

Th: Wie oft haben Sie ein Gespräch versucht?

D: Einmal.

Th: Sie haben also keinen zweiten Versuch unternommen?

D: Nein.

Th: Verstehen Sie sich mit Ihrer Schwester?

D: Ja gut, viel besser als mit meinem Bruder.

Th: Und warum haben Sie dann nur einen Versuch gemacht?

D: Um sie nicht zu belasten.

Th: Wenn Sie auf der Station wenige Kontakte haben wollen, nehmen sie dann an Aktivitäten in der Klinik teil?

D: Ich will nicht zur Beschäftigungstherapie oder zur Gymnastik, weil mir nichts fehlt. Ich werde hier nur kränker. Alles wird geregelt, ich kann nicht tun wie ich will. Ich werde hier nur festgehalten und irregeführt. Mein Ehemann wird nicht informiert, meine Geschwister werden nicht benachrichtigt.

Th: Haben Sie es selbst versucht?

D: Kann ich nicht. So haben mir die Schwestern erzählt, mein Mann wolle mich besuchen, was nicht gestimmt hat. Auch der Herr Dr. (der Klinikdirektor) hat am Wochenende nur die anderen Patienten besucht.
Th: Fühlen Sie sich vernachlässigt?
D: Keiner kümmert sich um mich.
Th: Wen meinen Sie?
D: Sie nehmen sich auch so wenig Zeit.
Th: Aber Sie haben sich doch vorhin beklagt, daß alle sich ständig um sie kümmern.
D: Nur um mich vom Besuch meiner Kinder abzuhalten.
Th: Wollten Sie Ihre Kinder am Wochenende wirklich besuchen?
D: Das geht nicht.
Th: Wieso?
D: Weil ich nicht weiß wie ich nach K (Wohnort des Ehemannes) komme.
Th: Gibt es keine Bahnverbindung?
D: Ich weiß nicht, ich traue mir eine Fahrt nicht zu. Über E (die Heimatstadt der Eltern) geht es einfacher.
Th: Ist die Verbindung hier günstiger?
D: Die Eltern fahren mich hin mit dem Auto.
Th: Und nehmen Sie anschließend wieder mit?
D: Ja.
Th: Und wie sind Sie in die Klinik gekommen?
D: Meine Eltern haben mich gebracht.
Th: Fahren Sie sonst immer mit der Bahn?
D: Das kann ich nicht.
Th: Wenn Sie jetzt also zum Bahnhof fahren möchten, wie würden Sie dorthin kommen?
D: Mit dem Taxi.
Th: Und wenn eine Busverbindung besteht?
D: Das schaffe ich nicht.

Der kurze Ausschnitt mag die extreme Unbeholfenheit und Unselbständigkeit von Frau D. belegen. Nicht nur alltägliche Tätigkeiten wie Einkaufen kann sie allein nicht erledigen, auch die Benutzung öffentlicher Verkehrsmittel fällt ihr schwer. Ihr Verhalten zeigt erhebliche Widersprüche, die im Gespräch bereits angedeutet wurden. Statt einer gesprächstherapeutischen Haltung erfolgt hier eine kognitive Konfrontation. Während sie einerseits behauptet, gesund zu sein, erhebt sie intensive Ansprüche nach Zuwendung und Beachtung, die so weit gehen, daß sie dem Therapeuten beinahe Vorwürfe macht, daß er auch noch für andere da sei. Obwohl sie sich angeblich mit der Schwester gut versteht, ruft sie, wie man nachher erfährt, nur nach inständigem Drängen der Stationsschwestern ihre Schwester an und gibt beim Besetztzeichen sofort auf. Sie klagt über die Versorgungsatmosphäre der Klinik, die noch schlimmer sei als zu Hause, bietet jedoch keinerlei Anzeichen zu einer Eigenaktivität, sondern läßt sich in geradezu exzessiver Weise von einem passiven Versorgungswunsch leiten. So erwartet sie eine Benachrichtigung der Geschwister und Angehörigen und erhebt die geradezu vorwurfsvolle Anklage, daß sie vernachlässigt werde. Da es ihr angeblich gut geht, weigert sie sich, an Aktivitäten des Hauses teilzunehmen und sitzt statt dessen den Tag über rauchend auf der Station herum oder legt sich in jedem unbeaufsichtigten Moment in das Bett. Ohne Aufforderung und äußeren Antrieb wäre sie zu nichts zu bewegen.

Es wird wahrscheinlich jetzt nachvollziehbarer, daß die Patientin bei der gegebenen Initiativlosigkeit auf einer offenen Station mit deren freieren Atmosphäre und ihren relativ stärkeren Anforderungen an Selbständigkeit (etwa in der Wahrnehmung von Aktivitäten, Einhaltung von Terminen etc.) völlig überfordert wäre.

Andererseits besteht das therapeutische Dilemma, daß durch die ausgeprägte Versorgungsatmosphäre einer geschlossenen Station eine Bevormundung und Bemutterung perpetuiert wird, ohne daß die Patientin Gelegenheit erhält, Selbstbestimmung zu lernen oder zu praktizieren. Da der Patientin jedoch bei ihrer zweiten Aufnahme zugesagt worden war, daß sie auf eine offene Station wechseln könne, sobald dort ein Platz frei sei, sollte gleichwohl eine Verlegung allen durchaus begründeten Vorbehalten zum Trotz zumindest versucht werden, zumal Frau D. ansonsten einen weiteren Aufenthalt ablehnte. Als glücklicher Umstand kam das Angebot der in der gleichen Stadt lebenden Schwester hinzu, daß Frau D. bis zu ihrer erneuten Aufnahme auf einer offenen Station zwischenzeitlich bei ihr wohnen könne.

Da ferner eine Reihe von Terminen mit der Sozialarbeiterin und dem Rechtsanwalt im Zusammenhang mit der vom Mann eingereichten Ehescheidung und aufgrund des noch zu regelnden Sorgerechts für die Kinder anstanden, ferner der reguläre Besuchssonntag mit den Kindern wahrgenommen werden sollte, wurde eine vorläufige Entlassung in gegenseitigem Einvernehmen vereinbart mit der Zusage, sie nach einer Woche auf der offenen Station aufzunehmen.

4. Außerstationäres Intermezzo

Der erneuten Rückkehr von Frau D. in die Klinik waren zwischenzeitlich verwirrende und widersprüchliche Telefonanrufe von Familienangehörigen vorausgegangen. Offensichtlich hatte nicht nur die Schwester ihre Möglichkeiten gänzlich überschätzt und war nach einigen Tagen mit den Nerven am Ende, auch unter den Angehörigen war ein kaum mehr entwirrbares Chaos ausgebrochen. Eine verwirrende und widersprüchliche Familiendynamik hatte sich jetzt wieder voll geoffenbart.

Frau D.s Rückkehr in die Klinik waren unablässige Tefelonanrufe über deren unerträgliche Situation vorausgegangen. So hatte etwa der Bruder antelefoniert, bei der sonntäglichen Fahrradtour habe seine Schwester Personen verkannt, sei räumlich und zeitlich desorientiert gewesen. Außerdem habe sie behauptet, der Freund ihrer Schwester habe sie zu vergewaltigen versucht. Nach Aussage der Mutter war der Fall schließlich so, daß die Tochter sich ans Bett des Freundes der Schwester gekrochen habe, um mit diesem zu schlafen. Die Schwester wiederum ist maßlos verärgert über Frau D., daß sie ihre Gastfreundschaft dadurch lohne, daß sie versuche, durch einen Flirt mit ihrem Freund diesen ihr auszuspannen, außerdem habe sie in ihrem Freund einen ehemaligen Arzt halluziniert. Die Mutter wiederum behauptet, ihre ältere Tochter würde das Zustandbild der Schwester erheblich übertreiben, auch erfolgten die Aussagen des Bruders wie der übrigen Geschwister nicht nur aus reiner Uneigennützigkeit. Da die häusliche Situation jedoch offensichtlich unerträglich geworden war, wurde Frau D. zu einem erneuten stationären Aufenthalt bereits etwas früher einbestellt, wozu sie sich allerdings nicht bewegen lassen wollte. Erst nach längerem telefonischen Zureden willigt sie ein, in das vor dem Haus bereitstehende Taxi einzusteigen. Statt jedoch wie geplant auf die vorgesehene offene Station zu kommen, zieht sie jetzt zu aller Überraschung die angeblich so verhaßte frühere Station vor, um bei ihrem bisherigen Therapeuten bleiben zu können. Dieses Verhalten belegt nicht nur augenscheinlich die Wichtigkeit der therapeutischen Beziehung, sondern auch

das Verlangen von Frau D., zunächst eine weitere tragfähige und stabile Beziehung aufbauen zu können.
Als Folge des kurzen außerstationären Intermezzos gerieten die Familienverhältnisse und einige Hintergründe der bisherigen Lebensbedingungen zunächst plastischer in Erscheinung. So berichtet der Bruder, seine Schwester sei als Kind sehr verwöhnt worden, besonders von der Oma, jetzt wollten die Eltern die Enkelkinder, um diese weiterhin zu verhätscheln. Er habe seine Schwester schon früher in Behandlung zu schicken versucht, was aber von den Eltern abgelehnt worden sei, da sie keine Einsicht in die Krankheit ihrer Tochter gezeigt hätten. Jetzt seien sie eher bereit, aufgrund der Unzumutbarkeit ihres Verhaltens diese vorübergehend abzuschieben. Die ältere Schwester bestätigt den Eindruck, daß die Patientin auch zu Hause nur herumgesessen habe. Die Mutter habe die jüngste Tochter an sich gekettet, beim Nichtparieren habe sie mit der Irrenanstalt gedroht. Deshalb sei die große Aversion gegen eine psychiatrische Klinik bei Frau D. verständlich. Demnach seien die Eltern nicht zuletzt deshalb mit einem Klinikaufenthalt einverstanden, da die Patientin bisher keine Unterhaltszahlungen ihres Ehemannes erhalte, sondern ausschließlich von Zuschüssen und finanziellen Beihilfen ihrer Eltern lebe. Die Eltern bestätigen, daß ihnen ihre Tochter auf der Tasche liege und in "parasitärer Weise" sich verhalte. Andererseits verwahren sie sich gegen ein Bild, das ihre Tochter kränker zeichne, als sie in Wirklichkeit sei. Schließlich sei den Aussagen der Geschwister nur bedingt zu vertrauen. Den Angaben der Eltern zufolge hätten nämlich ihre anderen Kinder starkes Interesse an einem Erbteil, nämlich dem Haus der Oma, in dem Frau D. gegenwärtig kostenlos wohne. Sie sähen deshalb nicht gerne, daß ihre Tochter D. im Haus der Oma lebe und gar noch die Kinder zugesprochen bekäme, um möglicherweise das ganze Haus, das jetzt noch von einer Mieterin im Erdgeschoß mitbewohnt wird, zu erben. Diese Mieterin sähe es indes auch gerne, wenn ihre Tochter weg sei und sie somit das ganze Haus für sich hätte. Schließlich sei ihre Tochter auch von dem Ehemann unterdrückt und kleingehalten worden.
Diese wenigen Impressionen vermögen ein Bild zu vermitteln, wie widersprüchlich, ambivalent und undurchschaubar die familiären Interaktionen abliefen. Daß sich die Familiendynamik auch im Rollenverhalten der Eltern in eindrucksvoller Weise niederschlug, sei nur beiläufig erwähnt. Während nämlich der Vater ordentlich wirkt, mit festen Grundsätzen und Ansichten, der

auch zugibt, daß ihm im Zorn schon mal die Hand ausgerutscht sei, der sich aber anonsten eher zurückhaltend gibt, berichtet die Mutter immer sehr redegewandt mit großem Wortschwall. Besonders die Mutter zeigt eine Widersprüchlichkeit deutlich: übermäßige Kontrolle und Einengung wechselt mit Überfürsorglichkeit und Anteilnahme am Schicksal der Tochter. So gibt die Mutter zu, daß sie eine Freundin bei der Tochter eingeschmuggelt habe, um über deren Verhalten informiert zu sein und ihr angesichts ihrer Hilflosigkeit zur Seite zu stehen, denn ihr gegenüber habe ihre Tochter ein reserviertes Verhältnis, eine Art Trotzhaltung, die so weit gehe, daß sie sogar zuletzt schon tätlich angegriffen worden sei. Andererseits zeigt sich die Besorgtheit der Eltern für ihre Tochter darin, daß sie das Verhalten der übrigen Geschwister, die sich vom Familienverband weitgehend gelöst haben, als einen Akt des Protestes gegen ihre Bevorzugung ihrer jüngsten Tochter werten, der die übrigen Geschwister das kostenlose Wohnen im Haus der Großmutter nicht gönnten. Diese hätten nämlich bereits den Vorschlag gemacht, das Haus zu verkaufen und das Erbe auf die Kinder aufzuteilen. Einer solchen Maßnahme würden sie jedoch bei Lebzeiten nie zustimmen, sondern durchaus Partei für den schwächsten Teil, nämlich ihre jüngste Tochter, ergreifen, um ihr die Voraussetzungen für ein selbständiges Leben zu ermöglichen. Sie würden sich mit allen Kräften bemühen, daß ihrer Tochter die Kinder zugesprochen werden und waren sogar der Ansicht, daß durch diese Maßnahme möglicherweise der Ehemann wieder zur Rückkehr zu bewegen sei.

Es ist nach den bisherigen Schilderungen des Umfeldes wohl verständlich, daß Frau D. sich zu allen diesen Bereichen nur sehr wortkarg äußern konnte. Offensichtlich überforderten die unterschiedlichsten und widersprüchlichsten Verhaltenserwartungen ihre Verarbeitungskapazität. In Kenntnis dieser schizophrenogenen Familienverhältnisse hatte der frühere Therapeut vermutlich auch die restlose Entfernung aus dem bisherigen Milieu und einen Aufenthalt weitab von den Familienverhältnissen propagiert.

Da es in der desolaten Situation der Patientin nicht angebracht gewesen wäre, diese durch aufdeckende Psychotherapie in weitere Verzweiflung zu bringen, ohne ihre Auswegslosigkeit in absehbarer Zeit beseitigen zu können, galt es zunächst, eine Abklärung der weiteren Therapieziele ins Auge zu fassen. Da Frau D. lediglich globale Ziele wie Gesundwerden, die Kinder erhalten oder Arbeiten in einem Beruf nannte, welche jedoch angesichts ihrer augenblicklichen Situation eine Illussion darstellten, galt es, durch Strukturierung der Gegenwart Frau D. wieder Orientierung und Stabilisierung ihrer Realitätswahrnehmung zu vermitteln. Der Bezug auf die konkrete Verhaltensebene, die Verknüpfung von Tätigkeiten und die Anaylse der jeweiligen funktionalen Bedingungen stand danach zunächst im Vordergrund. Jedenfalls war klar, daß es nicht darum gehen konnte, ihren Schutzpanzer gegen verwirrende Verhaltenszumutungen niederzureißen und sie den weiteren Anforderungen unbedeckt auszuliefern. Folglich konnte es nicht Ziel sein, auf einer Besprechung der verworrenen Familiendynamik zu beharren und ihre diesbezügliche Reserviertheit und Zugeknöpftheit gewaltsam zu zerschlagen. Weniger Umstrukturierung ihrer Persönlichkeit konnte also Absicht sein, als Hilfen zur Strukturierung ihres alltäglichen Lebens und die Errichtung beständiger Grundmuster anzubieten, damit es ihr gelinge, wieder Fuß zu fassen in einer überschaubaren Wirklichkeit.

5. Rückkehr in die Klinik

Ihr erneuter Klinikaufenthalt verlief zunächst recht turbulent. Als ihr die Schwester die Koffer brachte, die sie bei ihrer Abfahrt zur Klinik mit dem Taxi hatte stehen lassen, wollte sie diese nicht sehen. Da sie sich auch ansonsten sehr störrisch anstellte und ihre negativistische Einstellung zur Klinik unvermindert anhielt, konnte sich das erste Gespräch zunächst erst einmal auf die unmittelbar anstehenden Aufgaben konzentrieren. Am Wochende stand ihr nämlich das Besuchsrecht bei ihren Kindern zu, und es galt zu überlegen, wie sie hier verfahren wolle.

Th: Sie haben davon gesprochen, daß Sie am kommenden Wochenende Ihre Kinder besuchen können. Sind Sie vielleicht deshalb eher in die Klinik gekommen, um Ihr Verhalten zu besprechen?
D: Ja, ich weiß nicht, ob ich nach V. fahren kann.
Th: Welche Schwierigkeiten sehen Sie?
D: Ich bin nicht gesund, ich weiß nicht, ob ich das Treffen mit meinem Ehemann verkraften kann. Ich schaffe es nicht (Pat. ist den Tränen nahe).
Th: Was meinen Sie, wenn Sie sagen, Sie fühlen sich nicht gesund?

D: Ich kann nicht ... mir wird ganz seltsam zumute. Ich weiß gar nicht, wie ich hinkommen soll.
Th: Wäre denn niemand von Ihren Angehörigen bereit, sie in Ihrer jetzigen Situation hinzufahren?
D: Doch mein Bruder.
Th: Haben Sie schon einen Termin vereinbart?
D: Nein.
Th: Wie wollen Sie sich dann treffen?
D: Ich soll mich bei ihm melden.
Th: Wollen Sie das tun?
D: Ja, denn ich muß unbedingt zu meinen Kindern.
Th: Würden Sie mit Ihrem Bruder allein fahren.
D: Weiß ich nicht.
Th: Oder möchten Sie, daß von ihren Angehörigen sonst noch jemand mitfährt?
D: Meine Schwester möchte ich nicht sehen.
Th: Sonst jemand?
D: Meine Eltern sind am Wochende nicht da.
Th: Sie meinen also, daß Ihr Bruder am Wochenende vorbeikommt und Sie abholt, wenn Sie ihm Bescheid sagen?
D: Ja. (längeres Schweigen)
Th: Sie erwähnten noch anfangs, daß Sie sich durch das Wiedersehen mit dem Ehemann überfordert fühlen könnten.
D: Ich weiß auch nicht, wie ich mit den Kindern zurechtkomme.
Th: Meinen sie, daß Sie hilflos wirken könnten?
D: Ich weiß nicht, wie ich sie beschäftigen soll. Ich bin so erschöpft.
Th: Sind Ihre beiden kleinen Töchter sehr temperamentvoll und unternehmungslustig?
D: Nein, sie sind recht lieb und rücksichtsvoll.
Th: So daß Sie eigentlich keine Angst zu haben brauchten?
D: Ich werde immer schnell müde.
Th: Aber Sie erwähnten doch, daß Ihre Kinder rücksichtsvoll sind und nicht erwarten, daß Sie sich ständig um sie kümmern.
D: (Schweigen.)

An diesem Gesprächsausschnitt sind mehrere Punkte beachtlich. Zunächst einmal zeigt die Patientin zum ersten Mal so etwas wie Krankheitseinsicht. Allerdings war nicht ersichtlich, ob dies aus Anpassung an die Zuschreibungen der Umgebung geschah, aus der Rückschau auf die unerquickliche Woche bei ihrer Schwester oder einfach aus der Erkenntnis ihrer gegenwärtigen Ausweglosigkeit. Denn da sie sich offensichtlich jetzt auch noch das Wohlwollen ihrer ihr doch recht zugetanen Schwester verscherzt hatte und auch die übrigen Angehörigen weitere Bemühungen von ihrer Seite als hoffnungslos einstuften, blieb keine andere Alternative übrig. Ob allerdings ihr Zugeständnis, daß sie sich in alltäglichen Aufgaben überfordert fühle, tatsächlicher Einsicht entsprang, war indes zweifelhaft. Jedenfalls hätte ein zugegebener Leidensdruck die weitere Arbeit gewiß erleichtert. Um die Art ihrer Schwierigkeiten genauer zu erfahren, wurde der anstehende Besuchssonntag angesprochen. Hier verhielt sich Frau D. allerdings reichlich reserviert. Weder auf ihr Verhältnis zu ihrem Bruder noch zu ihrem Ehemann oder den Kindern wollte sie zu sprechen kommen. Ihre Informationen zu Äußerlichkeiten legten den Schluß nahe, daß hier doch ein erheblicher Widerstand einer emotionalen Aufarbeitung ihrer Beziehungs- bzw. Trennungsprobleme im Wege stand. Offensichtlich wäre es jedoch in der aufgewühlten Situation der Patientin unangemessen gewesen, auf dieser Thematik weiter zu insistieren. So konnten aus ihren Angaben keine genaueren Hinweise entnommen werden, ob beispielsweise Verhaltensdefizite im Umgang mit den Kindern vorliegen oder Verhaltenslücken in der Wahrnehmung ihrer Rechte gegenüber dem Ehemann etc., so daß weder die weitere Therapieplanung noch konkrete Therapieschritte wie soziales Kompetenztraining, Rollenspiele etc. zumindest grob ins Auge gefaßt werden konnten. Denn schließlich war der Typ der Verhaltensprobleme nicht genügend klar, so daß durch weitere Exploration eine Verhaltensanalyse verfeinert werden mußte.
Bevor jedoch die Planung in dieser Richtung weiter erfolgen konnte, war ein weiterer erheblicher Rückschlag bei der Patientin zu vermerken, wie aus dem Gespräch am darauffolgenden Montag sichtbar wurde.

Th: Wie ist der Besuchssonntag bei Ihren Kindern verlaufen?
D: Ich konnte meine Kinder nicht besuchen.
Th: Woran lag dies?

D: Mein Bruder hat mich zu spät.angerufen.
Th: Sie sagen, Ihr Bruder hat sie zu spät angerufen. Hatten Sie seine Nummer nicht? Haben Sie ihn vorher zu erreichen versucht?
D: Nein.
Th: Hatten Sie nicht gesagt, daß Ihnen ihr Bruder gesagt habe, Sie sollten ihn anrufen?
D: Der Schuft hat verhindert, daß ich meine Kinder besuchen kann.
Th: Hat Ihr Bruder dies verhindert oder waren Sie daran selbst mitbeteiligt?
D: Er wollte mich nicht hinfahren.
Th: Hat er sie deshalb angerufen?
D: Er wollte mich nur mitnehmen, wenn ich wieder in die Klinik zurückkehre.
Th: Da wollten Sie nicht mitpielen?
D: Ich habe ihm gleich gesagt, daß ich nur mitfahre, wenn er nicht mehr in die Klinik zurückkomme.
Th: Meinen sie nicht, daß Ihr Bruder angesichts dieser Bedingung vielleicht etwas überrascht war?
D: Wieso, er weiß doch, daß ich lieber bei meinen Kindern bin.
Th: Und wie hätten Sie bei Ihren Kindern bleiben können, wo Sie doch nur ein Besuchsrecht wahrnehmen konnten?
D: Daran hat mich mein Bruder gehindert.
Th: Oder haben Sie nicht sich selbst daran gehindert, indem Sie sein Angebot, Sie dorthin zu fahren, durch eine unannehmbare Bedingung ausgeschlagen haben?
D: Mein Bruder ist auch nicht viel besser als meine Schwester.
Th: Fühlen Sie sich von ihrer Schwester gleichfalls ungerecht behandelt?
D: Mit meiner Schwester habe ich mich nur gestritten.
Th: Aber Ihre Schwester hat Sie doch zu sich eingeladen und als Gast aufgenommen während der letzten Woche?
D: Um mich daheim hängen zu lassen.
Th: Sie meinen also, daß sie sich nicht genug um sie gekümmert habe?
D: Sie hat sich geärgert, daß sich ihr Freund um mich kümmerte.
Th: Sie war also eifersüchtig.
D: Ihr Freund wollte mich haben, das hat sie gewaltig übel genommen.
Th: Sie vermuten, sie war sauer, weil sie ihr den Freund ausgespannt haben?
D: Ja, sie ist mißgünstig.

Th: Und Sie finden nichts dabei, daß Sie Ihre Schwester als Gast aufnimmt und sich dann ärgert, wenn Sie ihr den Freund ausspannen?
D: Wieso?
Th: Sie können nicht nachfühlen, daß Ihre Schwester in dieser Lage gereizt oder verärgert reagieren könnte?
D: Gibt doch gar keinen Grund.
Th: Sie halten also auch Ihr Verhalten für ganz angemessen?
D: Ist doch ganz normal.
Th: So daß ihre Schwester aus der Reihe gefallen ist.
- Schweigen -
Th: Hat sich der Freund ihrer Schwester Ihnen intensiv zugewandt?
D: Nein, Sie kümmern sich doch auch immer um andere.
Th: Was wollen Sie damit sagen?
D: Sie kommen nicht zu mir, sondern wenden sich anderen zu.
Th: Ich sollte also nur für Sie da sein?
D: Ja.
Th: Und was ist mit den anderen Patienten hier auf der Station?
D: Die ärgern mich ständig.
Th: Sie fühlen sich bei ihnen also unwohl?
D: Ja, die machen sich über mich lustig.
Th: Worüber können sie sich lustig machen?
D: Ich habe in der Beschäftigungstherapie eine lange weiße Puppe hergestellt.
Th: Das ist doch eine hervorragende Leistung.
D: Es handelt sich um eine Leiche (lacht).
Jetzt belachen mich alle wegen dem komischen Gebilde.

Fast scheint es, als werde an diesem Beispiel ein Teil der klassischen Psychopathologie schizophrener Grundsymptome lehrbuchmäßig demonstriert. Antriebsarmut, starke Selbstbezogenheit mit der Unfähigkeit zu einem Perspektivenwechsel, Realitätsverkennung, inadäquater Affekt und Anzeichen einer Sprunghaftigkeit im Denken. Doch vor dieser Gesamtbetrachtung zunächst die Einzelanalyse: Wie im Gespräch mit den Stationsschwestern bestätigt werden konnte, was unter den Bedingungen des Stationslebens jeweils ein hilfreiches Korrektiv aus der objektiven Außenwelt war, hat Frau D. ihren Bruder nicht angerufen, wie dies vereinbart war, sondern sich erst später anrufen lassen, so daß der Bruder die Initative ergreifen mußte, als von der Schwester ein Zeichen ausblieb. Durch ihre ultimative Forderung, nicht mehr in die Klinik zurückzukehren, mußte sie die Bereitschaft des Bruders, sie zum Besuchsonntag zu fahren, zweifellos brüskieren. Obwohl sie sich bei ihrer Starrheit des Standpunkts und absoluter Kompromißlosigkeit die Chance zum Besuch ihrer Kinder, die sie doch nach eigenen Angaben so innig liebte, selbst verscherzt und angesichts des Sorgerechtsverfahrens zu ihrem eigenen Nachteil versäumt hatte, schiebt sie die ganze Schuld auf den Bruder. Eine realitätsangemessene Einsicht, wie sie es schaffen könne, bei ihren Kindern zu bleiben, wenn sie nicht mehr in die Klinik zurückkehren wolle, läßt sie angesichts des ihr gegenwärtig lediglich zustehenden Besuchsrechts gänzlich vermissen, eher ist ihr ganzes Bestreben von massivem Wunschdenken geleitet.

Auf Ungereimtheiten in diesem Fall aufmerksam gemacht, weicht sie aus auf das Verhalten der Schwester. Auch diese überschüttet sie mit Vorwürfen. Die Angaben der Schwester wirken nach der ersten Szene nicht unglaubwürdig: demnach hat sich Frau D. in ziemlich plumper und peinlicher Weise an ihren Freund herangemacht, ist zu diesem ans Bett gekrochen und wollte sich offensichtlich mit keinem noch so moderaten Hinweis von ihrem Vorhaben abbringen lassen. Der Freund habe angesichts der Situation von Frau D. jedoch mit Verständnis und Nachsicht reagiert.

Als Test, ob möglicherweise die Initiative nicht doch stärker vom Freund ausgegangen sein konnte als die Schwester dies wahrhaben wollte, wurde die Frage nach der Intensität der Zuwendung von seiten des Freundes gestellt. Hier springt Frau D. sofort um auf das Verhalten des Therapeuten und beschwert sich darüber, daß sich dieser auch um andere Patienten und nicht nur um sie kümmere. Etwas erschrocken über das Ausmaß der wunschgeleiteten Realitätsverkennung war ich fast froh, daß Frau D. jetzt auf ihr Verhältnis zu den anderen Patienten zu sprechen kam. Daß sie erzählte, sie habe eine Leiche hergestellt und dabei lachte, rundete das ohnehin bereits facettenreiche Bild von der Schwere ihrer Störung in gewisser Weise zunächst einmal ab.

Tatsächlich geriet Frau D. in den folgenden Tagen in eine immer tiefere Regression. So bezieht sie etwa sämtliche Kontakte auf sich und deutet meine Zuwendung als Therapeut als Verliebtheit, die ich mich nicht zuzugeben getraue. Eine angebliche Abmagerung und leichte Erkältung, die objektiv vorhanden war, deutet sie als Zeichen verzehrender Liebe. Auf die Parallele zu ihrem

Verhalten gegenüber dem Freund ihrer Schwester angesprochen, will sie die ähnliche Verzerrung der Wirklichkeit im Sinne ihres Wunschdenkens nicht wahrhaben. Anläßlich eines Gesprächs über die von ihr geäußerte Unfähigkeit, öffentliche Verkehrsmittel zu benutzen, gibt sie nach langem Ausweichen zu, sie habe Angst, mit dem Zuge zu fahren, da sie am Bahnhof von Männern angesprochen werden könnte. Neben verdrängten Sexualwünschen, die unter einer brüchigen Oberfläche schwelen, wird Frau D. im folgenden auch deutlich bewegungsärmer, unbeweglicher, verharrt in angespannter Körperhaltung und wirkt deutlich stupurös.

Begleitende medikamentöse Behandlung zur Auflockerung ihrer Stereotypie wird unumgänglich. Frau D. wird indessen noch apathischer, weniger ansprechbar, gelegentlich näßt sie sogar ein, unterläßt die übliche Morgentoilette mit ausgeprägter Schminkarbeit, die sie sonst immer sehr ausgiebig gemacht hatte. Schließlich erklärt sie resigniert, daß sie sich mit dem Klinikaufenthalt abgefunden habe. Briefe mit dem Rechtsanwalt, formale und bürokratische Angelegenheiten im Zusammenhang mit dem Scheidungsverfahren läßt sie teilnahmslos von ihren Eltern erledigen. Wie einem total hilflosen Kind müssen die Eltern ihr diktieren, wie sie Formulare auszufüllen und zu unterschreiben habe. Angesichts dieses Tiefpunkts war es selbstverständlich, daß alle hochfliegenden Therapiepläne zunächst einmal auf ein Minimum reduziert werden mußten. Ziel verhaltenstherapeutischer Interventionen konnte nur sein, aktiveres Verhalten in konkreten Situationen (etwa bei Tisch) aufzubauen und einzuüben und die extreme Unselbständigkeit von Frau D. schrittweise zu überwinden. Als Einstieg wird eine schrittweise Erstellung und Befolgung von Tagesplänen vereinbart. Da die Erstellung von Verhaltensdiagrammen nicht nur der diagnostischen Erhebung des Störungsgrades dient, sondern bereits einen wesentlichen therapeutischen Effekt erfüllt, wurde auf ihre Praktizierung besonderer Wert gelegt. Die Verschränkung von verhaltensanalytischer Diagnostik und Therapie wurde in den folgenden Wochen noch eindringlicher demonstriert. Statt also bewährte Techniken auf Standardsymptome zu applizieren, galt es zunächst, weiterhin einer genauen Erhebung der Symptomatik nachzugehen und eine Gewichtung und Prioritätensetzung des weiteren Therapieverlaufs gemeinsam festzulegen.

Die ersten Erfahrungen mit der Einführung von Tagesplänen stellten sich erwartungsgemäß bei nicht ausbleibenden Unterlassungen wie folgt dar.

Th: Wir haben gemeinsam besprochen, daß die Aufstellung von Tagesplänen es erleichtert, einen Überblick über das Tagesgeschehen zu erhalten. Außerdem fällt es Ihnen dann leichter, Unterschiede der einzelnen Tagesabläufe wahrzunehmen, Bedingungen aufzufinden, welche Ihrem Verhalten vorausgingen oder nachfolgten. Schließlich wird so eine bessere Übersicht über den Zusammenhang von ihrem Verhalten und situativen Umweltreizen möglich. Wie sind Sie mit den Tagesplänen zurechtgekommen?
D: Ich habe keinen angefertigt.
Th: Welche Schwierigkeiten hatten Sie?
D: Die Tagespläne haben ein altes Datum gehabt.
Th: Und konnten Sie dieses nicht weiterführen?
D: Ich weiß nicht, wie ich die Tage eintragen soll?
Th: Welchen Tag haben wir heute?
D: Weiß ich nicht.
Th: Und welchen Monat?
D: Mai (falscher, bereits vergangener Monat)
Th: Wissen Sie, wann Sie Ihre Kinder wieder besuchen dürfen?
D: Ich weiß es nicht, ich habe keinen Kalender, mein Mann hat ihn mir weggenommen.
Th: Und seither leben Sie außerhalb der Zeit?
D: Ich komme mit dem neuen nicht klar.
Th: Wenn Sie jetzt also zum Friseur gehen wollten, wie würden sie dies anstellen?
D: Ich traue mich nicht.
Th: Weil Sie den Weg nicht wissen?
D: Ja, ich kenne ihn nicht.
Th: Und wenn Sie jetzt allein zur Sozialarbeiterin gehen müßten?
D: Das schaffe ich nicht.
Th: Sie waren doch schon mehrmals dort (allerdings nicht allein)
D: Traue ich mich auch nicht.
Th: Weil Sie mit dem Aufzug fahren müssen?
D.: Ja.

Bei einer anschließenden Verhaltensprobe zeigt sich tatsächlich ihre ganze Hilflosigkeit im Bedienen des Aufzugs, als sie den richtigen Knopf nicht findet, so daß wir erst nach dreimaligem Umweg im Keller landen. Dieser Ausschnitt wurde gewählt, um zu zeigen, daß Frau D. sich nicht nur mit ihrer zeitlichen und räumlichen Orientierung schwer tat, sondern daß ihr jede Umstellung ungeheuer schwerfällt. Daß nebenher ständig Erledigungen anstanden, die im Zusammenhang mit Unterhaltszahlungen ihres Ehemannes standen und das Sorgerecht der Kinder betrafen, welche eine Konzentration auf die Einübung elementarer Fertigkeiten nicht gerade erleichterten, sei nur nebenbei bemerkt. Frau D. fühlt sich hierbei unfähig, sich um ihre eigenen Belange zu kümmern. Sie gibt an, weder einen Brief schreiben noch telefonieren zu können. Ihre Schwierigkeit sich umzustellen, zeigt sich etwa am Beispiel Sport, den sie meidet, da sie sich hierzu jeweils umziehen müsse, was sie von zu Hause aus nicht gewöhnt sei. Allerdings führt sie ihre Unfähigkeit, allein ein Ziel zu erreichen, weiterhin auf den Klinikaufenthalt zurück.

Da die Arbeit an solchen Fehlattribuierungen sowie der Versuch kognitiver Umstrukturierungen zweifellos in diesem Stadium verfrüht gewesen wäre, galt es zunächst einmal, ihren Hang nach geordneten Verhältnissen, wie er sich in Unbeweglichkeit und mangelnder Umstellungsfähigkeit ausdrückte, aufzugreifen und in eine Strukturierung des Tagesablaufs einmünden zu lassen.

Um zu vermeiden, daß die Patientin die Erstellung von Tagesplänen nicht lediglich aus einer tiefverwurzelten Mißerfolgsorientierung unterläßt, wurde vereinbart, daß sie zunächst jeden Tag zu den Stationsschwestern gehen und dort das Datum erfragen solle, um es anschließend in ihren Tagesplan einzutragen. Mit dieser Vereinbarung sollten einerseits ihr verkümmertes Sozialverhalten aufgebaut und verstärkt, andererseits Möglichkeiten zu weiteren Ausreden genommen werden. Obwohl sie diese Aufgabe anfangs nur widerwillig erfüllte, lief dieses Ritual mit der Zeit gleichwohl einigermaßen zuverlässig. Fördernd wirkten besonders anfänglich die ansonsten ausgefallenen Gesprächstermine, die Frau D. inzwischen sehr gerne wahrnahm, als möglicher Verstärkerentzug trotz ihrer weiteren Skepsis gegenüber der Klinik.

Sukzessiv wurde die Protokollierung von Ereignissen und zeitlichen Gliederungen erhöht, ohne daß das Klinikpersonal weiterhin ständig um das Datum erfragt werden sollte. Infolge der Zeiteinteilung gelang es Frau D. auch, sich regelmäßiger an Aktivitäten des Kliniklebens wie Sport, Gymnastik,

Beschäftigungstherapie etc. zu beteiligen. Sie wirkt in der Folgezeit auch offener, gelockerter, weniger steif und nicht mehr so affektiv verspannt. Als sie aufgrund der feststellbaren Besserungen alsbald auf die offene Station verlegt wurde, verfiel sie anfänglich in ihre alte Starre, ihre gebundene Körperhaltung, wird vormittags schlafend angezogen im Bett gefunden, hält sich in den ersten Tagen nicht an Gesprächstermine, die sie entweder vergißt oder mit der Entschuldigung, keine Uhr bei sich zu tragen, nicht einhält. Ansonsten wirkt sie im psychotherapeutischen Gespräch wortkarg, einsilbig, blickt den nach der Stationsverlegung neuen Therapeuten nur mit großen Augen an und äußert lediglich den Wunsch, die Klinik verlassen zu wollen. Allerdings ist sie in diesem Wunsch mittlerweile leicht beeinflußbar. Wenig geändert hatte sich jedoch an ihrer weiteren Auffassung, ihre eingeschränkte Leistungsfähigkeit sei lediglich auf den Klinikaufenthalt zurückführbar.

Da die soziale Lage von Frau D. nicht gerade erfreulich aussah, blieb jedoch wenig Spielraum für andere Überlegungen. Der Ehemann lehnte Unterhaltszahlungen ab und hatte einen entsprechenden Bescheid angefochten, andererseits waren ihm die beiden Töchter bislang zugesprochen worden. Folglich beschwerte sich Frau D. nicht nur über die Therapeuten in der Klinik, die sie festhielten, obwohl sie nach eigenen Angaben gesund sei, sondern auch den schurkischen Ehemann. Obwohl die Eltern sich sehr um sie bemühten, waren sie jedoch einem Klinikaufenthalt nicht abgeneigt, da ihre Tochter finanziell ausschließlich von ihnen unterstützt werden mußte. Es wurde daher darauf hingearbeitet, mit den Eltern gezielte Verstärkungsprogramme zu vereinbaren und sie zu konsequentem Verhalten zu veranlassen. Daher wurde nicht nur die Therapiestunde als Verhaltensverstärker eingesetzt, sondern auch Gratifikationen jeweils dann gewährt, wenn erwünschtes Verhalten vorausgegangen war. So erhielt Frau D. besipielsweise Geld für den Friseur, wenn sie ihren Tagesplan erstellt und soziale Aktivitäten wahrgenommen hatte.

Nach anfänglicher Aufforderung nimmt sie allmählich an den angebotenen Aktivitäten regelmäßiger teil und wirkt im Gespräch offener und aktiver. Ansatzweise können auch Merkmale ihrer bisherigen Biographie erarbeitet werden und Parallelen zu ihrem bisherigen Verhalten aufgezeigt werden, nämlich früher die Flucht aus den Schwierigkeiten der Schule in romantisiertes Eheglück, beim Besuch der Schwester Verliebtheit in deren Freund und schließlich gar Verliebtheit in den Therapeuten, um den Anforderungen des Alltags zu entgehen. Aufgrund der zunehmenden Besserung wurde Frau D. von ihrer Mutter gedrängt, die Behandlung abzubrechen und anschließend in die Tagesklinik zu gehen. Obwohl ihr einweisender Nervenarzt eine räumliche Distanzierung der Patientin von ihren Eltern für therapeutisch dringend wünschenswert hält, wurde sie auf Initiative der Mutter schließlich doch in tagesklinische Behandlung in ihrem Heimatort übernommen.

6. Ambulante Phase

Hier endete erst einmal der Kontakt für zwei Jahre. Nach dieser Zeit, in der die Patientin sich anfänglich gelegentlich noch selbst telefonisch in zeitlich länger werdenden Abständen meldete, kam schließlich der Anruf der Mutter, daß ihre Tochter sich inzwischen wieder mehrmals in Kliniken sowohl in stationärer als auch teilstationärer Behandlung befunden habe und daß jetzt beabsichtigt sei, sie endgültig als Pflegefall abzuschieben. Trotz oder auch gerade wegen vorausgegangener tiefenpsychologischer Therapieversuche stand nun also die psychotherapeutische Kapitulation bevor.

Da ich selbstverständlich auch keine Heilung versprechen konnte und den Problemen einer ambulanten Behandlung skeptisch gegenüberstand, sah ich mich zunächst außerstande, Hoffnungen zu wecken und einen weiteren vergeblichen Versuch zu starten. Erst als die Eltern Einsicht in die durchaus begrenzten therapeutischen Möglichkeiten zeigten und bereits längst von einer Hoffnung auf eine wie immer geartete Heilung Abstand genommen hatten, sich ferner auch Frau D. zur Mitarbeit bereit erklärte, wollte ich weitere Bitten nicht ausschlagen, denn schließlich stand als Alternative nur die Unterbringung als Pflegefall in einem Heim in Aussicht.

In einem Kontrakt wurden daher zu Anfang eine Reihe von Punkten festgelegt. So wurden mit Frau D. vorerst für ein halbes Jahr eine wöchentliche Therapiestunde vereinbart. Statt der bisherigen Ausschließung der Eltern sollten diese in den Therapieplan jetzt bewußt einbezogen werden. Trotz aller komplizierten Famliendynamik und chaotischen Verstrickungen hätte deren Abschiebung in die Rolle der schizophrenogenen Famlienangehörigen zu keinen dauerhaften Erfolgen führen können. Weil die Eltern andererseits bei aller äußerlichen Dominanz ihre Hilflosigkeit und Überforderung eingestanden, wäre die weitere Versagung einer Unterstützung kaum zu vertreten gewesen. Da Frau D. inzwischen 30 Jahre alt war, blieb die Überlegung, wieweit das Therapiearrangement familientherapeutisch erweitert werden sollte, allerdings nicht einfach, denn schließlich stellte diese Entscheidung doch eine deutliche Abkehr dar von den bisherigen Versuchen, Frau D. auf eigene Beine zu stellen und von ihren überlegenen Eltern unabhängig zu machen. Da sich jedoch kein anderer Ausweg anbot, galt es, das paradoxe Ziel anzustreben, Frau D. von den Eltern unabhängiger zu machen gemeinsam mit deren Mithilfe, ein zunächst unmöglich erscheinendes Unterfangen. Gleichwohl wurde daher vereinbart, daß bestimmte Therapieschritte mit allen Beteiligten gemeinsam besprochen werden sollten: sowohl in Einzelsitzungen mit Frau D. oder einem Partner des beteiligten Elternpaars, mit den Eltern allein sowie allen drei zusammen sollten in gewissen Abständen maßgebliche Schritte erörtert und auftauchende Probleme geklärt werden.

Die Kontakte erfolgten anfänglich hauptsächlich mit Frau D. allein. Einerseits wünschte dies Frau D, wohl um eine therapeutische Beziehung zu festigen, andererseits war dies zweckmäßig, um ein möglichst unverstelltes Bild ihrer Problemlage zu gewinnen. An gelegentlichen Punkten wurde die Überprüfung einzelner harmloser und unverfänglicher Äußerlichkeiten des Tagesablaufs durch Nachfrage bei den Eltern sichergestellt. Da Frau D. trotz Mithilfe der Eltern, die ein bescheidenes kleines Geschäft eingerichtet und ihre Tochter dort angestellt hatten, damit sie durch Bezahlung von Rentenbeiträgen sich später eine halbwegs erträgliche Existenz sichern könne, sich beruflich überfordert fühlte und sich zur Betreibung des Geschäfts auch in bescheidenem Ausmaße nicht imstande sah, nannte sie als ein Ziel der Therapie, beruflich wieder arbeiten zu können. Rasch stellte sich jedoch heraus, daß dieses Ziel höchstens als langfristiges Fernziel in Frage kommen konnte. Denn wie sich aus der Schilderung ihrer Tagesabläufe zu erkennen gab, hatte sie nicht nur größte Mühe, den Tag zu strukturieren, sondern auch ihr Zeitgefühl war fast völlig abhanden gekommen. So wurde vereinbart, in erster Linie darauf hin zu arbeiten, daß sie wieder zur selbständigen Haushaltsführung in die Lage versetzt würde. Da sich weiter herausstellte, daß sie kaum soziale Kontakte hatte und fast in völliger Isolierung lebte, war in zweiter Linie Training und Ausbau sozialer Fertigkeiten vonnöten. Aufgrund ihrer Ungeschicklichkeit und leichten Irritierbarkeit durch Fremdes und Andersartiges war jedoch im letzten Falle ein besonders behutsames Vorgehen erforderlich.

Wie sich ihr verquerer Tagesablauf im Verbund mit sozialer Isolierung auswirkten, sei an folgendem Gesprächsausschnit aus der Anfangszeit der ambulanten Behandlung verdeutlicht.

Th: Was bewegt sie gegenwärtig besonders?
D: Ich habe Angst, daß mir jemand nach dem Leben trachtet.
Th: Sie sind ganz bedrückt, weil Sie sich verfolgt fühlen.
D: Ich fühle mich dabei ganz elend.
Th: Haben Sie einen gewissen Verdacht, wer Ihnen nach dem Leben trachten könnte?
D: Weiß ich nicht.
Th: Wann überkommen Sie solche Vorstellungen?
D: Wenn ich in meiner Wohnung bin.
Th: Gibt es bestimmte Zeiten, an denen die Vorstellung besonders ausgeprägt sind?
D: Ja, nachts.
Th: Können Sie mal zu schildern versuchen, was dann vorgeht?
D: Ich liege im Bett und kann nicht schlafen.
Th: Sie liegen dann also allein im Zimmer schlaflos im Bett?
D: Und kann nicht einschlafen.
Th: Erwachen Sie denn auch mal nachts mit schrecklichen Alpträumen?
D: Eigentlich nicht.
Th: Sie werden also nicht schweißgebadet wach und wälzen sich vor Angst im Bett?
D: Schlimm ist es, wenn ich nicht einschlafen kann.
Th: Und haben Sie häufig Einschlafstörungen?
D: In letzter Zeit oft.
Th: Haben Sie heute nacht auch Schwierigkeiten gehabt?
D: Ja.
Th: Dann schildern Sie doch mal, wie der gestrige Tag verlaufen ist.
D: Ich habe fast den ganzen Tag geschlafen.
Th: Sie waren also die meiste Zeit über im Schlafzimmer?
D: Ich war zu müde.

Th: Versuchen Sie doch einmal, den genauen Tagesablauf zu schildern.
D: Ich habe um 8 Uhr Kaffee getrunken.
Th: Was haben Sie vorher gemacht?
D: Ich bin um 7 Uhr aufgestanden.
Th: Und wann sind Sie wach geworden?
D: Weiß ich nicht, ich habe keine Uhr.
Th: Und wie wissen Sie dann, daß Sie um 8 Uhr Kaffee getrunken haben?
D: Weil in der Küche eine Uhr an der Wand ist.
Th: Und Sie schließen daraus, daß Sie wohl eine Stunde früher aufgestanden sind.
D: Das nehme ich an.
Th: Sind Sie gleich nach dem Wachwerden aufgestanden?
D: Nein, ich bleibe immer etwas liegen, bis ich aufstehe.
Th: Was haben Sie gemacht, nachdem Sie aufgestanden sind?
D: Ich bin in die Küche gegangen
Th: Und dann?
D: Habe ich Kaffe getrunken.
Th: Und was haben Sie gemacht in der Zwischenzeit zwischen Aufstehen und Kaffetrinken?
D: (schaut verwundert) Weiß ich nicht.
Th: Sie haben vorhin erwähnt, daß Sie um 7 Uhr aufgestanden sind und um 8 Uhr in der Küche waren. Was ist in der Zwischenzeit passiert?
D: Weiß ich wirklich nicht.
Th: Wann haben Sie sich gewaschen?
D: Erst später
Th: Sie sind also vom Schlafzimmer direkt in die Küche, ohne sich gewaschen zu haben?
D: Ja, ich muß nach dem Wachwerden erst mal einen Kaffee trinken.
Th: Haben Sie sich den Kaffe selbst gemacht?
D: Ich habe die Kaffemaschine eingeschaltet.
Th: Stand die Kaffeemaschine schon bereit?
D: Ja, die steht auf der Anrichte.
Th: Haben Sie sie am Vorabend bereitgestellt?
D: Nein.
Th: Wer hat sie dann fertiggemacht?

D: Das macht immer die Mutter.
Th: Wieviele Tassen haben Sie dann getrunken?
D: Eine.
Th: Haben Sie die ganze Tasse getrunken?
D: Nein, nur halb.
Th: Was haben Sie mit der Tasse gemacht?
D: Stehen lassen.
Th: Sie haben Sie also nicht abgeräumt.
D: Weil eine Spülmaschine da ist.
Th: Sie lassen also immer etwas Geschirr zusammenkommen?
D: Vielleicht will ich später auch noch daraus trinken.
Th: Sie nehmen also gegebenenfalls mit kaltem Kaffee vorlieb?
D: Warum nicht.
Th: Was haben Sie anschließend gemacht?
D: Mich wieder hingelegt.
Th: Auf das Bett?
D: Ja.
Th: Haben Sie wieder zu schlafen versucht?
D: Ja, ich bin wieder eingeschlafen.
Th: Wann sind Sie zum zweiten Mal aufgestanden?
D: Weiß ich nicht, weil ich keine Uhr habe.
Th: Welche Zeit schätzen Sie?
D: (wird ziemlich nervös und unruhig. Nach einer Weile bricht sie in Weinen aus.)
Th: Was geht jetzt in Ihnen vor?
D: Ich denke an meinen Mann.
Th: Und dadurch fühlen sie sich jetzt traurig und niedergeschlagen?
- Eine Weile Schweigen. -
Th: War das bisherige Gespräch für Sie anstrengend?
D: Ja, sehr.
Th: Fällt es Ihnen schwer, sich auf eine solche genaue Verlaufsschilderung zu konzentrieren?
D: Ich kann das Ganze nicht überblicken.

An diesem Gesprächsausschnitt sind mehrere Aspekte höchst aufschlußreich. Ausgangspunkt waren zunächst die Ängste, das Gefühl des Verfolgtwerdens. Auf der Suche nach Genese und funktionaler Qualität dieser Ängste stellt sich heraus, daß sie infolge von Einschlafstörungen auftreten. Die Einschlafstörungen wiederum sind jedoch nicht überraschend bei dem anschließend in Ansätzen erkennbaren Tagesablauf. Die Einsamkeit, das Wachliegen im Bett, die Dunkelheit schaffen die atmosphärische Stimmung, in welcher die Nacht Gespenster gebiert. Was zunächst nur wie eine Ablenkung vom Thema aussehen mochte, eröffnet Rückschlüsse auf der Erleben von Frau D. Wie schlaftrunken beginnt sie den Tag und hat unglaubliche Mühe, sich an Einzelheiten zu erinnern und eine detaillierte Beschreibung ihres Tagesablaufs zu geben. Bei der mangelnden Kohärenz ihrer Angaben werden Lücken und Ungereimtheiten augenfällig. Auch die Reihenfolge ihrer Handlungen löst zunächst Nachfragen aus. Interessante Einzelheiten werden am Rande deutlich: daß etwa die Kaffeemaschine bereitsteht und offenbar der Tochter alle Mühen wegen der ihr unterstellten Hilflosigkeit abgenommen werden. Für den Umstand, daß sie ihre Tasse nicht sauber macht, demonstriert Frau D. höchst plausible Gründe, wie sie auch ansonsten mit Ausreden nie verlegen ist. Als ihr die bohrenden Nachfragen offensichtlich zu peinlich und unangenehm werden, bricht sie das Gespräch innerlich ab und springt auf einen anderen Punkt über. Aus welchen Gründen auch immer fängt sie an zu weinen beim Gedanken an ihren Mann. Offensichtlich ist sie das leidige Thema mit dem Tagesablauf jetzt erst einmal los. Auf Nachfragen gesteht sie zu, daß sie die Rekonstruktion ihres Tagesablaufs sehr anstrenge und daß ihr die Konzentration ungeheuer schwer falle. Um die Abhängigkeit ihres Verhaltens von vorausgehenden und nachfolgenden Bedigungen sowie Umweltkontingenzen zu erkennen, sind zur Erhebung funktionaler Bedingungsmodelle weitere systematische Übungen bis zur Aufstellung von Verhaltensdiagrammen erforderlich. Von einer Strukturierung ihres Tagesablaufs und dessen bewußter Wahrnehmung wird auch eine Restrukturierung ihrer desolaten Zeitvorstellungen erhofft. Welche fatalen Zeitvorstellungen bei ihr vorhanden sind, geht etwa aus der folgenden kurzen Sequenz hervor:

Th: Haben Sie letzte Woche irgendwelche Medikamente genommen?
D: Ja, ich habe Novalgin-Tropfen geschluckt.

Th: Wann war das?
D: Nach dem Ärger mit dem Ehemann.
Th (verwundert): Das war dann doch schon etwas länger her.
D: Ja.

In gleicher Weise beantwortet sie die Frage nach Schlafmitteln, wobei Vergangenheit und Gegenwart sich in gleicher Weise vermischen. Die Notwendigkeit, Frau D. wieder ein Gefühl für Zeitverläufe und Rhythmik zu vermitteln, erfährt erneut dringliche Aktualität. Da sie sich vorerst noch weigert, eine Uhr zu tragen, da ja eine solche in der Küche hänge, wird vereinbart, daß sie wenigstens das Datum, den Wochentag und einige Fixpunkte des Tages in einem kontinuierlichen Tagesheft festhalte. Allerdings zeigt sie sich auch hier wieder fast genial im Erfinden von Ausreden, warum dies nicht klappe. Zunächst soll angeblich kein Notizblock im Haus gewesen sein. Dann zeigte sie einen Widerwillen gegen das Schreiben von Tagesplänen, weil sie in der Kosmetikschule habe viel schreiben müssen. Als sie endlich einen bescheidenen Versuch mitbrachte, war der Monat und das Datum falsch eingetragen. Selbtverständlich wurde dieser bescheidene, wenngleich auch noch wenig geglückte Versuch gelobt, was allerdings nicht verhindern konnte, daß Frau D. beim nächsten Mal ihr Heft vergessen hatte. An diesem Versuch wird gleichzeitig der mühsame Verhaltensaufbau, der anfangs einem Kampf gegen Windmühlen glich, deutlich. Denn nicht nur bezüglich der Verpflichtung zur Führung eines Tagesplans fand Frau D. immer recht logisch erscheinende Einwände, sondern auch bei anderen Gelegenheiten. So konnte sie angeblich nicht einkaufen, weil die Lasten zu schwer seien oder weil sie kein Geld habe. Schließlich gibt sie zu, daß sie Geld von der Bank abholen könne, was zwar ein umständliches Vorgehen und mangelnde Planungsaktivität beweist, aber immerhin zeigt, daß Geldmangel keine Entschuldigung sein kann. Auf die Frage endlich, wie sie indes am Samstag das Problem lösen könne, zeigte sie sich ratlos. Unbekümmert um die Ereignisse um sie herum tat sie sich zweifellos schwer, einen angemessenen Realitätsbezug wahrzunehmen. Folglich beantwortet sie die Frage nach möglichen Aktivitäten mit Einzelheiten wie Gardinen kaufen, Bankbesorgungen machen und sonstigen weit hergeholten Möglichkeiten eher ausweichend. Schließlich wird hier ein fataler circulus vitiosus sichtbar: so gibt Frau D. an, aufgrund ihrer Müdigkeit und Erschöpfung könne sie keine Tätigkeiten unternehmen, andererseits ist nicht zu verwundern, daß sie bei mangelndem Training und fehlender Übung immer schlaffer und abgeschlagener wird. Bereits schwieriger zu handhaben war ihr Ernährungsstatus. Da sie angab, am liebsten nur von Kaffee zu leben, was neben mangelnder körperlicher Bewegung auch nicht gerade zur Erhöhung ihrer Fitness beizutragen geeignet war, standen einer Veränderung und günstigeren Gestaltung ihrer Ernährungsgewohnheiten tieferliegende Hintergründe entgegen, wie der folgende Gesprächsausschnitt andeutet.

Th: Sie haben erwähnt, daß Sie zu Mittag nichts essen können.
D: Ich vertrage nichts Festes und muß dann erbrechen.
Th: Was essen Sie dann?
D: Ich habe eher Verlangen nach Außergewöhnlichem.
Th: Und worin besteht dies?
D: In Bananen.
Th: Sie meinen, es handele sich hier um einen sonderbaren Wunsch?
D: Eigentlich schon.
Th: Was finden Sie hieran besonders?
D: Daß ich halt Bananen gern esse.
Th: Finden Sie es vielleicht deshalb sonderbar, weil sie statt des Mittagessens eine Banane bevorzugen?
D: Ja, ich esse nämlich kein Fleisch.
Th: Gibt es bei Ihnen zuhause sonst gewöhnlich Fleisch zu mittag?
D: Ja meistens, und meine Eltern wollen immer, daß ich mitesse.
Th: Und sie verweigern dies immer?
D: Nein, ich esse schon gelegentlich Gemüse und Salat.
Th: Sie stehen also mehr auf vegetarischer Kost?
D: Ja, auch Milch und Eier.
Th: Da leben sie ja gar nicht so ungesund.
D: Aber ich esse nur ungern und vertrage nicht viel.
Th: Was hindert Sie am unbeschwerten Essen?
D: Ich habe Angst, daß ich dick werde so wie meine Mutter.
Th: Und da ziehen Sie am liebsten die Nahrungsverweigerung vor.
D: Meine Mutter versucht mir immer zum Essen zuzureden.

An dieser Stelle spielt die familiäre Umgebung wieder eine große Rolle. Während die zumeist einseitige Ernährung zweifelos auch zu Mangelerscheinungen und Folgen wie Müdigkeit und Erschöpfung führen kann, was die Eltern durch ihre Aufforderung zu gleichmäßigerer Nahrungsaufnahme wohl auch zu vermeiden suchen, äußert sich in ihrer Weigerung auch ein Stück Selbständigkeit, das es behutsam zu fördern gilt, ohne daß sich der Protest in wenig geeignete Bahnen zu entladen braucht. Allerdings ist das Verhalten der Eltern nicht von Druck oder überbehütender Zudringlichkeit geleitet, im Unterschied zu früher sind sie fast eher resigniert und aus Angst vor Widerstand, Wutreaktionen oder Aggressionen (die Mutter hatte ja berichtet, daß sie auch bereits tätlich von der Tochter angegriffen worden sei) beinahe schon allzu willfährig geworden. So wird ihre Tochter nicht zum Essen gedrängt, allerdings wären die Eltern froh, wenn sie sich nicht immer bitten und betteln ließe, falls sie zum Essen kommt, sondern auch einigermaßen pünktlich erschiene. Denn leider habe sie die unangenhme Gewohnheit, immer erst eine halbe Stunde zu spät zu kommen. Wenn auch hier eine größere Verbindlichkeit und Disziplin angemessen wäre, trugen die Eltern andererseits zur Aufrechterhaltung des Verhaltens durch ihr inkonsistentes Vorgehen durchaus bei. So kam die Mutter beispielsweise am Nachmittag, als ihre Tochter sich kein Mittagessen gemacht bzw. das vorbereitete Essen nicht gekocht hatte, mit Puddingplätzchen, offensichtlich einer Lieblingsspeise ihrer Tochter. Zwar hatte sich diese darüber sehr gefreut, andererseits mußten sich solche Verstärkungspläne höchst nachteilig auf günstigere Essensregelungen auswirken.

Im Gespräch mit allen Beteiligten wurden daher nochmals einige lerntheoretische Prinzipien erläutert und die Eltern gebeten, besonders gelegentliches Abweichen zu vermeiden, um nicht durch intermittierende Verstärkung das Verhalten noch resistenter zu machen. Andererseits wurde Frau D. nachdrücklich ermuntert, sich nicht durch die Essensgewohnheiten der Eltern unter Druck setzen zu lassen. So wurde ihr Verzicht auf Fleisch gutgeheißen und ihr außerdem nahegebracht, ihre Essensmenge selbst zu bestimmen. Außerdem wurde sowohl mit Frau D. wie ihren Eltern ein Interaktionstraining durchgeführt, in dem gelernt werden sollte, sowohl eigene Bedürfnisse zu äußern als auch auf die Bedürfnisse anderer einzugehen. Hierdurch ließ sich im Lauf der Zeit manche bislang verzwickte Situation entkrampfen. So hatte etwa bisher Frau D. keine Notwendigkeit gesehen, ihre Tassen etc. in der Küche abzuräumen oder wegzuspülen, da dies ja mit Hilfe der Spülmaschine zu erledigen sei. Andererseits hatte sich die Mutter jedesmal geärgert über die unaufgeräumte Küche, sich jedoch nichts anmerken lassen aus Angst vor der Reaktion der Tochter und aus unbewußten Skrupeln, sie könne diese überfordern, bis sich der angestaute Ärger nicht mehr gänzlich unterdrücken ließ und sich dann im Drang zu ständiger Kritik an den Fehlern der Tochter, wenn auch in recht dezenter Form, niederschlug.

Wie sich weiter herausstellte, resultierte das ewige Zuspätkommen zum Mittagstisch bei Frau D. auch aus einer Unentschlossenheit, was sie jeweils tun solle. Mittels Übungen und Trainingseinheiten zur Selbstverbalisierung wurden Szenen jeweils durchgespielt, damit sich Frau D. zu einer bewußten Entscheidung bekennen konnte. Grundgerüst der gesamten weiteren Vorgehensweise blieb jedoch die Schulung in der konsequenten Aufzeichnung von Tagesabläufen, damit Frau D. wieder eine zeitliche Orientierung gewinnen und sich selbst über die Entwicklung ihres Verhaltens Rechenschaft geben konnte. Es wäre sicherlich müßig, diesen mühsamen Weg in allen Einzelheiten nachzuzeichnen. Als wichtig erwies sich lediglich, diesen Weg auch trotz jeweiliger Rückschläge unbeirrt beizubehalten. Zwar fragten die Eltern, falls es zu langsam voranging, immer wieder nach, ob es denn wirklich ohne Medikamente gehe, so daß auch dieser Versuchung widerstanden werden mußte. Freilich wurde eine Behandlung mit Psychopharmaka nicht prinzipiell verworfen; eine ablehnende Haltung käme bei schweren psychischen Störungen ignorantem Starrsinn gleich. Vielmehr wurde auf das Ziel hingearbeitet, daß die Patientin statt einer unhinterfragten Medikamentengläubigkeit bewußt eine medikamentöse Hilfe in Anspruch nehmen sollte, wenn ihr Zustand ansonsten unerträglich würde. Der Unterschied zum bisherigen Vorgehen lag also darin, daß Frau D. sich nicht passiv ihrem Zustand ausliefern sollte, sondern in aktiver Weise mit der eigenen Entscheidung und Selbststeuerung auf die medikamentöse Basistherapie zurückgreifen konnte und so von sich aus im Gefühl der eigenen Kompetenz einer Verschlimmerung ihres Zustands vorbeugen konnte.

Was weiterhin anfänglich als Problem gesehen wurde, nämlich die Unbeweglichkeit und mangelnde Umstellungsfähigkeit auf neue Situationen, wurde im Laufe der Therapie umgedreht zu einer positiven Möglichkeit, strukturierte Tagesabläufe zu erhalten. Wenn sich auch diese aufgezeichnete Tagesplanung schließlich fast zu einem zwanghaften Ritual entwickelte, wurde dies doch gern in Kauf genommen, um Freiheiten in anderen Bereichen zu lassen.

Als sich in der häuslichen Versorgung nach einem halbjährlichen Verlauf eine gewisse Stabilisierung einstellte, wurde die Therapie in beiderseitigem Einvernehmen erst einmal beendet. Es war klar, daß weder der berufliche Bereich noch die Entwicklung von Sozialkontakten einer befriedigenden Lösung zugeführt worden waren. Andererseits hatte sich auch herausgestellt, daß Frau D. mit einer gänzlichen Unabhängigkeit von ihren Eltern weiterhin überfordert gewesen wäre. Da die Eltern jedoch gleichsam einen in gewisser Weise beschützten Arbeitsplatz mit der Errichtung eines kleinen (Pro-Forma) Einzelhandelsgeschäfts errichtet hatten, waren Bedingungen gegeben, welche ein Miteinanderleben in einigermaßen erträglichem Rahmen ermöglichten. Damit sich dieser Zustand erst einmal stabilisieren konnte, wurden die therapeutischen Kontakte zusehends sporadischer (nach Art eines fading out). Immerhin war es Frau D. zwischenzeitlich möglich geworden, von sich aus zumindest einmal in der Woche die Tagesklinik zu besuchen, ferner konnte sie eine Freundin nicht nur einladen, sondern auch selbst besuchen, darüber hinaus hatte sie vor, an Aktivitäten der Kirchengemeinde teilzunehmen. Schließlich gelang ihr dank der zur Routine gewordenen Tagesaufzeichnungen, die sie inzwischen fast tagebuchartig ausführt, eine bessere zeitliche Orientierung und Führung ihres Haushalts, so daß sie sich selbst bei den Eltern meldet, wenn sie nicht zurecht kommt.

7. Bilanz

Das bisherige Resultat mag dürftig und bescheiden erscheinen, verglichen jedoch mit dem bereits ausführlich beschriebenen Ausgangszustand und der drohenden Abschiebung auf eine Pflegestation verlieren therapeutische Hoffnungen ihren heroischen Machbarkeitskult. Das Beispiel belegt, daß bei verhaltenstherapeutischem Vorgehen, in welches die Beziehungspersonen systematisch einbezogen wurden, zwar ambitiöse therapeutischen Höhenflüge unangebracht waren, aber andererseits "erhöhter therapeutischer Anspruch und verschenkte therapeutische Chance" (Linden & Hoffmann 1976) den Mißerfolg der Therapie vorprogrammiert hätten (Foa & Emmelkamp 1984).

Verhängnisvoll scheint mir an diesem Beispiel die aus der Überzeugung von der pathogenen Struktur der Familie resultierende anfängliche Ausschaltung der Angehörigen, da die Tochter als Opfer einer fatalen Familiendynamik betrachtet wurde, die ihren Zustand nur überwinden könne, wenn sie aus den familiären Banden befreit werde. Ohne die Mitbeteiligung der widersprüchlichen familiären Interaktionsstrukturen an der psychotischen Entwicklung bestreiten zu wollen, gleicht es doch einem Starrsin, Entwicklungsmöglichkeiten der betroffenen Angehörigen von vornherein auszuschließen, ganz abgesehen von der vereinfachten Unterstellung, als läge in der Familiendynamik (allein) der Schlüssel zur Entzifferung einer psychotischen Entwicklung. Da sich die Eltern zur Mithilfe anboten, aus welchen pathologischen Motiven zu Anfang vielleicht auch immer, war es töricht, trotz des Alters von Frau D. die entfaltbaren Ressourcen dieses Angehörigensystems zu verschmähen und den Blick lediglich auf die isolierte Patientin zu richten.

Das Insistieren auf der Verhaltensebene mit bescheidenen Versuchen, kognitive Regelmechanismen und Selbststeuerungstendenzen zu fördern, mag sich vor dem Hintergrund der Suche nach unbewußten Motivationen und Triebgründen eher langweilig und trocken ausnehmen, andererseits sollte jedoch das Wohl des Klienten mehr im Vordergrund stehen als die gespannte Neugierde des Therapeuten. Deshalb sei auch gerne zugegeben, daß sich die Erfolgsbilanz dürftig ausnehmen mag, was jedoch bei Abstrichen von einem therapeutischen Omnipotenzanspruch keinesteils als Nachteil zu werten ist. Statt also den Versuch zu machen, die Persönlichkeit von Frau D. in therapeutischem Triumphalismus vollkommen umstrukturieren zu wollen, wurden ihre Irritierbarkeit und beinahe Zwanghaftigkeit als Korrektiv gegen eine Sprunghaftigkeit und Ungeordnetheit sowohl in ihrem Denken als auch Verhalten bewußt eingesetzt, um ihr eine Orientierung und Stabilisierung zu ermöglichen. Statt also dem illusionären Unterfangen nachzujagen, einen perfekten Menschen herzustellen, wurden nicht ganz unbedenkliche Persönlichkeitsanteile normalisiert, um ein Überleben ohne excessive Hilfsbedürftigkeit zu ermöglichen.

Ein solcher Fall aus der Praxis kann jedoch nicht darüber hinwegtäuschen, daß die Darstellung nur unter erheblichen Verkürzungen möglich war. Selbst wenn Gesprächsauszüge mitgeteilt wurden, fehlt zumeist der Kontext, die begleitende Gestik und Mimik, das Sprachtempo, die Wortmelodie usw., so daß auch diese hautnahen Berichte abgesehen von sprachlichen Anpassungen oft zu glatt erscheinen. Auch die Auswahl der Therapieschritte muß notwendigerweise häufig willkürlich erscheinen. Nicht zuletzt muß selbstkritisch gefragt werden, ob die Möglichkeiten eines Kinikapparates mit ausgefeilten Programmen und integrierten Therapieelementen nicht weitaus günstigere Wirksamkeit versprochen hätten. Sei es nun, daß die bisherigen Kliniken bei dem vorliegenden Fall kapituliert hatten, was gegebenenfalls mit deren mangelnder therapeutischer Kompetenz entschuldigt werden mag, so bleibt an diesem Beispiel jedoch kritisch anzumerken, ob die Vielzahl von Angeboten und Anreizen von Frau D. noch hätten gewinnbringend verarbeitet werden können. Da ihr die Umstellung auf verschiedene Therapiesituationen und Elemte erhebliche Schwierigkeiten bereiteten, was doch bei allen Vorbehalten einer psychopathologischen Betrachtung gegenüber etwas mit ihrer Krankheit zu tun hat, könnte es durchaus möglich sein, daß in diesem Fall weniger mehr war.

Literatur

Bertram, W., Angehörigenarbeit. München-Weinheim 1986
Brenner, H.D./ Rey, E.R./ Stramke, W.G. (Hg.), Empirische Schizophrenieforschung. Bern 1983
Busemeyer, M., Verhaltensdiagnostischer Fallbericht. In: Psych. in Erz. und Unterricht 25 (1978) 51-63
Eysenck, H. J. (Hg.), Verhaltenstherapeutische Fallstudien. Salzburg: Otto Müller 1979
Falloon, I / Boyd, H. / McGill, Ch. (Hg.), Family care of schizophrenia. New York: Guilford 1984
Fiedler, P.A. & Hörmann, G. (Hg.), Therapeutische Sozialarbeit. Münster 1976
Fiedler, P. / Niedermeier, T. / Mundt, C., Gruppenarbeit mit Angehörigen schizophrener Patienten. München-Weinheim 1986
Fliegel, St. u.a., Verhaltenstherapeutische Standardmethoden. München 1981
Foa, E. & Emmelkamp, P., Failures in Behavior Therapy. New York 1983
Franks, C., New developments in behavior therapy. New York 1984
Garfield, S.L., Psychotherapie. Ein eklektischer Ansatz. Weinheim 1982
Gentry, W. (Ed.) Handbook of behavorial medicine. New York: Guilford 1984
Goldstein, A. / Foa, E. (Eds.), Handbook of behavorial Interventions. New York: Wiley 1980
Hand, I., Verhaltenstherapie und Kognitive Therapie in der Psychiatrie. In: Kisker, K.P. u.a. (Hg.), Psychiatrie der Gegenwart. Band 1: Neurosen, psychosomatische Erkrankungen, Psychotherapie. Berlin 1986, 277-306

Helmchen, H. u.a. (Hg.), Psychotherapie in der Psychiatrie. Berlin 1982

Hersen, M., Complex problems require complex solutions.In: Behavior Therapy 12 (1981) 15-29

Hörmann, G., Kognitive Therapie. In: Rexilius, G. &Grubitzsch, S. (Hg.), Handbuch psychologischer Grundbegriffe. Reinbek 1981, 539-543

Hörmann, G., Verhaltenstherapie und soziale Arbeit. In:Müller. S. u.a. (Hg.), Handlungskompetenz in der Sozialarbeit/Sozialpädagogik. Band 1. Bielefeld1982, 79-94

Hörmann, G. & Nestmann, F., Die Faszination der Klinik -Zu Professionalisierungsaspekten von Psychologen (Neun Thesen). In: Psychologie und Gesellschaftskritik 1984, 8 (4), 102-111

Hoffmann, N. (Hg.), Grundlagen kognitiver Therapie. Bern 1979

Hoffmann, N. & Weiß, E., Ein Zwang. Geschichte und Kommentar. Bern 1983

Hohl, J., Gespräche mit Angehörigen psychiatrischer Patienten. Rehburg-Loccum 1983

Kazdin, A., Behavior Modification in applied settings. Homewood 1984

Kisker, K., Psychiatrie in dieser Zeit. In: Degkwitz, R. (Hg.), Hundert Jahre Nervenheilkunde. Stuttgart: Hippokrates 1985

Lazarus, H., Multimodale Verhaltenstherapie. Frankfurt 1978

Linden, M. & Hautzinger, (Hg.), Psychotherapie-Manual. Berlin 1981

Linden, M. & Hoffmann, N., Erhöhter therapeutischerAnspruch und verschenkte therapeutische Chance: Kausale, kompensierende und korsettierende Therapie. In: Fielder & Hörmann 1976, 57-74

Mackinger, H. (Hg.), Verhaltenstherapie in der klinischen Praxis. Salzburg 1979

Metzger, H., Wunsch und Wirklichkeit. Anmerkungen zum gegenwärtigen Verhältnis von Psychoanalyse und Verhaltenstherapie. Psyche 24 (1984) 331-343

Meyer, V. & Chesser, E.S., Verhaltenstherapie in der klinischen Psychiatrie. Stuttgart 1971

Poser, E.G., Verhaltenstherapie in der klinischen Praxis. München 1978

Quekelberghe, R.v. (Hg.), Modelle kognitiver Therapien. München 1979

Reimer, F. (Hg.), Verhaltenstherapie in der Psychiatrie. Weinsberg 1982

Reiss, M. u.a., Verhaltenstherapie in der Praxis. Stuttgart 1976

Sachse, R., Praxis der Verhaltensanalyse. Stuttgart: 1979

Schorr, A., Die Verhaltenstherapie: Ihre Geschichte von den Anfängen bis zur Gegenwart. Weinheim 1984

Schulte, B. & Thomas, B., Verhaltensanalyse und Therapieplanung bei einer Patientin mit multiplen Ängsten. In: Schulte, D. (Hg.), Diagnostik in der Verhaltenstherapie. München 1974, 105-127

Skinner, B.F., Why I am not a Cognitive Psychologist. In: Behaviorism 5 (1977) 1-10

Zimmer, D. (Hg.), Die therapeutische Beziehung. Weinheim 1983

Zygowski, H., Einzeltherapie. In: Rexilius, G. & Grubitzsch, S. (Hg.), Psychologie. Theorien - Methoden - Arbeitsfelder. Ein Grundkurs. Reinbek 1986, S. 201-222

Gestalttheoretische Psychotherapie im Gefängnis

Klaus Winkelhog

Der therapeutische Ansatz

Gestalttheoretische Psychotherapie beruht wesentlich auf dem Gedankengut der Berliner Schule der Gestaltpsychologie (wichtige Vertreter sind u.a Wertheimer, Köhler, Koffka, Lewin, Metzger u. Rausch). Der gestalttheoretischen Psychotherapie geht es weniger um eine grundsätzliche Abgrenzung gegenüber der von F. Perls begründeten Gestalttherapie als um eine stringentere und weniger widersprüchliche theoretische Fundierung therapeutischen Handelns. Es besteht wohl heute, auch unter Gestalttherapeuten, weitgehend Einigkeit darüber, daß F. Perls ein stärkeres Interesse an der praktischen therapeutischen Arbeit hatte und seine theoretischen Äußerungen mancherlei Schwäche aufweisen. Tholey (1984, S. 173) bemerkt dazu: "Es ist nämlich auf die Dauer unerträglich, daß die 'Gestalt'-Therapie weiterhin den ehemals guten Namen der Gestalttheorie dadurch in Mißkredit bringt, daß sie diese überhaupt nicht zur Kenntnis nimmt. Nur, weil ein liebenswerter Chaot in einer unglückseligen Stunde für sein theoretisches Sammelsurium den Namen 'Gestalt-Therapie' prägte (wobei er die berechtigten Warnungen seiner Frau Lore und seines Freundes Goodman in den Wind schlug), hat dies noch nichts mit Gestalttheorie zu tun. So werden innerhalb der 'Gestalt'-Therapie wichtige Grundbegriffe wie Gestalt, Feld, Figur und Grund (vgl. hierzu auch Hoeth 1980) in einem völlig anderen Sinn (soweit ihnen überhaupt ein eindeutiger Sinn beigelegt wird) gebraucht als in der Gestalttheorie. Glücklicherweise sind viele gestalttherapeutische Grundbegriffe der Verwässerung durch die 'Gestalt'-Therapeuten dadurch entgangen, daß sie diesen nicht bekannt geworden sind. In erkenntnistheoretischer Hinsicht vertritt die 'Gestalt'-Therapie einen naiven (Perls) bis seminaiven (Saner) Phänomenologismus. Diese er-

kenntnistheoretische Naivität führte wohl auch dazu, daß die 'Gestalt'-Therapie in systemtheoretischer Hinsicht über ein primitives homöostatisches Gleichgewichtsmodell nicht hinausgekommen ist (vgl. z.B. Perls 1983)".
Demgegenüber bezieht sich die Gestalttheoretische Psychotherapie explizit auf die differenzierte Erkenntnistheorie des kritischen Realismus (vgl. KÖhler 1933, Bischof 1966, Metzger 1975). Nach Bischof (1966) gründet der kritische Realismus auf zwei Grundannahmen bzw. 'Glaubensakten', die Tholey (1986, S. 145) folgendermaßen formuliert: "(1) Außer der phänomenalen Welt, in der ich bin, Dinge und Geschehnisse vorfinde, in der ich denke, fühle, Entscheidungen treffe und mit anderen Menschen kommuniziere, die wie ich selbst 'mit Leib und Seele' vorhanden sind, gibt es eine diese überschreitende 'transphänomenale' Welt, die sich in meinen physischen Organismus und dessen physische Umgebung untergliedern läßt. (2) In der physischen Umgebung befinden sich andere Organismen, denen eigene phänomenale Welten zukommen (Bischof bezeichnet diese als 'fremdseelisch im erkenntnistheoretischen Sinn')".
Der Kritische Realismus unterscheidet also zwischen der erlebnisjenseitigen, transphänomenalen Wirklichkeit, zu der es keinen unmittelbaren Zugang gibt und den an verschiedenen Organismen gebundenen phänomenalen Welten, die als mehr oder weniger getreue Abbilder der transphänomenalen Wirklichkeit verstanden werden. (Eine eingehende Erörterung erkenntnistheoretischer Problematik aus kritisch-realistischer Sicht findet sich bei Tholey, 1980.) Aus dem kritischen Realismus folgt auch, daß der unmittelbaren Erlebenswelt, die sowohl unsere Innenwelt, unser Ich-Erleben als auch die uns "objektiv" erscheinende Umwelt umschließt, eine eigene Würde und Wahrheit zukommt. In der therapeutischen Arbeit gilt es, die vom Klienten anschaulich erlebte Wirklichkeit zu achten und sie gemeinsam zu erforschen, also Phänomenologie zu treiben. Weitere Differenzierungen erkenntnistheoretischer Art, auf deren Darlegung hier verzichtet werden soll (vgl. Metzger, 1975), bilden - wie von Walter (1985) ausgeführt - eine bedeutsame Verständnisgrundlage für jedes psychotherapeutische Handeln.
Das Menschenbild der Gestalttheorie und -psychologie, ist bestimmt von der Überzeugung, daß der Mensch grundsätzlich über alle Anlagen und Fähigkeiten verfügt, um bewußt und verantwortlich sein eigenes Leben sachgerecht zu gestalten. Oberstes persönlichkeitstheoretisches Konstrukt ist der "Grundsatz

der natürlichen Ordnung", auch genannt "Tendenz zur guten Gestalt, "Prägnanztendenz". Dieses Konstrukt ist abgeleitet aus dem Nachweis einer das gesamte menschliche Erleben (Wahrnehmung, Denken, Fühlen, Willensbildung, Handeln usf.) durchdringenden Dynamik der Gestaltbildung. Metzger (zit. nach Zabransky, 1987, S. 16) beschreibt diese Dynamik alles Lebendigen als "den tief in uns angelegten Drang, Gestörtes in Ordnung zu bringen und bei Unentwickeltem Geburtshelfer zu sein". Dieser "Drang" kann allerdings gestört sein, und seine Wirkungen hängen ab von der jeweiligen Gesamtbedingungslage im "Lebensraum", im "psychologische Raum", im "psychologischen Feld" (Lewin; vgl. auch Walter, 1985, S.82).

Auch in einem unangemessenen strukturierten psychologischen Feld bilden sich Ordnungen und prägnante Gestalten. Diese Ordnungen sind allerdings, bezogen auf die transphänomenale Welt, verzerrt und deformiert, indem sie beispielsweise falsche Schwerpunkte, sachfremde Barrieren, insgesamt zu große Rigidität oder Flüssigkeit u. a. m. aufweisen. Basierend auf der Überzeugung, daß der Mensch dazu fähig ist, sich von den tatsächlichen sachlichen Gefordertheiten einer Situation (vgl. Köhler u. Wertheimer) leiten zu lassen, besteht das wesentliche Anliegen der Gestalttheoretischen Psychotherapie darin, innerhalb des therapeutischen Settings Randbedingungen herzustellen, unter denen sich eine angemessene, sachliche Ordnung in der anschaulich erlebten Welt des Klienten in Freiheit entwickeln kann.

Metzgers Gedankengut (vgl. "Schöpferische Freiheit", 1962) aufgreifend und weiterentwickelnd beschreibt daher Walter (1985) die Therapiesituation als einen "Ort schöpferischer Freiheit" und erläutert eingehend die Bedingungen, denen therapeutisches Handeln gerecht werden muß, damit ein Klient die in ihm angelegten Möglichkeiten differenzierter erkennen und engagierter entwickeln kann. Er bezieht sich dabei zum einen auf die von Metzger (1962) entwickelten Kennzeichen der "Arbeit am Lebendigen" (Nicht-Beliebigkeit der Form, Gestaltung aus inneren Kräften, Nicht-Beliebigkeit der Arbeitszeiten, Nicht-Beliebigkeit der Arbeitsgeschwindigkeit, die Duldung von Umwegen, die Wechselseitigkeit des Geschehens), zum anderen auf die Lewin'schen Prozeßvariablen als veränderungsrelevante Prinzipien psychologischen Handelns ("Beziehungscharakter" der verursachenden Fakten, Konkretheit der wirkenden Fakten, Gegenwärtigkeit der wirkenden Fakten) und drittens auf Rogers'

Therapeutenvariablen (Authentizität und Transparenz des Therapeuten, Akzeptierung und Wertschätzung des Klienten, Einfühlung o. Empathie).
Aus dem bisher Gesagten ist hoffentlich deutlich geworden, daß nach gestalttheoretischem Denken "ein lebendiger Mensch, selbst wenn er in psychischer Not ist, immer noch selbst am besten die Möglichkeiten (und wenn nur latent) kennt, diese Not zu überwinden ..." (Walter, 1985, S. 140). In der Therapie kann es daher nur darum gehen, daß der Therapeut als zeitweilige "Randbedingung" im Lebensraum des Klienten Anstöße zur Umstrukturierung des phänomenalen Feldes gibt, die die Erlebnis- und Wahrnehmungsfähigkeit verbessern und die Fähigkeit zur Selbstregulierung erhöhen (vgl. Zabransky, 1987). Direkte Einwirkungen auf die transphänomenale physische Welt des Klienten außerhalb der Therapiesituation sowie die Anwendung von manipulativen Methoden, die sich nicht an das zur Selbstregulierung fähige Ich des Menschen wenden oder die diese "kenntnisnehmende, erwägende, beschließende und Beschlüsse ausführende Mitte" (Metzger, 1975 b, S. 19) des anderen durch suggestive "Tricks" zu umgehen suchen, können nach gestalttheoretischer Überzeugung nur zu Rückschlägen, allenfalls zu vorübergehenden Scheinerfolgen führen, da im Bereich des Lebendigen nur solche Formen von Dauer sind, "die durch die Entfaltung innerer Kräfte sich bilden und ständig von ihnen getragen und wiederhergestellt werden" (Metzger, 1962, S. 26).
Ausgehend von den dargelegten Grundbedingungen bietet die psychologische Gestalttheorie eine Basis, auf der die Methoden verschiedener psychotherapeutischer Verfahren zur Anwendung kommen können. Wenn auch eine besondere Nähe zur Gestalttherapie besteht und wenn auch lt. Walter (1984, S. 57) F. Perls in besonderer Weise erfaßt hat, "was der gestalttheoretische Ansatz für den Menschen, für die einzelne Person wie für das Zusammenleben bedeuten kann, wenn er konsequent in praktisches therapeutisches Handeln umgesetzt wird", so bestehen doch keine Bedenken gegen die Verwendung der Methoden anderer therapeutischer Verfahren, sofern sie sich im Einklang mit den beschriebenen Grundhaltungen befinden. Die psychologische Gestalttheorie ist als eine Art "Metatheorie" imstande, verschiedene therapeutische Verfahren zu integrieren.

Falldarstellung

Ich arbeite seit mehreren Jahren in einem Gefängnis des Erwachsenenstrafvollzuges, in dem männliche Gefangene untergebracht sind, die, bis auf wenige Ausnahmen, nicht zum erstenmal im Gefängnis sind. An meinem Arbeitsplatz stellen sich für mich zwei Hauptaufgabenbereiche. Zum einen ist das die Psychodiagnostik, was bedeutet, daß ich Stellungnahmen abgeben muß zu den Fragen, ob Gefangene beurlaubt oder in eine Einrichtung des gelockerten Vollzuges verlegt werden können. Der andere Bereich ist die Betreuungsarbeit im weitesten Sinne; hier sehe ich einen Hauptschwerpunkt in der therapeutischen Arbeit mit einzelnen Gefangenen.
Diese Falldarstellung umfaßt 20 Einzelsitzungen. Die therapeutischen Einzelsitzungen dauerten ungefähr neunzig Minuten und fanden in wöchentlichen Abständen statt.

Erster Kontakt:

Eines Tages bekam ich einen Brief von einem Gefangenen, den ich im weiteren Text "K." nenne. K. bat mich um ein Gespräch und bei einem ersten kurzen Zusammentreffen hatte ich den Eindruck, daß er sehr unter Druck stand. Sein Wunsch war es, sich mit mir einmal ausführlicher zu unterhalten. Wir vereinbarten einen Termin.

Informationen aus der Personalakte

K. war 23 Jahre alt. Ungefähr im Alter von sechs Monaten war er im Rahmen der Fürsorgeerziehung in ein Kinderheim gekommen. Seine Mutter war eine Prostituierte. Im Kinderheim blieb er bis zu seinem zehnten, elften Lebensjahr. Danach lebte er ungefähr sieben Jahre in einer Pflegefamilie. In dieser Zeit ging er zur Hauptschule, machte den Handelsschulabschluß und begann eine Lehre als Einzelhandelskaufmann, die er dann aber abbrach. Wegen Auseinandersetzungen mit dem Pflegevater riß er von zu Hause aus und wurde zum erstenmal mit Diebstählen straffällig. Man verurteilte ihn zu einer einjährigen Jugendstrafe, die zur Bewährung ausgesetzt wurde. Dreieinhalb Monate hatte er allerdings in Untersuchungshaft verbracht. Damals war K. achtzehn Jahre alt. Er wurde dann entlassen und lebte von Sozialhilfe. In der Untersuchungshaft hatte er Kontakte zu Mitgefangenen bekommen, die wegen Verstoßes gegen das Betäubungsmittel-Gesetz einsaßen. Nachdem er auf diesem Weg Zugang zu entsprechenden Kreisen gefunden hatte, betätigte sich der 18/19-jährige als Drogen-Dealer, wurde verhaftet und zu achtzehn Monaten Jugendstrafe verurteilt, die er im Jugendstrafvollzug verbüßte. Bei der Haftentlassung war er einundzwanzig Jahre alt. Nach der Entlassung aus dem Gefängnis lebte er erneut von Sozialhilfe und beging wenig später wieder ein Vergehen gegen das Betäubungsmittelgesetz (Handel mit Drogen). K. wurde zu vier Jahren Haft verurteilt und kam dann in das Gefängnis, in dem ich arbeite. Vorher war er in Untersuchungshaft und knapp ein Jahr in einer Sicherheitsabteilung einer anderen Justizvollzugsanstalt. Aus der Personalakte ergaben sich spärliche Hinweise darauf, daß man ihm Fluchtabsichten unterstellte und ihn auch mit einer geplanten Geiselnahme in Verbindung gebracht hatte. In unserer Anstalt wurde er ebenfalls mit Sicherheitsvorkehrungen bedacht, die seine Bewegungsfreiheit, seine Möglichkeiten im Gefängnis erheblich einschränkten. Das war die Situation von K., in der er mir seinen Brief schrieb.

In unserem ersten Gespräch wirkte er sehr unruhig auf mich. Er bewegte sich dauernd auf dem Stuhl hin und her, wirkte angespannt, und ich hatte den Eindruck, daß er mich sehr genau beobachtete. Auf den ersten Blick fand ich ihn sympathisch. Der 23jährige hatte eine kräftige, athletische Figur. Offensichtlich hatte er ein großes Mitteilungsbedürfnis. Mir schien, er hatte schon längere Zeit mit niemandem mehr gesprochen und wollte jetzt bei mir einiges loswerden, was ihn belastete.

Erste Stunde:
K. sprach davon, daß er nicht davon loskomme, wenn sich jemand seiner Zellentür nähere, sofort aufzuspringen. Er schaffe es nicht liegen zu bleiben. Wörtlich sagte er: "*Da springe ich aus dem Bett wie eine Feder ... Vielleicht ist es auch so, daß ich nicht gerne in der Zelle bin. Vielleicht ist es auch so, daß ich ein Schwächefanatiker bin. Daß ich überhaupt keine Schwäche haben will. Wenn man da auf dem Bett liegt, da ist man seiner selbst ... man hat vielleicht die Augen zu, ist schwach. Der eine liegt vielleicht angewinkelt da wie im Mutterleib. Der andere liegt gerade. Und das sind gewisse Einblicke, die gibt man nicht jedem. Ich will keinem Beamten zeigen, wie ich da im Bett liege.*"

Ich habe ihn dann gefragt, was er denn damit verbinde, sich vor jemandem schwach zu zeigen, schwach zu sein, welche Bilder da bei ihm auftauchen? Er erwiderte: *"Ich mußte mich von jung auf gegen Hilflosigkeit wehren. Ich mußte immer stark sein. Ich kann mich nicht erinnern, wo ich mal Schwäche zeigen konnte, wo ich mal sagen konnte: 'Mir geht es schlecht. Du mußt mich mal festhalten. Mal trösten.' Vielleicht Suche nach Liebe. Ich weiß es nicht."*

K. schilderte dann ein Erlebnis aus dem Kinderheim. Eine Nonne habe ihn des öfteren grundlos geschlagen. Er erzählte: *"Da habe ich mir während der Schläge überlegt, daß ich grundlos geschlagen werde. Damit hab ich mir dann eine Barriere aufgebaut. Ich zeige keine Schwäche."*

An anderer Stelle sprach er davon, wie er manchmal auch den Ausdruck seiner Augen kontrolliert habe: *"Ja, das meine ich. Ich habe manchmal ausdruckslose Augen. Das weiß ich. Das ist nicht angelernt. Das habe ich nicht trainiert, sondern es ist nur manchmal bei mir nötig gewesen, wenn ich Schläge bekam oder sonstwas, daß ich zwar in die Augen geguckt habe, aber ich habe dann keine Regung gezeigt. Mein Empfinden habe ich nicht gezeigt."*

All dies zeigt, wie sehr er davon überzeugt war, wesentliche Teile dessen, was er anschaulich und unmittelbar erlebte (Wirklichkeit im 3. Sinne; vgl. Metzger, 1975), seine Verletzungen, seine Gefühle, verbergen zu müssen: Gefühle erkennen zu geben ist Schwäche. Schwachsein bedeutet - wie er selbst sagte - sich aufzugeben, zu verlieren oder sogar - wie an einer anderen Stelle deutlicher wurde - einen Angriff zu riskieren: *"Ich kann mich auch nicht so geben, wie ich wirklich bin. Die meisten sehen in mir einen absoluten Schlägertyp, einen gefährlichen Mann. Wenn ich mich aber locker gebe, sind die wie die Koyoten, greifen direkt meine Persönlichkeit an."*

K. sprach auch davon, daß er in der Freistunde, einem einstündigen Aufenthalt der Gefangenen im Freien, lieber alleine sei und darauf achte, daß sich keiner hinter seinem Rücken aufhalte. Er glaubte von sich selber, daß er ein bißchen vereinsamt sei. Seine Methode sei ja sich abzusondern. Er fühle sich im Herzen einsam. Auf seine Vergangenheit solle man besser gar nicht eingehen, die Liebe, die er nicht gehabt habe, die Mutter, die nicht dagewesen sei. Vielleicht brauche er erst das absolute Vertrauen, um aus sich rauszugehen. Das sei aber hier im Gefängnis sehr schwierig.

Daß er mich sehr genau beobachtete und auch gut erschließen konnte, was in mir vorging, zeigte sich am Ende der Stunde. Ich bemerkte, daß er immer schneller sprach und hatte den Eindruck, daß er noch unbedingt einiges loswerden wollte. Ich wurde unruhig, weil die zur Verfügung stehende Zeit sich dem Ende näherte und ich die Stunde nicht so abrupt abbrechen wollte. Als ich das ansprach, bestätigte er mir, daß er meine Unruhe wahrgenommen hatte: *"Ich merke das von Ihnen. Ihr Verhalten spricht so: Oh, die Zeit läuft ab. Das nehme ich direkt auf. Ich habe das die ganze Zeit, wo ich jetzt hier sitze, die letzten fünf Minuten, habe ich das gespürt, unbewußt, was los war bei dem Herrn W. Schon habe ich gemerkt: Da muß noch schnell was raus."* K. sagte weiter: *"Sie wollten auch auf die Uhr gucken und haben das nicht getan. Und das habe ich gespürt."* Ich antwortete: *"Ja, das stimmt. Und ich merke, daß Sie immer schneller werden. Da wurde ich unruhig, weil ich die Stunde nicht so abrupt abbrechen will. Weil ich Sie noch fragen will, wie Sie die Stunde erlebt haben?"*

Ich denke, das zeigt schon, daß er Kontakt zu seinem Erleben hatte und auch viel von mir mitbekam. Ich fand es in dem Zusammenhang auch wichtig, ihm seine Wahrnehmung - so habe ich mich auch erlebt, wie er es schildert, wie er es vermutet - zu bestätigen: Ich bekräftige ihn damit zum einen in seinem unmittelbaren Erleben, was ich für einen zentralen Punkt der therapeutischen Arbeit halte; zum anderen werde ich "transparent" (vgl. Rogers, 1982) für ihn. Gleichzeitig wird deutlich, daß das Geschehen zwischen uns wechselseitig ist (vgl. Metzger, 1962). In seinem Schlußwort am Ende dieses ersten Zusammentreffens sagt er: *"Ich würde jetzt mal sagen, daß Sie mir eine Zeitlang die Atmosphäre vermittelt haben, daß Sie mir zuhören. Ich würde auch sagen, daß mir das mal gut tut. Ich spüre das, daß ich mich auch mal mitteilen möchte und vielleicht auch mitteilen muß, um mal wieder Ruhe zu finden. Ich weiß ja selbst, daß nicht alles an mir richtig ist."*

Am Ende der ersten Stunde vereinbarten wir in wöchentlichen Abständen einen regelmäßigen Gesprächstermin. Ich wies ihn besonders darauf hin, auf seine Träume zu achten.

Mit der ersten Stunde war ich zufrieden. In seiner damaligen Verfassung, denke ich, war es wichtig für ihn, daß er mit mir über sich gesprochen hat. Meine Aufgabe habe ich in dieser Stunde darin gesehen, ihn sprechen zu lassen, ihm zuzuhören und wahrzunehmen, worum es ihm ging. Für ihn war vordringlich, etwas von seiner Anspannung und von seinem Druck zu verlieren, indem er das, was ihn bewegte, in Sprache faßte.

Wenn ich mir jetzt im Nachhinein unsere Gespräche, die gesamte Auseinandersetzung, vergegenwärtige, dann werden mir drei Schwerpunkte deutlich: In der ersten Phase, d.h. während der ersten vier/fünf Stunden, erlebte ich K. als unter Druck und Spannung stehend. Dadurch, daß er über sich sprach, wurde er entspannter. Meine Rolle war die des Zuhörers, der ihn dabei unterstützte, von sich selbst zu sprechen. Das war in dieser ersten Zeit besonders wichtig, weil er das noch nie gemacht hatte.

Nach dieser ersten Phase trat dann die Auseinandersetzung zwischen ihm und mir in den Vordergrund. K. hatte bestimmte Erwartungen an mich. Wie ging ich damit um? Wie entwickelte sich unsere Beziehung? Hier wurde auch in typischer Weise deutlich, wodurch Schwierigkeiten entstehen, wenn Psychologen in Gefängnissen therapeutisch arbeiten: Auf der einen Seite gilt es, eine therapeutische Aufgabe wahrzunehmen. Auf der anderen Seite bin ich natürlich Teil der verhaßten Institution und in die Entscheidungsprozesse des Justizvollzugs einbezogen. Das bedeutet, daß ich nicht selten auch daran beteiligt bin, wenn in die transphänomenale Welt (vgl. Metzger, 1975) des Gefangenen zwangsweise eingegriffen werden muß, etwa um andere Menschen oder auch den Gefangenen selbst zu schützen und ihn von der Mißachtung grundlegender Bedingungen des menschlichen Miteinanders abzuhalten. Dies unterscheidet die psychotherapeutische Arbeit in der Realität des Gefängnisses vom Idealtyp.

Einschub:

Hier an dieser Stelle will ich herausstellen, daß ich Gefangenen, mit denen ich eine therapeutische Arbeit beginne, zusichere, daß ich bei Ihnen nicht mehr diagnostisch tätig werde. Ich sichere ihnen zu, daß über unsere Kontakte kein Vermerk von mir angefertigt wird, der evtl. in die Personalakte kommen könnte, daß ich über den Inhalt der Gespräche Stillschweigen bewahre und daß ich zu vollzuglichen Fragen keine Stellung mehr beziehe. Diese Zusicherung gebe ich am Anfang, um überhaupt die äußere Bedingung dafür zu schaffen, daß die Gefangenen bei mir von sich erzählen können, ohne befürchten zu müssen, daß dies sofort aktenkundig wird und möglicherweise nachteilige Folgen für sie hätte. Ich mache später in der Arbeit immer wieder die Erfahrung, daß die Betreffenden den Wunsch äußern, ich möge doch nun auch auf die vollzuglichen Entscheidungen (etwa Gewährung von Hafturlaub) Einfluß nehmen. Ich habe auch nichts Prinzipielles dagegen, bei einem Gefangenen zu vollzuglichen Fragen Stellung zu nehmen und gleichzeitig therapeutisch mit ihm zu arbeiten.

Das waren die ersten beiden Schwerpunkte: Zum einen die Phase des Kennenlernens, während der K. sehr angespannt wirkte und ich ihn dabei unterstützte, von seinen Schwierigkeiten zu erzählen und sein Erleben auszudrücken. Zum zweiten die Phase der Beziehungsklärung zwischen uns beiden, während der das Wesentliche darin bestand, sein Vertrauen zu gewinnen. Eine dritte Phase begann, nachdem diese Auseinandersetzung geleistet war, mit der weitergehenden therapeutischen Arbeit, in der dann häufig Träume des Klienten den konkreten Ausgangspunkt für die Arbeit bildeten.

Wie erlebte ich den K. in der ersten Zeit? Er war mutlos. Er war hoffnungslos. Er war verbittert und voller Vorwürfe darüber, wie man ihn bisher im Gefängnis behandelt hatte. Daß man ihm immer wieder mit Mißtrauen gegenübertrat und von ihm annahm, daß er gewalttätig werden und entsprechende Straftaten verüben würde. Er sprach von einem Buch, das er zu der Zeit gerade las. Das Buch heiße "Todestrieb" und sei von einem französisch-kanadischen Räuber geschrieben. Der Mann habe es seiner Meinung nach richtig gemacht. Bei ihm habe er viele Identifizierungsmöglichkeiten gefunden. Wenn er hier im Knast nochmal "von jemandem angemacht werde", den lege er um!

Im Kontakt mit K. spürte ich an dieser Stelle deutlich die Bedrohung, die von ihm ausgegangen könnte; ich war in diesem Moment mit meinen Gedanken beschäftigt. Ich fragte mich, ob und was mir eigentlich geschehen könnte, wenn sich seine Verbitterung und Wut vielleicht einmal gegen mich richten würde, falls er sich von mir enttäuscht fühlen würde. In der therapeutischen Arbeit wird es ja immer wieder notwendig, die falschen Erwartungen des Klienten zu enttäuschen (vgl. Walter, 1989).

Etwas von diesen Gedanken teilte ich ihm auch mit: Nämlich, daß ich mir durchaus vorstellen konnte, daß K., würde er die Kontrolle über Wut und Zorn verlieren, für sich und andere gefährlich werden könnte. Er gab mir Recht und sprach auch eine eigene Befürchtung an: *"Was machen die hier mit dir, wenn du hier ausklinkst?"* Im Nachhinein bei der Reflexion über dieses Gespräch ist mir aufgefallen, daß ich ihm im weiteren Verlauf der Stunde "gut zureden" und ihn quasi beschwichtigen wollte.

Zweite Stunde:
K: Ja, mein Pflegevater ... der war total verrückt ... Da bin ich das erstemal auf eigenen Füßen gestanden. Ich war total unselbständig erzogen worden, im Heim, die Nonnen haben das und das gesagt. Er war ein total herrischer Typ ... da habe ich in einem Wagen auf dem Schrottplatz gelebt, da habe ich drei Monate alleine in einem Wald gelebt, Herr W., so frei. Ernährt habe ich mich durch einen Freund, der zu mir gehalten hat. Der hat eine Frittenbude gehabt, mehr brauchte ich nicht ... Herr W., ich bin morgens aufgestanden und habe nur die Sonne gesehen. Das war die absolute Freiheit, überhaupt nicht unter Zwängen gestanden ... und dann kommt das immer wieder, das ist wie ein Kreis, wie ein Teufelskreis, ich weiß nicht, Herr W. ... (längere Pause)
T: Herr K., sagen Sie doch mal, was Sie für Vorstellungen haben für Ihr Leben nach Ihrer Haftzeit?
K: Das ist es ja, ich sehe nichts ...
T: Sie sehen nichts ...
K: Ich möchte glücklich sein und zufrieden. Nur, wo ich meine Glücklichkeit und Zufriedenheit sehe, das kann ich nicht sagen, das weiß ich nicht ...
T: Wenn Sie an die Zukunft denken, denken Sie dann daran, daß Sie mit der Marianne zusammenleben?
K: Ja, schon ... doch ... das möchte ich schon, das sage ich ihr auch ... aber ich denke auch so, ich bin eine gescheiterte Person, Herr W., ich bin gescheitert auf diesem Wege ...
T: Die Marianne hält aber zu Ihnen.
K: Ja, sicher ...
T: Was heißt gescheitert ... Sie haben einen Fehler gemacht und Sie sind dafür bestraft worden ... Sie sind noch jung, Sie sind 23 Jahre alt ...
K: Ja ...
T: Und Sie können was machen ...
K: Ja klar, ich kann was machen, aber ...
T: Ihr Weg ist nicht vorgezeichnet, der muß nicht in die Gewalt führen ... Sie können was machen ...

Damit wollte ich die Bedrohlichkeit der Situation für mich selbst abmildern. Er erlebte ja seine Situation als aussichtslos und trostlos. Er war selbst mutlos und hoffnungslos, und ich weiß natürlich, daß ich für den Klienten keine Zeitperspektive entwickeln kann. Ich hätte hier näher an seiner Sichtweise, an seiner Phänomenalität bleiben müssen. Er erlebte sich als mutlos und hoffnungslos und brauchte einen Menschen, der das ohne Verniedlichung oder Beschönigung mitvollziehen konnte. Es wäre eher um eine Bestandsaufnahme und einen Anstoß zum Weiterdenken gegangen: "Ja, so katastrophal ist die Situation! Es gibt diese Vorgeschichte. Er wird auch hier in der Anstalt als gefährlich eingeschätzt. Das einzige, was ihm geblieben ist, ist seine Freundin. -

Und was ist nun zu tun?" (Aus der gleichen Grundhaltung habe ich weitere Fehler begangen).

Zweite Stunde:
K: Ich denke manchmal, daß ich zu feige bin, mich selbst umzubringen und daß ich meine Verletzlichkeit verberge, indem ich andere verletze ... und ich merke, daß das immer näher kommt, da kommt dann eine Rückziehung, daß ich total keinem mehr traue ... ich fühle mich da so hineingedrängt. Wenn ich einen Hund in die Ecke treibe und er da nicht mehr rauskommt, dann geht er nach vorne ...
T: Ja, das ist jetzt ein wichtiger Punkt, den Sie ansprechen. Sie sagen: wenn ich immer weiter in die Ecke gedrängt werde, dann verliere ich irgendwann die Kontrolle. Dann lebe ich nur noch in meiner Welt, in der gewalttätigen Welt und dann passieren schlimme Sachen ...
K: Ja ...
T: Und da müssen wir in Zukunft darauf achten. Die Frage für uns ist: Stimmt das so, wie Sie das sehen? Werde ich wirklich in eine Ecke gedrängt? Was glaube ich, was habe ich für Phantasien? Sie haben es selber gesagt: Vielleicht muß ich das mal ansprechen, was ich mir da vorstelle, die Terrorphantasien. Dann besteht die Möglichkeit, daß Sie wieder einen klareren Blick bekommen. Es ist vielleicht gar nicht so, wie Sie sich das vorstellen. Das müssen wir dann gemeinsam versuchen herauszukriegen ...
K: Ja ... ja ...

Zur Verdeutlichung: Bei der Psychotherapie, so wie ich sie verstehe, geht es um die phänomenale Welt des Klienten, die der Kritische Realismus als erkenntnistheoretische Grundlage der Gestalttheoretischen Psychotherapie auch "Wirklichkeit im 2. Sinn" nennt (vgl. Metzger, 1975). Von dieser Erlebenswelt des Menschen hat der Therapeut unbedingt auszugehen. Die Fragen wären dann (anknüpfend an Fußnote 2) eher: Wie erlebe ich mich in der Ecke? Wie geht es mir dort? Wie trage ich dazu bei, in die Ecke gedrängt zu werden? Man sieht mich als gewalttätigen Menschen an. Man übt Druck und Zwang auf mich aus. Ich sehe momentan nur noch einen gewalttätigen Ausweg. Was habe ich für Möglichkeiten, da wieder rauszukommen?
Und es geht natürlich nicht nur um die phänomenale Welt des Klienten, sondern auch um die des Therapeuten. Für meine etwas rhetorische Frage am Schluß ("Stimmt das so, wie Sie das sehen?") war vor allem meine gedankliche Überzeugung ausschlaggebend und weniger das, was ich unmittelbar erlebt hatte und was mich dazu verführt hatte, den Klienten zu beschwichtigen.
Ein weiterer interessanter Punkt war der, daß K. von sich behauptete, daß er nie schlafe. Die Frage kam auf, weil ich ihn immer wieder an seine Träume

erinnert hatte; in diesem Zusammenhang hatte er mehrmals behauptet, er schlafe nie. Mir schien es, als werde hier auch ein übergroßer Kontrollanspruch deutlich. Ich ließ das erstmal auf sich beruhen, sagte ihm allerdings, daß ich mir das nicht vorstellen könnte, daß ich das weder von mir noch von anderen Menschen kenne. Er blieb aber dabei und sprach nur von einer "Ruhephase", die er habe.

K. nahm meine Anregung auch in einer späteren Stunde auf und erzählte, daß er sich zwar nicht an einen Traum erinnern könne, aber nachts habe er sich mit einem Buch über Bären beschäftigt, einen dokumentarischen Band mit vielen Fotos. Dieses Buch und die Bilder hatten ihn sehr angesprochen.

Vierte Stunde:
K: ... ich schlafe nicht. Ich weiß jetzt nicht, ob das jetzt nur so eine Meinung von mir ist, daß ich mir das so einbilde oder es ist Wirklichkeit ... ich kriege jedenfalls nicht bewußt mit, daß ich einschlafe. Gerade so mitten in der Nacht, so drei, halbvier, da müßte ja eigentlich die tiefste Traumphase sein, aber gerade dann, dann habe ich noch ein Buch, zuletzt habe ich jetzt immer noch in dem Bärenbuch geblättert, weil mich das sehr interessiert. Da war das mit dem Grizzlybären in den Rocky Mountains. Da war der auf einer Wiese mit rotem Heidekraut. Und den Bären hatte ich mir nur nochmal so angeschaut. Da habe ich mit den richtig vorgestellt, auch wer da hinter der Linse stand. Also, so habe ich das probiert, aber das war rein bewußt ...
T: Also, das Sie das Bild aufgenommen haben und es versucht haben zu beleben ...
K: Ja, richtig ... es ist auch belebt gewesen, also der Grizzly hatte gelebt ...
T: Das fasziniert Sie ja auch ... nachts um drei Uhr gehen Sie sich das Buch holen und gucken sich das Bild nochmal an ...
K: Ja, Faszination ...
T: Ja, was fasziniert Sie denn an diesem Bild so?
K: Ich dringe in den Geist von dem Tier ein, also in seinen Kopf, und ich kann mich auch mit ihm verständigen ... ich probiere, mich in das Tier hineinzudenken, probiere, auch die Atmosphäre, also, was sein Sinn des Lebens ist, das probiere ich zu erfassen.
T: Sagen Sie mal, was Sie dabei erleben, wenn Sie versuchen, den Bären zu verstehen, in ihn hineinzugehen.
K: Ja, ich probiere das gerade, ich muß mich da erstmal hineindenken, wie das war und ist ... ich kann jetzt nicht sagen, ich gehe in den Bären hinein, das ist jetzt komisch gesagt, obwohl es sinngemäß so ist. Ich versuche, in den Bären einzudringen, in seinen Kopf oder vielleicht in seinen ganzen Körper.
T: Sie versuchen, der Bär zu sein ...
K: Nee, kann man nicht so sagen, ich lasse ihn Bären sein und ich lasse mich mich sein ... Ich probiere, ihn mitzubekommen, so, wie er ist. Ich erfühle ihn. Das sitzt er so da und die Hauptnahrung vom Bären sind die Blaubeeren außerhalb der Lachszeit, sonst frißt er nur Beeren und sonst so vegetarische Sachen. Gerade in dieser Periode ist er sehr frohsinnig, total lebensübermütig. Er kommt gerade aus dem Winterschlaf ... und dann spüre ich, was in ihm

vorgeht. Er ist gar nicht am Denken, er lebt nur ... er ist sich am treiben lassen von seinen inneren Instinkten ... von seinen Bedürfnissen läßt er sich total manipulieren. Wenn er dazu Lust hat, dann hat er dazu Lust ... Der dreht sich zum Beispiel auf den Rücken und wälzt sich, dann spüre ich, wie froh der ist, wie lebensfroh der ist. Der genießt sein Leben richtig ... Ich glaube, bei mir ist das so, daß es mir nicht mehr gelingt, so frei zu sein. Wenn ich was mache, da ist da immer ein Gedanke bei, dann weiß ich, wofür ich das mache oder ich weiß, Scheiße, das wird beobachtet ... oder sonstwas ... und beim Bären ist das nicht so. Vielleicht ist es das, wo ich erkenne, daß der Bär Lebensfreude hat und ich glaube, das fehlt mir ein bißchen ... daß ich mich nach dem Leben sehne, nach der Freiheit ... so daß ich die totale Freiheit, die grenzenlose Freiheit ...
T: Die grenzenlose Freiheit ...
K: Ja, die grenzenlose Freiheit, das ist der absolute Begriff für mich ...

K. schilderte hier ein Phänomen aus seinem Erleben, das unter dem Begriff der Identifikation bekannt ist. Er hatte sich mit dem Bären identifiziert und dabei die Atmosphäre von Freiheit und Ungebundenheit erlebt, die er für sich ersehnte. Ich denke, der Bär war für ihn auch eine Art "Artgenosse" (geeignet für Projektionen), und er machte auf diesem Umweg auch Aussagen über sich selbst. Er sagte zum Beispiel: *"Wenn man ihn kennt, ist er berechenbar, wie weit man an ihn ran kann, ohne daß er direkt in Panik ausbricht oder daß er sich genötigt fühlt, entweder zu fliehen oder anzugreifen."* Für meine weitere Arbeit habe ich mir K.s Formulierungen gemerkt. Ich vermutete, daß sie mir hilfreich sein würden, ihm verständlich zu machen, was ich meine, wenn es in der weiteren Arbeit darum gehen würde, daß K. sich mit abgespaltenen Anteilen seiner Persönlichkeit identifizieren sollte.

Was auch für mich deutlicher wurde, war seine Vorstellung von Freiheit. Freiheit hieß für ihn, frei zu sein von jeglicher Verantwortungsübernahme. Freiheit hieß, das zu tun und das lassen zu können, was einem gerade in den Sinn kommt. Freiheit hieß auch, nicht denken zu müssen, frei zu sein, von all den komplizierten Regeln menschlicher Kultur und rein aus dem Instinkt heraus handeln zu können.

K. erzählte dann noch ein weiteres Erlebnis aus seiner Haftzeit in der Sicherheitsabteilung einer anderen Justizvollzugsanstalt. Er sprach davon, daß ein "Wesen", eine kleine Person, in seiner Zelle gewesen sei und dann in seinen - Kopf eingedrungen sei. Dieses Erlebnis hatte ihm offensichtlich auch Angst bereitet.

Mir scheint, daß es sich hier um ein halluzinatorisches Erlebnis gehandelt hat; ich denke an Ergebnisse der Deprivationsforschung. Auch in den experimen-

tellen Untersuchungen von Dembo (1931) über Wut und Ärger wird herausgestellt, daß es bei einer hohen Spannungslage - man ist von allen Seiten von Barrieren umgeben, man muß im Feld bleiben und ist den Feldkräften ausgesetzt - vermehrt zu irrealen, also zu halluzinatorischen oder tagtraumhaften Lösungsversuchen kommen kann.
Ich war in dem Moment des Erzählens unsicher, was ich zu K.s Erleben sagen sollte. In der Stunde beschränkte ich mich darauf, herauszufinden, wie er es einordnete (Bild, Phantasie, Vorstellung). Auf einen gemeinsamen Begriff konnten wir uns nicht einigen. Für mich selber ordne ich es als Halluzination ein. Ich dachte im Nachhinein, ich hätte ihm ja auch einige erklärende Worte sagen können, um ihm mitzuteilen, was ich über das denke, was er mir erzählt hat. Er erwähnt dann auch im Schlußwort der vierten Stunde, daß er sich von mir mehr Antworten erwartet hätte. Eine Rückmeldung gab ich ihm dann aber noch in der nächsten Stunde, nachdem ich in der Zwischenzeit darüber nachgedacht hatte. Ich sagte ihm auch, daß mir direkt während der Stunde manches nicht gleich klar ist, daß mir manche Erkenntnisse und Zusammenhänge erst im Nachhinein aufgehen.
Besonders berührt hat mich ein Erlebnis aus seiner Kinderheimzeit, als K. wohl ein sogenanntes "Hospitalismussyndrom" entwickelt hatte. Während er nachts im Bett lag und nach der Mutter schrie, hat ihn nach seiner Erinnerung eine Nonne des öfteren geschlagen.

Vierte Stunde:
K: ... und ich kann mich entsinnen, ich war sechs oder sieben Jahre alt, da habe ich mal da gelegen und da habe ich mich so rumgewälzt und immer Mama gerufen, obwohl ich die ja gar nicht kannte ... und da kam die Nonne wohl rein, ich habe das mitbekommen, da hat die mir voll auf den Schädel gehauen, mit der flachen Hand ... und ich wollte nicht mehr aufhören, wie ein Verrückter, mit dem ganzen Körper, nicht nur mit dem Kopf, links, rechts ... und sie hat das erst auch gar nicht mitbekommen oder gar nicht verarbeiten können, weil sie das wohl noch nicht erlebt hatte ... und da hat sie wohl mehr darauf geachtet und kam alle zwei Tage und haute mir voll auf die Birne, voll auf den Kopf drauf ...
T: Wenn Sie sich hin- und hergewälzt haben ...
K: Und das hat ihr Spaß gemacht, ich habe das mitbekommen. Auf jeden Fall hat sie mich da bestimmt ein halbes Jahr immer auf den Kopf gehauen ... und da ging mir das natürlich auf den Sack, das ging mir total gegen den Strich, weil sie mich immer geschlagen hat und das war richtig schmerzvoll ... Die hat mich mal aus dem Bett geholt und hat mich mit einem Handfeger dermaßen zusammengeschlagen, sie hat mich festgehalten auf den Knien, und Sie war total erregt dabei, aber, ich glaube, sexuell war das, daß sie so sadistische Neigungen hatte, und da hat die so

auf mich draufgehauen, volle Pulle und sie wollte, daß ich schreie ... es ist ihr auch mal rausgerutscht, als sie total erregt war, als sie sagte: Spürst du denn gar nichts, du Teufel ...sagte sie ... Ich habe da nie einen Ton gesagt, das tat sehr weh. Ich habe mich total abgeschottet gegen den Schmerz, weil ich ihr das nicht gönnen wollte, wenn ich Schmerz gezeigt hätte. Daß wäre das gewesen, was sie erreichen wollte. Ich konnte da nicht mehr auf dem Rücken liegen, so weh tat das. Es ging aber nicht, daß ich das sein lassen konnte ...
T: Das Hin- und Herwälzen im Bett ...
K: Ja ... je mehr ich von ihr gedrängt wurde, desto mehr flüchtete ich in diese Welt hinein, die mir vielleicht Wärme gegeben hat, wonach ich mich gesehnt habe, sprich, vielleicht die Mutter oder nach was anderem ...

Ich identifizierte mich bei dieser Schilderung stark mit K. und empfand es als bösartig und schrecklich, was ihm da widerfahren war. Ebenso erging es mir, als er von seiner ersten und einzigen Begegnung mit seiner Mutter im Kinderheim erzählte. Nach seiner Erinnerung war sie zu Besuch gekommen und er hatte sie schroff abgewiesen.

Ich bekam mit, wie lieblos und trostlos, ja, auch gewalttätig er seine Kindheit erlebt hatte und daß er offenbar niemanden gehabt hatte, dem er wirklich vertraut hatte. Ich will ihm "helfen" und gleichzeitig erdrücken mich seine Erlebnisse. Ich spüre, daß ich sie nicht ungeschehen machen kann, daß das nicht in meiner Macht steht. Ich bin froh, wenn er von weniger belastenden Ereignissen spricht.

Ich möchte jetzt darstellen, wie K. die Zeit in der Pflegefamilie erlebt hat. Er äußerte die Meinung, daß der Pflegevater ihn wohl aus dem Heim geholt habe, um seiner Ehefrau eine Beschäftigung zu geben. Der Pflegevater habe ihm auch Perspektiven für seinen weiteren Lebensweg aufgezeichnet: Er sollte auf die weiterführende Schule überwechseln und anschließend eine Hotelkaufmannslehre machen. Er habe dann aber die Bemühungen des Pflegevaters aus Trotz zunichte gemacht.

Die zwiespältige Gefühlslage gegenüber dem Pflegevater wurde im weiteren Verlauf deutlicher. Den Pflegevater hatte er als einen tyrannischen Menschen erlebt, der auch gewalttätig werden konnte. Gleichzeitig wurde aber auch Bewunderung und Achtung für die physische Kraft des Pflegevaters deutlich. Die Gemeinsamkeit zwischen Vater und Sohn drückte K. in dem Satz aus: *"Er wollte keine Schwäche von mir sehen. Wir haben ein total komisches Bild gehabt von Erziehung. Er wollte keinen schwachen Sohn. Ich muß auch sagen, ich wollte auch kein schwacher Mensch sein."*

Folgende Situation ist kennzeichnend für das Verhältnis von K. zu seinem Pflegevater. Nach einer körperlichen Auseinandersetzung entschuldigte sich der Vater bei ihm.

Achte Stunde:
K: ... da bin ich dann auf mein Zimmer gegangen. Dann kam er eine Viertelstunde später nach ... und nun muß ich sagen ... Er hat dann gesagt, ihm täte es leid. Er hat dann gesagt: Hör mal, das tut mir leid ... mehr hat er nicht gesagt. Da hat er sich dahin gesetzt, und plötzlich tat er mir dann auch leid, weil er sich da entschuldigt hat bei mir. Das war nicht nötig. Er hat ... man kann das nicht ... Ich bin ein Mensch, wenn was geschehen ist, kann man das nicht wieder gutmachen. Es ist geschehen, und es ist bei ihm verankert, genauso, wie bei mir. Man kann sowas einfach nicht loslösen ... Man muß vorher sich dessen bewußt sein, was man da tut ...
T: Wenn man einen Fehler gemacht hat und sieht das ein und bereut das, dann kann man doch dem anderen zeigen, daß es einem leid tut.
K: Nee, das ist Schwäche, Herr W. ...
T: Wenn man zeigt, daß es einem leid tut, das ist Schwäche?
K: Ja, dann darf man das vorher schon gar nicht tun ...
T: Das bedeutet ja dann: Ich darf überhaupt keinen Fehler machen.
K: Nicht im Schmerz ... ich würde nie meine Frau oder mein Kind schlagen, Herr W. Das ist mein oberstes Gesetz, überhaupt keinen Menschen zu schlagen. Da hat keiner das Recht zu, jemandem weh zu tun. Wir sind doch nicht mehr primitiv ...

Hier wurde ein unmenschlicher, weil nicht einlösbarer Anspruch und Maßstab deutlich: Man darf nie einen Fehler machen! - Ich hätte in dieser Stunde noch konkreter herausarbeiten können, was das für ihn selber bedeutet: Wenn Bereuen für ihn eine Schwäche ist und er Schwäche ablehnt, dann kann er ja nie bereuen und sich folglich auch nie verzeihen.
Der endgültige Bruch mit dem Elternhaus wurde durch eine impulsive Bemerkung des Pflegevaters ausgelöst, der ihn aus der Wohnung wies. Ohne zu wissen, wohin er sich jetzt wenden sollte, verließ er das Elternhaus und beging dann auch erste Straftaten: Diebstähle, für die er zu zwölf Monaten Jugendstrafe auf Bewährung verurteilt worden war.
Ich möchte jetzt darstellen, wie sich unsere Beziehung im Verlauf der Therapie entwickelt hat.
Es wurde schon sehr früh - bereits in der zweiten Sitzung - deutlich, daß es neben der erlebten Spannung noch einen weiteren wichtigen Beweggrund für K. gegeben hatte, mit mir Kontakt aufzunehmen. Er hatte einen Verbündeten gesucht, um gegenüber der Anstaltsleitung seine Interessen besser durch-

zusetzen. K. hatte ganz konkrete Wünsche. Beispielsweise suchte er nach einer Möglichkeit, häufiger an der Kraftsportgruppe teilnehmen zu können; dies wurde ihm bisher nur einmal in der Woche gestattet. Die Möglichkeit zum Sporttreiben war ihm sehr wichtig. Das sei für ihn ein Ventil. Mich fragte er, ob ich da nichts machen könnte?

Mit solchen und ähnlichen Ansprüchen von Gefangenen werde ich in meiner Arbeit oft konfrontiert. Sie suchen bei mir häufig eine Hilfe in der Bewältigung der äußeren Lebensumstände. K. habe ich damals gesagt, daß ich auf bestehende Sicherheitsvorschriften Rücksicht nehmen müsse und daß ich auf bestimmte Bedingungen hier im Gefängnis keinen Einfluß hätte. K. schien erst einsichtig, aber seine weiteren Äußerungen zeigten, daß er von meiner Argumentation keineswegs überzeugt war.

Die Gefangenen machen immer wieder die Erfahrung, daß Bestimmungen und Vorschriften im Gefängnis nicht konsequent umgesetzt werden. Man spricht dann - häufig nach Gutdünken - von "begründeten Ausnahmefällen". Ich habe natürlich als Psychologe im Gefängnis gerade Einfluß auf Ausnahmefälle. Neben anderen Fachdienstangehörigen kann gerade der Psychologe darauf hinwirken, daß Ausnahmen zugelassen werden.

Das war der Hintergrund für K.'s berechtigte Skepsis gegenüber meiner Darstellung. Was ich in diesem Moment vermieden habe, war die persönliche Auseinandersetzung mit ihm. Er war erst kurze Zeit in der Anstalt und wurde als gefährlicher Gewalttäter eingeschätzt. Um da etwas für ihn zu erreichen, hätte ich schon sehr energisch und überzeugend für ihn eintreten müssen. Diese Überzeugungkraft hatte ich aber nicht. Ich kannte ihn erst sehr kurz und ich hatte noch gar keine Meinung darüber, ob es sinnvoll wäre, mich dafür einzusetzen, daß er die Möglichkeit erhält, mehr Sport zu machen. Auf jeden Fall war mit erheblichen Widerständen in der Institution zu rechnen. Statt ihm dies zu sagen, habe ich damals auf bestehende Sicherheitsmaßnahmen verwiesen und damit die persönliche Auseinandersetzung vermieden.

An anderer Stelle sagte K., daß er die Befürchtung hätte, ich könnte ihn in eine psychiatrische Klinik einweisen lassen, wenn er mir all das erzählen würde, was ihn beschäftigte. In dieser Situation ging ich auf seine Befürchtung nicht ein. Dieser Gedanke war mir natürlich fern, abgesehen davon, daß ich das, unter gesetzlichen Gesichtspunkten betrachtet, gar nicht könnte. Ich vermute heute, ich habe ihm deswegen damals keine Antwort gegeben, weil mir selbst diese Befürchtung so absurd und realitätsfern erschien. Damit überging ich aber seine phänomenale Welt. Das verstärkte dann auch, wie nicht anders zu erwarten, seine mißtrauische Haltung mir gegenüber. Das sollte sich in den nächsten Stunden zeigen.

In der dritten Stunde äußerste K. zum ersten Mal Bedenken: In den schriftlichen Protokollen der ersten beiden Stunden (K. bekam von mir jeweils eine Abschrift der Tonbandaufzeichnungen über die Therapiesitzungen) hatte er seine gewalttätigen Phantasien wiedergefunden, und dieses Erlebnis ließ ihn nun befürchten, ich könnte annehmen, er werde diese Phantasien in die Tat umsetzen. Ich habe ihm dazu dann schlicht gesagt, was ich denke: Er hat gewalttätige Phantasien. Ich habe ihn schon sehr aufgewühlt erlebt, und ich kann mir tatsächlich vorstellen, daß er in bestimmten Situationen nur noch gewaltsame Lösungen sieht. K. gab mir Recht in dem Sinne, daß er in einer "Notwehrsituation" zur Gewalt greifen würde.

Was in der Arbeit hätte klarer werden können, ist der folgende Punkt: Der Ausdruck "Notwehrsituation" bezieht sich auf die phänomenale Wirklichkeit. Ob wir eine Situation als Notwehrsituation erleben, hängt unmittelbar mit den übrigen Bedingungen des Lebensraums zusammen (Feldcharakter des Phänomenalen). Sperber (1981, S. 55 f.) spricht auch vom "Auswahlprinzip der Wahrnehmung". Mit einem unangemessenen Auswahlprinzip (gestalttheoretisch könnte man auch von einer unangemessenen "anschaulichen Konstante" sprechen) kann man zu den verfehltesten Resultaten gelangen, d.h. alle möglichen Situationen - anschauliche Varianten - werden vor dem Hintergrund einer solchen Konstante zu Notwehrsituationen.

Für unsere sich entwickelnde Beziehung war auch folgendes Ereignis von Bedeutung: K. sagte zu mir: "... *Sie haben Ihre Schwächen schon mal so freigelegt ... müssen ... Ich weiß nicht, ob ich das kann, aber so wie ich das mitbekomme - daß Sie darüberstehen*" Ich antworte: "*Ja, das stimmt. Meine Schwächen habe ich schon öfters gespürt.*" Kurz danach merkte ich, daß mein Herz immer stärker klopfte. Dieses Herzklopfen behinderte mich dann so in der Arbeit, daß ich K. kaum noch folgen konnte. Ich sprach es dann an, und es wurde von diesem Zeitpunkt an schwächer.

Vierte Stunde:
K: ... ich kann z.B. sie, ich kenne sie schon ein bißchen, vielleicht mehr als ich so von mir gebe. Sie sperren sich nicht, würde ich mal sagen, aber sie sind, würde ich mal so sagen, sie haben ihre Schwächen schon mal so freigelegt ... müssen ... ich weiß nicht, ob ich das kann, aber so, wie ich das mitbekomme, daß sie darüber stehen ...
T: Ja, stimmt, meine Schwächen habe ich schon öfters gespürt.
K: Sehen sie ... Und das ist es ja. Die meisten Menschen stehen ja nicht über ihren Schwächen drüber ... aber, jetzt will ich ihnen das so klar machen. Diese ganzen Spannungen, die da auf mich reinkamen, immer der Schuldige zu sein, die mußte ich ja verarbeiten ... aber hier hat das plötzlich aufgehört. Vielleicht macht mir das auch Sorgen oder das ich da auch Angst vor habe ...
T: Ich merke gerade, daß ich im Moment bei mir bin, weil ich ein stärkeres Herzklopfen spüre ...
K: Haben sie jetzt ... wie kommt das denn?
T: Ich denke, das liegt an dem Punkt, wo Sie gesagt haben: Sie haben ihre Schwächen schon mal freigelegt ... ich denke, das stimmt ...
K: Ja, ich denke auch ...
T: Ich weiß auch Situationen, wo ich unsicher bin, wo ich unsicher werde ... und jetzt, wo Sie das angesprochen haben, habe ich gemerkt, daß mein Herz schneller schlägt ... Das ist ein Mechanismus bei mir, den ich kenne ...
K: Wissen sie, sie sind ein sehr sensibler Mensch. Ich merke das, wenn sie hier durch den Bau gehen. Wissen Sie, das letztemal, das war sehr interessant für mich ... Ich hoffe, ich bin nie beleidigend. Sobald sie merken, halt, das geht mir zu weit, dann sagen sie mir das ruhig ... das war, wo ich ihnen das Buch gegeben habe ...

Dadurch, daß ich mich K. gegenüber nicht verstellte und ihm zeigte, wie es mir wirklich ging, beseitigte ich zum einen meine eigenen Schwierigkeiten. Wahrscheinlich hätte ich die Situation anders erlebt, wenn ich K. hätte sagen können: "Ich kenne meine Schwierigkeiten, meine Schwächen. Ich finde es bis heute schwer, damit umzugehen. Beispielsweise bin ich öfters aufgeregt, wenn ich vor einer größeren Gruppe sprechen soll; ich bekomme Herzklopfen oder meine Stimme wird zittrig." Der entscheidende Punkt ist der, daß ich das nicht so erlebte, wie er es von mir angenommen hat, nämlich, daß ich "über meinen Schwächen stehe". Das konnte ich damals nicht richtigstellen.
Wie reagierte er darauf, daß ich meine Schwierigkeiten nicht verbarg? Es gab eine Phase, in der sich das Therapeut-Klient-Verhältnis kurzzeitig umkehrte. In dieser Situation nahm K. Rücksicht auf mich, versuchte mich zu beruhigen.
Im weiteren Verlauf wurde K. unzufriedener mit unserer Arbeit. Er las jeweils die schriftlichen Protokolle, die ich anfertigte, und kam eines Tages erneut auf das Erlebnis zu sprechen, das er mir geschildert hatte, als eines Tages ein "Wesen" in seine Zelle gekommen und in seinen Kopf eingedrungen sei. Er

konnte dieses Erlebnis offenbar nicht einordnen, und es hatte ihn verunsichert, seine Schilderungen im Protokoll wiederzufinden. Er fragte sich offenbar auch, was ich wohl für Schlüsse daraus ziehe und war darüber beunruhigt. Mir war schon direkt nach der Stunde beim Protokollschreiben bewußt geworden, daß ich da etwas versäumt hatte. Ich holte das dann nach und erzählte K., daß mich seine Erlebnisse an Untersuchungen in der Deprivationsforschung und speziell an die Untersuchungen von Dembo (1931) erinnert hatten, bei denen u.a. erforscht wurde, was Menschen in ausweglosen, von Barrieren umstellten Situationen erleben und in welcher Weise solche Situationen das Erleben und Verhalten beeinflussen. Ich habe dann auch nochmal betont, daß mir selbst während der Stunden nicht immer alles klar ist, daß ich einiges auch erst im nachhinein erkenne.

Einige Ungeduld und Verärgerung war dann auch bei ihm zu spüren, als er nach dem Sinn und Ziel unserer Arbeit fragte: Er erlebe es zwar als wohltuend, wenn er sich hier mal öffne, aber das Endziel unserer Arbeit sei ihm nicht klar. Diese globale Frage nach dem "Sinn" machte mich erstmal hilflos. Ich fühlte mich aufgefordert und verpflichtet, ihm eine theoretische Erklärung zu geben und ihm quasi einen Sinn zu "liefern", anstatt darauf hinzuarbeiten, daß er selbst herausfindet, welcher Sinn denn für ihn in unserer Arbeit liegt. Die Frage nach dem Sinn der Gespräche tauchte auch in der nächsten Stunde wieder auf. K. sprach davon, daß er in der Auseinandersetzung mit mir etwas Neues erlebe. Er könne das nicht einordnen. So kenne er sich gar nicht.

Sechste Stunde:
K: Normal ist ja hier in so einem Gespräch ein Endziel, und ich glaube, daß ich kein Endziel habe im Sinne des Gesprächs, also für das Gespräch, verstehen sie?
T: Das Sie ...
K: Man kommt hier ziellos hin und unterhält sich da und darüber. Dann geht man tiefer darauf ein und versucht etwas festzuhalten. Und das gibt mir dann immer wieder Anstoß, immer dann kurz vor Schluß. Vielleicht tue ich das dann immer noch schnell durchspielen: Was wurde jetzt gesagt? Vielleicht ist das wiederum der Verstand: Muß es denn unbedingt immer etwas Fruchtbares sein? Es könnte doch eigentlich auch so sein, daß wir einfach mal so miteinander reden. Es ist ja nicht unbedingt von Wichtigkeit, daß da jetzt unbedingt etwas erreicht wird. Erreicht wird ja auch etwas durch so ein Gespräch. Ich habe jetzt wieder mit ihnen geredet, erstens das. Vielleicht ist ihnen schon wieder mehr aufgefallen als mir selbst, aber vielleicht gibt mir gerade das zu denken, daß da ...
T: Sagen Sie mal, was Ihnen durch den Kopf geht.

K: Ja ... ich will mal so sagen. Wenn ich zum Arzt gehe und was habe, dann weiß ich zwar, was ich habe, indirekt ...
T: Da tut es weh ...
K: Da tut es weh. Ich kann das selbst lokalisieren aber nicht analysieren. Und sagen wir mal so, ich bin nicht geistesgestört, das glaube ich nicht von mir ...
T: Das glaube ich auch nicht.
K: Nee, nicht ... Aber ich glaube dennoch, daß da irgendetwas ist. Nur, ich kann es nicht ... da ist irgendetwas unheil ... sehen sie, daß ist das. Ich komme da nicht weiter ...
T: Ja, ich versuche mal zusammenzufassen, was ich von Ihnen mitbekommen habe. Wir haben jetzt eine Reihe von Gesprächen geführt, heute ist das sechste. Wir hatten jetzt eine längere Pause, und die eine Frage, die ich von Ihnen mitbekomme ist: Ja, die Gespräche sind sinnvoll, das habe ich in dieser Form auch noch nicht gemacht, das ist auch wichtig für mich, daß ich mich austausche. Auf der anderen Seite fehlt mir aber letztendlich der Sinnbezug. Wozu machen wir das eigentlich? So ganz ist es mir nicht klar, warum wir das machen.
K: Ja, würde ich sagen ...
T: Eine mögliche Antwort, die mir darauf einfällt, gerade, wenn ich an die letzte Stunde denke, ein Sinn kann für Sie darin liegen, Ihr kaltes eingefrorenes Herz, von dem Sie immer wieder sprechen, wieder aufzutauen.
K: Ja ...
T: Und was damit zusammenhängt, Sie haben es selber wieder gesagt heute. Mir ist so deutlich geworden, wie mißtrauisch ich auch gegenüber Marianne bin.
K: Ja, ich glaube auch, was bei mir fehlt ist die Harmonie zwischen Verstand und Gefühl. Ich nenne es mal so ... Verstand und Gefühl ... und die Gedanken wollen dominieren, weil die Emotionen verdrängt werden. Das gibt mir ein ungutes Gefühl, auch innerlich ...

Ich machte hier wieder einen ähnlichen Fehler und versuchte, ihm seine Fragen zu beantworten, statt ihn bei der Suche nach seinen eigenen Antworten zu unterstützen. Ihm stellten sich diese Fragen ja immer mal wieder. Wenn er angefangen hätte, sich seine eigenen Antworten zu geben, hätte ich natürlich ergänzend auch meine Sicht der Dinge mitteilen können und wollen. Vielleicht hätte er aber auch ganz andere Ziele als ich. Die Frage wäre also gewesen: Was ist ihm wichtig? Worin liegt für ihn der Sinn, wenn er zu mir kommt?

Daß ich in dieser Situation so defensiv reagierte, hatte auch damit zu tun, daß ich das Gefühl hatte, ihn "halten" zu müssen, ihn "halten" zu wollen: Wenn ich ihm keinen Sinn liefere, dann hört er auf.

In der siebten Stunde erlebte K. seine Situation wieder als hoffnungslos. Ich spürte auch im Kontakt die körperliche Aufwühlung, von der er sprach. Er wirkte erregt, in der Stimmlage wurde er lauter.

Siebte Stunde:
K: Ich glaube, meine Angst und meine Sorge ist es, daß, wenn das alles zerstört wird, ich nicht mal mir selbst die Schuld gebe, daß ich nicht so ehrlich bin, daß ich einen Haß aufbaue, auf das Ganze, auf die Gesellschaft ...
T: Wenn was zerstört wird?
K: Mein Sinn fürs Leben, meine Freundin zum Beispiel ... , daß, wenn sie das nicht mehr so lange aushält ... es kann ja auch sein, daß ich das nicht mehr so lange aushalte ... daß dann ein Haß hochkommt, ein totaler Haß. Und der Haß, der schlummert, ich spüre das, daß da ein ganz böser Haß in mir ist ... , daß da gewaltige Triebe in mir sind. Ich sage das jetzt nicht nur, weil ich das Buch gelesen habe.
T: Ja, was passiert denn dann?
K: Ich bekomme so eine Energie, daß da ... das darf ich mir nicht sagen, Herr W., ...
T: Was dürfen Sie nicht sagen?
K: Was mir da durch den Kopf geht oder was das körperlich auslöst.
T: Warum dürfen Sie das jetzt nicht sagen?
K: Ich weiß es nicht ... Eine Sorge ist vielleicht, daß sie das mißverstehen, daß sie ... Wir haben immer gesagt, wir sollen ehrlich miteinander sein ... daß, wenn ich ihnen jetzt was sage: So, das geht kaputt. Und ich sage ihnen, was mir durch den Kopf geht oder ... ich spüre ja auch eine körperliche Aufwühlung, die kenne ich so gar nicht ...
T: Spüren Sie die jetzt?
K: Indirekt ... Ich spüre, daß sich da so eine Sperre löst, wenn ich probiere, ihnen das zu erklären ...
T: Probieren Sie es mal.
K: Nee, das ist es ja ... Ich muß ihnen das erst so erklären ... meine Sorge, daß sie dann denken: Oh, halt, der Mann könnte gefährlich sein, auch später mal, wenn er mal rauskäme ...
T: Und was könnte ich dann machen, wenn ich das denke?
K: Das ist es ja. Weil ich das nicht weiß ... daß ich mir denke, sie sperren mich in so eine Psychiatrie ein oder so was ...
T: Daß ist das, was Sie auch beim letztenmal angesprochen haben, das Mißtrauen, das immer wieder hochkommt ...

Seine Sorgen waren ja auch durchaus berechtigt. Ich erlebte ja auch, wie er Enttäuschungen immer wieder in Feindseligkeit und Haß verwandelt. Das hatte er auch in der Vergangenheit getan, und diese Gefahr war auch für die Zukunft gegeben. Das spürte er selber. Er sagte: *"Ich spüre den Haß schlummern."* Solche Gedanken hätte ich ihm auch in dieser Situation mitteilen sollen. Auch zu seiner früher schon mal geäußerten konkreten Befürchtung, daß ich ihn in eine Psychiatrie sperren lassen könnte, hätte ich ihm eine klarere Antwort geben müssen.

Wie reagierte ich jetzt darauf? Im nachhinein denke ich hierzu: K. war ehrlich, sprach seine Befürchtungen an, und ich reagierte darauf gekränkt und ungeduldig. Ich warf ihm ein paarmal vor, daß er mißtrauisch sei, daß er der Schuldige sei. Die dauernde Abwehrhaltung von K., diese mißtrauische Einstellung mir gegenüber, war auch eine Kränkung für mich. Der Gedanke, der mich leitete, war: "Ich will ihm doch bestimmt nichts Schlechtes. Warum sieht er das nicht?!" Ich habe damals nach und nach verstanden, was ich eigentlich vorher schon wußte: Seine besorgte und mißtrauische Haltung muß ich ihm zunächst einfach zubilligen, und ich muß ihm vor allem auch auf seine konkreten Fragen konkrete Antworten geben. Nur dann hat er die Möglichkeit, seine Sorgen auch zu überprüfen. Auch auf seine wiederholt geäußerte Befürchtung, daß ich ihn als gewalttätigen Menschen einschätzen könnte, hatte ich ihm schon mal geantwortet. Ich hatte ihm schon mal gesagt: Ich kann mir Bedingungen vorstellen, unter denen er gewalttätig wird und Situationen, in denen er gewalttätig vorgeht. An dieser Stelle gab ich aber eher wieder eine ausweichende Antwort. Meine Befürchtung dabei war: K. ist sowieso schon so mißtrauisch; da sage ich ihm besser nicht auch noch etwas, was ihm mißfällt. Im nachhinein denke ich aber, daß er gerade durch meine Uneindeutigkeit wahrscheinlich noch besorgter wurde. K. hatte auch damit recht, daß er von mir annahm, ich hielte Gedanken über ihn zurück. Ich hatte nur andere Gründe, als er sie bei mir vermutete. Er unterstellte mir eher "Psychologismus" und Berechnung. Tatsächlich war ich aber eher unsicher und unklar.

Diese unklare Situation sprach K. auch in der nächsten Stunde an. Er hatte sich offensichtlich etwas vorgenommen für diese Stunde und beurteilte den bisherigen Verlauf der Gespräche. In den ersten Stunden hatte er mich als sehr geduldig erlebt. Er stelle sich aber auch vor, daß ich ihn "analysiere" und an dieser "Analyse" wolle er teilhaben.

Diese Einschätzung von K., auch daß meine Antworten ihn nicht zufriedengestellt hatten, kam nicht überraschend für mich. Ich war selber unzufrieden mit mir und gab ihm das auch zu verstehen.

Neunte Stunde:
T: Ja, versuchen Sie nochmal genau zu sagen, was Sie von mir in dem Punkt wollen oder wünschen. Sie sagen ja, meine Antworten seien Ihnen zu oberflächlich gewesen. Ich habe mir auch nochmal Gedanken über die Stunde gemacht, wo es um das Mißtrauen ging. Da ist mir auch aufgefallen, was das für ein merkwürdiges Wort ist.
K: Ja, ich glaube, das ist ein falsches Wort ...

T: Dieses Wort kam ja auch nicht von Ihnen. Das habe ich ja verwendet. Sie haben ja eher von einer Sorge gesprochen.
K: Ja, richtig. Sie haben das auch sehr, nicht sachlich, sondern auch persönlich, was für mich auch verständlich ist. Sie haben es persönlich dargebracht, und das hat mir auch ... Nun ist das aber auch so, bei mir ist das so, ich kriege das alles mit, auch ihre Reaktion. Nur, hier habe ich die nicht so direkt parat, daß ich da Einhalt mache ...
T: So geht es mir auch. Mir ist manches auch nicht direkt klar.
K: Sie haben das sehr bedrängend gesagt: Sie brauchen kein Mißtrauen zu haben. Können sie sich entsinnen? Das ist schon richtig, das brauche ich auch nicht. Nur, wenn das so kommt, dann blockiert das doch was. Man nimmt das auf und nimmt dann doch wieder Abstand davon, weil das so bedrängend war ...
T: Ich denke, das war eine überflüssige Auseinandersetzung, die ich inszeniert habe. Eine Auseinandersetzung, über die Sorge, die Sie haben ...
K: Ah, das haben sie extra, inszeniert heißt ...?
T: Nein, das hab ich nicht extra gemacht, nicht bewußt eingesetzt. Es ging ja um folgendes. Sie haben das gemacht, was ich für sinnvoll halte. Sie haben von Ihren Sorgen gesprochen, das, was Ihnen unter den Nägeln brennt ...
K: Das stimmt.
T: Und ich bin hingegangen, ich habe eher unwirsch reagiert. Ich habe mir innerlich gesagt: Ach, da kommt es schon wieder. Wieder die Sorge, ich könnte da was mit machen, mit den Informationen, die ich hier bekomme. Was dann bei mir abläuft ist, daß ich gekränkt bin, gekränkt bin in dem Sinne, daß bei mir Gedanken ablaufen: Ich gebe mir doch Mühe ...
K: Ja ...
T: ... ich habe doch ganz bestimmt nichts vor, was dem K. schaden könnte. Und jetzt kommt er schon wieder mit seiner Sorge, ich könnte da was Falsches machen ...
K: Ja ...
T: Ich denke, das ist bei mir in dem Moment abgelaufen. Das war mir aber in dieser Situation nicht deutlich vor Augen.

Ich sprach auch nochmal seine Sorge an, ich könnte ihn als einen gewalttätigen Menschen einschätzen oder ich könnte ihn in die Psychiatrie einweisen lassen, und gab ihm auf diese Fragen dann auch konkrete Antworten.

Neunte Stunde:
T: Das ist mir im nachhinein aufgefallen. Auf Ihre konkrete Aussage: Meine Sorge ist, daß sie mich als gewalttätigen Menschen einschätzen ... da habe ich Ihnen ja auch keine klare Antwort gegeben ...
K: Richtig ...
T: Das will ich jetzt nachholen.
K: Finde ich gut.

T: Wenn ich Ihre Lebensgeschichte betrachte, fällt mir erstmal auf, daß Sie strafrechtlich nicht als gewalttätiger Mensch in Erscheinung getreten sind. Bis auf den Vorfall in der Jugendstrafanstalt, da haben Sie doch Ihre Mitgefangenen erpreßt.

K: Ja, das stimmt. Sonst bin ich wegen BTM (Verstoß gegen das Betäubungsmittelgesetz) verurteilt worden.

T: Was ich jetzt hier erlebe in der Auseinandersetzung mit Ihnen, ich denke, ich habe es versäumt, Ihnen das in der letzten oder vorletzten Stunde zu sagen ... jetzt fällt es mir wieder ein, ein wichtiger Punkt. Sie haben ja auch von Ihrer Sorge gesprochen, daß ich Sie in die Psychiatrie einweisen lassen könnte ...

K: Ja, das habe ich gesagt.

T: Ich habe mir jetzt überlegt: Was hättest du denn K. da klarer sagen können.

K: Das habe ich mir auch gedacht.

T: Ich erlebe Sie als einen Menschen, der eine große Energie in sich spürt, ein Potential, irgendwas zu machen. Ob gut oder schlecht für Sie oder andere, das sei jetzt erstmal dahingestellt ...

K: Das ist richtig, ja ...

T: Und ich denke, ein Mechanismus bei Ihnen ist, daß Sie in Situationen, wo Sie enttäuscht werden, wo Sie glauben, ungerecht behandelt zu werden ... ich mache mal ein Beispiel. Wenn jetzt Ihre Freundin Ihnen mitteilen würde, daß sie die Beziehung zu Ihnen aus irgendwelchen Gründen abbricht, das wäre sicherlich eine große Enttäuschung, eine Belastung für Sie ...

K: Ja, okay ...

T: Ich denke, in solchen oder in vergleichbaren anderen Situationen besteht bei Ihnen die Gefahr, daß Sie feindselig und aggressiv reagieren ...

K: (Pause) ... ja ...

T: Da ist die Gefahr bei Ihnen.

K: Ist das nicht eine normale Reaktion?

T: Ich kann sie verstehen ... Die Gefühle, die Sie in den Situationen haben, die spüren Sie nicht mehr.

K: Ich glaube, das ist richtig.

T: Die wollen Sie auch nicht spüren, die tuen weh.

K: Ja ...

T: Und eine Möglichkeit, um das nicht mehr zu spüren, besteht darin, aggressiv und feindselig nach außen zu gehen.

K: Ja ...

T: Ja, das war mir jetzt wichtig, Ihnen das zu sagen ... Da sehe ich eine Gefahr bei Ihnen. Ich denke, das ist auch wichtig hier für unsere Arbeit, daß wir darauf achten, wo Sie sich schmerzhafte Gefühle, auch über das, was war, vom Leib halten und nicht an sich rankommen lassen, weil sie weh tuen ... Ich möchte das noch ergänzen. Die andere Sorge, daß ich Sie in die Psychiatrie einweisen lassen könnte ...

K: Das ist schon wahnsinnig ...

T: Jetzt erstmal der gesetzliche Standpunkt. Die Möglichkeit habe ich überhaupt nicht. Sie haben eine Zeitstrafe ausgesprochen bekommen, und wenn die abgelaufen ist, dann werden Sie entlassen. Da könnten zehn Psychologen sagen, der Mann könnte gefährlich werden, Sie müßte doch entlassen werden. Das jetzt zu der rechtlichen Seite.

K: Ja.
T: Jetzt was mich angeht. Wie gehe ich damit um, wenn ich in der Arbeit den Eindruck gewinne, der Mann könnte für sich und andere gefährlich werden, da sehe ich die Möglichkeit einer gewalttätigen Entwicklung ... Wie gehe ich damit um? ... Ich habe nur eine Möglichkeit ... Ihnen das zu sagen, mehr nicht ...
K: Ja ...
T: Ich würde Ihnen dann sagen: Herr K., da sehe ich die Gefahr bei Ihnen ... und gemeinsam überlegen, was zu tun ist.
K: Das ist richtig, daß sie mir das jetzt so sagen ...

An dieser Aufarbeitung der vorhergehenden Stunden lag mir viel, und das blieb K. auch nicht verborgen.

Inzwischen war es offenkundig K.'s Anliegen geworden, daß ich nun auch zu vollzuglichen Fragen, insbesondere zur Frage der Urlaubseignung, Stellung nehmen sollte. Sein Wunsch nach Hafturlaub war so in den Vordergrund gerückt, daß er zu mir sagte, er wolle die Gespräche bei mir abbrechen, damit ich dann auch zu seinem Urlaubsantrag Stellung nehmen könne. Er nahm also an, daß ich nur unter dieser Bedingung bereit wäre, eine Stellungnahme zu schreiben. Es wurde immer deutlicher, daß K. sich vorwiegend mit einem Gedanken beschäftigte: "Ich will raus! Ich will meinen Urlaub, und der W. könnte mich dabei unterstützen, wenn wir diese verflixten Gespräche nicht hätten!"
Tatsächlich habe ich aber nichts dagegen und mir scheint es auch verantwortbar, bei einem Gefangenen diagnostisch tätig zu werden und gleichzeitig therapeutisch mit ihm zu arbeiten. Die Bedingungen zwischen uns müssen allerdings klar sein. Der Klient muß den Unterschied zwischen diagnostischer und therapeutischer Arbeit im Gefängnis erkennen.

Ich teilte ihm also mit, daß ich durchaus die Stellungnahme schreiben könnte. Ich hatte schon vorher mit ihm gemeinsam überlegt, daß eine Beurlaubung in der Sommerzeit unwahrscheinlich sei, daß man aber darauf hinarbeiten könnte, daß er eventuell im Herbst Urlaub bekommen würde. Ich enthielt ihm auch nicht vor, daß ich ein Interesse daran hätte, mit ihm weiterzuarbeiten. Für ihn war aber die Vorstellung, weiter zu mir zu kommen, mit Befürchtungen und Ängsten verbunden: Er habe Angst davor, hier weiterzumachen. Es sei für ihn ungewohnt, über die Kindheit und über die schlechten Sachen zu reden. Vielleicht komme ja auch ein Fehler bei mir dadurch zustande, daß ich ihn nur analytisch sähe. Er spreche ja immer von Gefühlen, die spüre er ja, die kämen ja hoch. Aber ich nähme ihn ja nur analytisch wahr.

Ich erzählte ihm dann von mir, teilte ihm mit, daß durch unseren Kontakt ja auch Gefühle und Gedanken bei mir ausgelöst würden. Wenn ich ihn einsam oder verzweifelt wahrnahm, erinnerte mich das häufig an Situationen, in denen ich selbst mich einsam und verzweifelt gefühlt hatte. Ich erzählte ihm ein Erlebnis aus meiner Kindheit, das für mich sehr traumatisch war: Als achtjähriger Junge hatte ich meinem Bruder einmal beinahe mit einem Beil die Hand abgehackt. Die sich anschließende Erfahrung von Einsamkeit, Schuld und Verzweiflung beeinflußt mein heutiges Erleben in manchen Situationen noch immer. Indem ich ihm hiervon erzählte, wurde er selber an ein Erlebnis aus der Kindheit erinnert.

Zehnte Stunde:
K: Ich kann mich an eine Situation erinnern als ich noch klein war. Da waren wir auf einem auswärtigen Fußballspiel, so Dorf gegen Dorf. Wir überqueren eine Schnellstraße mit dem Fahrrad, und ein Junge bleibt mit seiner Hose in der Kette hängen. Er probiert den Stand zu halten, und in dem Augenblick fährt voll ein Auto gegen ihn. Das Bein war direkt ... ist aus der Hose geflogen. Der Junge ist hochgeflogen, über das Auto und mit dem Kopf auf die Erde geprallt. Die anderen Kollegen, die hatten alle einen totalen Schock. Und das war ein Blut, Herr W., aus dem Kopf kam das. Die ganze Seite war aufgerissen, so gallertartig ... ah, ich kann das gar nicht erklären und ... obwohl. Der Arzt hat später gesagt, daß er schon tot war. Trotzdem weiß ich hundertprozentig, daß er "Mama" gerufen hat. Und der Mann hat das gar nicht gerafft, der ist weitergefahren. Erst einen Kilometer später muß der registriert haben, daß er jemanden tot gefahren hat. Der hat das Auto zur Seite und ist gelaufen, wie ein Verrückter ... Ich bin da als einziger, weil ich nicht so schockiert war oder nicht so, wie nennt man das ... nicht so unter Schock gestanden habe, ich bin da zu dem Jungen hin, oder ... wirklich ... was da von ihm übrigblieb und habe ihn dann ... Und er war tot. Ich konnte ihn anpacken, das spürt man, wenn einer tot ist. Ich habe es jedenfalls mitbekommen ... und trotzdem war er noch "Mama" am rufen ... Da habe ich mich ganz nahe an ihn rangelegt, daß er so meine Wärme spürt, verstehen sie, und er hat dann mich auch so als seine Mutter gesehen ...
T: Er hat die Wärme gespürt ...
K: Ja, das habe ich gespürt, daß er das auch brauchte in seiner letzten Sekunde ... Nachher kam dann ein Arzt, und die Jungens, die wollten sich nicht bewegen. Ich habe geschrien, sie sollen einen Krankenwagen anrufen, und die haben das nicht geschafft. Und nachher, als der Arzt dann kam, ich war dann wohl auch sehr verkrampft, ich hatte mich so total zusammengekauert und neben ihn gelegt ... Mir kommt es jetzt richtig hoch, wenn ich das nachempfinde ... Und da sagte er ... er wollte mich zu meinen Eltern fahren, und dann wollte ich das nicht, da zu den Pflegeeltern, das war im zweiten Jahr da. Ich wollte da nicht zu den Eltern zurück, und der Arzt, der hat das direkt gespürt. Er wollte mich dahin fahren, und er sagte: Das Wichtigste für dich ist jetzt, daß wir darüber reden ...
T: Ja ...

K: Und er hat dann auch dem Pflegevater klargemacht ... ich habe dann da gesessen, total angespannt, und ich ... wollte weinen, aber es kam nicht ... Und er sagte: Mensch, weine ruhig. Und er hat dem Pflegevater klargemacht, daß er mit mir darüber reden sollte, so, was ich da jetzt gesehen hatte, daß man diese grauenhaften Szenen vergißt ... Eine halbe Stunde hat er probiert, auf mich einzureden, mich zu entkrampfen, so ... Ich habe mir dann nachher die Hunde gepackt, und da wurde mir erst klar, daß er tot war. Obwohl ich gar keine so starke Beziehung zu ihm hatte, persönlich, ist mir das so gekommen, so raus ... geweint ... er war ja auch so jung wie ich ...
T: Waren Sie alleine, als Sie geweint haben?
K: Ja, mit den Hunden ... poh, ich könnte jetzt ... (hat Tränen in den Augen stehen) ... wahnsinnig ...
T: Wehren Sie sich nicht dagegen ... Sie haben ja auch Tränen in den Augen ...
K: ... ach ...
T: Lassen Sie mal los ...
K: ... das sind so Sachen, wo, selbst das Allerhärteste mußte festgehalten werden ...
T: Jetzt können Sie loslassen.
K: ... Jetzt ist es vorbei ... Wissen sie, daß ich da nur mit dem Hund empfunden habe ... Er hat das so registriert ... er war die ganze Zeit neben mir, er hat gespürt, da war was los mit mir, mit seinem Freund ... In dem Wald, da habe ich mich dann hingesetzt, und er kam dann so nahe ran, er wollte ganz nahe ran ... und da kam das dann ...
T: Da kamen dann die Tränen ...
K: Absolut ... richtige Ausbrüche von ...daß ich das nicht kapiert habe, daß das einfach geschehen konnte, daß das Leben da so sein Schicksal nimmt ... Und das waren dann so Szenen, die sehr gut getan haben, Herr W., die wirklich gesagt haben, daß das ein Ventil ist, um aber auch, ich sage das jetzt mal ... die Aggressionen, ist ja auch ein Ausbruch ... ich habe ihnen das ja mal gesagt, daß ich da mehr für mich gefühlt habe ... poh ...
T: Bleiben Sie mal bei Ihren Tränen ... Sie müssen nicht weitersprechen ...
K: (weint) ... Daß ist das, glaube ich auch, wo sie das jetzt sagen ... daß ich meistens meine, weitersprechen zu müssen ...
T: Weil die Gefühle dann zu stark werden ...
K: Ja ... die meisten verstehen das nicht, was das gerade für einen jungen Menschen bedeutet hat ... Ich konnte nicht mit dem Pflegevater darüber reden, wie sehr mich das bedrückt hat ... daß der Junge da so jung gestorben ist ... Irgendwie hat der das auch nicht gefühlt ...

K. weinte hier zum erstenmal in meinem Beisein. Mir schien es wichtig, daß er sich wieder als verletzt und verletzlich erleben und sich mir gegenüber auch traurig zeigen konnte.

Diese Stunde war für mich sehr anstrengend, da ich ihm sehr weit entgegengekommen war und viel von mir mitgeteilt hatte. Durch mein Entgegenkommen war er offensichtlich auch offener geworden, und damit war ich zufrieden. Zugleich wurde mir klar, daß ich ihm nicht immer so weit würde entgegenkommen können, wenn ich mich nicht selbst erschöpfen wollte.

In der nächsten, der elften Stunde redeten wir anfangs sehr allgemein über verschiedene Themen. Es ging u.a. um Krieg, Terrorismus und Isolationshaft. Sobald ich versuchte, konkreter zu werden und auf die persönlichen Anteile zu sprechen kam, die in seinen Äußerungen steckten, blockte K. ab. Er wollte sich nicht auf irgendetwas Persönliches einlassen. Er sagte beispielsweise: *"Ja, wenn Sie mich fragen: Halten Sie das denn für richtig, wenn die Terroristen Menschen umbringen? - da weiß ich nicht, was Sie damit bezwecken?"* Er war mißtrauisch und unterstellte mir Berechnung und Fallenstellerei. Vermutlich war das auch eine Reaktion auf den intensiven und intimen Austausch zwischen uns in der vorigen Stunde.

Dieses ständige Infragestellen und die anhaltende mißtrauische Zurückhaltung von K. waren ermüdend und anstrengend für mich, und sie kränkten mich auch. Schorsch et al. (1985, S. 100 ff.) haben (speziell im Zusammenhang mit Sexualdelinquenz) auf die besondere Beziehungsproblematik hingewiesen, die den therapeutischen Prozeß kennzeichnet, wenn man mit Klienten arbeitet, die frühzeitig alleingelassen wurden, die sich nicht in dem Gefühl entwickeln konnten, vertrauensvoll, sicher, geborgen und beschützt zu sein. Schorsch et al. führen weiter aus, daß diese Menschen es später nötig haben, ständig Selbständigkeit und Unabhängigkeit zu beweisen. Sie vermeiden Beziehungen mißtrauisch und benehmen sich pseudoautonom, halten die vorhandenenen Abhängigkeitswünsche in Schach, um nicht erneut eine Wiederauflage früherer Enttäuschungen zu erleben, die sie unbewußt bei jeder Beziehungsaufnahme antizipieren. Das führt zu forcierter Abgrenzung als Ausdruck eines tiefverwurzelten Mißtrauens. Sie betonen dem Therapeuten gegenüber ihre Unabhängigkeit, Eigenständigkeit, weil sie sich vor Abhängigkeiten fürchten. Viele äußern ihr Mißtrauen, mit ihnen könne etwas gegen ihren Willen geschehen. Gefühle werden als Zeichen von Schwäche angesehen.

Für jeden Therapeuten ist die Begegnung mit solchen Klienten eine Zurückweisung und Kränkung. Der Therapeut kommt aber nicht darum herum, dem Klienten zunächst einmal zuzubilligen, mißtrauisch zu sein. Wenn er vorschnell eine Aufgabe der distanzierten Haltung fordert, besteht die Gefahr des Therapieabbruchs.

Diesen von Schorsch et al. sehr nachvollziehbar beschriebenen Prozeß, erkannte ich in unserer Auseinandersetzung wieder. Was es bedeutet, ständig mit einer mißtrauischen skeptischen (Übertragungs-)Haltung konfrontiert sein, erlebte ich in der konkreten Auseinandersetzung als Ermüdung, Erschöpfung, Ärger und als die sich wiederholende und unerfüllbare Aufforderung, mich als vertrauenswürdig zu erweisen.

Ich hatte darum auch vor, in dieser Stunde klar herauszuarbeiten, was eigentlich K.s Interesse daran war, mit mir zu sprechen. Er sollte Position beziehen. K. erlebte sich inzwischen nicht mehr so stark unter Spannung wie in den ersten Stunden. Das stimmte mit meiner Wahrnehmung überein. Ich fragte ihn direkt, warum er denn jetzt bei mir sei, was er hier in diesen Gesprächen für sich erreichen wolle. K. reagierte ausweichend und stellte Gegenfragen. Ich wurde ungeduldig und ärgerlich. K. lenkte zwar ein, letztlich zog er sich dann aber auf die Position zurück, daß er zwar in seinem Leben Fehler gemacht habe ("*Ich habe Menschen ausgenutzt, mißbraucht. Ich erkenne meine Fehler.*"), die habe er aber erkannt. Seine Sorgen und Probleme würden aber heute von anderen ausgelöst. Am liebsten wolle er sich zurückziehen. Er habe es leid, sich immer wieder erklären zu müssen, auch in unseren Gesprächen.

An diesem Punkt war meine Geduld zu Ende, und ich wollte auf eine klare Entscheidung hinarbeiten. Dabei bezog ich auch die Möglichkeit mit ein, daß er möglicherweise die Gespräche bei mir beenden würde. Ich sagte ihm also unmißverständlich, daß er sich die Gespräche sparen könne, wenn er meine, er müsse kommen, um sich zu erklären.

Elfte Stunde:
K: Vielleicht wäre es besser gewesen, wenn ich das gemacht hätte. Manchmal denke ich mir, ich möchte nur meine Ruhe, meine Zurückgezogenheit. Ich tue mich hier ja auch rechtfertigen.
T: Vor wem rechtfertigen Sie sich?
K: Vor wem, Herr W.... ?
T: Rechtfertigen Sie sich vor mir?
K: Nicht nur vor Ihnen.
T: Ja, tun Sie das?
K: Nein, Herr W. Ich muß mich vor X. (ein Mitarbeiter des Aufsichtsdienstes) rechtfertigen. Ich sehe doch, wie die mich hier besonders im Auge haben. Ich denke, wenn ich jetzt nur auf der Zelle säße, da würde keiner reingucken. Da würde keiner gucken. Was macht der in der Freistunde? Mit wem geht der? Das sind alles so Sachen, die kenne ich nicht, da bin ich nie mit konfrontiert gewesen. Herr W., ich habe mich nie damit auseinandersetzen müssen, weil es bisher immer so gegangen ist. Ich habe die Probleme nicht mit Gewalt gelöst, sondern mich eher zurückgezogen. Und da sehe ich keine Gefahr drin, daß ich mich auf meine Ziele alleine konzentriere ... daß ich darauf hinarbeite, daß ich mein Mädchen mal wiedersehe, daß ich mich darauf freue, mal wieder rauszukommen ... und so was. Das sind jetzt hier so Sachen. Hier muß ich mich nun klar machen.

T: Hier?
K: Hier unter anderem. Damit man sieht, daß ich nicht der bin, der in den Akten steht.
T: Hier müssen Sie sich klar machen?
K: Unter anderem. Ich muß doch jetzt schon wieder denken ...
T: Sagen Sie mal, Herr K., das halte ich für einen wichtigen Punkt, sind Sie hier bei mir, weil Sie denken, Sie müßten sich erklären, damit ich ...
K: Nein, das ist falsch, Herr W., ...
T: Ich sagen Ihnen mal meinen Eindruck: Wenn Sie denken, das sage ich Ihnen in aller Deutlichkeit ...
K: Das haben sie mir letzte Woche schon gesagt.
T: Ich sage es nochmal, weil es mir wichtig ist. Wenn Sie denken, ich gehe zu dem W., damit der eventuell mein Bild hier korrigiert, damit er sich eventuell für meinen Urlaub einsetzt, damit ich ihm einen Gefalle tue, er hat mir ja auch öfters gesagt, daß er ein Interesse daran hat, mit mir weiterzuarbeiten ... wenn diese Motive hier eine Rolle spielen, dann können Sie sich das wirklich sparen, Herr K., dann verplempern wir unsere Zeit ...
K: Da würde ich mir das sparen, Herr W., ...
T: Dann hören wir auf, dann ist es sinnlos.
K: Dann würde ich mir das sparen, Herr W.. Ich glaube aber, daß wir da in die falschen Schneisen reingehen, daß wir beide Sachen aufwärmen, die mir total unangenehm sind. Vielleicht gehen wir beide nicht sachte genug an die Sachen ran, daß ich da noch zu empfindlich bin.

**Ich sprach in einem lauten, entschiedenen Ton. Ich war im Reinen mit mir und eindeutig, nachdem ich mich auch frei fühlte, die Möglichkeit des Therapieabbruchs ins Auge zu fassen. K. wollte aber nicht aufhören. Eher kleinlaut vermutete er, er sei vielleicht zu empfindlich. Die Erlebnisse aus seiner Vergangenheit habe er sicher noch nicht verarbeitet. Die habe er nur einfach weggesteckt, um nicht mehr darüber nachdenken zu müssen. Er spüre selber, daß es nicht so sei, wie es sein solle. Er wolle auf den Weg kommen und auch seine "inneren Sachen" klären. Er würde doch gar nicht zu mir kommen, wenn er wirklich abblocken wollte. Der Wille sei ja da.
In meiner Rückmeldung sagte ich ihm, daß mich die Stunde ermüdet und angestrengt hat. Zufrieden war ich damit, daß ich den Eindruck einer grundsätzlicheren Klärung unserer Situation hatte. Der weitere Fortgang hat das bestätigt. Zu Beginn der nächsten Stunde bemerkte K., daß er sich selbst als verbohrt erlebt hatte. Er wollte nocheinmal klarstellen, daß er nicht wegen irgendwelcher erhofften Vergünstigungen zu mir komme. Diese Nachwirkung der Stunde fand ich wichtig, die Auseinandersetzung trug anscheinend Früchte. Diese Thematik kehrte dann auch nicht mehr wieder.**

Ein solches Ringen um eine gemeinsame Gesprächsbasis, wie es deutlich geworden sein sollte, ist nach meinen Erfahrungen typisch für psychotherapeutische Arbeit mit Gefangenen.
Ich möchte jetzt schwerpunktmäßig die weitergehende therapeutische Arbeit darstellen. Der Beziehungsaspekt stand dabei nicht mehr als Problem im Vordergrund.
Das Folgende stammt aus der fünften Stunde. K. sprach von seinem Wunsch, mit seiner Freundin einmal länger zu reden, um ihr *"seine Weltauffassung klarzumachen"*, wie er sich ausdrückte. In den zwei Jahren Haft mit den geringen Besuchsmöglichkeiten habe er sich doch stark von ihr entfremdet.
Ich nahm das zum Anlaß und arbeitete mit dem "leeren Stuhl" mit ihm. Im Dialog mit seiner Freundin nahm er abwechselnd beide Rollen ein. Nach anfänglichem Widerstreben und Zögern ließ er sich hierauf ein. Unterstützend dabei, ihn zu einem solchen Experiment zu bewegen, wirkte auch, daß ich seine eigenen Formulierungen aufgreifen konnte, die er in der weiter oben geschilderten Identifikation mit dem Bären verwendet hatte.
In seiner eigenen Rolle, als K., scheinen mir die entscheidenden Sätze zu sein: *"Ich bin uneins mit mir. Die Ziele und der Sinn des Ganzen haben sich verloren. Ich habe auch die Motivation dafür verloren, die Lehre zu machen. Wenn ich wieder rauskomme aus dem Gefängnis, werden wir viele Schwierigkeiten haben, aber wenn ich den Kampf, den ich hier momentan führe, auf unser Leben konzentriere, müßten wir es doch schaffen. Ich habe Angst, meine Emotionen verloren zu haben. Ich liebe dich zwar, aber das Herz hat sich abgeschottet. Ich finde den Schlüssel nicht mehr."*
In der Identifikation mit seiner Freundin sagte er: *"Ich verstehe dich, und ich weiß, was in dir vorgeht. Ich weiß, daß du einen totalen Kampf ausfechtest, wo du auch den Sinn verloren hast. Ich hoffe, daß du an uns glaubst. Du sollst wissen, daß ich dich liebe. Ich glaube, daß ich genügend Wärme in mir habe, um dein Herz wieder aufzuwärmen. Ich glaube, du hast nur Angst, mich zu verlieren. Darüber brauchst du dir keine Sorgen zu machen."*
In der Reflexion über diesen Dialog mit seiner Freundin sprach er davon, daß er in der Rolle der Freundin viel Sensibilität gespürt habe, daß sie ihn verstehe. Über sich selbst sagte er: *"Irgendwie habe ich das Gefühl, daß mein Herz eingefroren ist. Und so fühle ich mich auch. So habe ich mich jetzt gespürt."* Er bekam eine Ahnung davon, was er seiner Freundin mit seiner Kälte antat. Er

sagte dazu: *"Sie kriegt das doch alles mit, wie ich hier vereinsame, wie mein Herz kälter wird. Das bekommt sie alles mit."* Seine abschließenden Worte waren: *"Mir ist klargeworden, wie ich mich abgeschottet habe. Ja ... habe gemerkt, was das gebracht hat, wie ich ausnahmsweise mal in mich hineingegangen bin. Ich komme mir herzlos vor. Da muß ich wirklich nochmal mit mir ins Klare kommen."*
Das scheint mir auch der zentrale Punkt in dieser Arbeit gewesen zu sein, daß er selbst eine Anmutung davon bekommen hatte, wie er im Kontakt mit der Freundin auf sie wirkte. Im nachhinein kam mir aber noch folgende Überlegung: Ich hätte auch noch darauf hinarbeiten können, seinen Blick dafür zu öffnen, wie er durch seine Haltung, durch sein "eingefrorenes Herz", nicht nur seine Freundin kränkt, sondern was er durch diese Kälte auch sich selber antut, was das für ihn bedeutet: Er wird natürlich weder seinen Mitmenschen noch sich selbst gerecht. Auch er bleibt mit seinen Bedürfnissen und Wünschen alleine, wenn - um mit seinen Worten zu sprechen - sein "Herz eingefroren" ist.

Dieser für ihn sehr ungewohnte Dialog mit Hilfe der Methode des "leeren Stuhls", löste doch erhebliche Widerstände aus. Verständlich wird das u.a. auch, wenn man berücksichtigt, in welch einem engen Verhältnis die Auseinandersetzung mit der Freundin zu lebenswichtigen Problemen und zu der zentralen Schicht, der zentralen Region (vgl. Lewin, 1968) seiner Person stand. Gleichzeitig ging es auch um die Auseinandersetzung mit einer realen Personen. Als Einstieg wäre eine Traumarbeit vielleicht einfacher für ihn gewesen. In der dreizehnten Stunde machte K. an einer Stelle die Bemerkung: *"Ich glaube, wie auch bei mir, daß die persönliche Geschichte immer zur Zukunft beiträgt, weil da Prägungen und Eigenschaften sich in Kindheit und Jugend gefestigt haben."* Das nahm ich zum Anlaß, ihm etwas über die Auffassungen von Alfred Adler mitzuteilen, insbesondere über die Entwicklung des Gemeinschaftsgefühls. Diese Erläuterungen regten ihn an, Erlebnisse aus seiner Kinderheimzeit zu erzählen, als er seinen Bruder zum ersten Mal gesehen hatte und als die Mutter ihn zum ersten und einzigen Mal besuchen gekommen war. Er sagte: *"Wenn ich heute darüber nachdenke, da habe ich immer nach der Mutter gesucht."* Er berichtete von einer Bekanntschaft mit einer älteren Frau und äußerte die Vermutung: *"Ob ich da nicht in dieser Frau so eine Mutter gesucht habe, weil ich auch in der Zeit sehr einsam war."* Ich forderte ihn auf, dies seiner Mutter einmal direkt zu sagen (Arbeit mit dem "leeren Stuhl"), und er ließ sich ohne größere Widerstände darauf ein.

Dreizehnte Stunde:
K: Ja. Ich habe ja nie darüber nachgedacht. Ich würde ihr sagen, also, ich sage ihr jetzt: Du hast mir gefehlt. Ich habe mich auch wie die anderen nach Wärme gesehnt, nach Liebe, nach Zuneigung, einfach nach einer Mutter ... (geht aus der Rolle raus) ... Ich glaube, das hätte ich ihr gesagt. Das hatte ich auch schon mit elf Jahren im Kopf, mehr mit dem Verstand, weniger mit den Emotionen. Mein Bruder war da anders, zumal sie auch mehr Zuneigung zu ihm hatte ...
T: Bleiben Sie nochmal im Dialog ... (ich doppele ihn): Du hast mir gefehlt. Ich hätte auch gerne eine Mutter gehabt. Du warst nie da. Ich hätte mich auch gerne geborgen gefühlt, das habe ich nie. Ich mußte mich meistens wehren im Kinderheim, war alleine. Ich habe nächtelang nach dir gerufen.
K: (lange Pause) ...
T: Was ist jetzt bei Ihnen, wenn ich versuche, für Sie zu formulieren?
K: Ja ... Da kommt ein Gefühl auf. So, wie ich damals vielleicht gedacht habe. Wenn ich das so höre ... Daß ist auch das, was ich ihr sagen würde.
T: Sagen Sie es ihr selber.
K: Ja. Ich kann es mal versuchen ... : Ich habe mich nach Liebe gesehnt, nach dir als Mutter ... habe nachts geschrien nach dir ...
T: Was erleben Sie jetzt, wenn Sie das sagen?
K: Ach ... (atmet hörbar die Luft aus) ...
T: Was macht das Atmen jetzt so schwer?
K: Ach ... Die Luft ist hier so warm ... Es ist ein komisches Gefühl für mich. Es ist so, als wenn ich gerade zehn, elf Jahre alt würde ... so, mit den Gefühlen ... Ich würde am liebsten knatschen.
T: Versuchen Sie das jetzt zu unterdrücken?
K: Ich habe eben gedacht. Wo sie das gesagt haben, da habe ich so gelauscht ... Dann kam da so wie ein Panzer ... mein Verstand ... Der Panzer war da, aber irgendwie ... Ich weiß nicht ... Ich sage zu mir: Vorsicht, dein Panzer ... Das habe ich gesagt.
T: Der Panzer bröckelt ... ?
K: Ja ... Da ist wirklich ein Panzer drum, würde ich mal sagen. Aber man erkennt die Ansätze. Ich erkenne selbst bei mir den Ansatz da, wenn ich das höre, wenn ich das selbst sage ... Das würde ich am liebsten gefühllos sagen, also ausdruckslos, das wäre mir am einfachsten.

Von besonderer Bedeutung erscheint mir in diesem Dialog die Stelle, als er seiner Mutter sagte: *"Ich habe mich auch wie die anderen nach Wärme gesehnt, nach Liebe, nach Zuneigung, einfach nach einer Mutter."* Und dann einschob: *"Es ist so, als wenn ich gerade zehn, elf Jahre würde, so mit den Gefühlen. Ich würde am liebsten knatschen."* An dieser Stelle war er nahe an seinem unmittelbaren Erleben, hatte Kontakt zu seinen Gefühlen, und ich hätte ihn hier vermutlich besser unterstützt, wenn ich ihn einfach aufgefordert hätte: "Knatsch mal! Tu das mal!" Ich hätte ihn ermuntern sollen, seinem Erleben nachzugeben. Durch eine ungeschickte Intervention brachte ich ihn davon weg, und er war wieder "im Kopf" und rationalisierte und theoretisierte. In der weiteren Arbeit wurde das deutlich. In der Identifikation mit der Mutter äußerte er ein hohl wirkendes, eher verkopftes Verständnis für die Mutter. Er verzeihe ihr "mit dem Verstand". Von seiner abgespaltenen Trauer, von seiner Enttäuschung war er weit entfernt. In der Äußerung: *"Ich würde am liebsten knatschen"* klang auch eher eine Vorwurfshaltung an, Anzeichen für auch jetzt noch verfolgte Ansprüche und Aggressionen. Trauer und Verzicht darüber, das nicht mehr bekommen zu können, was man als Kind gebraucht hätte, wären ihm wahrscheinlich erst später zugänglich geworden.

Es folgt nun aus der sechzehnten Stunde eine umfangreichere Traumarbeit: Der Trauminhalt war folgender: Ein Freund ("Erwin") und K. entschließen sich, eine Safari zu machen. Als sie im Urwald am Ende eines Weges ankommen, müssen sie ihren Wagen abstellen und zu Fuß über eine Hängebrücke gehen. Sein Freund gibt ihm zu verstehen, daß er Furcht hat und nicht weitergehen will. Als sie auf sein Betreiben weitergehen und die Brücke betreten, bricht die Brücke unter ihnen zusammen, und sie werden durch einen wildreißenden Fluß fortgetrieben. Bei dem Versuch, an Land zu kommen, wird sein Freund Erwin abgetrieben. K. schafft es, mit letzter Kraft an Land zu kommen. Er sitzt dann an einem Baum, ruht sich aus. Dabei wickelt sich eine große Schlange um ihn und den Baum und drückt ihm die Luft ab. In dieser Situation laufen wie in einem Film Bilder vor seinem inneren Auge ab. Er sagt wörtlich: *"Ein Film von allem, was ich erlebt habe."* Als er sich in sein Schicksal ergibt und aufhört, sich gegen die Schlange zu wehren, läßt der Druck nach. Er fällt zur Seite und wird in einer Hütte wach. Ein Indiomädchen sitzt hinter ihm und summt einen beruhigenden Ton. Er erholt sich langsam in dieser Hütte, und wird dann aber von einer inneren Unruhe erfaßt. Das Indiomädchen rüstet ihn mit Pfeil und Bogen aus, er hat das Gefühl, eine Mission erfüllen zu müssen. Er kehrt durch den Urwald zum Auto zurück, und ist sich überhaupt nicht im Klaren, was er jetzt zu tun hat, was er tun muß. Eine Erinnerung an seinen Freund Erwin hat er nicht mehr. K. spürt das Verlangen, zu dem Indiomädchen zurückzukehren und trifft sie wieder. Er gibt ihr zu verstehen, daß er nicht bei ihr bleiben kann, bevor er nicht jemanden gefunden hat. Er macht sich dann zu Fuß auf den Weg, am Fluß entlang,

durch den Urwald und kommt in ein Dorf. Ein älterer Mann gibt ihm zu
verstehen, daß er noch eine weite Reise vor sich habe, um zu dem kranken
Freund zu kommen. Nachdem er auch hier wieder ausgeruht, lange geschlafen
hat, findet er Erwin nach einer beschwerlichen Reise tief im Urwald. Erwin ist
krank und wird von Eingeborenen betreut. Eine ältere Frau gibt ihm
regelmäßig einen Medizintrunk. Er selbst - also K. - hat aber die Ahnung, daß
die Medizin dem von Krankheit geschwächten Freund nicht hilft, sondern ihn
vergiftet. Er macht sich heimlich mit dem kranken Freund durch den Urwald
davon und fühlt sich von den Eingeborenen verfolgt. Er hat das Gefühl, daß
sie beide getötet werden sollen. Eine große Kraft treibt ihn immer weiter. Er
verausgabt sich körperlich völlig. Das Indiomädchen kommt ihnen entgegen,
und sie bringen den Freund gemeinsam in die Hütte. Dort wird er von dem
Indiomädchen gesund gepflegt. K. macht sich dann alleine auf den Weg aus
dem Urwald. Der Freund bleibt zurück, weil er da seine Ruhe gefunden hat.
Im Schlußbild des Traumes fährt K. in sandiger Wüste Dünen hoch und
runter. Er erlebt das als sinnlos und muß aufpassen, daß er mit dem Wagen
nicht dauernd aufstößt.
Ich war von diesem Traum erstmal beeindruckt. Er faszinierte mich, als ich ihn
auf mich wirken ließ. Mein erster Eindruck war, daß der Traum vieles in sym-
bolischer Form darstellte, was K. in seinem Leben bisher erlebt hatte. Er selber äußerte spontan die Vermutung, daß das mit seinem Freund Erwin überhaupt nichts zu tun habe, sondern daß er selbst da zwei Personen spiele. Es
war ihm auch wichtig zu sagen, daß er im Traum Erwin nicht alleine im Urwald zurücklassen wollte, obwohl er eine Last für ihn gewesen sei. Diese
Szene, als er den kranken Freund durch den Urwald zurückschleppte, hatte
auch mich angesprochen, und ich regte an, er solle sich dieses Bild mit den
Gefühlen und Stimmungen noch einmal vergegenwärtigen, die diese Szene bei
ihm ausgelöst hatte. Ich forderte ihn zu einem Dialog mit dem Traumpartner
auf. Dazu war er auch sofort bereit. Es fiel ihm erstmal nicht schwer, sich darauf einzulassen.

Sechzehnte Stunde:
T: Ich denke, daß ist ein guter Punkt, daß Sie da mal versuchen anzusetzen, wo Sie mit ihm durch
den Dschungel zurückgehen, wo Sie ihn schleppen. Versuchen Sie die Situation, die Atmosphäre

nochmal zurückzuholen. Stellen Sie sich das vor. Sie tragen ihn, Sie stützen ihn, sie müssen durch den Urwald zurück. Unterhalten Sie sich mal mit dem Erwin.
K: Das ist es. Ich habe mich überhaupt nicht mit ihm unterhalten.
T: Machen Sie es jetzt mal.
K: So, wie wir schon mal gemacht haben?
T: Ja. Was möchten Sie denn dem Erwin sagen?
K: Komm, Erwin, wir müssen weiter. Keine Schwäche ... Das hätte ich zu ihm gesagt. Und er hätte gesagt: Ich kann nicht, keine Kraft, bin schwach ... oder sowas.
T: Machen Sie die verschiedenen Rollen deutlich (ich stelle einen weiteren Stuhl dazu). Nehmen Sie dann auch den anderen Platz ein.
K: Ja, gut. Ist nicht so schlimm wie früher (nimmt jetzt den anderen Platz ein).
T: Wie geht es dem Erwin jetzt? Versuchen Sie mal, in den Erwin hineinzugehen. Wie ist das, der Erwin zu sein?
K: Ich fühle mich krank, leer und energielos und schwach, total schwach. Ich kann mich kaum auf den Beinen halten.
T: (ich doppele den Erwin): Ich bin auf deine Hilfe angewiesen. Du mußt mir helfen.
K: Ja. Das würde er vielleicht ... Da haben sie einen guten Punkt mit getroffen ... Ich kann momentan nicht, bin krank, bin schwach. Ich bin auf deine Hilfe angewiesen. Ich brauche dich ... Das gibt mir Kraft, wenn er das sagen würde.
T: Sie sind jetzt in Ihrer Rolle, gehen Sie mal rüber ... (ich wiederhole die letzten Sätze)
K: Das gibt mir totale Kraft.
T: Sagen Sie es ihm.
K: Nee, nee, das würde ich ihm nicht sagen.
T: Sagen Sie dem Erwin jetzt, was bei Ihnen ist. Was erleben Sie, wenn der Erwin das zu Ihnen sagt?
K: Ja. Ich muß mich da hineindenken ... Wir schaffen das schon. Mach dir keine Sorgen. Ich schaffe das schon, ich kriege dich da raus.
T: Wechseln Sie wieder den Platz. Lassen Sie sich immer Zeit, in die andere Rolle einzufühlen. Sie sind jetzt wieder der kranke, schwache Erwin.
(ich wiederhole die letzten Sätze)
K: Ich vertraue dir. Ich bin zuversichtlich.
(ich doppele den Erwin) ... Ich merke, du bist stark, das tut mir gut.
K: (geht aus der Rolle raus) ... Nee, nee. Das würde mir nicht in den Sinn kommen, das würde ich spüren.
T: Ja. Was spürt der Erwin? Sagen Sie es.
K: Ja. Ich hatte gerade ein schlechtes Gefühl, wo sie das gesagt haben. Das klang mir so homosexuell. Das war mir zu warm. Sag ich jetzt einfach. Das würde ich nie hören wollen.
T: Gehen Sie wieder rüber auf Ihren Platz.
(ich wiederhole die letzten Sätze von Erwin) ... Ich vertraue dir. Ich fühle mich schwach und hilflos, aber ich merke, wie stark du bist ...
K: Ja, gut. Das geht. Eben war das anders. Nicht verherrlichend.
T: Bleiben Sie jetzt in Ihrer Rolle.
K: Ich würde ...

T: Bleiben Sie im Gespräch mit Erwin.
K: Ich würde nur sagen: Alles klar ... Mehr nicht.
T: Ja. Sagen Sie es ihm.
K: Alles klar.
T: Wie geht es Ihnen jetzt? Was ist jetzt?
K: Ich weiß nicht, ob ich in dem Traum einen Helden spielen wollte?
T: Mit was wollen Sie denn jetzt nichts zu tun haben?
K: Nee ... (lacht) ... Ich weiß, was sie meinen.
T: Sagen Sie es mal.
K: Nix ... (lacht) ... Nee, nee.
T: Ich weiß es nicht, Herr K.
K: Eben.
T: Gerade haben Sie zum Erwin gesagt: Alles klar ... Da war starke Distanz zu spüren. Vorher waren Sie mit ihm verbunden. Gehen Sie nochmal in die Rolle rein. Versuchen Sie mal dem Erwin zu sagen, wie es Ihnen jetzt geht, was Sie jetzt erleben. Sagen Sie mal, was das bei Ihnen ausgelöst hat, was der Erwin gesagt hat.
K: Einerseits will ich dir helfen ... (lacht) ... andererseits könnte ich ihn fallenlassen.
T: Sagen Sie es ihm direkt.
K: Da ist jetzt eine Blockade im Ganzen.
T: Bleiben Sie jetzt dabei.
K: Nee. Das hat jetzt keinen Zweck mehr. Mein Verstand sagt mir ja jetzt: Der Erwin bin ja auch ich, im zweiten Sinn. Was will ich da verbergen? Eine latente Homosexualität oder sonstwas? Das habe ich von ihnen eben mitbekommen, daß sie da versuchen anzusetzen.
T: An Homosexualität habe ich eben nicht gedacht.
K: Was ist es dann?
T: Ich weiß es nicht. Versuchen Sie mal, damit in Kontakt zu kommen. Sagen Sie mal dem Erwin, was jetzt los ist.
K: Das würde ich doch im normalen Leben auch nicht tun, meine Gefühle zu sagen.
T: Bleiben Sie jetzt mal in Ihrer Rolle. Da gehen Sie immer von weg.
K: Ja ... (lacht). Da probiere ich nochmal.
T: Hier ist der starke K.
K: Nee, ich glaube nicht, daß mir das darauf ankommt.
T: Merken Sie jetzt, was Sie jetzt machen?
K: Ja. Direkt abblockieren. Das stimmt.
T: Sagen Sie mal dem Erwin, was Ihnen jetzt unangenehm ist.
K: (längere Pause) ... Jetzt weiß ich es.
T: Sagen Sie es ihm. Bleiben Sie im Gespräch. Da sitzt der kranke Erwin.
K: Das hat gar nichts mit der Homosexualität zu tun.
T: Sagen Sie es ihm.
K: Ich mag keine schwachen Menschen! Ich mag keine Menschen, die ihre Gefühle ausdrücken! Ich mag keine hilflosen Menschen! ... Daß ist das. Wissen sie, daß ich das gerade hier gespürt habe. Das hat doch gar nichts mit der Homosexualität zu tun. Das war was anderes. Wo sie das jetzt gesagt haben ... Das geht mir auf den Sack, wenn er mir sagen würden, wie schwach er ist!

T: Ja. Sagen Sie es ihm.
K: Ich mag keine Gefühlsduselei. Es genügt, wenn du das so zu verstehen gibts. Dann nehme ich das auf. Es erübrigt sich, darüber zu reden. Du brauchst deine Schwächen nicht zu zeigen, ich spüre die.
T: Nehmen Sie nochmal den Platz von Erwin ein. Lassen Sie sich etwas Zeit. Versuchen Sie, sich in den Erwin einzufühlen.
(ich wiederhole die letzten Sätze) ... Was erlebt der Erwin, wenn er das hört?
K: Du willst keine Gefühle äußern. Du willst deine eigenen Gefühle nicht klarmachen.
T: (ich doppele den Erwin): Ich fühle mich aber im Moment krank und schwach.
K: Nee ... Er würde was anderes sagen. Ich habe das im Sinn, ich komme jetzt nicht drauf.
T: Was ist denn jetzt mit dem Erwin? Er darf seine Krankheit und Schwäche nicht zeigen.
K: Er versteht ihn.
T: Wie geht es dem Erwin? Wie fühlt er sich?
K: Er probiert das zu verstehen. Er würde sagen: Du willst nur deine eigenen Gefühle nicht in dir wachrütteln.
T: (ich doppele den Erwin): So fühle ich mich doch, jetzt bin ich schwach und hilflos. Muß ich mich denn dir gegenüber jetzt auch noch verstellen? So geht es mir doch, das bin ich. Muß ich dir gegenüber jetzt auch noch den Starken machen? ... Könnte der Erwin das sagen? ... (lange Pause) ... Was ist denn jetzt?
K: Ich bin gerade dabei, daß umfassender ...
T: Bleiben Sie jetzt bei dem, was ich gesagt habe.
K: Ja ... doch ...
T: Sagen Sie es nochmal.
K: (lange Pause) ... ,(lacht) ... Es ist schwierig, wissen sie das. Es ist schwierig, so zu sein.
T: Versuchen Sie es.
K: Ich bin halt mal schwach. Ich gestehe mir das ein und sage das auch offen.
T: (ich doppele den Erwin): Das macht es mir schwer, wenn ich von dir höre, daß ich das nicht sagen soll.
K: Ich habe jetzt so ein Doppelverständnis.
T: Bleiben Sie nur bei dem Erwin. Gleich können Sie die Rolle wechseln.
T: (ich doppele den Erwin): Ich fühle mich jetzt schwach und hilflos. Warum darf ich dir das nicht zeigen?
K: (lacht) ...
T: Könnte der Erwin das sagen?
K: Ich weiß es nicht?
T: Sagen Sie es mal. Dann können Sie überprüfen, ob es stimmt.
K: Sagen sie nochmal.
T: (ich doppele den Erwin): Ich fühle mich aber jetzt schwach und hilflos. Warum soll ich dir denn nicht zeigen, wie es mir geht?
K: Ich bin aber schwach. Ich bin hilflos ... (lacht hier wieder) ... Ich würde jetzt lachen als K.
T: Bleiben Sie noch beim Erwin. Sie gehen von Erwin wieder weg, wenn Sie anfangen zu lachen.
K: Ich bin aber mal schwach. Ich bin auch mal hilflos. Und ich meine, weil ich dir so viel vertraue, daß ich dir das auch zeigen kann.

T: (ich doppele den Erwin): Es ist mir auch ein Bedürfnis, dir das zu zeigen. Ich will mich dir gegenüber nicht verstellen.
K: Ja ... Ich will mich dir gegenüber nicht verstellen.
T: Gehen Sie nochmal rüber auf den Platz von K... .
(ich wiederhole die letzten Sätze)
Was erlebt der K.?
K: Ich suche einerseits einen Vergleich zum Traum ...
T: Was erlebt der K. jetzt, wo er das hört vom Erwin?
K: Nix. Ich versuche mit dem Traum ...
T: Sprechen Sie mal zum Erwin. Hier sitzt er.
K: Ja, gut. Ich achte deine Reden, deinen Ausdruck ... Das würde ich sagen.
T: (ich doppele den K.): Aber ich will es nicht hören.
K: (lacht) ...
T: Könnte er das sagen?
K: Ich weiß nicht.
T: Sagen Sie es ihm mal.
K: Nee. Ich glaube, das würde ich nicht sagen. Ich will das nicht hören.
T: Sagen Sie, wie es richtig ist.
K: Ich würde ihm sagen: Gut, wenn du mir das sagen willst und möchtest, sage mir das ruhig. (lacht wieder) ... Aber, ich könnte dir das nicht sagen. Ja, ich könnte dir das nicht sagen.
T: (ich doppele den K.): Ich bin ja stark, in die Verlegenheit komme ich nie.
K: Nee, das Bedürfnis habe ich nicht. Weil ich die Schwäche momentan nicht habe, habe ich auch nicht das Bedürfnis, dir zu sagen ...
T: Ja. Wie geht es denn dem starken K. mit dem schwachen Erwin? Was erlebt er denn jetzt?
K: Ja. Ich akzeptiere das an dir. Ich nehme das so, wie es ist. Ich weiß ja, daß du schwach bist.
T: (ich doppele den K.): Aber angenehm ist es mir nicht.
K: Angenehm ist es mir nicht. Nein.
T: Ja, sagen Sie es ihm.
K: Es ist mir auch nicht angenehm, weil ich nicht damit umgehen kann. Ich habe das nie gelernt. Vielleicht wünsche ich mir das auch manchmal, daß ich das so haben will, mich auch so auszudrücken. Ich ecke da sehr, sehr oft mit an. Die Leute verstehen mich dann nicht, wenn ich ihnen da was sage. Ich spreche nicht meine Sprache. Das, was du da sagst, ist die allgemein anerzogene Sprache, aber sie muß gelernt sein.
T: (ich doppele den K.): Da könnte ich auch was von dir lernen.
K: Ich glaube, daß ich, jetzt zu meiner Person ...
T: Sagen Sie es dem Erwin.
K: Ja. Ich denke, wenn ich das richtige Mädchen mal finde, die mich auftaut, die wird mir das schon zeigen.
T: (ich doppele den K.): Aber die Seite von dir ist mir weiter unangenehm.
K: Ich könnte das nie vor einem Mann äußern, also, meine Schwäche, meine Hilflosigkeit. Es soll aber nicht heißen, daß ich das überhaupt nicht könnte.
T: (ich doppele den K.): Du kannst das.

K: Ja. Ich denke, daß er ein stiller Leider ist.
T: Gehen Sie nochmal auf den Platz von Erwin. Versuchen Sie sich, nochmal in den Erwin einzufühlen. Wie hat denn der Erwin den K. erlebt? Wie geht es ihm?
K: K.(Vorname von K.), du hast ein bißchen traurig gesprochen. Das habe ich herausgehört, daß du das genauso möchtest, auch danach sehnst ...
T: (ich doppele den Erwin): Ich kann mir nicht vorstellen, daß du immer stark bist. Du willst immer nur stark sein.
K: Ich kann mir nicht vorstellen, daß du die ganze Zeit der Starke bist, den du verkörperst. Du hast auch mal, so denke ich mir, hast Schwachpunkte. Nur, du zeigst die weniger, kannst die nicht äußern, kannst die nicht offen sagen ... Das würde der Erwin sagen.
T: Ja. Gehen Sie nochmal zurück. Spüren Sie nochmal im K. nach, was das bei ihm auslöst.
(ich wiederhole die letzten Sätze von Erwin)
K: Das ist richtig, Erwin, aber ... Ich habe das von Anfang an gelernt, diese Gefühle nicht direkt zu zeigen. Und es ist einfach haften geblieben. Ich bin nicht nur der starke K.
T: Wie geht es dem K. jetzt? Sagen Sie dem Erwin zum Abschluß noch, wie es Ihnen jetzt geht.
K: Da kommt direkt die Maske.
T: (ich doppele den K.): Erwin, es fällt mir jetzt schon wieder schwer, dir zu sagen, wie es mir geht.
K: Ja, das könnte ... Erwin, es fällt mir jetzt schwer, dir zu sagen, wie deine Worte auf mich wirken. Einerseits weiß ich, daß du Recht hast, andererseits will ich auch nicht anders. Ich will für Außen das darstellen, was ich mit meiner Person bin. Mit meiner Frau, mit mir selbst in meinem Innern, da kann ich das dulden. Wenn du mir sagen willst, wie es dir geht, bin ich bereit, dir zuzuhören. Du brauchst dich nicht zu genieren.
T: Wie geht es dem K. jetzt? Kann er das zum Abschluß dem Erwin noch sagen?
K: Wofür? Wofür soll ich das dem Erwin zeigen?
T: (ich doppele den K.): Wofür soll ich dir zeigen, wie es mir jetzt geht?
K: Wofür soll ich dir das zeigen? Ich vernehme das. Gut, wenn du so bist, dann bist du so. Ich bin so, wie ich bin, und du bist so, wie du bist. Jeder hat auf seine Art ein Ventil, wo er seine Gefühle mit ausdrückt. Der eine hat das öfters, der andere hat das weniger. Das überhaupt keine bei mir da sind, ist falsch. Auch ich bin schwach und dergleichen, aber das demonstriere ich nicht oder zeige ich keinem.
T: (ich doppele den K.): Wenn ich das versuche, merke ich sofort, wie ich die Maske aufsetze.
K: Genau.
T: Gehen Sie nochmal auf den Platz vom Erwin und fühlen nach, wie es ihm geht.
K: Gefaßt.
T: Sagen Sie es genauer, wie er sich fühlt. Geht es dem gut damit, was er jetzt gehört hat?
K: Nicht gut und nicht schlecht. Aber ... irgendwie geklärt. Er weiß, wo er mit dem K. dran ist und wird das auch akzeptieren.
T: (ich doppele den Erwin): Ich weiß nicht, wo ich mit dir dran bin. Das tut mir auch leid, daß du immer die Maske aufziehst.
K: (lange Pause) ... Ich weiß nicht, ob es ihm so geht.
T: Spüren Sie es mal nach. Wie fühlt der Erwin sich jetzt nach dem Gespräch?

K: Ich bin zufrieden mit dem, was du mir gesagt hast. Ich denke, du hast mir auch einiges gesagt, besser als gar nichts. Allein, daß du mir das gesagt hast, hat schon eine gewisse Bedeutung. Nichts geht auf die Schnelle.
T: Jetzt spricht mehr der Verstand vom Erwin. Wie fühlt er?
K: Der hat gar keins ... (lacht) ... Ich weiß nicht ... (lacht wieder) ... Was weiß ich, wo das ist?
T: Ist weg. Der Erwin hat kein Gefühl mehr.
K: (lacht) ... Der ist jetzt genau wie der K.
T: Der Erwin ist gerade zum K. geworden.
K: Ja, der ist gerade zum K. geworden.

Eine entscheidende Stelle in diesem Dialog scheint mir zu sein, als der kranke Erwin seine Hilflosigkeit und Bedürftigkeit äußert und K. erwidert: "*Ich mag keine schwachen Menschen. Ich mag keine Menschen, die ihre Gefühle ausdrücken. Ich mag keine hilflosen Menschen.*" In der Identifikation mit Erwin hielt er K. entgegen, daß der seine eigenen Gefühle nicht äußern wolle, Angst davor habe, seine eigenen Gefühle wachzurütteln. Im nachhinein scheint mir, hier wäre ein Rollenwechsel angezeigt gewesen. Ich selbst identifizierte mich aber wohl zu sehr mit Erwin, der die schwachen, kranken Persönlichkeitsanteile verkörperte, und doppelte ihn weiter. Im nachhinein fiel mir auch auf, daß ich Erwin deutlich häufiger gedoppelt hatte als K. Mit Erwin hatte ich mich mehr identifiziert. Der Dialog wäre sicherlich anders verlaufen, wenn ich mich weniger einseitig identifiziert hätte. Ich hätte auch das Traum-Ich, also den K. im Traum, in der Auseinandersetzung mehr doppeln und unterstützen sollen. Das wäre wahrscheinlich dem Dialog förderlicher gewesen.

In der Reflexion der Arbeit sagte K.: "*Ich ahne, daß mein Innen und Außen in einem Wettstreit liegen. Die eine Seite möchte auch mal Gefühle ausdrücken und die andere Seite will keine Gefühle zulassen.*" Wörtlich sagt er weiter: "*Für mich gibt es dann immer mehr Einblicke, die ich vielleicht alleine nicht schaffen würde, in mich hineinzublicken. Da muß ich ehrlich sein. Ich kriege hier Gedanken, die ich mir sonst nicht machen würde. Es ist für mich ein bißchen beängstigend, ein bißchen beklemmend, da bin ehrlich drin, aber im Endeffekt ist es gut. Das spüre ich auch in meinem Innern. Ich merke, daß da etwas raus ist. Das ist was Gutes. Das ist befreiend. Ich fühle mich innerlich freier. Jetzt, wo ich das erzähle, merke ich auch wieder, wie ich abblocken will, wenn ich über meine Gefühle reden soll. Das ist ganz automatisch. Ich denke, das ist auch das Gute. Die Hilfe dadurch, sich das bewußtzumachen, plötzlich direkt zu merken: Da ist wieder ein Block. Sei ehrlich zu dir.*"

Ich will jetzt noch etwas zu den Gedanken sagen, die ich mir zu K.'s Traum gemacht habe:
Da war zunächst die Stelle, als er das Ende des Weges im Urwald beschrieb. "Das Ende der Zivilisation", so hatte er es selbst ausgedrückt. Möglicherweise ist hier sein Weg in die Gesetzlosigkeit symbolisiert. Im Urwalddorf, wo er den älteren Mann getroffen hatte, herrschte *"eine unwahrscheinliche Primitivität"*, das Dorf bestand aus ungefähr zwölf Hütten. - "Hütte" ist auch der Ausdruck der Gefangenen für ihre Zellen und in dem Gefängnis, in dem ich arbeite, gibt es zwölf Abteilungen. - In der Person des älteren Mannes könnte eine Auseinandersetzung mit mir symbolisiert sein. Auf einer tieferen, unbewußteren Ebene erinnert er auch an einen Archetyp im Sinne von C.G. Jung: der weise alte Mann. Weil vieles in dem Traum mich an Jung'sche Archetypen erinnerte, beschäftigte ich mich im Anschluß an diese Stunde noch einmal mit C.G. Jungs Traumlehre, mit seiner Vorstellung von der Persönlichkeit und damit, was Jung zu den archetypischen Bildern sagt.

In der nächsten Stunde, das war die siebzehnte, hatte K. noch ein großes Interesse daran, mehr über diesen Traum und seine Bedeutung zu sprechen. Sein Interesse aufgreifend, las ich ihm auch einige Textpassagen aus dem Buch "Der Mensch und seine Symbole" (Jung, 1986) vor, über den Begriff des "Archetyps", über den "Schatten", die "Anima" und über den "weisen alten Mann". An den Ausführungen über den "Schatten" interessierte ihn besonders, daß der "Schatten" u.a. gerade diejenigen Eigenschaften verkörpert, die man an anderen Leuten am meisten bekämpft und haßt. Ich stellte nochmal den Bezug zur Arbeit der letzten Stunde her: Was ist das, was er an "Erwin" nicht mag? Ein weiterer Aspekt erschien mir wichtig: Welche wertvollen Lebenselemente verkörperte die Figur des Schattens, die er in sein Leben einbauen könnte? Der Schatten - wenn man die Traumperson "Erwin" als Schatten interpretierte - schätzte Situationen anders ein. "Erwin" konnte beispielsweise auch angemessene Furcht erleben.

Nachdem ich K. einige Textpassagen über die "Anima" und den "weisen alten Mann" vorgelesen hatte, sagte er von sich selber, daß er sich zur Zeit so erlebe, als ob er eine Gesinnungsänderung durchmache. Er erlebe jetzt, daß er sich nicht nur an seine Träume wieder erinnern könne, sondern daß er sich in diesen Träumen auch wieder wahrnehmen könne. In früheren Träumen habe er sich immer nur *"schemenhaft und verrissen"* wahrgenommen.

In dieser Stunde teilte ich K. auch meine eigenen Gedanken und Assoziationen mit. Ich erzählte ihm, daß mich das "ungeheuer primitive Dorf" mit den zwölf Hütten in seinem Traum an das Gefängnis erinnert hatte. Meine Gedanken sprachen ihn unmittelbar an. Er war davon offensichtlich beeindruckt. Nach der Beschäftigung mit dem Traum erlebte ich K. offener. Er sagte an einer Stelle: *"Wichtig ist, ich will so sein wie ich bin, mit meinem Ganzen ... Ich will mir auch mal eingestehen, daß ich mal schwach bin, daß ich meiner Freundin sage, daß ich sie liebe und daß ich auch Angst habe, daß sie mich enttäuscht."* Er habe nie einen Menschen gehabt, dem er seine Gefühle habe offenbaren können. Hier in unserer "Auseinandersetzung" bekomme er allmählich Vertrauen und Sicherheit. Ich machte ihn in diesem Zusammenhang auch noch auf eine seiner Traumszenen aufmerksam: Als die Schlange sich um ihn und den Baum wickelt, gibt er dem Druck nach, hört auf zu widerstehen und erlebt dann dieses innere Loslassen als befreiend.

Als ihm seine Fassade und sein unwahrhaftiges Verhalten bewußter wurde, beschrieb er ein Erlebnis, das einer Art rituellen Reinigung ähnelt.

Siebzehnte Stunde:
K: Dazu muß ich jetzt was sagen. Das war vor einem Monat auf der Zelle. Ich habe mich nackt auf die Decke gelegt und mich meditativ entspannt. Ich war zwar dann körperlich entspannt, aber nicht die Entspannung von der Psyche her. Plötzlich hatte ich das wahnsinnige Verlangen, mich zu bereinigen. Ich habe mich gewaschen, ich war etwas durchschwitzt von der Gymnastik. Ich habe mich dann ganz konzentriert gewaschen, den einzelnen Finger ... Der ganze Boden wurde naß, das war mir egal, die Haare ... Und je mehr ich mich gesäubert habe, desto mehr kam mir meine Fassade, die ich hier im Knast habe, desto mehr wurde die mir bewußt, immer bewußter. Das sagte mir ... wofür? Das ist mir alles in dieser Stunde so bewußt geworden, weil ich das da abgelegt habe. Ich bin plötzlich zu mir gekommen. Das ist jetzt nicht ein primitiver Glaube. Es war eine Selbsterkenntnis, was ich da mache.

K. sprach hier von Selbsterkenntnis. Gestalttheoretisch könnte man davon sprechen, daß an die Stelle des anerzogenen Wissens, der anerzogenen Haltungen, der theoretischen Überzeugungen usw. (Nicht-Wirkliches im 3. Sinn; vgl. Metzger, 1975) das unmittelbare Erleben (das tatsächlich angetroffene Erleben, Wirkliches im 3. Sinn; vgl. a.a.O.) tritt.

Ich möchte jetzt noch kurz herausarbeiten, wie die Auseinandersetzung mit moralischen Auffassungen und Werthaltungen den therapeutischen Prozeß bestimmte.

In der dritten Stunde hatte K. einmal gesagt: *"Wer will mir denn befehlen? Warum kann ich denn nicht so leben, wie ich das möchte? Gut, mit Kriminalität ist das vielleicht so eine Sache, aber das geht noch viel größer von oben her. Da wird doch gezeigt: Du mußt noch cleverer sein, du mußt noch gefährlicher sein, du mußt noch dreister sein, wenn du wirklich was erreichen willst!"*
Ich betonte in unseren Gesprächen den Aspekt, daß wir als Menschen nur in einer Gemeinschaft denkbar sind, im sozialen Bezug zueinander, daß wir uns auch als Teil einer Gemeinschaft betrachten müssen und daß sich daraus Anforderungen für den einzelnen Menschen ergeben. Diesen Aspekt - "Wir sind immer Teil einer Gemeinschaft. Wir sind ohne sozialen Bezug überhaupt nicht denkbar." - sah K. überhaupt nicht ein. Er sagte dazu: "Ich wäre alleine denkbar!" Auch die Anforderungen, die sich aus dieser Erkenntnis ergeben, überzeugten ihn nicht. Auf meine Bemerkung: *"Ich kann doch dem Nächstbesten, dessen Nase mir nicht paßt, nicht eine reinhauen."* antwortete er: *"Warum denn nicht?"* Auf einen möglichen Widerspruch wurde er erst aufmerksam, als ich seine Überzeugungen und Vorstellungen konkret auf unsere Situation übertrug. Ich fragte ihn: *"Ja, wie wäre das denn, wenn wir hier zusammensitzen und ich müßte damit rechnen, daß Sie mir auf die Nase hauen, wenn ich etwas sage, was Ihnen nicht paßt?"* Er war zunächst erstaunt, lachte dann und sagte: *"Ja, da ist was falsch, Herr W. Ja, gut. Das geht nicht. Sagen wir mal so."*
Es war ihm auch nicht ersichtlich, warum man sich in einer Gemeinschaft sinnvollerweise an bestimmte Regeln und Übereinkünfte hält und diese Regeln selber als sinnvoll erlebt. Rücksichtnahme auf die Gemeinschaft und die anderen, die mit ihm zusammen Teil eines Ganzen sind, war für ihn etwas, was man sich nicht leisten kann, da man ja gar nicht verstanden wird, da man ja doch "nur verarscht wird". Man könne doch nicht immer alles hinnehmen.
Ein Zwischenschritt lag darin, daß er an einer Stelle sagte und einräumte, daß er die Gesetze und Regeln kenne. Um wirklich leben zu könne, müsse man sich diesen Regeln unterordnen. Aufbegehren sei da zwecklos, das müsse man realistisch sehen. Das innere Aufbegehren blieb aber und richtete sich weiter gegen eine Ordnung, deren Sinn nicht gesehen wurde. Er hatte keinerlei Einsicht in den Sinn oder die Gefordertheit einer sozialen Ordnung.
In der gleichen Stunde machte ihn die Bemerkung von mir nachdenklich, daß das, was ich will und was ich gerne möchte, vielleicht nicht immer mit dem übereinstimmt, was richtig oder was mein Recht ist. Er zog sich allerdings dar-

auf zurück, daß das, was man darf und was man nicht darf, ihm nie vermittelt worden sei: *"Ja, so meine Entwicklung im Sinne des Strafgesetzbuches, was man darf und was man nicht darf, das ist mir nicht klar geworden. Im Kinderheim ist es mir nicht klargeworden, weil ich da noch zu jung war und bei ihnen (gemeint ist die Pflegefamilie) ist es mir noch weniger klargeworden."*
Damit hatte K. in folgendem Sinne sicher recht: Aus seinem bisherigen Lebensweg, aus seiner Biografie wird deutlich, daß seine Lebensumstände bisher offenbar nicht so waren, daß er ein Gemeinschaftsleben, aus dem sich auch Pflichten ergeben und Gefordertheiten ableiten, als sinnvoll hätte erleben können. Trotzdem "wußte" er natürlich bei seinen Straftaten, daß er etwas Unrechtes tat. In welchem Sinne? - Dieses "Wissen" ist nach Metzgers Unterscheidung dem Bereich des Nicht-Wirklichen im 3. Sinne (vgl. Metzger, 1975), d.h. dem Vergegenwärtigten, bloß theoretisch Erfaßten zuzuordnen. Diesen Aspekt wollte ich dann auch in der weiteren Entwicklung im Auge behalten, um konkreter in Erfahrung zu bringen, womit es denn dann zu tun hat, daß er straffällig wurde? Was waren die konkreten Gefühle, Gedanken, Stimmungen, Strebungen, von denen er sich in seinem Handeln bestimmen ließ (Wirkliches im 3. Sinn)? Metzger (1975, S. 27) spricht davon, daß das unmittelbar im Erleben Angetroffene "im Haushalt des Seelischen eine oft auffallende Wirksamkeit besitzt", die dem bloß Vergegenwärtigten fehlt.
In der neunten Stunde tauchte das Thema wieder auf. K. sprach davon, wieviel Unrecht ihm bisher widerfahren sei; das habe er auch noch nicht verarbeitet. Ich glaube allerdings, es ging ihm dabei hauptsächlich darum, sein Handeln zu rechtfertigen (was im übrigen darauf hinweist, daß ihm das Unrecht dieses Handelns bewußt war): "Mir ist selber soviel Unrecht geschehen! Daher habe ich jetzt durchaus das Recht, selber Unrecht zu tun und konsequent nur noch meinen eigenen Wünsche zu folgen." Dies ist nichts als eine Strategie, sich nicht eingestehen zu müssen, daß man falsch handelt, um wirkliches Schulderleben zu vermeiden und alles so weitermachen zu können wie bisher. Ich machte ihn darauf aufmerksam und fragte ihn: *"Ja, mir ist Unrecht geschehen. Habe ich auch Unrecht geschaffen?"* Er antwortet darauf: *"Habe ich nicht, Herr W. Mit den Drogenabhängigen z.B., wenn der seinen Turkey geschoben hat, dann habe ich dem auch ohne Geld seinen Anteil gegeben. Ich hätte den nie in seiner Not sich quälen lassen können."*

Hier wird die Beschränkung seiner Wahrnehmung deutlich. Er erkannte nicht, was alles zur Situation gehört, und nur ein kleiner Ausschnitt war für ihn so anschaulich, daß er das Handeln bestimmte. Mit diesem Problem hat sich Wertheimer (1934) unter dem Titel "Über Wahrheit" auseinandergesetzt: "Etwas kann wahr sein im stückhaften Sinn und falsch, ja Lüge, als Teil in seinem Ganzen." (a.a.O., S. 120). K. glaubte, "moralisch" zu handeln, wenn er Abhängige, die kein Geld hatten, mit Drogen versorgte. Der Aspekt, daß er schon dadurch falsch handelt, daß er mit Drogen Handel treibt und dadurch zur Abhängigkeit beiträgt, war ihm höchstens theoretisch deutlich, keinesfalls aber handlungsbestimmend.

Aus K.'s Biografie kannte ich noch einen Vorfall aus seiner Aufenthaltszeit in einer Jugendstrafanstalt, wo er Mitgefangene um Tabak erpreßt hatte. Ich sprach ihn darauf an und er erwiderte mir: *"Doch, das ist gut, daß Sie das ansprechen. Das war der erste und einzige Machtmißbrauch, den ich da hatte und gemacht habe. Heute sehe ich das so, daß ich zu unreif war, um überhaupt zu verstehen, was ich da getan habe. Das war eher so ein ganz primitives Denken. Ich habe nichts zu rauchen, ich brauche was zu rauchen! Ich bin stärker als der, also krieg ich das von dem! Und natürlich war da eine Rivalität unter uns, dem anderen zu beweisen: Wer ist besser drauf? Daß andere cleverer waren als ich, weil sie es nicht gemacht haben, weil sie erkannt haben, daß das eine Strafe ist, das sagt mir, daß ich in dem Sinne eigentlich sehr dumm war. Für zwei Päckchen Tabak habe ich acht Monate bekommen. Das war Machtmißbrauch, weil ich da meine körperliche Überlegenheit eingesetzt habe. Wenn der gleichstark gewesen wäre, wäre ich ja wahrscheinlich nicht auf ihn zugegangen. Ich habe mir ja die Schwachen ausgesucht."* Hier wird deutlich, daß K. inzwischen imstande war, solche Situationen angemessener einzuschätzen und sich und mir auch üble Motive einzugestehen.

In der zwölften Stunde kam er darauf zu sprechen, daß im Knast doch nur die kleinen Verbrecher säßen. Zu diesem Personenkreis zählte er sich auch selbst. Die großen Verbrecher in Politik und Wirtschaft bekämen doch höchstens eine Bewährungsstrafe. Das sei doch ungerecht. Er gestand zu, daß er wußte, mit seinen Straftaten eine Haftstrafe zu riskieren, aber eine persönliche Bewertung dessen, was er da getan habe, das habe er nicht vorgenommen. Sein Ziel sei einfach gewesen, schnell Geld zu verdienen. Eine moralische Frage habe er sich nicht gestellt. Ein Hauptargument für ihn sei auch gewesen, daß es ja doch ein anderer mache (mit Drogen zu handeln), wenn er es nicht tue. Auf meine Frage, wie er das, was er gemacht hat, denn heute einschätze, antwortete er: "*Ich würde heute mal sagen, ich würde es nicht mehr wieder tun. Das heißt aber noch lange nicht, daß ich das so sehe. Menschlich gesehen habe ich als Kleiner sehr viel Mißbrauch über diese Menschen gehabt, denn sie waren von mir abhängig. Ich habe mir damals gesagt: Wenn ich es nicht mache, tut es jemand anderes.*" Noch einmal werde er nicht mehr mit Drogen handeln, da er nicht mehr ins Gefängnis kommen wolle. Er überlege jetzt weniger, ob er da nun Unrecht begangen habe oder nicht. Das habe er nicht zu entscheiden, das entscheide der Richter.

Es wird deutlich, daß vor allem die Angst vor einer neuen Haftstrafe ihn von weiteren kriminellen Handlungen abzuhalten scheint. Diese Erfahrung mache ich oft mit Gefangenen. Sie sitzen mir nach vielen Jahren Gefängnis gegenüber und sagen: "Ich komme nicht mehr in den Knast. Ich habe die Schnauze voll vom Knast." Ein oder zwei Jahre später treffe ich sie im Gefängnis wieder, verurteilt zu einer neuen Freiheitsstrafe. Ich erzählte K. von solchen Erfahrungen mit vielen anderen Gefangenen und hielt ihm auch die Meinung entgegen, daß anscheinend die Angst vor einer neuen Freiheitsstrafe viele Menschen nicht davor bewahrt, wieder ins Gefängnis zu kommen. Die persönliche Entscheidung darüber, was ich für richtig und falsch halte und von welchen Wertmaßstäben ich mich leiten lasse, dürfe nicht ausgelassen werden.

Bei Menschen, die straffällig geworden sind, halte ich es für besonders wichtig, ihre Wahrnehmungsfähigkeit zu schärfen, damit sie Situationen überhaupt angemessen sehen können. Schuldfähigkeit setzt Wahrnehmungsfähigkeit voraus (Kästl, 1989). Verantwortlich bin ich für das, was ich sehe. Wenn ich etwas nicht "erkenne", bin ich weder verantwortlich noch kann ich überhaupt so etwas wie Schuld erleben. Es wird dann für mein Handeln auch keine Rolle spielen.

K. beharrte aber darauf, daß es doch immer nur um die Frage gehe, was man von der Gesellschaft her dürfe, welchen Spielraum die Gesellschaft jedem einzelnen einräume. Das andere sei eine persönliche Sache. Er formulierte das so: "*Das andere ist die charakterliche Sache.*" Ich hatte den Eindruck, daß er diese "charakterliche Sache", die Frage nach den eigenen moralischen Maßstäben, als eine Art Luxus und als seine Privatsache betrachtete. Ich fragte ihn dann nochmal konkret, was denn sein "Charakter" dazu gesagt habe, als er sich entschied, mit Drogen zu handeln. Er war erst sehr zögerlich und sagte dann stockend: *"Ja, da würde ich mal sagen, da war ich wohl charakterlos, weil ... ich habe nicht darüber nachgedacht."* Das habe er auch nicht gelernt, sich da charakterlich zu fragen. Die Frage müsse man sich aber wohl stellen. Das komme wohl auch daher, daß man sich nur von seinen Bedürfnissen leiten lasse. *"Früher habe ich mir vielleicht vorgestellt, ein schönes Auto zu fahren, mich schick zu kleiden oder was weiß ich aus welchen Geltungsbedürfnissen. Da stellt man dann diese Frage nicht mehr."* In der Rückbetrachtung am Ende der Stunde zog er dann selber die Schlußfolgerung, daß es, wenn man nur Angst vor einer neuen Haftstrafe habe und glaube, deswegen nicht mehr in den Knast zu kommen, daß das ja keine charakterliche Entscheidung enthalte. Und der Hinweis auf die anderen - "Die machen das doch auch." - sei ja auch nur der Versuch einer Rechtfertigung. K. spürte offensichtlich, daß sein Handeln falsch war, sonst hätte für ihn ja nicht die Notwendigkeit bestanden, eine Rechtfertigung zu finden.

In der siebzehnten Stunde, in der wir nochmal auf seinen längeren Traum zurückkamen, sagte er dann auch am Ende der Stunde in der Reflexion: *"Ich bin mir wirklich Gedanken am machen. Richtig klare Gedanken. Erstens, was ich gedacht habe. Was ich auch gesagt habe ... Ich lege um, ich töte. - Da bin ich heute ... Warum willst du das tun? Hast du überhaupt das Recht dazu? Das sind Dinge, da habe ich früher nicht drüber nachgedacht. Ganz primitiv: Wofür soll ich darüber nachdenken? Den knall ich weg! - So war das. Und heute merke ich aber immer mehr: Ich weiß, daß das Leben des Verbrechers, der Gesetzlosigkeit, Druck ausübt. Und ich übe auch Druck aus. Ich habe das vor mir entschuldigt: Mir hat das keiner beigebracht, Moral und Ethik. Ich habe mir auch in der Phantasie ganz konkret vorgestellt, wie ich vor der Bank stehe und ich habe es auch gemacht in der Phantasie. Da kam überhaupt nicht die Frage auf: Mensch, was hast du denn da gemacht?! Da gab es nur: Weg da! Ich bin vom Gefühl her ein ganz anderer Mensch, wie ich mich entwickelt habe. Ich habe mir selbst einen vorgemacht. Ich habe geglaubt, daß ich mir mit Materialität Glücklichsein erkaufen könnte. Daß ich meinte, wenn ich Geld hätte, dann hätte ich keine Sorgen mehr. Ich habe damals zu meiner Frau im Trakt gesagt: Das hat so keinen Zweck mehr. Ich werde mir so das Geld holen von denen! - So war ich am reden."* Er sagte noch weiter: *"Ich habe mir in der Vergangenheit eingeredet: Jetzt bist du ein Knallharter! Jetzt* bist du der, der du immer sein wolltest. Und ich war so einsam, aber so hart. Wenn ich das heute sehe, das war wahnsinnig."

Literatur:

Bischof, N. (1966): Erkenntnistheoretische Grundlagenprobleme der Wahrnehmungspsychologie. In: Metzger, W. (Hrsg.): Wahrnehmung und Bewußtsein. Handbuch der Psychologie, Band 1/1, S. 21 - 78. Göttingen: Hogrefe

Dembo, T. (1931): Der Ärger als dynamisches Problem. Psychol. Fo., 15, S. 1 - 44

Jung, C.G. (1986): Der Mensch und seine Symbole. 9. Auflage der Sonderausgabe 1986, Olten und Freiburg im Breisgau: Walter - Verlag

Kästl, R. (1989): Mündlich auf der 1. Tagung der Sektion Psychotherapie der GTA v. 27. - 29.1.89 in Mönchengladbach. Leitthema der Tagung: "Gestalttheorie und Ethik".

Köhler, W. (1933): Psychologische Probleme. Berlin: Springer Lewin, K. (1968): Die Lösung sozialer Konflikte. 3. Auflage, Bad Nauheim: Christian - Verlag

Metzger, W. (1962): Schöpferische Freiheit. Frankfurt/M.: Waldemar Kramer Verlag

Metzger, W. (1975): Psychologie. Die Entwicklung ihrer Grundannahmen seit der Einführung des Experiments. 5. Auflage, Darmstadt: Steinkopff Verlag

Metzger, W. (1975 b): Gibt es eine gestalttheoretische Erziehung? In: Guss, K. (Hrsg.): Gestalttheorie und Erziehung. Darmstadt: Steinkopff Verlag

Perls, F. (1979): Grundlagen der Gestalt-Therapie. Einführung und Sitzungsprotokolle. 3. Auflage, München: Verlag J.Pfeiffer

Rogers, C. (1982): Entwicklung der Persönlichkeit. 4. Auflage, Stuttgart: Klett-Cotta

Schorsch, E., Galedary, G., Haag, A., Hauch, M., Lohse, H. (1985): Perversion als Straftat: Dynamik und Behandlung. Berlin, Heidelberg, New York, Tokyo: Springer

Sperber, M. (1981): Individuum und Gemeinschaft. Versuch einer sozialen Charakterologie. Frankfurt/M., Berlin, Wien: Ullstein

Tholey, P. (1980): Erkenntnistheoretische und systemtheoretische Grundlagen der Sensumotorik aus gestalttheoretischer Sicht. Sportwissenschaft 10, S. 7 - 35.

Tholey, P. (1984): Gestalt Therapy Made-in-USA and Madeelsewhere. Bemerkungen zum Beitrag von Saner. Gestalt Theory, 6 (2). Opladen: Westdeutscher Verlag

Tholey, P. (1986): Deshalb Phänomenologie! Anmerkungen zur phänomenologisch-experimentellen Methode. Gestalt Theory, 8 (2). Opladen: Westdeutscher Verlag

Walter, H.J. (1977): Gestalt-Therapie: ein psychoanalytischer und gestalttheoretischer Ansatz. Gruppendynamik, Nr. 1, Jahrgang 8.

Walter, H.J. (1984): Was haben Gestalt-Therapie und Gestalttheorie miteinander zu tun? Gestalt Theory, 6 (1). Opladen: Westdeutscher Verlag

Walter, H.J. (1985): Gestalttheorie und Psychotherapie: ein Beitrag zur theoretischen Begründung der integrativen Anwendung von Gestalt-Therapie, Psychodrama, Gesprächstherapie, Tiefenpsychologie, Verhaltenstherapie und Gruppendynamik. 2. erw. Auflage, Opladen: Westdeutscher Verlag

Walter, H.J. (1989): Psychotherapie als Politikum. Vortrag gehalten auf der 6. Wissenschaftlichen Arbeitstagung der GTA v. 9.3. bis 12.3.89 in Dortmund

Wertheimer, M. (1934): Über Wahrheit. Reprint in: Gestalt Theory, 10 (2), 1988, S. 119 - 128. Von M. Stadler aus englischen und deutschen Manuskriptfragmenten rekonstruierter Text. Opladen: Westdeutscher Verlag

Zabransky, D. (1987): Gestalttheorie und Gestalttherapie. Ärztliche Praxis und Psychotherapie, Nr. 6, 9. Jahrgang. Wien: Literas Universitätsverlag

Zillig, W. (1987): Ethische Implikationen der Gestalttheorie am Beispiel psychologischer Arbeit im Gefängnis. Unveröffentlichtes Manuskript. Bonn

Gemeinsamkeiten und Unterschiede

Martin R. Textor

Mit dem Begriff "Psychotherapie" bezeichnen wir einen weiten, kaum begrenzten, aber vielfältig strukturierten Bereich psychologischer Interventionsprozesse. Im Mittelpunkt stehen die intime zwischenmenschliche Beziehung und der intensive verbale Austausch zwischen einem hilfsbedürftigen Klienten und einem hilfsbereiten Therapeuten. Ihre Beziehung beruht auf Vertrauen (Vertraulichkeit) und ist durch starke Gefühle geprägt. Sie ist tiefer und enger als gewöhnliche Freundschaften, ist jedoch zeitlich begrenzt, auf Behandlungsstunden von geregelter Dauer beschränkt und an einen gleichbleibenden Ort gebunden. Auch ist die Beziehung auf bestimmte Inhalte festgelegt und umfaßt mehr oder weniger genau definierte Rollenerwartungen und Verhaltensweisen.

Der Klient leidet zumeist unter Neurosen, Persönlichkeitsstörungen, psychosomatischen Erkrankungen, Suchtkrankheiten, Verhaltensstörungen oder interpersonalen Konflikten. Im Verlauf der Psychotherapie muß er sehr persönliche Dinge darlegen, sich selbst erforschen, das eigene Ich offenbaren sowie sich mit bedeutenden Situationen in Vergangenheit und Gegenwart auseinandersetzen. Für ihn ist Psychotherapie konzentrierte Arbeit an sich selbst - ein Lern- und Umlernprozeß, an dessen Ende Selbsterkenntnis, Problemlösung, Verhaltens- und Persönlichkeitsveränderung sowie Liebes- und Arbeitsfähigkeit stehen sollten.

Der Therapeut ist zumeist durch seine Ausbildung, eine mehrjährige (berufsbegleitende) Zusatzausbildung in einem oder mehreren Therapieansätzen sowie durch seine langjährige Erfahrung für seine berufliche Tätigkeit qualifiziert. Er stellt eine "therapeutische" Beziehung zum Klienten her, erfaßt mit Hilfe diagnostischer Verfahren dessen Probleme, legt die Behandlungsziele (mit ihm zusammen) fest und setzt bestimmte Therapietechniken sowie die eigene Persönlichkeit ein, um Veränderungen im Verhalten und Erleben des Klienten zu erzeugen. Für den Therapeuten ist Psychotherapie ein intensiver "Erziehungsprozeß", in dessen Verlauf er sich ebenfalls verändert und tiefgehende Erfahrungen macht (siehe z.B. Müllers Beitrag in diesem Sammelband). Um Erfolg zu haben, muß sein "Verhalten von einer gewissen Vorstellung geleitet werden, was am Klientenverhalten ungesund ist, wie persönlich integrierte oder gesunde Menschen in Beziehungen funktionieren und wie Therapeuten handeln sollten, um einen Wandel im Verhalten eines Klienten vom Dysfunktionalen und Ungesunden zum Funktionalen und Gesunden zu erleichtern" (Strong 1984, S. 18).

Unterschiede zwischen Therapieansätzen

Nach dieser recht formalen Definition (Textor 1987) scheint "Psychotherapie" ein ziemlich einheitliches Phänomen zu sein. Aber schon ein flüchtiger Blick auf die Regale einer Bibliothek oder Buchhandlung zeigt, daß es eine kaum überschaubare Zahl von "Psychotherapien" gibt. So wurden z.B. in einem bereits vor einem Jahrzehnt erschienenen Sammelband (Herink 1980) mehr als 250 bekannte Therapieansätze vorgestellt. Selbst wenn man viele Ansätze zu "Schulen" der Psychotherapie zusammenfaßt (z.B. Tiefenpsychologie, humanistische Psychotherapie oder Verhaltenstherapie) oder beispielsweise ihrer schwerpunktmäßigen Zentrierung entsprechend klassifiziert (z.B. einsichts-, gefühls-, verhaltens- oder körperorientierte Ansätze), bleibt der Eindruck einer großen Vielfalt oder - negativ gewendet - einer Zersplitterung im Bereich der Psychotherapie. Dieses wirkt nicht nur auf "Laien" (Beratungsbedürftige) verwirrend, sondern auch auf Fachleute im Sozialbereich.

Die Unterschiede zwischen den einzelnen Therapieansätzen erstrecken sich über alle Ebenen der Theoriebildung und therapeutischen Praxis: (1) die Vorstellungen von dem Menschen und seiner Welt, von der Struktur der Psyche und der Persönlichkeit sowie über das Verhalten, Erleben und Lernen, (2) die Vorstellungen über psychische und interpersonale Gesundheit, aus denen auch die Therapieziele abgeleitet werden, (3) die Vorstellungen über intrapersonale bzw. zwischenmenschliche Pathologie und deren Ursachen sowie (4) die Behandlungsziele, die diagnostischen Verfahren, die Art der angestrebten "therapeutischen" Beziehung, die Rolle des Psychotherapeuten, die Strategien und die Therapietechniken (Beitman 1983; Michels 1984; Goldfried und Newman 1986). Betrachtet man allein die in diesem Sammelband vorgestellten fünf Therapieansätze - welche die wohl am weitesten verbreiteten Schulen der Psychotherapie repräsentieren -, so fällt auf, daß z.B. bei der Psychoanalyse das Unbewußte, bei der Individualpsychologie der Lebensstil, bei der Verhaltenstherapie das beobachtbare Verhalten und kognitive Prozesse, bei der Klientenzentrierten Psychotherapie das Selbstkonzept und das Erleben und bei der Gestalttheoretischen Psychotherapie die phänomenalen Welten der Individuen im Mittelpunkt des Denkens stehen. Psychopathologie wird beispielsweise durch folgende Mechanismen zu erklären versucht: innere Konflikte in Verbindung mit einem zu starken Gebrauch von Abwehrmechanismen (Psychoanalyse), Minderwertigkeitsgefühle und Überkompensation (Individualpsychologie), unerwünschte Lernprozesse (Verhaltenstherapie), Widersprüche zwischen Selbstkonzept, Erfahrungen und organismischer Tendenz (Klientenzentrierte Psychotherapie) oder verzerrte Ordnungen im psychologischen Feld (Gestalttheoretische Psychotherapie). Und in der Therapie werden z.B. freie Assoziation, Interpretation und Übertragungsanalyse (Psychoanalyse), das Erfassen, Verstehen und Verändern des Lebensstils des Klienten (Individualpsychologie), das Verlernen unerwünschter und Neulernen erwünschter Denk- und Verhaltensweisen (Verhaltenstherapie), die Qualität der therapeutischen Beziehung und die Reorganisation des Selbstkonzepts (Klientenzentrierte Psychotherapie) und die Entwicklung einer angemessenen und sachlichen Ordnung der inneren Welt (Gestalttheoretische Psychotherapie) betont. Schon diese Andeutungen lassen erkennen, wie ausgeprägt die Unterschiede zwischen den theoretischen Konzeptionen der Therapieansätze sind. Und so ist es nicht verwunderlich, daß sich die Anhänger verschiedener Schulen der Psychotherapie oft bitterlich befehden.

Woraus resultiert diese Vielzahl, diese Unmenge an Therapieansätzen? Zum einen spielen sicherlich Faktoren eine Rolle, die in der Person des Begründers bzw. Vertreters eines Therapieansatzes liegen. So prägen beispielsweise seine Lebensgeschichte (macht er z.B. für seine Probleme frühkindliche Erfahrungen, die Erziehung seiner Eltern oder gegenwärtige Umstände verantwortlich?), sein Menschenbild (sieht er z.B. den Menschen als durch unbewußte Kräfte, durch Emotionen oder durch den Verstand gelenkt?), seine Werte (strebt er z.B. nach absoluter Ehrlichkeit oder glaubt er, andere Menschen "zu deren Besten" manipulieren zu dürfen?) und seine Persönlichkeit (reagiert er z.b. anderen Menschen gegenüber eher impulsiv und warmherzig oder eher gehemmt und distanziert?) sein therapeutisches Denken und Handeln. Zum anderen resultiert die Vielzahl von Therapieansätzen aus der Komplexität menschlichen Lebens, der sozialen Umwelt und der Therapiesituation. Der Therapeut ist mit solchen Unmengen an Eindrücken, Gefühlen, Informationen, Daten usw. konfrontiert, daß er nur einen Bruchteil bewußt wahrnehmen, durchdenken und in seinen Handlungsplan einbeziehen kann. Da eine willkürliche Auswahl wenig sinnvoll ist, konzentriert er sich auf bestimmte Kategorien intrapsychischen und interpersonalen Funktionierens - also z.B. auf das Unbewußte (Psychoanalyse), das beobachtbare Verhalten (Verhaltenstherapie) oder das momentane Erleben (Klientenzentrierte Psychotherapie). Diese Schwerpunktsetzung erfolgt also anhand des von dem jeweiligen Therapeuten entwickelten bzw. erlernten Therapieansatzes, den man somit am besten als "Leitfaden" durch komplexe Situationen charakterisieren kann (Textor 1983, 1985).

Die angedeutete Beschränkung auf bestimmte Elemente und Aspekte des Intrapersonalen und Zwischenmenschlichen hat natürlich bestimmte Folgen: Konzentriert sich der Therapeut auf ein gewisses Material, so wird er am besten mit einem Klienten zurechtkommen, der dieses produziert - und er wird ihn bewußt und unbewußt dazu ermutigen: Ein erfolgreicher Behandlungsverlauf setzt eine Art Rollenkomplementarität voraus (Foley 1974; Oswald 1988). Kann sich der Klient nicht anpassen (bzw. der Therapeut nicht einen "passenderen" Ansatz auswählen), wird die Behandlung abgebrochen oder scheitert. Oft wird der Klient auch an einen zweiten Therapeuten überwiesen, der nach Meinung des ersten besser mit dieser "Art von Person" oder "Kategorie von Problemen" umgehen kann. So hat folgende Aussage von Frank (1984) eine gewisse Berechtigung: "Es mag gut sein, daß der Erfolg eines Therapeuten mit bestimmten Patienten davon abhängt, inwieweit das therapeutische Programm mit dem Problemlösungsstil des Patienten übereinstimmt. So mögen zum Beispiel Gesprächstherapien am erfolgreichsten bei Patienten sein, die introspektiv und selbstanalytisch sind; Verhaltenstherapien und Kognitive Therapien würden besonders attraktiv für Klienten sein, die ihre Probleme aktiv durch Handeln oder rationales Denken zu lösen versuchen; und Humanistische Therapien mögen am meisten philosophisch gesinnte

Patienten ansprechen" (S. 23). Michels (1984) drückt diese Auffassung noch schärfer aus: "Viele unserer Theorien der Psychotherapie sind nur für eine kleine Zahl von Patienten hilfreich; keine von ihnen ist für die meisten Patienten geeignet. ... Wenn Sie eine reine Theorie schützen wollen, müssen Sie Ihre Praxis auf eine sehr schmale Bandbreite von Patienten beschränken. Ich vermute, daß einige unserer reinsten Theoretiker durch genau dieses Manöver haben rein bleiben können" (S. 152).

Die Einseitigkeit, Beschränktheit und übergroße Vereinfachung von Therapieansätzen darf aber nur begrenzt als Negativum verstanden werden - die Komplexität des Menschen, seiner sozialen Umwelt und seines Verhaltens in der Therapiesituation kann ja von dem Therapeuten nicht erfaßt werden; dieser kann nur erfolgreich sein, wenn er sich auf bestimmte Elemente und Aspekte konzentriert, anhand eines "Leitfadens" aus der Flut von Eindrücken und Informationen auswählt. Versucht er, zu viele Faktoren zu berücksichtigen, so wird er schnell die Übersicht verlieren, wird er zu keinem Handlungsplan kommen, wird er für den Klienten nutzlos sein. Zum Negativum wird die Beschränktheit von Therapieansätzen nur dann, wenn sie verabsolutiert werden - wie von den Begründern und manchen Verfechtern dieser Ansätze. Dann sind sich die Therapeuten nicht mehr des "Leitfaden"-Charakters ihrer Ansätze sowie der daraus resultierenden Begrenzung ihrer Wahrnehmung, ihres Denkens und therapeutischen Handelns bewußt (Textor 1983, 1985).

Eklektische und integrative Theorien

Die Einseitigkeit und Beschränktheit einzelner Therapieansätze hat zur Folge, daß immer mehr Psychotherapeuten ihren Ansatz zu erweitern versuchen (Textor 1988). Dieses kann (1) dadurch geschehen, daß der eigene Therapieansatz um Konzepte, Hypothesen und Techniken aus anderen Therapieansätzen ergänzt wird (Kendall 1982). Diese Entwicklung ist auch bei einigen Beiträgen des vorliegenden Sammelbandes festzustellen, obwohl sich die Herausgeber bemüht haben, Vertreter einer "reinen" Form des jeweiligen Therapieansatzes als Mitarbeiter auszuwählen. Beispielsweise erweitert Müller seinen Klientenzentrierten Psychotherapieansatz um Aspekte aus der Individualpsychologie. Und Winkelhog verwendet Verfahren verschiedener Therapieansätze, sofern sie den Zielen und Prinzipien der Gestalttheoretischen Psychotherapie nicht widersprechen - eine Praxis, die an den "technischen Eklektizismus" von Lazarus (1983) erinnert. (2) Eine in der Zwischenzeit recht groß gewordene Gruppe von Psychotherapeuten gelangt zu umfassenderen Therapieansätzen, indem sie Konzepte, Hypothesen und Techniken aus verschiedenen Therapierichtungen kombinieren. Dabei wählen sie solche aus, die der Individualität des jeweiligen Klienten und dessen spezifischen Problemen am ehesten entsprechen, die am effektivsten sind und mit denen der Therapeut als einzigartige Person am besten arbeiten kann (Plaum 1981; Urban 1981; Kazdin 1984). (3) Andere Therapeuten erlernen zwei oder drei verschiedene Therapieansätze und setzen sie nebeneinander ein, belassen sie also in einem "unverfälschten" Zustand. Sie verwenden z.B. einen Ansatz in der Anfangsphase der Behandlung und den anderen in den späteren Therapiephasen. So mögen sie mit Hilfe der Verhaltenstherapie zunächst rasche Erfolge zu erreichen versuchen, um die für eine langfristige psychoanalytische Behandlung notwendige Motivation zu erzeugen. Oder sie setzen immer denjenigen Therapieansatz ein, der sich für das in der jeweiligen Behandlungsphase zu lösende Problem am besten eignet. Schließlich mögen sie den zweiten Ansatz nur dann verwenden, wenn sie mit dem ersten nicht mehr weiter kommen (Rhoads 1984; Schacht 1984). Vor allem die beiden letztgenannten Entwicklungen lassen sich unter dem Begriff des "Eklektizismus" zusammenfassen. Ende der 70er Jahre bezeichneten sich bereits knapp 60% der amerikanischen Psychotherapeuten bzw. Klinischen Psychologen als Eklektiker (Garfield und Kurtz 1977; Kelly, Goldberg, Fiske und Kilkowski 1978).

Insbesondere denjenigen Eklektikern, die ohne ein bestimmtes System Konzepte, Hypothesen und Techniken aus einer größeren Zahl von Therapieansätzen entnehmen, wird vorgeworfen, daß sie keine in sich geschlossenen "Theoriegebäude" entwickeln, daß ihre Vorgehensweise willkürlich und subjektiv gefärbt ist, daß sie einen "orientierungslosen Synkretismus" (Plaum 1981) praktizieren. Diese Vorwürfe treffen weniger eine weitere Gruppe von Therapeuten, die zwei oder drei Therapierichtungen zu einem neuen Behandlungsansatz verschmelzen, da dieser in sich strukturiert und durchdacht ist. Besonders häufig ist die Synthese von Psychoanalyse und Verhaltenstherapie (Garfield und Kurtz 1977), da es hier zu einer besonders guten wechselseitigen Ergänzung kommt: Beispielsweise konzentriert sich die Psychoanalyse auf innere Prozesse (Psychodynamik), die Persönlichkeit sowie die Vergangenheit und betont Techniken wie Interpretation und Übertragungsanalyse, die durch Einsicht und Katharsis zu selbstinitiierten Veränderungen führen. Hingegen legt die Verhaltenstherapie den Schwerpunkt auf das "äußere" Verhalten, das soziale Umfeld sowie die Gegenwart und bietet eine Vielzahl von Techniken zum Modifizieren und Erlernen von Verhaltensweisen an (Birk und Brinkley-Birk 1974; Wachtel 1977, 1982; Marmor 1982).

Selbstverständlich können auch andere Therapierichtungen miteinander verschmolzen werden - ja, eine Gruppe von Therapeuten glaubt sogar, daß sich alle bewährten Behandlungsansätze miteinander vereinbaren lassen. Diese Fachleute schlagen drei verschiedene Wege ein (Textor 1988): (1) Einige versuchen, eine gemeinsame Sprache für alle Therapierichtungen zu finden (Ryle 1978; Driscoll 1987). So wählte z.B. van Quekelberghe (1979) die Sprache der Kognitiven Psychologie und transformierte in diesem Sinne Konzepte, Hypothesen und Techniken der Psychoanalyse, der Klientenzentrierten Psychotherapie und weiterer Therapierichtungen. (2) Andere Therapeuten versuchen, nahezu alle behandlungsrelevanten Erkenntnisse, Begriffe, Vorstellungen, diagnostischen Verfahren und Methoden vieler verschiedener Therapieansätze zu einer "integrativen" Theorie zu verschmelzen, zu einem harmonischen, geschlossenen und in sich strukturierten Ganzen (Petzold 1980; Fittkau 1981; Textor 1983, 1985). Sie kombinieren komplementäre Elemente aus unterschiedlichen Therapierichtungen miteinander und führen gegensätzliche von einer "höheren" Position aus der Synthese zu. Dabei lassen sie sich von einem ganzheitlichen und umfassenden Menschenbild leiten, nach dem das Individuum als ein denkender, fühlender und handelnder Organismus begriffen wird, der in eine materielle und eine soziale Umwelt eingebettet ist. Wie bei der Synthese von zwei Therapierichtungen kommt man bei einem integrativen Vorgehen zu einer Theorie, die eher der Komplexität menschlichen Lebens, des interpersonalen Kontextes und der Therapiesituation entspricht, die mehr die Vielfalt der Ursachen menschlicher Probleme berücksichtigt und die eine größere Zahl von diagnostischen Verfahren, therapeutischen Rollen und Therapietechniken umfaßt als einzelne Behandlungsansätze. Dadurch können mehr Klientengruppen erfaßt werden, kann die Behandlung eher auf die Individualität, die unwiederholbare Lebensgeschichte und die einzigartigen Probleme des jeweiligen Patienten abgestimmt werden. Während die bei einem "synthetischen" Vorgehen entstehende Theorie aber noch handbar bleibt und sich damit weiterhin als "Leitfaden" für die therapeutische Praxis eignet, bedingt die Komplexität "integrativer" Theorien jedoch nur eine geringe praktische Verwertbarkeit - sie sind vor allem für Wissenschaft und Ausbildung von Bedeutung (Herrmann 1979; Textor 1985, 1988).

Beim zuvor beschriebenen "integrativen" Vorgehen wird in erster Linie von den theoretischen Aussagen verschiedener Therapieansätze ausgegangen - wobei theoretische Aussagen nicht der Praxis entsprechen müssen, implizites Wissen und nonspezifische Behandlungsfaktoren eventuell übersehen werden und oft Unterschiede zu den Konzepten und Hypothesen anderer Therapierichtungen überbetont werden (Herzog 1982). Aus diesen Gründen beschreiten (3) einige Therapeuten, die ebenfalls an die Vereinbarkeit nahezu aller bewährten Therapierichtungen glauben, den entgegengesetzten Weg - dessen Ausgangspunkt die psychotherapeutische Praxis ist. Sie gehen "von der Beobachtung aus, daß unterschiedliche Therapieformen quantitativ vergleichbare Ergebnisse erzielen, und [folgern] aus dieser und anderen Beobachtungen, daß es gemeinsame Wirkfaktoren von Psychotherapie geben müsse, die unabhängig von den je spezifischen Vorgehensweisen einzelner Schulen sind" (Linsenhoff, Bastine und Kommer 1980, S. 308). Auch haben sie festgestellt, daß Klienten in der Regel den Behandlungserfolg auf ähnliche Ursachen (z.B. besseres Problemverständnis, Selbsterkenntnis, positive Beeinflussung durch die Persönlichkeit des Therapeuten) zurückführen - also nicht auf die in den Therapieansätzen ihrer Therapeuten betonten Faktoren (Sloane, Staples, Christol, Yorkston und Whipple 1975). Zudem wurde schon früh ermittelt, daß sich mit Hilfe atheoretischer Schulungsprogramme, durch die bestimmte Fähigkeiten trainiert werden, die Wirksamkeit der Arbeit von Therapeuten verbessern läßt (Ward 1983). Schließlich haben beispielsweise Glover (1955) sowie Lieberman, Yalom und Miles (1973) nachgewiesen, daß sich Therapeuten, die sich als Vertreter desselben Therapieansatzes bezeichnen, in der Praxis unterschiedlich verhalten, während Murray (1956), Lennard und Bernstein (1960), Truax (1966) oder Barrett, Hampe und Miller (1978) ermittelten, daß Therapeuten aus verschiedenen Schulen der Psychotherapie ihren Klienten gegenüber ähnlich reagieren.

Gemeinsamkeiten von Therapieansätzen

Aufgrund der angedeuteten Beobachtungen geht eine Gruppe von Therapeuten davon aus, daß es Gemeinsamkeiten zwischen Therapieansätzen bzw. nonspezifische Behandlungsfaktoren gibt und daß derartige Eigenschaften nur durch die Untersuchung und den Vergleich der Praxis von Therapeuten aus verschiedenen Schulen der Psychotherapie erschlossen werden können: "Es ist die Beobachtung von dem, was Kliniker wirklich tun, durch die wir gemeinsame und einzigartige Faktoren therapeutischer Veränderung erfassen können" (Goldfried und Padawar 1982, S. 5). Derartige Gemeinsamkeiten werden auch deutlich, wenn man die Vorgehensweise der Therapeuten bei den in diesem Sammelband beschriebenen Fallbeispielen vergleicht. Die wichtigsten nichtspezifischen Behandlungsfaktoren sollen nun kurz aufgelistet werden (Textor 1990):

(1) Motivation des Klienten: Alle Therapeuten machen letztlich den (erwachsenen, jugendlichen) Klienten für den Therapieerfolg verantwortlich. Sie verdeutlichen ihm von Anfang an, daß er an sich selbst arbeiten und die für die Behandlung geltenden Regeln befolgen muß. Zugleich versuchen sie, möglichst schon zu Beginn der Therapie die Motivation des Klienten zu verstärken, indem sie z.B. frühere Erfolgserlebnisse in ihm wachrufen, Zuversicht ausstrahlen, über positive Konsequenzen der zu erarbeitenden Verhaltensänderungen sprechen oder bereits in den ersten Sitzungen kleinere Behandlungserfolge anstreben. Im weiteren Verlauf der Therapie wird die Motivation verstärkt, indem beispielsweise Zwischenziele gesetzt und nach und nach erreicht werden, indem der Klient immer wieder zur Veränderung seines Denkens, Fühlens und Handelns ermutigt wird oder indem in ihm ein den Veränderungsprozeß förderndes Bedürfnis nach der Zuneigung, der Wertschätzung und dem Lob des Therapeuten geweckt wird (Garfield 1982; Prochaska und DiClemente 1982; Fuerst 1983).

(2) Hoffnung: Alle Therapeuten erzeugen in ihren Klienten Hoffnung und die Erwartung auf baldige Fortschritte. Sie glauben, daß in ihnen ein starker Drang nach psychischer Gesundheit und positiver Weiterentwicklung wirkt (diese Auffassung wird z.B. besonders deutlich in den Beiträgen von Müller und Winkelhog verbalisiert). Die skizzierte Grundhaltung wird bewußt oder unbewußt gegenüber den Klienten gezeigt, die Hoffnung schöpfen und Ver-

änderungsbereitschaft entwickeln. Ferner entstehen positive Erwartungen dadurch, daß Therapeuten als Fachleute gelten und somit von ihren Klienten mit Kompetenz, Wissen, Autorität und eventuell sogar mit übernatürlichen Fähigkeiten ausgestattet werden (Garfield 1982; Goldfried 1983; Mendelsohn und Silverman 1984).

(3) Therapeutische Beziehung: Von nahezu allen Therapeuten, aber auch von Therapieforschern, wird die therapeutische Beziehung als Fundament der Behandlung beschrieben. So schreiben z.B. Strupp und Hadley (1979): "Unsere Ergebnisse lassen vermuten, daß sich generell die von unseren Patienten ... erlebten positiven Veränderungen den heilenden Auswirkungen einer gutartigen menschlichen Beziehung zuordnen lassen. Genauer gesagt, therapeutische Veränderungen schienen zu erfolgen, wenn es ein Zusammentreffen zwischen einem Patienten, der fähig war, die Vorteile einer solchen Beziehung zu nutzen (...), und einem Therapeuten gab, dessen Interventionen vom Patienten als Ausdruck von Zuwendung und echtem Interesse erfahren wurden" (S. 1135, 1136). Demzufolge wird der Herstellung einer solchen Beziehung große Beachtung geschenkt (siehe alle Beiträge des Sammelbandes). Sie sollte durch Respekt, Vertrauen, Ehrlichkeit, Echtheit, Offenheit, Zuneigung, Wärme, Wertschätzung, Verständnis usw. gekennzeichnet sein; die interpersonalen Fertigkeiten des Therapeuten sind somit außerordentlich wichtig. Nur im Rahmen einer derartigen Beziehung ist ein Klient bereit, beunruhigende, angsterzeugende oder peinliche Gedanken und Gefühle zu offenbaren, Feedback anzunehmen, Ratschläge zu befolgen und dem Therapeuten Einfluß auf seine Lebensgestaltung einzuräumen. Auch kann er in ihr Selbstachtung und Selbstbewußtsein entwickeln, den Umgang mit Beziehungsproblemen lernen und sich interpersonale Fertigkeiten aneignen. Schließlich können in die therapeutische Beziehung Interaktionsmuster, Konflikte, Ängste und andere Emotionen aus früheren bzw. frühkindlichen Beziehungen einfließen, lassen sich somit bewußt machen, bearbeiten und durch neue Wege des Umgangs mit anderen ersetzen (Greben 1981; Fuerst 1983; Mendelsohn und Silverman 1984; Rhoads 1984).

(4) Persönlichkeit des Therapeuten: Die Vertreter der meisten Therapierichtungen sind sich einig, daß ein großer Teil des Behandlungserfolges auf die Vorbildwirkung des Therapeuten zurückzuführen ist. Zum einen kann dieser direkt vom Modellernen Gebrauch machen, indem er z.B.

Rollenspiele einsetzt oder bestimmte zu erlernende Verhaltensweisen vormacht. Zum anderen identifizieren sich die Klienten unbewußt mit ihm und ahmen ihn nach. Der Therapeut kann aber nur als ein positives Vorbild wirken, wenn er psychisch gesund ist, eine ausgereifte Persönlichkeit besitzt, sich selbst versteht, von allen Wahrnehmungskanälen Gebrauch machen kann, kongruent kommuniziert und mit anderen Menschen gut auskommt. Da Therapeuten diese Eigenschaften oft erst entwickeln müssen, wird ihnen nicht nur eine intensive Ausbildung, sondern oft auch eine eigene Therapie bei einem Lehrtherapeuten vorgeschrieben (Garfield 1982; Fuerst 1983).

(5) Erklärung für Probleme: Allen Therapieansätzen ist auch gemeinsam, daß die intrapersonalen und zwischenmenschlichen Probleme der Klienten definiert werden und eine Erklärung für sie gegeben wird. Dabei dürfte der Inhalt der Erklärung von geringerer Bedeutung sein als die Wirkung: Die Klienten "verstehen" nun ihre Probleme, können bisher unerklärlichen Erfahrungen einen Sinn geben und entwickeln die Erwartung, daß sich "verstandene" Probleme auch lösen lassen (Hoffnung, Motivation für Veränderungen). Damit werden eine methodische Problembearbeitung und -bewältigung möglich (Linsenhoff, Bastine und Kommer 1980; Garfield 1982).

(6) Freisetzen und Verändern von Emotionen: Alle Therapeuten bauen Hemmungen ab und fördern einen offenen Gefühlsausdruck. Sie ermöglichen das Abreagieren von Spannungen, innerem Druck und verdrängten Emotionen. Zugleich erweitern sie die Bandbreite der Gefühle ihrer Klienten und lehren ihnen, diese zu verarbeiten und zu kontrollieren. So gewinnen die Klienten an Selbstbeherrschung (Goldfried 1983; Frank 1984),

(7) Veränderung von Kognitionen: "... Therapie umfaßt Veränderung im Geist des Patienten, in seiner Welt der Bedeutungen, in seiner psychischen Realität" (Michels 1984, S. 152). So erweitern Therapeuten den Wahrnehmungsrahmen ihrer Klienten, so daß diese sich der ganzen Bandbreite ihrer Gedanken, Gefühle, Wünsche, Einstellungen usw. bewußt werden sowie sich selbst, andere Menschen und interpersonale Prozesse besser verstehen lernen. Auch machen sie unrealistische Ziele, überhöhte Erwartungen, irrationale Einstellungen, Vorurteile und Denkfehler deutlich, so daß diese abgebaut werden können. Das Bild, das sich Klienten von sich selbst und anderen machen, wird immer mehr der Wirklichkeit angenähert, so daß ein realitätsbezogenes Urteilen und

Handeln möglich werden. Auch werden ihre Problemlösungsfähigkeiten verbessert (Prochaska und DiClemente 1982; Fuerst 1983; Goldfried 1983).

(8) Informationsvermittlung: Alle Therapeuten vermitteln Informationen, um z.B. Wissenslücken bei ihren Klienten zu schließen, Ressourcen in deren Umwelt aufzuzeigen, Problemlösungsmodelle zu lehren usw. (Urban 1981; Frank 1984).

(9) Verhaltensänderung: Eine weitere Gemeinsamkeit verschiedener Therapierichtungen ist, daß das Verhalten der Klienten durch direkte oder indirekte Interventionen verändert wird. So werden problemerzeugende oder symptomatische Verhaltensweisen abgebaut, erwünschte Reaktionen bewußt oder unbewußt gefördert und neue (bessere) Fertigkeiten gelehrt. Die Therapeuten passen sich nicht wie andere Menschen den Beeinflussungsstrategien der Klienten an, so daß diese abgelegt und andere entwickelt werden müssen. Oft werden auch Kommunikationstechniken vermittelt (Garfield 1982; Prochaska und DiClemente 1982; Fuerst 1983).

(10) Veränderung des Selbstbildes: Die meisten Therapeuten untersuchen auch, wie Klienten das eigene Verhalten interpretieren. Sie konfrontieren sie mit sich selbst (z.B. mit Hilfe von Feedback), so daß die Klienten sich ihres Selbstbildes bewußt werden. Ferner helfen sie ihnen, die eigenen Stärken und Schwächen anzunehmen sowie sich selbst, den eigenen Körper, das eigene Geschlecht und die eigene Sexualität zu akzeptieren. Auf diese Weise wird den Klienten ein positives Selbstbild vermittelt - wozu auch das Erleben der therapeutischen Beziehung (s.o.) und neue Erfahrungen in und außerhalb der Behandlungssituation beitragen (Fuerst 1983; Goldfried 1983).

(11) Ablauf psychotherapeutischer Behandlungen: Abschließend ist noch darauf hinzuweisen, daß psychotherapeutische Behandlungen dieselben Therapiephasen durchlaufen - die in unterschiedlichem Ausmaß durch die vorgenannten nichtspezifischen Behandlungsfaktoren geprägt sind. Beispielsweise schreibt Beitman (1983): "Die Phasen können nach ihren Zielen definiert werden: Einbindung, Diagnose, Veränderung, Therapieende. Das Ziel der Einbindungsphase ist, das Vertrauen und die Zuversicht des Patienten durch die Herstellung einer therapeutischen Beziehung zu sichern. Während der diagnostischen Phase bemüht sich das Therapeuten-Patienten-Paar, ein Muster oder eine Anzahl von Mustern aus ... Gedanken, Gefühlen oder Verhaltensweisen zu ermitteln, deren Veränderung dem Patienten große Erleichterung

bringen würde. Das Ziel der Veränderungsphase ist, dem Patienten zu helfen, alte Muster aufzugeben sowie neue zu initiieren und zu praktizieren ... Das Ziel der Schlußphase ist in der Regel, die Beziehung abzubrechen und gleichzeitig die Behandlungserfolge aufrechtzuerhalten" (S. 21).

Selbst wenn die herausgearbeiteten Gemeinsamkeiten von recht allgemeiner Art sind, lassen sie sich doch gut bei den in diesem Sammelband vorgestellten Praxisbeispielen nachweisen. Während auf der theoretischen und auf der technischen Ebene große Unterschiede zwischen den einzelnen Therapieansätzen bestehen, die sich wohl auf dem Weg der Synthese oder Integration überbrücken lassen, findet sich auch ein gemeinsamer "therapeutischer Untergrund".

Literatur

Barrett, C.L., Hampe, J.E., Miller, L.C. (1978): Research on child psychotherapy. In: Garfield, S.L., Bergin, A.E. (Hg.): Handbook of psychotherapy and behavior change: An empirical analysis. New York, Chichester, Brisbane, Toronto: Wiley, 2. Aufl., S. 411-435

Beitman, B.D. (1983): Comparing psychotherapies by the stages of the process. Journal of Operational Psychiatry 14, S. 20-27

Birk, L., Brinkley-Birk, A.W. (1974): Psychoanalysis and behavior therapy. American Journal of Psychiatry 131, S. 499-510

Driscoll, R. (1987): Ordinary language as a common language for psychotherapy. Journal of Integrative and Eclectic Psychotherapy 6, S. 184-194

Fittkau, B. (1981): Gruppendynamische und therapeutische Verfahren. In: E. Kerkhoff (Hg.): Praktische Sozialarbeit und Sozialpädagogik. Handbuch Praxis der Sozialarbeit und Sozialpädagogik, Bd. 2. Düsseldorf: Pädagogischer Verlag Schwann/VVA, S. 17-42

Foley, V.D. (1974): An introduction to family therapy. New York, San Francisco, London: Grune & Stratton

Frank, J.D. (1984): Therapeutic components of all psychotherapies. In: Myers, J.M. (Hg.): Cures by psychotherapy: What effects change? New York: Praeger, S. 15-27

Fuerst, K.A. (1983): Die Funktionen der psychologischen Intervention als ihre integrative Grundlage. Zeitschrift für Klinische Psychologie, Psychopathologie und Psychotherapie 31, S. 14-28

Garfield, S.L. (1982): Psychotherapie: Ein eklektischer Ansatz. Weinheim, Basel: Beltz

Garfield, S.L., Kurtz, R. (1977): A study of eclectic views. Journal of Consulting and Clinical Psychology 45, S. 78-83

Glover, E. (1955): The technique of psycho-analysis. London: Baillière, Tindall & Cox

Goldfried, M.R. (1983): Auf der Suche nach Gemeinsamkeiten bei verschiedenen Therapieansätzen. In: Integrative Psychotherapie. Münchner Beiträge zur Integrationsforschung, Bd. 1. München: Schobert, S. 13-28

Goldfried, M.R., Newman, C. (1986): Psychotherapy integration: An historical perspective. In: Norcross, J.C. (Hg.): Handbook of eclectic psychotherapy. New York: Brunner & Mazel, S. 25-61

Goldfried, M.R., Padawar, W. (1982): Current status and future directions in psychotherapy. In: Goldfried, M.R. (Hg.): Converging themes in psychotherapy: Trends in psychodynamic, humanistic, and behavioral practice. New York: Springer, S. 3-49

Greben, S.E. (1981): The essence of psychotherapy. British Journal of Psychiatry 138, S. 449-455

Herink, R. (1980) (Hg.): The psychotherapy handbook: The A to Z guide to more than 250 different therapies in use today. New York: New American Library

Herrmann, T. (1979): Psychologie als Problem. Herausforderungen der psychologischen Wissenschaft. Stuttgart: Klett-Cotta

Herzog, W. (1982): Die wissenschaftstheoretische Problematik der Integration psychotherapeutischer Methoden. In: Petzold, H. (Hg.): Methodenintegration in der Psychotherapie. Paderborn: Junfermann, S. 9-29

Kazdin, A.E. (1984): Integration of psychodynamic and behavioral psychotherapies. Conceptual versus empirical syntheses. In: Arkowitz, H., Messer, S.B. (Hg.): Psychoanalytic therapy and behavior therapy: Is integration possible? New York, London: Plenum, S. 139-170

Kelly, E.L., Goldberg, L.R., Fiske, D.W., Kilkowski, J.M. (1978): Twentyfive years later. American Psychologist 33, S. 746-755

Kendall, P.C. (1982): Integration: Behavior therapy and other schools of thought. Behavior Therapy 13, S. 559-571

Lazarus, A.A. (1983): Multimodale Therapie. In: Integrative Psychotherapie. Münchner Beiträge zur Integrationsforschung, Bd. 1. München: Schobert, S. 43-55

Lennard, H.L., Bernstein, A. (1960): The anatomy of psychotherapy. Systems of communication and expectation. New York: Columbia University Press

Lieberman, M.A., Yalom, I.D., Miles, M.B. (1973): Encounter groups: First facts. New York: Basic Books

Linsenhoff, A., Bastine, R., Kommer, D. (1980): Schulenübergreifende Perspektiven in der Psychotherapie. Integrative Therapie 6, S. 302-322

Marmor, J. (1982): Dynamic psychotherapy and behavior therapy: Are they irreconcilable? In: Goldfried, M.R. (Hg.): Converging themes in psychotherapy: Trends in psychodynamic, humanistic, and behavioral practice. New York: Springer, S. 193-206

Mendelsohn, E., Silverman, L.H. (1984): The activation of unconscious fantasies in behavioral treatments. In: Arkowitz, H., Messer, S.B. (Hg.): Psychoanalytic therapy and behavior therapy: Is integration possible? New York, London: Plenum, S. 255-293

Michels, R. (1984): Summation. In: Myers, J.M. (Hg.): Cures by psychotherapy: What effects change? New York: Praeger, S. 141-153

Murray, E.J. (1956): A content-analysis method for studying psychotherapy. Washington: American Psychological Association

Oswald, G. (1988): Systemansatz und soziale Familienarbeit. Methodische Grundlagen und Arbeitsformen. Freiburg: Lambertus

Petzold, H. (1980): Modelle und Konzepte zu integrativen Ansätzen der Therapie. Integrative Therapie 4, S. 323-350

Plaum, E. (1981): Aspekte eines "praktischen" Eklektizismus bei psychologischen Interventionsmaßnahmen. Psychologie in Erziehung und Unterricht 28, S. 222-234

Prochaska, J.O., DiClemente, C.C. (1982): Transtheoretical therapy: Toward a more integrative model of change. Psychotherapy: Theory, Research and Practice 19, S. 276-288

Quekelberghe, R. van (1979): Systematik der Psychotherapie. Kognitiv-psychologische Grundlegung der Psychotherapie. München: Urban & Schwarzenberg

Rhoads, J.M. (1984): Relationships between psychodynamic and behavior therapies. In: Arkowitz, H., Messer, S.B. (Hg.): Psychoanalytic therapy and behavior therapy: Is integration possible? New York, London: Plenum, S. 195-211

Ryle, A. (1978): A common language for the psychotherapies? British Journal of Psychiatry 132, S. 585-594

Schacht, T.E. (1984): The varieties of integrative experience. In: Arkowitz, H., Messer, S.B. (Hg.): Psychoanalytic therapy and behavior therapy: Is integration possible? New York, London: Plenum, S. 107-131

Sloane, R.B., Staples, F.R., Cristol, A.H., Yorkston, N.J., Whipple, K. (1975): Psychotherapy versus behavior therapy. Cambridge: Harvard University Press

Strong, S.R. (1984): Interpersonal influence processes in counseling and psychotherapy. SAPS Newsletter 10 (1), S. 17-23

Strupp, H.H., Hadley, S.W. (1979): Specific vs nonspecific factors in psychotherapy. Archives of General Psychiatry 36, S. 1125-1136

Textor, M.R. (1983): Integrative Psychotherapie. In: Integrative Psychotherapie. Münchner Beiträge zur Integrationsforschung, Bd. 1. München: Schobert, S. 29-41

Textor, M.R. (1985): Integrative Familientherapie. Eine systematische Darstellung der Konzepte, Hypothesen und Techniken amerikanischer Therapeuten. Berlin, Heidelberg, New York, Tokyo: Springer

Textor, M.R. (1987): Beratung, Erziehung, Psychotherapie. Eine Begriffsbestimmung. Psychologie in Erziehung und Unterricht 34 (1), S. 1-13

Textor, M.R. (1988): Eklektische und Integrative Psychotherapie. Fünf Bewegungen zur Überwindung der Vielzahl von Therapieansätzen. Psychologische Rundschau 39, S. 201-211

Textor, M.R. (1990): Gemeinsamkeiten von Psychotherapieansätzen. Integrative Therapie 16, S. 246-259

Truax, C.B. (1966): Reinforcement and nonreinforcement in Rogerian psychotherapy. Journal of Abnormal Psychology 71, S. 1-9

Urban, W.J. (1981): Integrative therapy. In: Corsini, R.J. (Hg.): Handbook of innovative psychotherapies. New York: John Wiley & Sons, S. 416-429

Wachtel, P.L. (1977): Psychoanalysis and behavior therapy: Toward an integration. New York: Basic Books

Wachtel, P.L. (1982): What can dynamic therapies contribute to behavior therapy? Behavior Therapy 13, S. 594-609
Ward, D.E. (1983): The trend toward eclecticism and the development of comprehensive models to guide counseling and psychotherapy. Personnel and Guidance Journal 62, S. 154-157

Die Autoren

Heinrich Deserno: Studium der Medizin. Arzt, Dr. med., Psychoanalytiker (DPV/IPV), seit 1981 wissenschaftlicher Mitarbeiter des Sigmund-Freud-Instituts in Frankfurt/M. Publikationen: fachwissenschaftliche Übersetzungen, Artikel zur Anwendung der Psychoanalyse als Gruppentherapie und Kurztherapie, als Supervision und sozialpsychologische Kritik der Atomwirtschaft, zuletzt (Monographie): Die Analyse und das Arbeitsbündnis (1990).

Georg Hörmann: Dr. med., Dr. phil., Dr. rer. soc., Dipl.Psych., M.A., Studium der Klassischen Philologie, Theologie, Musik-, Sozial- und Erziehungswissenschaften, Psychologie und Medizin. Staatsexamen für das Höhere Lehramt, Habilitation. Professor an der Fakultät Pädagogik, Philosophie, Psychologie an der Universität Bamberg. Arbeitsschwerpunkte: Gesundheitsförderung, Rehabilitation, Gruppenarbeit. Mitherausgeber der Zeitschrift Musik-, Tanz- und Kunsttherapie - Zeitschrift für künstlerische Therapien (seit 1990); Herausgeber der Psychologischen Literatur-Umschau (seit 1990). Veröffentlichungen: Therapeutische Sozialarbeit (1976, hg. m. P.A. Fiedler); Aktionsforschung in Psychologie und Pädagogik (1978, hg. m. P.A. Fiedler); Die zweite Sozialisation (1985); Familie und Familientherapie (1988, hg. m. W. Körner); Musiktherapie aus medizinischer Sicht (1988, Hg.); Handbuch der psychosozialen Intervention (1989, hg. m. F. Nestmann); Handlungsaktivierende Musiktherapie (1989); Klinische Psychologie (1991, hg. m. W. Körner); daneben zahlreiche Buch- und Zeitschriftenbeiträge.

Gerd Lehmkuhl: Studium der Medizin und Psychologie in Köln, Hamburg und Aachen. Medizinisches Staatsexamen, Promotion, Habilitation für das Fach Kinder- und Jugendpsychiatrie. Diplomprüfung für Psychologie. Lehrt an der Universität Heidelberg, Klinikum Mannheim. Leitender Oberarzt der Klinik für Kinder- und Jugendpsychiatrie am Zentralinstitut für Seelische Gesundheit in Mannheim. Abgeschlossene Weiterbildungen in Psychotherapie und Psychoanalyse, Mitglied der Deutschen Gesellschaft für Individualpsychologie (DGIP). Arbeitsschwerpunkte: Psychotherapie, Familientherapie, Neuropsychiatrie des Kindes- und Jugendalters. Ausgewählte Veröffentlichungen: Gruppenpsychotherapie mit Jugendlichen in der Individualpsychologie, Zeitschrift für Individualpsychologie 1982, 7, S. 143-153; Die Ichgebundenheit als Grundproblem des nervösen Charakters, in: Die Individualpsychologie Alfred Adlers (Hrsg. R. Schmidt), Stuttgart: Kohlhammer 1982; Die Depressionen, a.a.O.; Systematik der psychogenen Störungen im Kindes- und Jugendalter aus individualpsychologischer Sicht, Zeitschrift für Individualpsychologie 1983, 8, S. 36-42; Der Beitrag kognitiver Ansätze zum heutigen individualpsychologischen Verständnis depressiver Erkrankungen, in: Beiträge zur Individualpsychologie, Bd. 4 (Hrsg. F. Mohr), München: Reinhardt 1983; zahlreiche weitere Buchkapitel und Artikel, viele Artikel gemeinsam mit Ulrike Lehmkuhl.

Ulrike Lehmkuhl: Studium der Medizin und Psychologie in Bonn, Hamburg und Aachen. Medizinisches Staatsexamen und Promotion. Habilitation für das Fach Kinder- und Jugendpsychiatrie. Diplomprüfung für Psychologie. Oberärztin an der Abteilung für Kinder- und Jugendpsychiatrie der Universität Heidelberg. Abgeschlossene Weiterbildung in Psychotherapie und Psychoanalyse. Mitglied der Deutschen Gesellschaft für Individualpsychologie (DGIP). Arbeitsschwerpunkte: Psychotherapie, Familientherapie, Psychosomatik, Sozialpsychologische Fragestellungen (z.B. Scheidungsfolgen). Ausgewählte Veröffentlichungen: Die "neuen Narzißmus-Theorien" aus individualpsychologischer Sicht, in: Beiträge zur Individualpsychologie 4 (Hrsg. F. Mohr), S. 39-46, 1983. Psychotherapie der Psychosen, in: Beiträge zur Individualpsychologie 6 (Hrsg. F. Mohr), S. 46-61, 1985. Mitarbeit am Wörterbuch der Individualpsychologie zu dem Themen "Depression", "Narzißmus", "Psychodynamik", "Psychose", "Schizophrenie" (Hrsg. R. Brunner et al.), München: Reinhardt 1985. Die Bedeutung der Lehranalyse in der Individualpsychologie Alfred Adlers (Hrsg. H. Petzold et al.), Paderborn: Junfermann 1987, Editorial zum 50. Geburtstag von Alfred Adler. Prax. Psychother. Psychosom. 32, 115-118, 1987. Der Beitrag der Individualpsychologie Alfred Adlers zum Verständnis der frühen Störungen. Prax. Psychother. Psychosom. 32, 119-127, 1987. Zum individualpsychologischen Konzept der Weiblichkeit, Zeitschrift für Individualpsychologie, 1987. Zahlreiche weitere Buchkapitel und Artikel, viele gemeinsam mit Gerd Lehmkuhl.

Bodo Müller: Studium der Psychologie an der Universität zu Köln. Diplom. Leiter der Erziehungsberatungsstelle Solingen. Dozent bei der Bundeskonferenz für Erziehungsberatung; Ausbilder bei der Gesellschaft für wissenschaftliche Gesprächspsychotherapie (GwG). Abgeschlossene Weiterbildungen zum klientenzentrierten Psychotherapeuten und zum individualpsychologischen Therapeuten.

Martin R. Textor: Studium der Pädagogik, Beratung und Sozialarbeit an den Universitäten Würzburg, Albany (New York) und Kapstadt. Diplom. Promotion. Wissenschaftlicher Angestellter am Staatsinstitut für Frühpädagogik und Familienforschung in München. Arbeitsschwerpunkte: Familientherapie, Psychotherapie, Familienforschung, Sozialarbeit mit Familien. Ausgewählte Veröffentlichungen: als Autor: Integrative Familientherapie, Berlin: Springer Verlag 1985; Familien: Soziologie, Psychologie. Freiburg: Lambertus 1991; Scheidungszyklus und Scheidungsberatung. Göttingen: Vandenhoeck & Ruprecht 1991; als Herausgeber: Helping Families with Special Problems, New York: Jason Aronson 1983; Das Buch der Familientherapie. Frankfurt: Fachbuchhandlung für Psychologie, 3. Auflage 1987; Die Familie. Frankfurt: Haag und Herchen 1984; The Divorce and Divorce Therapy Handbook. Northvale, London: Jason Aronson 1989; Hilfen für Familien. Frankfurt: Fischer Taschenbuch Verlag. Viele Buchkapitel und Artikel.

Klaus Winkelhog: Dipl.-Psych., Klinischer Psychologe/Psychotherapeut BDP. Kaufmännische Ausbildung, Hochschulreife auf dem zweiten Bildungsweg, Studium der Psychologie von 1974 bis 1980 in Bonn. Ausbildung in Verhaltenstherapie an der Universität Bonn, von 1982 bis 1989 psychotherapeutische Ausbildung in Gestalttheoretischer Psychotherapie. Klinischer Psychologe im Strafvollzug und psychotherapeutische Tätigkeit in einer freien Praxis. Lehrbeauftragter der Sektion Psychotherapie der Gesellschaft für Gestalttheorie und ihre Anwendungen e.V. (GTA).

NEU 1998

F. J. McGuigan
Einführung in die experimentelle Psychologie
Bearbeitet und übersetzt von J.M. Diehl
ISBN 3-88074-123-9; 5. Auflage 1998; 316 Seiten; kt.; 39,80 DM

Gerd und Annegret Overbeck
Seelischer Konflikt - körperliches Leiden
ISBN 3-88074-229-4; 7. Auflage 1997; 377 Seiten; kt.; 34,80 DM

Masud M. Khan
Selbsterfahrung in der Therapie
ISBN 3-88074-231-6; 3. Auflage 1998; 426 Seiten; kt.; 48,00 DM
Copy-Print Ausgabe ohne Einband: ISBN 3-88074-310-X; 32,00 DM

Margaret und Wolfgang Stroebe
Lehrbuch der Gesundheitspsychologie
Ein sozialpsychologischer Ansatz
ISBN 3-88074-271-5; 1. Auflage 1997; 290 Seiten; kt.; 49,80 DM

Georg Hörmann / Wilhelm Körner
Klinische Psychologie
Ein kritisches Handbuch
ISBN 3-88074-277-4; 2. Auflage 1998; 393 Seiten; kt.; 48,00 DM
Copy-Print-Ausgabe ohne Einband: ISBN 3-88074-327-4, 32,00 DM

Georg Hörmann / Martin Textor
Praxis der Psychotherapie
Fünf Therapien - fünf Fallbeispiele
ISBN 3-88074-618-4; 2. Auflage 1998; 273 Seiten; kt.; 39,80 DM

Fordern Sie auch unsere aktuellen Kataloge der Reihen *Reprint Psychologie, Klassiker der Psychologie, Klassiker der Psychoanalyse* und *Klassiker der Literatur* an.

Außerdem erhalten Sie bei uns Reprints der Zeitschrift *Psyche* (Band 1-46 komplett), auch jedes Einzelheft.

VERLAG DIETMAR KLOTZ

Sulzbacher Straße 45, 65760 Eschborn, Tel 0 61 96/48 15 33

BOURNE - EKSTRAND
Einführung in die
PSYCHOLOGIE

Ein LESEBUCH und NACHSCHLAGWERK der Extraklasse. Endlich einmal werden die Zusammenhänge deutlich.

Nachdem in den USA schon die 5. Auflage dieses begehrten Lehrbuches erschienen ist, können sich deutsche Studenten nun endlich auf die **erste deutsche Übersetzung** freuen.

In Orientierung an der **humanistischen** und **experimentellen Psychologie** haben es sich die Autoren zur Aufgabe gemacht, jedes wichtige **Teilgebiet** der Psychologie zu berücksichtigen und **so erschöpfend wie möglich zu behandeln.**

Dabei geht es nicht nur um die reine Wissensvermittlung, sondern auch um eine **kritische Auseinandersetzung** mit der Materie an sich.

Bourne/Ekstrand
Einführung in die Psychologie
1. Aufl. 1993, 646 Seiten
zahlreiche Abbildungen, Cartoons, Tabellen, Fotos, Grafiken, Zeitungsausschnitten und Zeichnungen.
geb.Ausgabe 68,–DM
ISBN 3-88074-502-1
kart.Ausgabe 58,–DM
ISBN 3-88074-500-x
Copy-Print (ohne Einband) 29,–DM
ISBN 3-88074-501-3

- Was ist die Psychologie eigentlich?
- Was sind ihre Ziele als wissenschaftliche Disziplin?
- Wie ist ihre Geschichte und sind ihre gegenwärtigen Trends?

> **Wußten Sie schon,** daß *weibliche Gehirne besser regenerieren als männliche?* Zumindestens bei Ratten sprießen neuronale Verbindungen bei weiblichen Tieren besser nach und machen das Gehirn so schneller wieder funktionstüchtig!
>
> *Wieso das so ist? Lesen Sie auf S.44*

Beiden Autoren gelingt die Bearbeitung und die Auseinandersetzung mit diesem komplexen Gebiet in **ausgezeichneter Weise.** Kein Wunder, denn beide wissen wirklich wovon sie schreiben.

Bruce R. Ekstrand und **Lyle E. Bourne** sind seit vielen Jahren Professoren für Psychologie an der *University at Boulder,* wo die erste Auflage dieses Buches 1973 aus **langjähriger Lehrtätigkeit** entstanden ist. Besonders die **feststellbaren Lernprobleme** und die Beschäftigung mit **neuen effektiven** Formen der Wissensvermittlung führten zu einer **ständigen Verbesserung** weiterer Auflagen, so daß der aktuelle Wissensstand stets **gewährleistet** war und ist.

WEITERE TITEL AUS UNSEREM VERLAG

Ute Binder
Empathieentwicklung und Pathogenese in der Klientenzentrierten Psychotherapie
Überlegungen zu einem systemimmanenten Konzept

ca. 130 S., kart., ca. 24,80 DM,
ISBN 3-88074-252-9

Viel zu lange war das entwicklungspsychologische Konzept der Empathieentwicklung ein Stiefkind in der therapeutischen Arbeit und Forschung.
Nun nimmt Ute Binder diese zentrale Determinante in der Formung des Selbst und des Beziehungs- und Bindungsverhaltens unter die Lupe, um die Zusammenhänge mit den psychischen Störungen herauszuarbeiten.
Dabei schlägt sie eine Brücke zwischen dem psychotherapeutischen Konzept des empathischen Verstehens und der Rekonstruktion gestörter Empathieentwicklung.
An zahlreichen Beispielen aus ihrer psychotherapeutischen Praxis und der Forschung werden diese Zusammenhänge verdeutlicht.
Aber welchen dieser Bereiche sie auch im Blickwinkel hat, für Ute Binder steht im Mittelpunkt immer der Patient.
Jetzt wie auch in den vorausgegangenen Publikationen ist es ein wesentliches Anliegen der Autorin darzustellen, daß klientenzentrierte Psychotherapie nicht stehenbleiben kann bei ihrem ursprünglichen Ansatz, sondern, daß bei der Behandlung schwerer psychischer Störungen ständige Weiterentwicklungen notwendig und möglich sind.

Gerd und Annegret Overbeck (Hg.)
Seelischer Konflikt - körperliches Leiden
Reader zur psychoanalytischen Psychosomatik

6.Aufl. 1994, 337 S., kt., 34,80 DM
ISBN 3-88074-229-4

Die in diesem Buch angewandte Systematisierung zeigt die historische Entwicklung der psychoanalytischen Psychosomatik auf und führt gleichzeitig zu einem einheitlichen Konzept dieser wissenschaftlichen Disziplin.

Ute und Johannes Binder
Klientenzentrierte Psychotherapie bei schweren psychischen Störungen

3. korr., gänzl. neugest. Aufl. Juni 1994, 300 S., kart.
36,80 DM
ISBN 3-88074-120-4

Sie finden in diesem Buch die erste umfassende Entwicklung eines klientenzentrierten psychotherapeutischen Ansatzes im Bereich tiefgreifender psychischer Störungen. Die Autoren entfalten innovative Konzepte zur Heilung, die überzeugend sichtbar machen, daß klientenzentrierte Psychotherapie sowohl in der theoretischen Basis als auch in ihren Handlungsformen kontemporären psychologischen Grundpositionen entspricht.

Ute und Johannes Binder
Studien zu einer störungsspezifischen klientenzentrierten Psychotherapie

3. Aufl. 1998. 350 S., kart., 39,80 DM
ISBN 3-88074-239-1

Ute und Dr. Johannes Binder arbeiten seit 20 Jahren in einer psychotherapeutischen Gemeinschaftspraxis in Frankfurt a.M.
In diesem Buch stellen sie sich erneut der Auseinandersetzung und zum Teil kontroversen Meinungsbildung um die Chancen der Gesprächspsychotherapie bei schweren psychischen Störungen. Es richtet sich an alle mit psychisch kranken Menschen arbeitenden Berufsgruppen.
Es wird hier das Konzept von Carl Rogers auf der Grundlage umfassender Erfahrungen mit Schizophrenen, psychosomatisch Erkrankten und depressiven Patienten weiterentwickelt in Richtung auf klinisch relevante Behandlungsmodelle.
Zentral ist ihr Versuch, von einem inhaltlichen Verständnis von Störungen auszugehen und darauf bezogene therapeutische Konzepte zu entwerfen. Dieser in die Zukunft reichende Ansatz ermutigt auch bei schweren Krankheitsbildern zu geduldiger realistischer therapeutischer Arbeit.

VERLAG DIETMAR KLOTZ
Sulzbacher Straße 45, D-65760 Eschborn bei Frankfurt
Telefon: 0 61 96/48 15 33, Fax: 0 61 96/4 85 32

In unserer Reihe
"KLASSIKER DER PSYCHOANALYSE"
sind bereits folgende Bände erschienen

Günter Ammon (Hg.)
Psychoanalyse und Psychosomatik
ISBN 3-88074-612-5; 2. Auflage 1998; 368 Seiten; kt.; 39,80 DM

Günter Ammon (Hg.)
Gruppendynamik der Kreativität
ISBN 3-88074-613-3; 2. Auflage 1998; 140 Seiten; kt.; 34,80 DM

Günter Ammon
Gruppendynamik der Aggression
Beiträge zur psychoanalytischen Theorie
ISBN 3-88074-614-1; 2. Auflage 1998; 176 Seiten; kt.; 34,80 DM

Günter Ammon
Dynamische Psychiatrie
ISBN 3-88074-615-X; 3. Auflage 1998; 294 Seiten; kt.; 39,80 DM

Günter Ammon (Hg.)
Gruppenpsychotherapie
ISBN 3-88074-616-8; 3. Auflage 1998; 394 Seiten; kt.; 48,00 DM

Günter Ammon (Hg.)
Psychotherapie der Psychosen
ISBN 3-88074-617-6; 2. Auflage 1998; 211 Seiten; kt.; 34,80 DM

Günter Ammon (Hg.)
Psychoanalyse und Psychosomatik
ISBN 3-88074-612-5; 2. Auflage 1998; 368 Seiten; kt.; 39,80 DM

Masud M. Khan
Selbsterfahrung in der Therapie
ISBN 3-88074-231-6; 3. Auflage 1997; 426 Seiten; kt.; 48,00 DM
Copy-Print-Ausgabe ohne Einband: ISBN 3-88074-310-X, 32,00 DM

Bronislaw Malinowski
Geschlecht und Verdrängung in primitiven Gesellschaften
ISBN 3-88074-211-1, 7. unv. Auflage 1997, 280 Seiten, kt., 29,80DM
Copy-Print-Ausgabe ohne Einband: ISBN 3-88074-304-5, 19,80 DM

Gerd und Annegret Overbeck
Seelischer Konflikt - körperliches Leiden
ISBN 3-88074-229-4; 7. Auflage 1997; 377 Seiten; kt.; 34,80 DM

Helene Deutsch
Psychologie der Frau
ISBN 3-88074-233-2; 3. Auflage 1995; 342 Seiten; kt.; 78,00 DM

Die Reihe wird fortgesetzt. Über Hinweise auf wichtige vergriffene Titel freuen wir uns. Außerdem erhalten Sie bei uns Reprints der Zeitschrift "Psyche", Band 1-46 komplett, auch jedes Einzelheft.

Verlag Dietmar Klotz GmbH, Sulzbacher Straße 45, 65760 Eschborn, Tel 06196/48 15 33

ENTWICKLUNGS-PSYCHOLOGIE

Deutsches Jugendinstitut e.V.
Marlies Amend / Rita Haberkorn / Ulrich Hagemann / Harald Seehausen
Modellprojekt Lebensraum Kindergarten
Zur Gestaltung des pädagogischen Alltags in Ganztagseinrichtungen - Abschlußbericht
1. Auflage 1992, 352 Seiten, kt., 29,80 DM, ISBN 3-88074-246-4
Das Buch ist eine sprudelnde Quelle vielfaltiger Ideen, Anregungen und Vorschläge. Es wendet sich an Erzieher, Kindertagesstätten, Eltern, Politiker und alle, denen das Wohl unserer Kinder auch unter immer schwierigeren Umständen am Herzen liegt.

Heiko Puckhaber
Epilepsie im Kindesalter
Eine interdisziplinäre Aufgabe
2. Auflage 1994, 161 Seiten, kt., 22,80 DM, ISBN 3-88074-240-5
Diese Arbeit legt ihren Schwerpunkt nicht nur auf den medizinischen Aspekt sondern ebenso auf den psychologischen und menschlichen. Es wendet sich also in erster Linie an die Eltern anfallskranker Kinder sowie an Selbsthilfegruppen, ist aber auch eine Hilfe für Fachleute wie ErzieherInnen, SozialarbeiterInnen, PsychologInnen und ÄrztInnen.

Annegret Overbeck
Psychosoziale Entwicklung in der Familie
Interaktionsstrukturen und Sozialisation
- Studienmaterialien -
2. Auflage 1994, 320 Seiten, kt., 34,80 DM, ISBN 3-88074-254-5
Dieses Buch will nicht - wie so viele andere - auf die Entwicklung des Kindes im Rahmen seiner mitmenschlichen Lebensbedingungen betrachtet werden. Vielmehr gewinnen sozialpsychologische Begriffe wie Interaktion, Kommunikation und Rollenspiel eine entscheidende Bedeutung. Der Titel des Buches sagt es bereits: Ohne eine genaue Untersuchung der Familie kann Entwicklung nicht verständlich sein.

Klaudia Teske
Wie erleben Kinder die Alkoholabhängigkeit in der Familie
1. Auflage 1994, 96 Seiten, kt., 19,80 DM, ISBN 3-88074-257-X
Es gibt wenig Informationen darüber, wie Kinder und Jugendliche die Alkoholkrankheit in der Familie erleben und verarbeiten. Die Autorin interviewte Erwachsene, die als Kinder und Jugendliche mit alkoholkranken Vätern aufwuchsen. Sie vermittelt mit ihrer qualitativen Studie einen Einblick in die Lebenssituation dieser Kinder und Jugendlichen. Dabei werden wesentliche Aspekte der Interaktion und Kommunikation der Familie aufgezeigt. Die Folgen für die Persönlichkeitsentwicklung werden nicht nur negativ bilanziert, sondern es werden auch besonders Stärken und Entwicklungspotentiale der Kinder und Jugendlichen dargestellt.

Ingeborg Wagner
Aufmerksamkeitstraining mit impulsiven Kindern
6. Auflage 1994, 197 Seiten, kt., 22,80 DM, ISBN 3-88074-234-0
Endlich ein Buch, das sich ganz der Hilfe für jene große Zahl von Kindern verschreibt, bei denen geklagt wird, daß sie ihre Intelligenz durch überstürztes Herangehen an die Aufgabenlösung durch zu viele Flüchtigkeitsfehler und durch Konzentrationsschwierigkeiten nicht in Leistung umsetzen können.

Henning Walkemeyer & Susanne Bäumer
Neue Aspekte der Familientherapie
2. Auflage 1994, 140 Seiten, kt., 29,80 DM, ISBN 3-88074-187-5
In diesem Buch wird auf überzeugende Art und Weise eine für alle systemorientierten Familientheorien oder Systemtheorien gleichermaßen geltende Basis auf der Grundlage allgemeiner systemtheoretischer Konzepte erarbeitet.

VERLAG DIETMAR KLOTZ
Sulzbacherstraße 45 * 65760 Eschborn
Telefon: 0 61 96/48 15 33 * Fax: 0 61 96/4 85 32